Harriet Caloidy □ Valse triste II

Harriet Caloidy

Valse triste
im Regenwald

Aus den Tagebüchern
der Lebensmitte

Zweiter Band

Bibliografische Information
Der Deutschen Bibliothek

Die Deutsche Bibliothek verzeichnet diese Publikation in der Deutschen Nationalbibliografie; detaillierte bibliografische Daten sind im Internet über http://dnb.ddb.de abrufbar.

© 2011 Alle Rechte liegen bei der Autorin
Herstellung und Verlag: Books on Demand GmbH Norderstedt
ISBN 978 - 3 - 8391 - 9619 - 9
Umschlag Titelbild und Innenbilder nach Vorlagen der Autorin

Überblick
Erster Band

◊

Vorspiel – Nachspiel
Eine Hütte für die Muse
in den Bergen von Lah

Landschaft mit Graie
Graie im Büchergehäuse
Nachdenken über ein Tagebuch
Valse triste der Lebensmitte

Verfeinerung
und das Phantom der Muse
Das erste Jahr

‚Aller Glanz bröckelt ab…' (Rückblick)
Über malvenfarbener Wüste (Auftakt)
Das Phantom der Muse (Vorschau)
Ein Musazeengrün (Übergangszeit)
Oktober. Der Tulpenbaum blüht
November. Tanzträume: Mumien
Dezember. Das Schlänglein
Der Träume Gruft (Trockenzeit)
Januar. Es steigt herauf
Februar. ‚O Nacht, ich will ja nicht so viel…'
März. Ein Solo. Malaria. Verworrenes
Feinheiten, Frust und Ferneres (Übergangszeit)
April. Räucherfisch auf Reis
Mai. Frustrationen. Einsame Ekstase
Juni. Hintergründe. Album zum Abschied

Wissenschaft im Großformat
und die Vielfalt der Welten
Das Jahr dazwischen
Die große Welt. Mutterwelt. Die Wohlstandswelt.
Das Zeitgerüst der kleinen Welt
Aus dem Tagebuch der Innenwelt

Abstieg
in einen Gemüsegarten
Das zweite Jahr

Zurück in den Regenwald
Dann zogen die Monde vorüber...

Ich hatte einen Garten in Afrika
– Von Gemüse, Unkraut und Allotria
Schweiß, Ameisen, Irritationen
Allotria und ein Jujubäumchen
Pitangakirschen und Verwilderung

Diesseits des Gartens
– Das Tagebuch des siebenten Jahres
Die Wiederholung (Übergangszeit)
Oktober. Melancholie der Rückkehr
November. Durchdrehen? Durchhalten!
Dezember. Traumschloß hintere Veranda
Übergänge (Trockenzeit)
Januar 81. Brombeerlikör
Februar. Juju, Fieber und Phantasien
März. Vierundvierzig. Irritationen
Übereignung (Übergang zur Regenzeit)
April. Fernes rückt näher
Mai. Alleinsein. Schock und Gegenschock
Juni. Ein Plüschpullover. Verzicht

Anfang Juli: Flug nach Europa

Hütte, Muse und Tagebuch
Rahmen und Rückbesinnung

Wo bin ich? Wo sind wir? Ich, das Tagebuch und eine altmodische Muse. Vielleicht, das Dreieck zum Quadrat erweiternd, gesellt sich als Viertes hinzu das Phantom eines geneigten oder irritierten Lesers. Wo sind wir, was war und worum geht es, ehe es weitergeht? Es soll um Vergewisserung gehen, um Rahmen und Rückbesinnung. Der Rahmen: eine Doppelwelt aus Hütte im Savannenbergland Afrikas und süddeutscher Mansarde. Die Besinnung besinnt sich auf etwas, das sich drei Jahre lang auf einer Lichtung im Regenwald hinzog, um dreißig Jahre später dahinzuwalzen als zweibändiger Wälzer. Hier beginnt der zweite Band.

Zu Beginn des ersten Bandes saß eine Graie an einem abendlichen Dreiweg, der ein Vierweg war. Keiner von drei möglichen Wegen seitwärts, hinab und geradeaus ward eingeschlagen. Es ging zurück im Mondenschein zu Fuß durch Elefantengras, Spuren der Muse suchend hinauf in die Berge von Lah. Daselbst, abseits des Dorfes, in einer hübschen Hütte aus Lehm und Wellblech, zum Überleben versehen mit dem Notwendigsten und einem Bücherregal, begann es nach besinnlichen Rund- und Rückblicken zu schreiben. Auf einer geisterhaft alten Schreibmaschine schlagen Tasten auf und nieder, während das Geschriebene gleichzeitig im fernen Europa, unter einer Dachschräge jenseits der Alpen, über den Bildschirm und durch einen Drucker läuft…

Die Tasten schlagen und es läuft im Präsens. Ein real existierendes Häuschen im Abseits der gebirgigen Savanne Westafrikas, gedacht als Denk- und Schreibhütte, als Eremitage für das antike Requisit der Muse, ist solider Grund der luftigen Vorstellung, daß daselbst der ideale, der inspirative Ort gewesen wäre, an welchem ein umfangreiches Werk literarischer Ambition, weit über zwei Bände hinaus, hätte entstehen können und sollen, wenn es nicht anders gekommen wäre.

Wäre. Hätte. Das Ideal im Irrealis. Der Wunschtraum vom Hausen in einer Schreibklause in afrikanisch-idyllischem Abseits erfüllte sich, vermutlich zum Glück, nicht. Um im Alter alte Tagebücher auszuschreiben, will sich ein bequemes Dachstübchen, umgeben von süddeutschem Rebenland und einem Ehegehäuse, das allen Krisen standhielt, letztlich doch besser eignen als unberechenbare Abhängigkeiten in einem fremden Land. Die Sache indes will's. Die Muse will's. Die Graie vom Dreiweg sitzt und schreibt, wenngleich im Irrealis, in einer Hütte in den Bergen von Lah.

Sie schreibt Tagebücher aus. Was einst im Regenwald für eine Gast- und Geistesarbeiterin in der Übergangskrise Anfang Vierzig Spiegel und Heilmittel war, dient im späten Nachhinein als Rohmaterial nicht nur für das Auffinden von Sinnlinien im so weit gelebten Leben: es soll auch literarischen Ansprüchen genügen. Den eigenen. Gar manches muß anders gesagt, muß nachgeschönt werden. Die Bitte an die Muse, zu ‚feilen', verdankt sich nicht nur dem Reimzwang. Die Metapher führt auch im Blick auf formendes Bemühen um rohes Sprachmaterial, um ‚Tagebuch-Rohlinge', hinreichend Sinn mit sich.

Valse triste der Lebensmitte. Titel und Stichworte eines Gedichts von G. Benn, vermischt mit Abwandlungen nach eigenem Bedarf, deuten Stimmungen und Ziele an, die sich in den Tagebüchern und dem, was daraus werden sollte, widerspiegeln.

Verfeinerung, Abstieg, *Aufstieg*
Die kleinen Szenen in Nza'ag
Wo die Fremde, die Frau, die fraternal
Der midlife crisis oblag.
Getanzt *auf Halbhöhen-Lichtung*
Im Regenwald Afrikas
Valse triste, der Träume *Gruft*.
Valse triste, *o Muse, verweile!*
Aus Tagebuch-Rohlingen feile
Die Form.
Die kleinen Szenen.
Den großen Monolog.

Eine Hütte und Tagebücher sind handfeste Dinglichkeiten. Eine *Valse triste* hingegen, wie das Gedicht von G. Benn sie meint, ist, wie die Muse selbst, etwas Luftiges im Gehirn, Gedanklichkeit und Sinnbild auf der schwankenden Ebene des Empfindens und der Vorstellung. (Eine Graie wäre etwas zwischen grauem Haupt und wechselhaftem Selbstgefühl.)

Als *Valse triste* vorgestellt und interpretiert soll werden, was sich drei Jahre lang vorwiegend um sich selbst drehte, sich im Tagebuch niederschlug, um mit Anstand über die Runden zu kommen und darüber hinaus, auf der Spur der Muse jenseits der Irritationen ihres Phantoms, einen Weg suchte und fand heraus aus Vergeblichkeiten und Überdrüssen.

Der Weg kam von weither. Durch den Treibsand der Geschichte zog einleitend eine Gedankenkarawane, nachdenkend darüber, wie es kam und wohin es geführt hat. Es hat ein spätberufenes Kollegenehepaar in ein nachkoloniales Land Afrikas geführt. Nach außen hin geht alles gut. Nach innen hin kriselt es. Nach fünf Jahren beginnt etwas Neues. Es kriselt weiterhin, aber anders. Es kriselt drei Jahre lang und über ein viertes hinweg. Dann ist ein Ziel für den Rest des Lebens erreicht. – Worum geht es? Schlüsselworte deuten es an:

Verfeinerung. Ein Musazeengrün kommt in den Regenwald herabgeweht, raffiniert getarnt: das Phantom der Muse. Abgelebte Tanzträume steigen aus Grüften; ein gelbes Schlänglein treibt sein Unwesen; über dem Dasein liegt ein flirrendes Netz von Irritationen und ein Hauch Tristesse.
Abstieg. Mit lohnabhängiger Hilfe geht es hinab in einen Gemüsegarten und ins Ungewisse von Vermutungen und Anmutungen, verknüpft mit dem Wunsch nach Aufstieg in ein Abseits, von welchem ein Bildchen mit grünvioletten Bergen zu Ende des ersten Jahres unvermutet Kunde gebracht: *Valse triste I.*
Aufstieg. Hinauf in die Bildchen-Berge und zugleich in die lang ersehnte Gunst der Muse: in die Gefilde der Literatur. Aufstieg nach Lah und ins Absehbare eines Ausstiegs: heraus aus dem Regenwald, hinauf ins Savannenbergland: *Valse triste II.*

Die Form, an welcher die Muse verweilend zu feilen aufgefordert wird, ist, der Gattung Tagebuch entsprechend, der Monolog, ein Gewebe aus Stimmungen und Reflexionen. Das Wenige, das sich ereignet, läßt sich bisweilen zu Szenen stilisieren. Die ‚kleinen Szenen in Nza'ag', im ersten Jahre mehr als dreißig, im zweiten nur noch zehn, im dritten keine einzige mehr, sind erzählerische Inseln im Strom der Monologe. Im dritten Jahr strömt es uferlos dahin, künstlich unterbrochen durch die nachträglich als Wegweisung festgemachten Bojen der Überschriften. Die typographische Unterscheidung, gedacht als Lesehilfe, des ersten Bandes zwischen Erzählung (Szenen) und Tagebuchmonolog, erübrigt sich im zweiten Bande weithin. Nur in der schmalen Mitte des Aufstiegs nach Lah und seiner Nachwirkungen wird noch einmal über knapp vierzig Seiten hin die einer Handschrift nachempfundene Type erscheinen, anzudeuten die Bedeutsamkeit dessen, was sich nach dem Erscheinen des Medusenhaupts der Muse als Rohstoff für einen Roman im Tagebuch anhäuft.

Von der *Valse triste* auf einer Lichtung im Regenwald Afrikas unterscheiden sich tiefgreifend die Zwischenzeiten in Europa. Gegenwelten drängen sich auf und verdrängen, was die Krise der Lebensmitte in der Schwebe hält. Wissenschaft und Mutterwelt stellen Ansprüche. Eine letzte Begegnung in Bethabara verzehrt Seelensubstanz. Politisches, wie etwa im Herbst 77, drängt sich nicht mehr dazwischen.

Am Ende des zweiten Jahres und ersten Bandes stand in Aussicht die Reise nach Lah. In Blick darauf und in heimlichem Vorwegbedacht der Bitte um einen musazeengrünen Kittel war ein nougatfarbener Plüschpullover übereignet worden. Der Flug nach Europa hatte Wissenschaft zum Ziel. Diesmal freilich, im Unterschied zu zwei Jahren zuvor, ging es nur um Nacharbeit. Letzter Tagebucheintrag vor dem Abflug, Anfang Juli, nach Europa:

Ich wünschte, es wäre Nacht und ich landete wieder in der feuchten Wärme Afrikas.

Wissenschaft
im Kleinformat

Letzte Begegnung in Bethabara

Drei Monate dazwischen

Europa – andere Welten

Jenseits von Sahara, Mittelmeer und Alpen ist die Welt eine andere nicht nur. Es sind der Welten so viele und verschiedene, verglichen mit der einen, kleinen Welt eines Campus auf einer Lichtung im Regenwald Afrikas. Der mitteleuropäische Sommer, der deutsche Alltag, die Mutterhöhle, die Wissenschaftsmansarde, Besuche, Kunstgenüsse, Reisen. Der Kollege Ehemann fliegt mal eben nach Tokio; zusammen fährt man, beruflich verpflichtet, nach Bethabara, und wieder saugt ein Strudel hinab, schlimmer als zwei Jahre zuvor. An bestimmten Daten im August und September holt politische Vergangenheit ein, Apokalyptisches und Schicksalhaftes. Die eigene Innenwelt bleibt weiterhin verschlossen den Nöten der Mutterwelt gegenüber. Erwartungsvoll richtet sich der Blick in die Zukunft. Am afrikanischen Horizont steht das lockend Unbekannte: ein Dorf in den Bergen von Lah.

Die große Welt der Politik, das Schicksal Europas zwischen zwei Machtblöcken wird, ebenso wie die bunte Welt der Boulevards, so gut wie nicht zur Kenntnis genommen. Erst nachträgliches Interesse läßt in großen Zügen erkennen, was während der drei Monate und darüber hinaus das Jahr von Oktober 81 bis Oktober 82 bewegte. Ein US-Präsident ordnet den Bau der Neutronenbombe an, Sadat wird ermordet, Kriegsrecht in Polen; Breschnew wird abgesetzt (und stirbt bald darauf); Unruhen im Kosowo, Falklandkrieg, Libanonkrieg; in Florida explodiert eine Pershing II, in Bayern stürzt der 250. Starfighter ab; Attentat auf den Papst; Terroranschläge, Hungerstreiks, Hinrichtungen im Iran; ein Beschluß, Wirtschaftsflüchtlinge schneller aus Westdeutschland abzuschieben. Im Oktober 82 kommt nach Schmidt Kohl an die Macht. Die Welt und der Boulevard sahen sich Ende Juli 81 eine Windsor-Hochzeit fern an; Romy, Grace und Ingrid starben. Faßbinder auch. Es laufen Filme wie Tootsie und E.T., man liest die ‚Unendliche Geschichte' und ähnliche Phantastik. Das war alles fern von Afrika; es kam auch in drei Monaten Heimaturlaub nicht oder kaum zu Bewußtsein.

Das Zeitgerüst der kleinen Welt ist schnell aufgeschlagen. Es war ein offizieller Heimaturlaub, den der Kollege Ehemann zum größeren Teil da verbrachte, wo er seit Mai in Archiven forschte: in Bethabara, während die eigene Wissenschaft wieder in die Mansarde zog, in welcher ein Großopus entstanden war, das nun zum Zwecke der Veröffentlichung auf ein Viertel des Umfangs zu kürzen war. Nebenher entstand die Endfassung eines Essays, der im Frühjahr darauf für fachinternes Aufsehen sorgen sollte.

Juli. - Zu Hause, bei der Mutter. Essen, schlafen. Nach drei Tagen mühsamer Beginn der Geistesarbeit. Nach zwei Wochen Umzug in die Mansarde mit Alpenblick bei Föhn. Zum Jahrestag des Rigorosums zwei Karten für ‚Hoffmanns Erzählungen': der Ehemann kam drei Tage zu Besuch. Eine rote Rose holte ihn am Bahnhof ab. Es war regnerisch und kalt.

August. – Man bleibt in Verbindung per Telefon. Die Arbeit läßt die Zeit vergehen, Woche um Woche. Der Ehemann fliegt nach Tokio; auch dorthin reicht das Telefon. Die Arbeit geht voran: die Langfassung schrumpft; die Endfassung des Essays literarisiert die Ergebnisse. Das Tagebuch dünnt aus.

September. – Abschluß und Aushändigung der Kurzfassung. Ein akademischer Höflichkeitsbesuch. Ausgebrannt ins Gärtnertheater: ‚Land des Lächelns'. Streunen durch Kaufhäuser und Buchhandlungen wie in Trance. Fotokopieren der Afrikatagebücher seit Oktober 78. Zurück in die Mutterhöhle. Der Ehemann bekommt nachträglich und auf Wunsch als Geburtstagsgeschenk ‚Mann ohne Eigenschaften'. Er kümmert sich bei den Vorgesetzten um die gemeinsame Zukunft. Gemeinsam besucht man die Mütter.

Ende September nach Bethabara. Daselbst die unerwartete Begegnung. Ein Spaziergang und Gespräche zu dritt. Das Tagebuch schwillt sprunghaft an. Am 27. allein zurück in die Mutterhöhle. Koffer packen. Am 30. Flug nach Brüssel. Dort traf man sich zu gemeinsamem Nachtflug zurück nach Afrika.

Das Tagebuch

Nach Hause

Genf, gegen Abend. Angenehm ruhiger Flug, aber nur Wolken. Ich habe nichts verpaßt in diesem Europa. Nur meine Tagebücher möchte ich noch ausschreiben dürfen. Vieles ist nur Wunschtraum geblieben; vieles im Verzicht verschollen. Viel Salzwasser ist nach innen geflossen. Das Schöne ist so treulos, so trügerisch, so erbarmungslos im Vergehen. Go. Else I will fall into your eyes and drown. I cannot swim. Hier vor mir sitzt ein junger, schmaler, schwarzer Priester, beige Kutte, dunkelbraune Schärpe. Einer, der sich im Verzicht übt, um Macht zu erlangen. Stooping to conquer.

*

Ein süddeutscher Hauptbahnhof. Was die Züge hier ausspukken an Menschenmaterial auf dem Weg zur Arbeit, läßt mich erschauern. Ein langer Marsch ins Tagtäglich-Gleiche, nicht viel besser als Sklavenarbeit. Abgestumpftes, Weggeworfenes, Ausgespucktes, Junge wie Alte, so häßlich, so staubgrau: das Proletariat der Wohlstandsgesellschaft. Das hat auch seine Sehnsucht, aber eher im Bauch als im Kopf. Vielleicht auch im Herzen. Und ich habe Muße, vom Zugfenster aus, widerstrebend, solches zu betrachten und einem Tagebuch zu erzählen. Wer am Sonnabend arbeiten muß, wie soll der glücklich oder auch nur zufrieden sein. Ich habe auch viel Arbeit vor mir. Aber eine andere.

Rebtal. Das Dumpf-Erschlagene des Angekommenseins in der Mutterhöhle. Die Urlaubslethargie. Das Sich-Umstellen und Anpassen. Die Kriegsgräberzeitung, bunt, Glanzpapier. Auf der Rückseite, die ich streife mit flüchtigem Blick im Beiseiteräumen - ich will da nicht hinab - ein kurzes Gedicht, zu gut, um von einem Beliebigen zu sein: ‚Daß ich zum schweigenden Staub spreche ein nutzloses Wort.' Catull am Grabe des Bruders. Da kennt einer sich aus in der Antike. Aber diese neue Generation, die nichts weiß von Krieg und Kriegsverbrechen und ihre eigenen weinerlichen Frustrationen pflegt - was tue ich denn anderes und obwohl? Es könnte freilich eine Fluchtbewegung sein, weg von politischen Traumata. War die Liebe reicher in armen Zeiten? Oder ist es auch nur nachträgliche Verklärung? - Gestern bin ich durch den deutschen Sommer gefahren. Es gibt noch roten Mohn und weiße Kamille an den Bahndämmen. Alles wiederholt sich - Kelimkissen, Rosen, Pralinen und noch mehr Nadelkissen. Langeweile ist auch nicht erholsam. Sonntagsente, Klöße, Blaukraut, Wein. Viel zu viel, viel zu gut. Darüber der Schatten unguter Familienvergangenheit. Die Mutter flüstert in der Küche. Der Enkel, aufgeschossen, achtzehn, sucht eine Zuflucht. Ich, die ich verpflichtet wäre, will nicht. Kann nicht. Fühle mich wie zugemauert. Gottes Gerechtigkeit hinkt auf beiden Beinen. Erbsünde als ungelöstes Welträtsel. Möglichst bald weg und wieder in die Wissenschaftsmansarde. Entspannung kann in Langeweile enden. Es reicht gerade noch zu einem Tagebuchmonolog. ‚Der Campus' geht mir weniger nach als vor zwei Jahren. Das macht, ich habe mich losgeschrieben, nicht nach innen hin, ins Tagebuch, sondern nach außen, mit dem Brief und den gelben Freesien. Ich habe etwas verwirklicht und damit dem Traum Kraft und Substanz entzogen. Hier ist niemand, nach dem mich verlangt. Auch Chr nicht, der sehr forsch an der Strippe hing. Auf ganz anderer Wellenlänge. Geblieben ist: die Vision von Ende März, auf der Fahrt ins Grasland. Die Vision einer Hütte aus handgeflochtenen Matten, umgeben von grünvioletten Bergen.

Gegen Abend, der lang ist, auf der Terrasse der Mutterhöhle, in der Sonne, im grünen Gras. Morgen fange ich ein neues Tagebuch an. Den Tag verbracht auf der Suche nach einer Schreibmaschine mit winziger Diamant-Schrift, um eines Tages meine Tagebücher damit abzuschreiben. Meine Mutter stickt auf dringliche Bitte hin beinahe widerstrebend, als wüßte sie, aus welchen Gründen und um welcher Ziele willen es übereignet werden soll, das grün-beige Kelimkissen noch einmal, an dem so viel verdrängte Vergangenheit klebt - das Großelternhaus der Kindheit und die Flucht im Januar fünfundvierzig, auf die es zufällig mitgenommen wurde. Das Material ist sehr teuer, das Muster kompliziert. Es soll ein Gastgeschenk sein für den Besuch in Lah. Lassen sich materielle Güter, vor allem aber Geldscheine, ins Verhältnis setzen zu Tagträumen, wie ich sie träume? Der gespannte Bogen: die Reise nach Lah.

Neues Tagebuch, alte Übel

7. Juli. Heute will ich zu arbeiten anfangen; die Beine tun weh, ein Reißen und Ziehen, woher? Daß Chr im August nach Japan will, macht mich nicht glücklich. Aber er läßt es sich nicht ausreden.
13. Die Wissenschaft ist ein zäher Brei. Es fehlt an innerer Notwendigkeit. Anderes ist schlimmer. Die Misere in dieser Mutterhöhle. Das Unvergessene und Unvergebene. Das blutsverwandte Elend. Aller gute Wille ist nur ein dünner Firnis. Warum kann ich mich nicht daran gewöhnen, daß meine Mutter auch Großmutter ist und ihre Sorge dem Enkel zuwendet? Der Neffe ist fast jeden Tag da, und ich weiche aus. Wieder das Flüstern in der Küche. Meiner armen Mutter Bemühen, es beiden Seiten recht zu machen und die Mechanismen seelischer Erpressung. Ich möchte gelassen sein und bin statt dessen auf subtile Weise beleidigt und verletzend. Es ist so vieles erlösungsbedürftig, auch in mir. Meine Mutter sieht, wie ich mich stumm ins Tagebuch zurückziehe und – ich leide mit ihrem Leiden und kann doch nicht aus meiner Haut. Ich tue all das Böse, das ich eigentlich nicht will. ‚Und erlöse uns von dem Bösen.' Auch davor bin ich ausgewichen bis nach Afrika: vor all dem Unerlösten in der Mutterhöhle und in mir.

In der Mansarde

Mitte Juli.

17.7. Schreiben, damit ich später weiß, was war. Das Tagebuch ist gerade mal nicht notwendig. In Rebtal das Ringen mit ‚feministischer Hermeneutik' – ich weiß doch gar nicht, was das ist. Blusen gekauft, schwarz, weiß, rosé. Morgen will Chr kommen, übermorgen Opernbesuch, den Jahrestag zu feiern.
21.7. Chr zum Bahnhof gebracht. Drei Tage Regen und Kälte. Eine rote Rose. ‚Hoffmanns Erzählungen' ohne Nachhall. Ein Abend zu dritt mit dem Vermieter. Das Reden mit Chr nach fast drei Monaten Trennung – vor seiner Vernunft und Ironie vergeht meine poetische Traurigkeit, da wird das Phantom der Muse zu etwas, das man beim Erwachen verachtet. Die schönen Augenblicke mit Chr, das Vertrauen und das Aufgehobensein: es ist gelebt und braucht nicht aufgeschrieben zu werden. Es gab auch gegenseitige Vorwürfe. Beide mußten wir uns so sehr verteidigen. Wer läßt sich vom anderen zu viel gefallen? Ich spürte Niveauabfall, Beschränktheit, Lustlosigkeit. Warum habe ich nun wie drogensüchtig Zeitung

gelesen, als müßte ich mich ablenken von mir selber und von dem Wochenende mit Chr? Ich habe ihm auch meinen Tagtraum erzählt von einem Häuschen im Grasland, in dem wir später von Europa aus Ferien verbringen könnten. Von Tokio ließ er sich nicht abbringen. Seine Ratschläge für den Essay sind brauchbar: möglichst weg vom Feuilleton.
24.7. Die Zeitung, die der Hausherr mir jeden Morgen auf die Treppe legt, ist eine tägliche Versuchung zur Zeitverschwendung. Steh ich um 8 auf, mach ich Gymnastik und wasch mich kalt ab, um dann, statt frisch an die Arbeit zu gehen, bis halb zehn dazusitzen, Tee zu trinken und all das Zeug zu lesen, das mir das Hirn aufweicht?
27.7. Um diese Schande auch noch zu notieren: Bildzeitung statt Wissenschaft bis zu völliger Verblödung und nur, weil's mir hingelegt wird. Bin ich ein Gammler des Geistes geworden? Nicht wieder Kilos anfressen, wie letztes Jahr. Ich will in meine Schlotterhosen passen.
30.7. Der Sommer kommt hervor hinter den Regenwolken. Bis 2 Uhr nachts saß mir die Vormieterin auf der Bude und erzählte mir ihre ganze Psychoanalyse. Wie bin ich dankbar für ein Tagebuch, das mir so etwas erspart.

August.

2. 8. Ein Traum: das alte Missionshaus aus Bambus, groß und wie eine Scheune und am Zerfallen; auf den Bäumen Kinder, die Melonen herunterwarfen, und ich ging da allein umher. - Unheimlich, wie das Leben trotz - oder wegen? - angespannter Geistesarbeit so dahinvegetiert. Keine Erinnerung an das Glück, keine Hoffnung. Wie die Handschrift zerfällt. Ist das der Sommer draußen, der so lähmt? Ich kann in diese Stadt nicht hineingehen; es ist alles zu viel, es betäubt und macht träge. Das Feuilleton der ‚Zeit', so witzig, spritzig geistreich, daß man glucksen muß vor Vergnügen - und was bleibt, ist ein fader Nachgeschmack. Das Fernsehen abends ist auch ein Fluch. Es tötet alle eigenen Gedanken. Chr abends am Telefon hält mich im Gleichgewicht. ‚Bist du auch so allein?' Ich bin durch sein Dasein-für-mich so reich und spüre es nicht.
3.8. Hacks, Amphythryon, ganz hübsch; handelt von einem Dreieck wie in Bethabara 73. Viele Ideen von mir sind dabei. Arbeiten, damit die Zeit vergeht.
10.8. Wieder ein TV-Film. Was soll ich sonst machen nach des Tages Arbeit? Inder (Arzt) und Europäerin (Skandalnudel) finden zu edlem Verzicht. Was ist Afrika mit seinen Lehmhütten gegen die Paläste Indiens! Passage to Africa?

Heut ist der 13. August und ich lebe immer noch und es hat keinen Krieg gegeben. Die Neutronenbombe der Amerikaner stimmt freilich nicht eben friedlich. Den einen ist die Berliner Mauer ein Skandal, den anderen sind's die Nackten im Englischen Garten. Ich finde ‚schlenkernde Penisse' auch nicht schön (wohl aber das, was man auf griechischen Vasen sieht), aber man braucht ja nicht hinzugucken. Ein schwarzer nackter Oberkörper ist schöner, ein offener Hemdkragen auch. Das Wenige ist das Reizvolle. 1961 war der 13. August ein Sonntag. Ich fuhr im Bus von Marbach zurück nach Rebtal und stellte mir das sinnlose Massensterben vor.

15.8. Gewisse Hemmungen im Hinblick auf den eigenen Körper können offenbar so stark sein, daß sie Sprachbarrieren schaffen, über die ich nie hinwegkommen werde. ‚Dry season fever' und kaltes Wasser. Manches kommt nur dadurch zu Bewußtsein, daß es nicht geschieht. Es liegt nicht viel an dem, worum es geht. Mich interessiert die Sprachhemmung und wie dadurch Metasprache und im Glücksfalle Lyrik entsteht.

16. 8. Chr fliegt Zürich - Moskau - Tokio. Keine akute Angst, nur unruhig. Wohinein hat sich mein Gottesverhältnis aufgelöst? Ins Unverfügbare, Sprachlose, nur noch Erlebbare. Arbeiten, auch sonntags. Der nächste Vollmond soll mich nicht mehr in dieser Mansarde sehen.

20. 8. Mir wird schwindelig, so schnell vergeht die Zeit. Der Eine in Japan, der andere in Afrika, der dritte in England. Wenn ich einen Landrover sehe, einen parkenden im Schatten der Bäume, in dieser Stadt, kippt mir das Bewußtsein um.

27. 8. - Chr ist zurück. Ich rief in B. an. Die große Erleichterung verführte zu unsinnigen Einkäufen, Blusen, Eiscreme, Kuchen, völlig Überflüssiges. Wie froh darf ich sein, wenn ich meinen Mann und alle Tassen im Schrank habe. Die Welt ist wieder rund. Nur meine Wissenschaft noch nicht.

29. 8. Fertig mit der Einleitung, nun knete ich noch an der Ausleitung und stolpere über meine eigenen Gedanken. Ich möchte niemanden irritieren, so unauffällig wie möglich an allem und jedem vorbeikommen. Und was werde ich empfinden, wenn mich wieder Disproportionen konfrontieren, ein wölbiger Bauch, ein kleiner Kopf, und aber oh und ach, Augen, aus deren Dunkel die Muse mich anhaucht? Erst einmal Seriöseres überstehen, ein pädagogisches Gewissen beruhigen, das sich Vorwürfe macht, weil es mir zuviel zutraute.

September.

1. 9. Der Zweite Weltkrieg begann, als ich zweieinhalb und im Kindheitsparadies bei den Großeltern war. Die Großmutter starb, als ich schon bei Chr in Sicherheit war. Ich lebe friedlich und arbeitsam und habe über nichts zu klagen. Ich werde nicht am Grabe stehen und fragen: Soll das alles gewesen sein? Ich bin davongekommen - bis nach Afrika. Mit Chr und schon sechsunddreißig Jahren Frieden.

7.9. Den Tag in der Staatsbibliothek verbracht. Vor den Bücherregalen vergeht mir der Geist. Die Leopoldstraße entlangzulaufen kommt einer Selbsteinschüchterung gleich. Wer bin ich unter allen diesen interessanten Typen? Ein Blick, ein heller, klarer, nordischer, kann mich noch affizieren.

9.9. Wie froh war ich, als ich gestern nacht auf mein Bett fallen konnte mit Kopfschmerzen und Magendrücken, weil ich nicht genug geatmet und zuviel zu denken gehabt hatte. Warum können freundlich interessierte Gastgeber so strapaziös sein? Zwiebelsuppe, Weißwein und Wissenschaft. Den Sack zugebunden; der Abschied war vornehm-unverbindlich.

10.9. Wieder das Streunen durch die Kaufhäuser, zwei Empire-Nachthemden, lindgrün und lilienweiß. Afrikatagbücher fotokopiert. Ich habe nichts Wertvolleres. Es soll doch Literatur daraus werden. - Das ‚Land des Lächelns' im Fledermausgewand hat mir am Ende ein paar Tränlein entlockt. Ist doch gar zu traurig, wie innige Liebe an den Sitten und Gebräuchen scheitert. Imposant das Hochzeits-Pompbild, orange und jade, die China-Prinzessin auf hohem Elefantenthron, und ganz unten wuselt die Weiße, das Wiener Blondchen, herum, das genug hat von ihrem exotischen Ausflug und lieber mit dem Gustl wieder wegwill. Der arme Exote hat jedenfalls das tiefere Herz. Die Weiße freilich, die da in sämtliche heiligen Fettnäpfchen tappt, weiß auch, was sie will. Da trumpft der Geliebte nur ein einziges Mal als Eheherr auf und aus isses.

12.9. Lese ich ad libitum in den Afrikatagebüchern vor Oktober 78, so erscheint alles wie eine einzige große Krise, und es ist wie ein Wunder, daß Chr und ich da durchgekommen sind. Jetzt schlage ich Zeit tot. Suche in den Buchhandlungen nach dem ‚Tiger von Eschnapur', dem alten, ersten, mit Conrad Veidt. Wie ein Faß ohne Boden komme ich mir auf einmal vor. Ein lustloses Blättern, Gründgens hier, Gide da, und es ‚dämonelt'. Warum ist ‚Metropolis' interessanter als ein protestantischer Gottesdienst? Es regnet. Ich möchte meine Ruhe haben und langweile mich dabei. Die Theologie soll jetzt ins hinterste Regal, um der Literatur Platz zu machen, der selbstproduzierten - und nicht einmal ein Rundbrief kommt mehr zustande. Wo bleibt die Inspiration, der schöpferische Einfall? Wie kann man so ins Nichtige fallen? Ich möchte zurück, mich in meinen afrikanischen Tagtraum verkriechen. Aber auch der ist geschrumpft - wohin? In ein unangenehmes Gefühl. Es ist, als hätte sich ein Handschuh umgestülpt. Ich befinde mich unversehens auf der anderen Seite und es ist mir, bei aller Korrektheit, peinlich. Ich kann mich plötzlich einfühlen in einen, dem etwas zuteil wird, das gar nicht erwünscht ist. Weil es in Verlegenheit bringt. Die Grenzlinie ist dünn wie ein Haar. Man spürt eigene Unterlegenheit und möchte sich nicht ‚einwickeln' lassen. Wie unfähig bin ich zu zwanglosem Umgang. Höfliche Formulierungen zu finden für die Verabschiedung von einer so verkorksten Sache fällt mir schwer. Im Grunde bin ich so kleinbürgerlich wie meine Mutter. Für Afrika reicht das gerade mal, weil da sowieso alles anders ist und der westliche Weiße nur während der Kolonialherrschaft hier und da Offizier und dekadenter Aristokrat war. Das Missionarsvolk war solider kleinbürgerlicher Herkunft. Und ist es heute noch, auch mit Abitur und Promotion. So bin ich also froh, daß ich das hinter mir habe. Mit einem blauen Auge und einer dicken Eiterbeule unter dem linken. Am 15. verlasse ich diese gastliche Mansarde.

Bethabara

20.9. Das erste, was mir hier begegnet, nach kurzem Besuch bei den Müttern (in S. das Plüschaquarium als Statussymbol), Chr und ich und Ehe als sanfte, leicht gereizte Gewohnheit, hier also ein Chinese aus Hongkong, der bei Tisch die ganze Salatplatte leerfraß, auf die ich auch Appetit hatte. Das Zi 321 ist schräg gegenüber. Es geht immer noch um, und ich will es auch wiederhaben. Das Spiegelbild aus abgelebten Zeiten und den Abstieg in die Tiefen der eigenen Seele.

23.9. Nichts. Nur Nähe und Neigung zählen, die Sprache hält nichts vom Alltäglichen, Bücherkauf, Historikertagung, ein Prof. Gir. aus J-de, ein Abend bei den D's. Jg ist wirklicher in seiner Abwesenheit; ich rede mit ihm, wenn ich allein durch diese Stadt gehe. Chr, hell und schmal und freundlich, will nun doch nicht mit nach Lah, weil seine Arbeit wichtiger sei. Habe ich Mut zum Alleingang?

Do, 24.9.81 Das Unerwartete. Der chaotische, der verkommene Anblick nach Chrs Morgenandacht. Ein Stadtstreicher. Versteckt hinter einem Vollbart. Am gleichen Tage wie wir hier angekommen. Und ich glaubte ihn weit weg. Sein Dasein ist betäubend unwirklich. Hätte ich ihn gerufen, wie ich ihn rief vor zwei Jahren, als er kam, es wäre noch verworrener. Es wehrt sich etwas mit Weinkrämpfen. Ich sah ihm ins Gesicht und erkannte ihn nicht. Ein ordinärer roter Pullover. Er sieht verboten aus, beinahe abstoßend. Warum verschandelt er sich so. Lacht verlegen und mit verkniffenen Augen. Macht noch immer einen mädchenhaften, einen nahezu backfischhaften Eindruck. Solch ein zerknittertes Gesicht. Solch ein Rübezahlbart. ‚Mein Rufen erreicht ihn nicht mehr' - da kommt er und ist da. Mitsamt seinem Unglück über alles hinweg. Aber ich nicht. Und Chr weiß es. ‚Schreib Tagebuch'. Er zeigt sich verständnisvoll. Ein Vogel schlägt wie im Mai und es ist doch September. Trockene Tränen. Sprachlosigkeit. Komödie wie einst. Er reagiert verlegen, and I play dry. Er war meine eigene Regression und romantische Sehnsucht nach dem Chaos. Was ist es nun? Es ist etwas am Zerbröckeln. Ich spürte den Schlag vor den Kopf nicht. Es kam erst beim Heraufsteigen. Ein trockenes Keuchen. Flucht in den Schlaf. Ich war auf ihn nicht gefaßt - nein, diesmal nicht.
Tagträumend bin ich durch die Stadt gegangen. Noch einmal zu dritt durch die Frühsommerwiesen von Trebbach wandern, zu den Apfelbäumen, darunter wir lagen, hüben und drüben. Kommt mir, mir und Chr, auf der Treppe entgegen, und wir wissen alle drei nicht, was wir sagen sollen. Es staut sich plötzlich zu viel zwischen uns. So wahr ist keine Wirklichkeit wie der Traum; so stark und so langdauernd keine Erfüllung wie das Unerfüllte. Das ist das Haus, das sind die Treppen, die Gänge, der Garten, die Bäume, die Rosen. Da bist du, da bin ich, da ist der Mann, zu dem ich gehöre und von dem ich nicht weg will. Wäre ich allein gewesen, hätte ich etwas sagen müssen. So aber, im Schutze des Unverbrüchlichen, läßt er sich noch einmal fallen und ich falle ihm zu für den gleichen kurzen Augenblick im Vorübergehen. Ehe kaputt. Ein Versager. Darum komme ich nicht los von ihm.

Fr. 25.9. Wie abfällig andere von ihm reden. ‚Ein offenes Buch. Er schwätzt am laufenden Band. Wenn er wieder mal geredet hat, ist ihm wohler. Er hängt halt an dem Kind. Sie wissen wohl beide nicht, was sie wollen. Er ist loyal. Er wird so bald nicht wieder heiraten.' ‚Er spielt sich selber'. Er hat etwas von einem Komödianten. Alle reden über ihn. Was ist er für mich? Schock und Erinnerung. Wenn das Einvernehmen mit Chr bröckelt, flüchte ich in einen Schlaf ohne Träume. Eine weiße Nelke von Chr, duftlos. Er verschenkt Röslein an alle seine ‚Freundinnen' ringsum, und ich fühle mich beinahe geschmeichelt, daß er welche hat. Morgen. Womit werden wir einander umgehen? Ein frommer Mann kann interessant sein. Aber es kann nichts mehr zwischen uns sein, wofern da je etwas war auf seiner Seite. Ich bin enttäuscht von meiner Resignation und seinem verkommenen Aussehen.

26.9.81 Chr ‚gönnt' mir die Zusammenkunft mit dem, der nicht mehr ist, was er war. Er weiß, daß der Verzicht Erlöschendem neue Nahrung geben würde. Wieder gibt er sich allen hin in seinem Unglück, wie er sich damals hingab. Meine Suche nach dem ‚Absoluten' fing ihn auf, in ihr fand er eine bleibende Statt - bis heute. ‚Darin deine Sehnsucht von neuem erblüht in süßer Ekstase' - das mag Kitsch sein. Wahrscheinlich findet er sein Unglück interessant. Ein frommer Ästhetiker wie Kierkegaard. Chr geht verständnisvoll mit mir um. Er will mich diesmal nicht alleine lassen.
Abends. Was nützt es, am Fenster zu stehen und zu träumen, sprachlos wie ein Baum, der nur Blätter hat und keine Worte. ‚Hast du Tagebuch geschrieben?' fragt Chr. Ich denke an den, der diese fünf Stunden vermutlich achtlos oder entschlossen beiseiteschiebt. Alle die Jahre war es unterirdisch da, ein Warten, ein Wissen: es muß noch etwas daraus werden. Jetzt bin ich leer und erloschen. Leibhaftigkeit kann entfremden. Seine Ehemystik, die ohne Verleiblichung in einem Kind nicht denkbar ist, verstehe ich recht gut. Aber sie geht mir zu sehr auf Kosten des Verstehens auf der Ebene des Geistes. Er liebe seine Frau, sagte er; verstehen könnte er sie nicht, da er die leibliche Erfahrung des Kinderkriegens nicht nachvollziehen könne. Das gemeinsame Kind: das große Mysterium des Leibes. Damit lebt er nun allein.
Am Vormittag gingen Chr und ich am Fluß entlang und fragten uns, wer sich unseres schriftlichen Nachlasses annehmen würde, wenn wir zusammen umkämen. Er dacht an seine jüngere Schwester; aber ich habe niemanden. Nach Chr steht jener mir gefühlsmäßig am nächsten, ist jedoch so sehr mit sich selbst beschäftigt, daß ihn nichts anderes interessieren kann. Er kam eine halbe Stunde zu spät in den Eßbunker und

sah manierlicher aus als am Donnerstag: dunkler Anzug, Schlips und gestutzter Bart. Er setzte sich rechts neben mich, Chr gegenüber, und dann nahm ich Dinge wahr, die sich stumm versprachlichten, die ich jedoch nicht niederschreiben könnte, auch vor meinen eigenen Augen nicht. Das Gespräch war lebhaft; man sah einander abwechselnd an; er hatte die Brille abgelegt, seine Augen waren so nackt, es war mir peinlich. Er stocherte in seinem Essen herum, schlürfte seinen Kaffee, redete Hochdeutsch und fuchtelte vor meinem Gesicht herum. Chr ging zwischendurch telefonieren. Ich erzählte von meiner Wissenschaft und von der Abneigung gegen den Beruf nach der Rückkehr aus Afrika; daß ich lieber meine Romanfragmente zu Ende schreiben würde. Redete schnell und wußte nicht, was sagen und was nicht. Er redete von der Liebe zu seiner Frau; ich bestand auf dem Verstehen. Chr kam zurück, sagte: ‚...und ihr seid inzwischen freie Menschen gewesen.' Er ging darauf nicht ein. Ich fand die Bemerkung unpassend. Am Ende schlug jener vor, zu beten. Gut, sagte ich, wenn du es tust. Er tat es, langsam und im Dialekt, die Rechte locker auf dem Tisch, den Kopf zur Seite gewandt. Nannte meinen und Chrs Namen, dankte für die Verbindung, die das Haus schenke; betete auch für seine Frau und sein Kind. Chr betete allgemeiner. Ich schwieg. Dieses Beten machte alles keimfrei. Es warf alles, was da noch hätte sein können, ins kalte Wasser. Es war wohl gut so.
Dann schlug Chr einen Spaziergang vor und wir gingen am Fluß entlang, fuhren mit einer Fähre hinüber, hatten nicht mehr viel zu reden. Bei einer schnellen Wendung aber, wie überrascht, ‚Ghana?', glitt er aus und rutschte ein Stück die Böschung hinunter. Chr und ich zogen ihn halb wieder hoch, halb gelang es ihm selber. Dann ging Chr außen und er innen, neben mir, und schlenkerte den Arm. Es war ein seltsamer Zwischenfall, der unwirklich blieb. Wie das Da-Sein dieses Mannes unwirklicher ist als das, was in den Tagträumen umging und nun nicht weiß, wohin.

27.9. Grenzbhf. Wieder ein Abschied von Bethabara und wieder kein glücklicher. Chr fiel es noch ein, hart und eigensinnig mit mir zu reden (als hätte er nun ein Recht dazu, nachdem er mir gestern das Wiedersehen gegönnt hat). Vorwürfe wegen des vergangenen Jahres in Nza'ag, weil ich Anstoß genommen habe an seinen Büchern im Wohnzimmer, weil ich ihm das Freijahr nicht gegönnt hätte und wegen der ironischen Bemerkung ‚mein treusorgender Gatte', als er in dem großen Regen mit einem Schirm zu spät kam. Er schiebt mir auch die Verantwortung dafür zu, daß er an mir hängengeblieben ist, damals, als Sechzehnjähriger. Ich hätte nicht ins Knabengymnasium kommen dürfen. Er sei in eine Falle gegangen und lasse sich ausnützen. Ich saß neben ihm, die weiße Nelke verblühte, und die Tränen rannen lautlos. Die Nacht war zerhackt in Traumfragmente; in den meisten kam derjenige vor, der mir gestern mit jedem Blick fremder wurde. Es blieb zu viel Ungesagtes, Unsagbares zwischen uns. Gefühle vergehen, Moral wird zum Gefängnis, ein Kind ist eine irreversible Realität, auch wenn eine Ehe daran kaputtgeht. Dieser Mann ist ein anderer geworden. Er ist nicht mehr der Einsame von einst, der sich verströmte, jesuanisch. Er ist ein Gescheiterter; aber er ist nicht mehr labil. ‚Sie ist wie eine welke Blume' sagt er von seiner Frau. Er hat eine Ruhelose geheiratet und muß nun den Vernünftigen spielen. Er wird seinem Beruf leben. Sein Unglück ist im Grunde nicht größer als Chrs Unglück mit mir. - Chr brachte mich zum Bahnhof. Unterwegs sagte ich ihm, ich wolle ein Jahr ins Grasland, um ‚zu schreiben'. Der Gedanke captivierte mich. Ich vergaß vorübergehend ganz Bethabara und was gestern war. Was ich zu schreiben hätte, wäre auch für den, der in meine Wissenschaft keinen Blick werfen würde.

Mutterhöhle. Abschied. Brüssel

29. 9. Kann mich mit dem Gedanken nicht befreunden, eine Notiz zu hinterlassen für den Fall, daß Chr und ich zusammen umkommen und keiner sich um den Nachlaß des anderen kümmern kann. Ich möchte noch so lange leben, daß ich meine Tagebücher zu Literatur machen kann. Es ist, als sei die Substanz meines Lebens in dem, was ich geschrieben habe. Aber dem ist doch nicht so. Das Glück, das zwischen Chr und mir war, ist sprachloser geblieben als das Unglück.
30. 9. Asti. Im Gästehaus, gegen Abend. Wie die Abschiede so sind, mit Rosen und Kartoffelsuppe und Sprachlosigkeiten. Und hier - warum muß ich immer so viel ausplaudern? Wen außer Chr gehen meine Graslandpläne etwas an?
Brüssel. Nachts. Chr kam mir am verabredeten Ort entgegen. Mit einer DC 10 fliegen ist kein schönes Gefühl. Als müßte so ein Riesenvogel eher vom Himmel fallen.

Aufstieg

ins Abseits
der Berge von Lah und der Literatur

Das dritte Jahr

Zurück

Das Flugzeug flog die Nacht hindurch. Es flog zurück ins bescheiden kleine, zum größeren Teile selbsterfundene Abenteuer der Lebensmitte. Als es landet, dämmert der Morgen. Alle Poren öffnen sich der innig zudringlichen, feuchtwarmen Umarmung der atlantischen Mangrovenatmosphäre Westafrikas. Zurück auf eine kühlere Halbhöhenlichtung im Regenwald und in das dritte Jahr einer *Valse triste* führen die Tagebücher.

Es ist wieder Oktober; es dreht sich um sich selbst, um Innerlichkeit, um Möglichkeiten und die schicklichste Art ihrer Verwirklichung. Es geht ins ungenau Entgegenkommende entlang am dünnen Faden, den ein Aprilabend spinnt und einfädelt. Eine Dreitage-Reise soll an den Ort führen, von welchem zu Ende des ersten Jahres ein buntes Bildchen in einem frommen Blättchen Kunde brachte: ins Abseits der Berge von Lah und musazeengrüner Tagträume.

Zunächst zurück nach Nza'ag. Während der ersten drei Monate blickt, nach verheißungsvollem Auftakt, mehr Resignation als Erwartung auf einen graurosa verhangenen Horizont. Auf ihn bewegt es sich zu in schwerfällig schleppendem Rhythmus. Begegnungen und Ausweichbewegungen: mehr denn je zuvor gleicht alles einem unentschiedenen Schwanken, einem müde vor sich hin torkelnden, einem traurigen Walzer. Darüber blinkt und blinzelt bisweilen der Abendstern, Astarte – ein trister Trost. Das Blinken im schwarzen Laub auf Pappe zu bannen läßt vorübergehend des Daseins Dürftigkeit vergessen. Dann endlich doch: die Reise nach Lah. Medusenhaupt und Muse. In dem halben Jahr danach bauen sich Stufen ins Offene nach einer Melodie, die eines Tages Ende Januar in einer Provinzstadt auf offener Straße überfällt und nachgeht. Zwei Monate lang schwankt es im Ungewissen, ehe im April ein Glücksfall auf die nächste Stufe hebt und zielstrebiges Planen über allerlei Ärger und Mißstimmung hinweg einen soliden Brückenkopf hinauf ins Grasland bauen kann.

Dreifacher Aufstieg

Den Aufstiegen des dritten Jahres war im zweiten Jahre vorangegangen ein gemeinsamer Abstieg in einen Gemüsegarten. Aufstieg bahnte sich an, als statt Gartenarbeit eine Beschäftigung auf höherer Ebene Verdienstmöglichkeiten schuf: das Entziffern einer Handschrift, deren bildungsfördernde Darlegungen auf einer Schreibmaschine ins Leserliche zu übertragen waren. Die Verlängerung der Übung durch anspruchsvolle Systematik, der Aufstieg eines Ehrbaren und Geachteten zum Privatsekretär, der sich auch weiterhin zum Gartengehilfen nicht zu gut war, bildete einen soliden Brückenkopf.

Mit dem Aufstieg in die Berge von Lah, im tropenheißen Dezember 81, beginnt ein Geben und Nehmen, ein Austausch von Träumen und Bedürfnissen, der einander Fremdes zu je eigenen, recht weit von einander abweichenden Zielen führt. Damit ist die Ebene dessen, was möglich erscheint, erreicht. Auf der einen Seite beginnt unmittelbar nach der Rückkehr von der Reise ein erster Versuch, das Erlebnis in seiner Zwiespältigkeit (die Muse als Meduse!) in die Gefilde der Literatur hinaufzustilisieren. Es beginnt das Schreiben an einem Roman, der ins Autobiographische ausufert: die Beschäftigung mit dem eigenen Leben als davongekommenem, gesellschaftlich aufgestiegenen und nach Afrika abgedrifteten. Auf der anderen Seite, derer der Leute von Lah und ihres ‚Sohnes', beginnt es, Erwartungen Ausdruck zu geben. Es beginnt ein nach außen hin gewiß löblicher, wenngleich in nachhinein betrachtet verstiegener Einstieg in ein gemeinnütziges Unternehmen, das andere ähnlicher Art nach sich ziehen sollte. Das rote Lateritgeschlängel einer alsbald wieder weggeschwemmten Trasse ins Straßenlose mag einer ganzen Generation in Erinnerung bleiben. Es wird ein Haus gebaut werden, ein großes, schönes, ein Palazzo unterhalb des Urhügels, auf dem sich schließlich, als es zu spät sein wird, das Häuschen erheben soll. Die Eremitage. Die Denk- und Schreibhütte, in welcher eine Graie an einer alten Schreibmaschine sitzt und geduldig vor sich hinklappert, was hier leicht und lautlos über den Bildschirm läuft...

Von diesen drei Aufstiegen (zum Sekretär, nach Lah, in die Literatur) liegen zwei seit vielen Jahren im Streit um den Vorrang im Blick auf Zukunft. Was wird sich als überlebensfähiger erweisen: die mündliche Tradition eines Dorfes, erzählend von einem gescheiterten Straßenprojekt und dem gelungenen Bau eines Großfamilienhauses nebst Häuschen gleich daneben, oder die selbstbezogene Verschriftlichung all der Umwege, die zu solchen Unternehmungen führten?

Das dritte Jahr der *Valse triste* sammelt mit dem ersten Besuch in Lah einen hibuskusrot und malvenblau gestreiften Luftballon voller Inspiration, genug für den Rest des Lebens. Das Wandern unter dem Harmattan verwandelt karge Landschaft in ein Orplid, das fortan ferne leuchten und zu immer neuen Besuchen locken, zu immer neuen großzügigen Geldspenden für gemeinnützige Unternehmungen bewegen wird; denn Wunsch und Verlangen gelangen ans Ziel: die Muse, deren Phantom im Regenwald nur therapeutisch Tagebücher füllte, läßt sich endlich fangen: eine kleine Humpel- und Schrumpelmuse mit großen Ansprüchen. Was wäre mehr zu wollen gewesen? Die Graslandmuse hat die Mehrzahl der Bücher, die seitdem entstanden sind, inspiriert, und dies hier soll das siebente und achte werden. Sie hat, innerhalb eines unaufgebbaren Ehegehäuses, von Anbeginn dazu verführt, das eigene kleine Leben nachdenkenswerter zu finden als Vorwelt, Mitwelt und Nachwelt (letztere ausgenommen allenfalls in skeptischem Hinblick auf mögliche Leser).

*

Nach Landung und Ankunft in der großen Stadt am Atlantik fand sich kurz Unterschlupf im Zimmer der Soror aus Nza'ag, im katholischen Gästehaus. Dann zog man um in ein *Foyer* und teilte sich da die knappen Unterkünfte, der Kollege Ehemann mit dem Fahrer des Landrovers; die Schwester mit der *Brüderlichen*. Am nächsten Morgen zum Flughafen, das Gepäck holen; Großeinkauf wie üblich und dann zurück und hinauf nach Nza'ag. Man kam an und der Himmel war klar.

Dann zogen die Monologe vorüber ...

Warum ist das dritte Jahr im Tagebuch fast so lang wie das erste und zweite zusammen? Vermutlich, weil das Wenige, das sich ergab, oder nicht ergeben wollte, eifrig gesammelt, weitläufig zerdacht und zerschrieben wurde. Das Tagebuch ist weiterhin Therapeutikum und Lebensersatz; es füllt des Daseins Mangel an Ereignissen und Erlebnissen mit Sprachmaterial aus. Selbst über das, woraus sich ‚Kleine Szenen' machen ließen, plätschert, kräuselt und rollt der Monolog, je nach Stimmung und Anlaß, durch die Tage und Monde hinweg.

Im Zeitgerüst der äußeren Ereignisse gibt es nur *einen* Orientierungspunkt: die Reise nach Lah. Davor an Ereignissen: zwei Hochzeiten, ein Fall von Fallsucht, Stolperunfälle, eine Exkursion. Danach: Einkaufsfahrten, Konferenzen und eine Großversammlung in der nächsten Kleinstadt; die Nachricht vom Tod eines Ehemaligen; des Feldforschers Abwesenheiten, Touristen aus der fernen Heimat und die Strapaze der Verantwortung für einen Landrover voller Exkursion in die große Stadt am Atlantik. Am Ende eine riskante Reise mit Überlandtaxis hinauf ins Grasland und zurück, ehe wieder ein Flugzeug abhob, um eine abermals allein Reisende zu Korrekturlesen und endgültigem Abhaken der Wissenschaft nicht nur, sondern auch zu einem Kuraufenthalt zusammen mit der Mutter und zum Spendensammeln für ein Straßenprojekt nach Europa zu bringen.

*

Über den dahinrollenden Monologen und Monden stand, bald sichtbar, bald unsichtbar, ‚Astarte ou le goût de l'absolu' – als Quintessenz einer Übergangskrise sowohl als auch hinsichtlich der Suche nach einem malerischen Sujet und zweiten Flügel eines Triptychons. Weder eine Zeile der eigenen Muse (‚...and led her captive'), noch die einer fremden, unbekannten (‚We should be to-ge-he-ther') eignet sich besser als Leitmotiv für das erste Viertel des dritten Jahres: für die Wartezeit bis zur ersten Reise nach Lah.

Die Vollendung eines Triptychons

Wäre das dritte Jahr der *Valse triste* im Regenwald allein aus der Erinnerung wiederherzustellen, es bliebe außer dem ersten Aufstieg nach Lah und dem Beginn eines unvollendeten Romans wenig mehr als der rechte Flügel eines Triptychons. Das Hochformat steht rahmenlos über dem großen Spiegel, der eine kleine Wohnung ins Virtuelle erweitert. Was sagt es dem, der von nichts weiß? Eine gekürzte Fassung der Bildbeschreibung aus dem Teil des Romans, der nach der Übersiedelung ins Grasland entstand, mag andeuten, was ein solches Bild einst an Unsagbarem ins symbolisch Verschlüsselte und hermeneutisch Offene auszudrücken versuchte.

Astarte – die Sternin steht übergroß und dicht am oberen Bildrande, achtstrahlig. Alles ist in türkisblaue Nacht getaucht. Ein zartes Orangerosé, ein bläuliches Lilienweiß und ein wenig peripher versprengtes Zitronengelb schwimmen darin wie verwehte Blütenblätter. Zwei bildbeherrschend hohe schwarze Bäume füllen die oberen beiden Drittel des Bildes; im unteren Drittel ist die Andeutung zweier Behausungen durch Fensterhöhlen, Tür, Treppe und Verandagatter ins Geometrische vereinfacht: Verfremdung allzu naher und bekannter Umgebung. Von links und rechts schieben sich spitzwinklig ineinander zwei Dreiecke. Ihre Überschneidungen ergeben zusammen mit Schrägparallelen und zusätzlichen Senk- und Waagerechten ein Vielerlei von Rauten, kleineren Dreiecken und Trapezen. Allein die Farbgebung läßt einfachste Architekturelemente erkennen. Aus der hohen schmalen Tür zur Linken fällt ein schmaler Streifen Licht auf die Treppe und teilt die Stufen in helles Steingrau und tiefes Brombeerdunkel. Weiter unten steht am rechten Bildrande das Fassadenrhomboid einer Behausung mit schräg nach hinten abfallendem Dach: wie eine Pappschachtel, in deren Stirnseite zwei Quadrate, perspektivisch zu Rauten verzogen, geschnitten sind: Fensterhöhlen, die eine petrolgrün verschlossen, die andere von sanftem Lichtschein erleuchtet. Zwischen den Hauskulissen liegt absinthgrüner Abgrund, darüber ein schmaler Lichtsteg von der Veranda zum offenen Fenster führt, dem Wehen eines pfirsichfarbenen Vorhängleins entgegen. Auf der Brüstung der Veranda blüht ein großer kugeliger Busch mit weißen Sternblumen, ihrer sieben. Die Blüten wirken zu groß, zu flach, zu aufgeklebt. Auch der Stern hoch oben ist zu gelb und zu dick geraten: künstlerisches Versagen, von einer Sonntagsmalerin wahrgenommen ohne Bekümmerung.

Neben dem Lichttrapez der Tür steigt, nicht breiter als eine der Verandalatten, kerzengerade empor der Stamm des einen der beiden Bäume: der schütteren Belaubung nach ein Eukalyptus. Dicht daneben steht breit ein ungefüger Thujabaum, mit dichten Laubmassen auf gedrungenem Stamm mehr als die Hälfte des Himmels ausfüllend, wurzelnd hinter (oder in?) dem Pappschachtelhaus, an der Ecke mit dem erleuchteten Fenster. Beiden Bäumen mangelt es an Wohlgestalt. Dem Eukalyptus fehlt es an Ausgewogenheit der Belaubung und Ebenmaß in der Rhythmik des Geästs. Dürftig, mager und mit ausgefransten Rändern wirkt er mißlungen, zumindest unfertig. Der Kunstversuch konzentriert sich im Wipfel, in einem Bilderrätsel. Da biegen Zweige sich so, da wuchert und lichtet Blätterwerk sich dergestalt, daß auf langem, schmalen Hals, von Haupthaar umlockt und leicht zur Seite geneigt, die Umrisse eines Gesichts sich andeuten im Dreiviertelprofil. Brauen wölben sich und die Rundung einer Schulter. Eine Baumgottheit aus archaischen Mythen? Über ihrem Scheitel schwebt fingernagelschmal eine Mondsichel. Auf ihrer linken Schulter steht der übergroße Stern und strahlt mit acht langen Strahlen. Sechs sendet er in den weiten Himmelsraum, zwei hinab zur Erde, je einen an den äußersten Rand der beiden Behausungen. Der Strahl nach rechts unten, nach oben hin die geneigte Stirn der Göttin und den Bogen der Mondsichel streifend, schießt quer durch das dichte Laub des Thujabaums, der auf flach gerundetem Wipfel kleingekrausten Laubes den nahen Glanz der Sternin wie ein Diadem in Demut erträgt.

Nicht allzu eng stehen die Bäume beieinander, und arboreske Anmut geht ihnen gänzlich ab. Mit Geäst und Laubwerk aber, so erbärmlich mager auf der einen, auf der anderen Seite kompakt und pyknisch, bringen sie einander in Bedrängnis mit dunklem Blattgewirr und so, daß zwischen ihnen ein breiter Streifen Verwirrung entsteht, dunkel wie der Abgrund, über dem brombeerviolett und mondsteingrau die Treppe schwebt, schwerelos wie der achtstrahlige Stern.

Astarte –? Ein Bildungsrelikt aus der Beschäftigung mit Altem Orient, unverbraucht, weder blond noch aus Marmor. Astarte hat schwarzblaues Haar und grüne Augen; in ihrem Blick funkelt ein *fascinosum tremendum*. Das Mädchenhaupt der Eukalyptin erinnert eher an Botticelli. Gewiß. Indes! Der Stern! Der Stern ist der Abendstern, ist Inanna, Ischtar, Astarte: ein Numen, eine Elementarmacht, gezähmt und veredelt durch Geist, Einsicht und Verzicht.

Astarte ou le goût de l'absolu
(Die Wochen bis zur Reise nach Lah)

Der schöne Augenblick und sein Vergehen
(Oktober)

Ankunft in Nza'ag.
*Er soll bleiben, wenigstens auf dem Papier: der schöne Augenblick. Wie alles zusammenspielte: ein Nachmittagshimmel, blau und klar wie frisch gewaschen; die blühenden Tulpenbäume, der Campus im grüngoldenen Licht der Übergangs*zeit, dazu das kleine kühle Bier auf den großen Durst und den leeren Magen: es versetzte in ein Hochgefühl des Nachhausekommens. Da, als man dabei war, den Landrover auszuladen, kam es langsam und im richtigen Augenblick den Agavenweg entlang, fast eine Wiederholung der Epiphanie vom Oktober 78. Von den Stufen der Veranda herab, noch in Reisekleidung, Nadelstreifenpolo, stieg – ? flog – ? warf? es sich einem Musazeengrün entgegen. Kein Blickwechsel, nur ein paar Höflichkeitsformeln, wie eine Isolierschicht, streng und geradlinig, wie damals mit dem Büchertisch dazwischen. Es ist alles schon zu nahe und zu verworren; aber Hände, zwei oder auch drei, gerieten zur Begrüßung ineinander. Eine Bewegung der Erwartung und des Entgegenkommens, die eben noch in den Rahmen des Geziemenden paßte. Ein Gruß zu Chr hinüber, Helfen beim Ausladen, die schweren Koffer und Kisten hinauf zur Veranda schleppend, von der herab – und wo war, was vor einer Woche und soeben noch nahe war? Es ist nicht vergessen; nur weit weg. Hier ist dürftiger Ersatz, aber er ist da und nahe.

Ich sitze auf der hinteren Veranda, wo in der Zwillingspalme die Webervögel schreien. Geduscht, im neuen, hellgrünen Nachthemd, dunkelbraun das Fledermausgewand darübergeworfen, sitze ich und schreibe den Augenblick fest. Es kamen danach andere zur Begrüßung, auch die Sue, die noch ein Jahr länger hierbleiben will, und ich ahne es: sie kann sich nicht losreißen, sie zögert die Zeit hin – wie ich.

Es war ein *Kairos;* ein plötzlicher Windstoß, keine Zeit für Zögern und Bedenken. Der Roman schreibt sich wie von selbst. Der doppelte Boden bebt vor Erwartung. Eine verheißungsvolle Ouvertüre. Ich möchte freundlich bleiben Chr gegenüber. Obstsalat, die Grillen, eine Mondsichel – Gewesenes versinkt.

Tage ohne Tagebuch.
Nachzuholen sind zwei Tage ohne Tagebuch: Vorgestern morgen das Klatschen des Regens auf die breite Veranda der Katholikenherberge; zuvor das übliche Schütteln der großen DC beim Anflug in der Morgendämmerung: die Wolkenmassen erst, dann der dunkelgrüne Moosteppich des Urwalds, die riesigen Bremsklappen; ich nahm mir vor, brav zu sein, mich nach innen zu verkriechen. Wenn man dann aus der Maschine steigt, wallt zwar nichts mehr auf beim Betreten afrikanischer Erde, aber es ist ein gutes, ein warmes Gefühl. Gestern nachmittag dann, liegend in Liegestühlen unter den Palmen des *Foyer,* der Genuß bloßen Daseins im Hinblicken auf das blaue Wasser des Schwimmbeckens und die schlängelnden Lichtreflexe. Ein Vogel schmetterte, er schluchzte und flötete wie aus dem Grammophon; die muslimischen Kunsthändler beteten auf ihren Matten. Und was da war, vor einer Woche in *Bethabara* – wo ist es? In welchem Limbus? (2.10.81)

Der Garten und Bethabara.
Für den Garten noch einmal denselben Gehilfen, trotz der unguten Erfahrungen vom letzten Jahr? Er kam von selbst. Muß nicht ein Darlehen abgearbeitet werden? Chr kam gutwillig mit; man besichtigte zu dritt das, was aus der Wildnis schon herausgearbeitet worden ist. Zurückhaltende Freundlichkeit. Alles ist leise getan. Alles ‚wie innen im Traume'. Kein ‚Thank you for the parcel'. Die Sprache rührt es nicht an. So lebe ich in drei verschiedenen Gemächern. Chr ist da und ohne ihn wäre auch anderes nicht. Seltsam ist, wie das Nahe sich wieder entfernt und verblaßt und leise wegstirbt. Es war doch da und ist gerade einmal eine Woche her. Es ging neben mir und ich zog es am Jackettärmel hoch, als es längs der Böschung das Gleichgewicht verlor und abglitt. Beim Abschied entzog die Hand sich schneller als erwartet. Der Blick war abwesend; er richtete sich starr

und steril geradeaus, um nichts sehen und vor allem: nichts erinnern zu müssen. Ich sehe alles noch vor mir, aber es ist wie auf einem anderen Stern. Und hier nun, kaum zurück, war *das Phantom* wieder da, und es warf mich ihm entgegen. (3.10.)

Ein Silberkettchen.
Sonntagsaufzug wie für die Oper. Eine blütenweiße Satinbluse mit Volants, ein langer schwarzer Rock mit Straßschnalle am Gürtel; um den Hals ein Silberkettchen aus dem Kaufhaus; solche Äußerlichkeiten erzeugen Wohlgefühl nur hier in Afrika. Chr machte auf Wunsch eine Aufnahme, nachdem ich durch die Öffentlichkeit gerauscht war. Wo bleibt die Muse, nachdem die Wissenschaft erledigt ist? Das Tagebuch ist bis zur Unwahrhaftigkeit selektiv und subjektiv. Die Außenwelt fehlt, alles ist nur Stimmung und ein Kreiseln um das eigene Selbst.

Eine Hochzeit. Erinnerung und *Aidos*.
Man saß drüben feiernd beisammen, ich ohne Trinkglas, bis mir einer eins brachte, bemalt mit Blümchen. Die Adjektive ‚höflich, hilfsbereit' würde Chr ersetzen durch ‚sich Liebkind machen'. Aber ich notiere auch wieder Abstoßendes. Da kam zum Beispiel einer mit den eingesammelten Gaben angetanzt, buckelte den Rücken, streckte die Armen weit vor und schob das Gesäß rhythmisch vor und zurück – so widerlich, daß ich wegsah. Und während ich es schreibe, fällt mir ein, was ich vor acht Tagen (außer den nackten Augen) verdrängt habe. Es roch nämlich übel aus dem Munde, der bei Tisch zu mir her sprach. Der Atem war abstoßend. Ich wollte es nicht wahrhaben, nicht aufschreiben. Da steht es nun. Es gibt Dinge, die den Weg ins Tagebuch nicht finden. Auch Eheliches. Es beleidigt den Geist und das Selbstbewußtsein; es widersteht einer *Aidos* mit Omega. Eine Sache der Ästhetik mehr als des Ethos. Es gehört in den Bereich der Peinlichkeiten und der Selbstachtung.

Besuch in Lah in Gefahr?
Erste Verstimmung, verursacht durch Chrs wortloses Aufstehen vom Abendbrottisch, an den wir uns soeben gesetzt hatten, und seine Weigerung, dem, der da im unrechten Augenblick kam, uns zur Rückkehr zu begrüßen, zu antworten. Peinliches

Schweigen, bis ich sagte. ‚You can come later'. Er zog sich schnell zurück. (Zwei andere tauchten zu gleichen Begrüßungszwecken heut morgen um 7 auf, als wir noch im Bett lagen.) So ist das mit dem Kairos. Er kam dann später ins Arbeitskabinett, und ich holte Chr, der eigentlich keine Lust hatte. Saß man zu dritt im harten Licht der Aladinlampe, der Besucher sprach sehr leise, bisweilen verstand ich kaum. Zwischen zwei Sätzen: ‚Thank you for the parcel'. ‚I hope, Mr. K'm has also received his.' Als die Rede auf den Besuch in Lah kam, fragte Chr, ob ich nicht alleine gehen wolle. ‚Well, I would find it a bit awkward.' Er klebt an seiner Wissenschaft, will die paar Tage nicht opfern. Es sah einen Augenblick so aus, als sei der Besuch in Gefahr. Eine ruhige Stimme sagte: ‚I have told my people' – heißt doch wohl: man trifft schon Vorbereitungen. Es stiegen ungute Gefühle auf. Ich könnte wieder anfangen, zu drohen. Allein nach Lah, es würde in Verlegenheit bringen, mich und andere. Das also wäre das Exposé der Probleme der kommenden Monate. (4.10.)

Ein Kind stürzt. Lektüre Künstlerboheme. Der Regen rauscht, es ist sehr düster; aber ich bin froh, daß es Tag geworden ist und die schlimmen Träume der Nacht vorbei sind, die ich nicht aufschreiben mag – Tod und Tragisches ohne das überirdisch milde Licht des Abendsterns. Es gibt Grund genug, Gott zu danken, aber ich weiß nicht, wie. Dafür, daß gestern bei dem Sturz von der Küchentreppe nichts Schlimmes passiert ist. Ich möchte den finster-furchtsamen Blick der Mrs. Mt vergessen, die heut mit den gestürzten Kind in den Schwesternbungalow ging und nicht grüßte. Als ob Gedanken Macht hätten. Das Kind war mir gestern tatsächlich lästig. Und dann war es, als hätten meine Gedanken es von der Treppe gestoßen. – Alles andere spielt sich ein, auch in der Kapelle, sanfte Gewohnheit, leise, friedlich; das Brot ging ringsum, ein Tropfen Wein genügt, um geistesabwesend zu machen. Gott vergebe mir Sünden, die er besser kennt als ich. Sie finden alle nur in Gedanken und vor einem empfindlichen Gewissen statt. – Ich lese Mitgebrachtes: Künstlerboheme, Fin de siècle: die Gräfin Reventlow, die Lasker-Schüler. Wozu? (6.10.)

Stimmungsbilder.
Vor noch nicht einer Woche war der glückliche Augenblick. Seitdem nichts. Nur die alten Ärgerlichkeiten rund ums Haus. Um sie zu bestehen, brauchte ich das Schöne, das sich nicht zeigen will. Das den Blick verhüllt und sich entzieht. Bleibt nur der Genuß von Fruchtsalat und heißem Tee. Die Wolken ziehen abendlich leise und leicht an den Hängen des Berges hin; die gelben Guaven leuchten in den dürren Bäumen. Das Schöne ist das Unverbindliche, das schillernde Spiel der Seifenblasen, die jeden Augenblick platzen können. Zwei Jahre, zwei Gemälde, zwei Gedichte. Was wird das dritte bringen?

Mondnacht, unausweichlich.
Dünn und lau ist die Mondnacht aufgebaut; ist die lange Weile eines Abendvortrags abgesessen, auf daß danach bei der Übergabe zweier Arme voller Bücher Unausweichliches sich ergeben mag. Der Dandy kam dazwischen. Dann wieder Mondlicht, so unaufdringlich wie ein höflich zurückhaltendes Lächeln im Zurücktreten. Der Zauber rinnt wie aus flachen Opferschalen, dünn und lau. (8.10.)

Wiederholungen. Mondnacht zu zweit.
Das Ritual morgens in der Kapelle, eine kühle Selbstverständlichkeit, in schicklichem Abstand. Was liturgisch abgespult wird, ist ohne Bedeutung. Einzig der Augenblick, da ohne eine Wendung des Kopfes wahrnehmbar wird, daß ein bestimmter Platz in der Nähe in Anspruch genommen wird, ist wert, daß seiner Erwähnung getan werde. Es ist wie das Taugefunkel im fiedrigen Laub des Blütenbäumchens vor dem Haus. Zum ersten Male sehe ich, daß an den Hängen des Berges der Wald in Wirbeln wächst, wie Grünkohlrosetten und wie von van Gogh gemalt. Wert, festgehalten zu werden ist auch, daß Chr gestern mit mir im Schatten der Mondnacht saß, obwohl es keine eingebildeten Heimlichkeiten zwischen uns gibt, keine Spinnwebfäden glitzernder Empfindung. Sein Dasein ist gut und tröstlich und das Wesentliche. Güte Gottes, die auf eine schwierige Ehe tropft. Er ist dabei, eine Hochzeitspredigt zu schreiben. Beide Brautleute macht das Heiraten offenbar krank. – Abends, Beethoven, Bier und diverse Lektüre. Ich warte unbestimmt auf Inspiration aus einer bestimmten Gegend. (9.10.)

Dandy-Hochzeit und *couleur moutarde*.

Zum Teufel mit all den Film- und Frauenbüchern; sie sind so schlimm wie Feuilleton und Fernsehen; sie dörren das Gehirn aus, sie veröden die Seele, sie fressen Löcher in die Zeit. Ein paar Aphorismen für die nächste Hochzeitsfeier! Oder auch nur notieren, daß jemand vorhin in die Küche ging, um den Spaten zu holen, um am Vormittag dieses Hochzeitstages ein wenig im Garten zu arbeiten. – Das war's, und Chr erzählte mir soeben die ganze Wahrheit über die ‚Malaria' der Braut. Hat eine taktvolle Predigt darüber hinweg gehalten, und der Bräutigam mit seinen Faxen wischte alles fort, mußte eine Schau abziehen. Mein ‚advice' war kurz und provokativ. Eine andere Lehrerin trat auf, nannte den Dandy ihren ‚Sohn' – aha, dachte ich, so ist das mit den frustrierten Pädagoginnen, wenn ihnen Attraktionen wie diese in den Weg laufen. Eine andere Nicht-Erwählte sang ‚What a friend we have in Jesus', auch recht beziehungsreich. Einer der *best men*, arrogant und freimütig, trat in malvenfarbenem Westenanzug auf. Die Sensation für mich jedoch war ein neuer senffarbener Anzug, auch mit Weste. Ich dachte, ich seh' nicht recht. Dieser Clown, dieser Strohsack – auf einmal ein Mann von raffinierter Eleganz. Woher das Geld, sich so etwas schneidern zu lassen? Ich konnte kaum hinsehen, mußte aber hin und wieder doch, um nicht aufzufallen durch Ausweichen. Ein Zauber kann bisweilen allein darin liegen, daß etwas sich vorenthält, als sei Unschuld sich ihres Verlustes bewußt geworden und versuchte, etwas rückgängig zu machen. Meine Lustlosigkeit saß schwarz und aschlila und mit strähnigem Haar neben Chr; eine fade Stimmung, vagabundierend durch das gleichgültige Vorhandensein der vielen Leute, zwischendurch schielend nach einem Dreiteiler *couleur moutarde*. (10.10.)

Sonntags im Seekisteneck.

Bei Kakaolikör ein Gespräch: über die vergehende Zeit und das Ungleichgewicht zwischen uns hinsichtlich des Interesses anderer. Chr sagt, er möchte auch für mich interessant sein (und nicht nur für seine ‚Freundinnen'). Wir reden Witziges und Melancholisches, Vorwurfs- und Verständnisvolles an einander hin. Der Reise nach Lah in den Weihnachtsferien scheint nichts mehr im Wege zu stehen. Ein Wissenschaftsverhafteter will sich vier Tage freinehmen. Hat er sich nicht zehn Tage für Japan freigenommen? Mir fehlt der Mut zum Alleingang. Es geht darum, das Dekorum zu wahren. Niemanden in Verlegenheit zu bringen. – Im Traum eine Siegessäule, die schräg in den Himmel ragte und auf der steinerne Figuren, Ritter oder Clowns, sich artistisch bewegten. Am Fenster eines Hochhauses stand ich, eng umschlungen von Ritter oder Clown, jedenfalls so, daß es sich ungehörig anfühlte und ich es beim Erwachen nicht wahrhaben wollte. - Drüben spielte der Frauenverein die Potiphar-Episode, und ich saß da. Das eigentliche Drama bestand darin, daß danach im Gedränge an der Tür ein höfliches Lächeln sich ergab. Hinter mir, als ich mich nach Chr umwandte, stand der athletisch Schöne und machte ein Gesicht, als dürfte er nichts gesehen haben. Das Abendlicht verglüht. Wieder ziehen die Wolken am Berg entlang, sehr tief, aufgelockerte Nebelmassen. Was nicht in meinen Tagebüchern steht, wird dermaleinst nicht mehr gewesen sein. (11.10.)

Altweibersommer.

Worauf warte ich? Auf ein Vorüberwehen, einen Anhauch. Auf ein frühlingisches Grün, ein Musazeengrün, das über den ganzen Campus leuchtet, schräg über das Fußballfeld von drüben herüber alle Hecken überspringt bis herauf zu meiner Veranda. Wenn es auch nur die Vorstellung wäre, daß eine Matte geflochten wird, oder daß, wenn ich den geraden Fußpfad entlang zur den Frauen rausche (die ich heute noch abfüttern muß), quer dazu glitzernde Fäden von Altweibersommer über den kurzen Rasen und die kurze Entfernung ziehen, klebrig, gewiß, aber feingesponnen und immer diskret auf gute Vorwände bedacht, dann – aber.

Abendstimmung.

Es wurde Abend mit leuchtenden Farben, goldgrün, orange, violett, durchsichtig wie Eis, eine euphorische Abendstimmung. Ich ging in den Garten, ein paar Mohrrüben zu säen und ein Vielleicht zu pflücken. Es bastelten da zwei mit Bambus und Buschmesser herum. Den Benjamin bemerkte ich zunächst nicht, er hockte jenseits des Zaunes. Beide sehr zurückhaltend. Zu dritt ist man in einem abgelegenen Winkel immer sicherer.

Einfühlung.
Wie gut ich mich einfühlen kann in allerlei Zwiespälte und Verdächte jenseits der Hecke. Man hat mal ein bißchen getanzt; man kümmert sich im Krankheitsfalle; man hat dies und das und einen Plüschpullover geschenkt bekommen. Schließlich auch noch ein Nadelkissen zum Geburtstag. Es piekst. Man muß das Schicklichste und Vorteilhafteste daraus machen. Am besten Schulden. Und wo bleibt der Besuch der Muse? (12.10.)

Einkaufsfahrt ins Tiefland.
Es muß wohl notiert werden, die Fahrt hinab in den Dampf der Kleinstadt, widerstrebend einer ungenau definierten Pflicht gehorchend, und das Warten auf den Postsack im hellblau getünchten Kabuff des Postamtes, wo von fünf Grazien nur eine arbeitete, die anderen herumhingen oder palaverten. Wie da eine Weiße von der Dienstgnade der Schwarzen abhing. Dann das hamsterartige Einkaufen, Obst vor allem; das Gehalt abholen, die schusselige Soror. ‚Du hast doch das Geld?' Sie hatte es nicht. Unterwegs, zurück in den Bergnebel und den Regen, kam das Niesen. Die Piste nach Nza'ag, das muß man eben erlebt haben, die Ästhetik der breiigen Löcher, der schlammigen Fahrrinnen und wie feinfühlig der junge Mensch am Steuer das Fahrzeug beherrscht, wie er es gängelt – hinein in den tiefsten Schlamm, denn da kann nichts mehr umkippen, nur steckenbleiben. Es ging aber immer wieder zielstrebig hinaus, und der Dieselmotor jaulte in allen Tonlagen. Das Fahrzeug eines Honorablen war unterwegs steckengeblieben. Ich und ein gesunder Egoismus befahlen Weiterfahrt statt zu helfen. Dank an den Fahrer, im Mai losgekauft aus erpresserischer Untersuchungshaft. Durst und Hunger, Trinken und Essen und ein freundlicher Ehemann, der ausnahmsweise einmal die Dusche aufhängt. Der gute Schlaf danach. (13.10.)

Hausfrauenarbeit. Puritanismus.
Heut morgen begann der Koch, ein treuer Diener seiner Herren, überaus pflichtbewußt und zuverlässig, beim Decken des Frühstückstisches zu delirieren und mußte mit Malaria in die Behelfsklinik gebracht werden. Die eingeweichte Wäsche wusch eine Lohnarbeiterin; aufgehängt hat sie und alles übrige an

Haushalt besorgte eine – nun, welche Selbststilisierung würde den Kontrast erhöhen? Die Frau des Hauses dient notfalls als Hausfrau, denn des Hauses Herr ist mit Wissenschaft beschäftigt. Er hatte kurz zuvor über die teuren Schuhe und Hemden der Stipendiierten meditiert. Daß ein Armer sein bißchen Geld für einen teuren Anzug ausgibt, ist das nicht aristokratisch empfunden? Wir hingegen empfinden puritanisch-kleinbürgerlich. Können freilich auch Almosen an Ärmere geben, weil wir nichts an Kleider und Schuh verschwenden, allenfalls an Bücher und Likör. – Was gegen Abend aus dem Garten kam und durchs Gezweig des Blütenbäumchens entschwand, war umrahmt vom Wohnzimmerfenster, umrankt von abwärtsschweifender Stimmung, nahe an einem Achselzucken. (14.10.)

Etwas wie ein Webervogelnest.
Ein Geheimnis müßte man haben. Etwas wölbig Gewobenes, etwas wie ein Webervogelnest, das im grünen Gefieder einer Zwillingspalme schaukelt. Etwas Dunkles und Warmes, in das hinein man sich verkriechen könnte. Etwas rundum gut Geschlossenes mit winzigem Schlupfloch und innen ausgepolstert mit ein paar Plüschfetzchen von einem nougatfarbenen Pullover und dem dünnen Gefaser einer lyrischen Stimmung. Eine Höhlung, die Rückzug ermöglichte aus flirrender Vernunfthelle und klirrender Verstandeskälte. Das fast neue Zeug, das ich verschenkt habe, Ende Juni: es ist geradezu peinlich, auf fremder Haut zu sehen, was die eigene noch nachfühlt. Eine Wahrnehmung, die sich selbst verneint. (15.10.)

Sachlichkeit und Gnade.
Schweigende Nähe kann bedrängen; sie muß schon im Näherkommen abgefangen werden. Nur nicht das in Worte fassend, was bei unbefangenem Wohlwollen am nächsten läge. ‚This pullover fits you well' – es ginge zu nahe, hautnahe. Es ging um Sachliches, um eine Diplomarbeit und ein Darlehen, um Schulden. Es ist schwer, die richtige Mitte zwischen Großzügigkeit und Kleinlichkeit zu finden. Das eine könnte als Schwäche und Bevorzugung ausgelegt werden, das andere wäre ungerecht. Ungerecht allen anderen gegenüber. Es wäre die Ungerechtigkeit der Gnade. (16.10.)

,Neue Literatur der Frauen'.
Wozu lese ich das? Alle diese promovierten Studienrätinnen, die schreiben können und daher meinen, sie hätten auch was zu sagen. In welcher Ecke stehe ich, mit dem Gefühl, in den Schwällen, den Sprach-Wassermassen der eigenen Tradition zu ersaufen? Der Sprung ins Abseits, in afrikanische Urwaldaskese hat nur dazu geführt, kriselnde Innenwelt in exotischer Außenwelt zu kultivieren. Der ganze europäische Kulturjahrmarkt, der ganze Literaturtrödel – was soll's? Schreiben können sie freilich alle; es ist ein pralles Wörter-Wein-Lese-Fest, ein Karneval der Einfälle, die Metaphern werden wild, kippen aus den Analogien; man berauscht sich und verschluckt sich an ihnen. Man giert mit zitternder Seele danach wie nach einer Droge. Frißt sie und vergißt sie wieder. Derweilen ließe sich leben von einem freundlich versonnenen Lächeln, das der Augenblick im Vorbeigehen gönnt. En attendant - als Probestück einen Rundbrief für ,den Anderen' schreiben? Wieviel Zeit ist noch ab Mitte Vierzig? Man muß auch essen und schlafen, darf den Beruf nicht vernachlässigen und muß als Frau zudem noch in die Küche gehen, wenn der Koch krank ist.

Eheliches Gemisch. Abendliche Veranda.
Wann werde ich es konturiert ins Gefühl und in den Griff der Sprache bekommen: daß ich solch einen Mann zum Manne habe: solch ein Gemisch aus Herzensreinheit und Dreckelei, gutem Willen und Schusselei. Das Ehe- und Alltagsgerangel ist kein Stoff für Literatur; es ist bisweilen ein Trampolin ins Absolute der Innerlichkeit, die nur ein paar Impressionen von außen braucht, um Blüten zu treiben, die ich dann hier im Tagebuch plattdrücke. Es genügt zum Beispiel, wenn gegen Abend an der Treppe zur Küchenveranda der Eindruck von etwas wie der unausgesprochenen Frage: Woran bin ich? entsteht und sich von unten herauf entgegenhält, und wenn es dann glückt, ins Hinweggehen die Andeutung eines Lächelns hinabzuträufeln. Damit entferne ich mich dann in Richtung Papier und Sprache. Ich möchte aus einem Beinahe-Nichts etwas machen – in die blaue Luft greifen wie in einen Zauberzylinder und Wolken ziehen und Sterne glitzern lassen. Wie wenig war das Wenige in dem Päckchen vom Juni hinüber in den Juli? (17.10.)

Sonntagslangeweile.
Zurück von der Kultübung: das Gehampel der Offiziierenden, der Versuch, zu formulieren. ‚Der Blick zwängt sich durch die Reihen der Versammelten; zwischen ihren Köpfen und Kopftuchdrapierungen drängelt er sich hindurch und stößt an einen kleinen Rundschädel mit beginnender Glatze, weicht zurück, irrt umher, streift ein Viertelprofil, gleitet hin an der sanften Wölbung einer Augenmuschel, an Jochbeinabhang und Wangenflanke.' Es divergierte durch die Liturgie und hinaus in die Eukalyptusbäume, wie üblich; es schaukelte sich auf zu Tanzträumen. Noch einmal. Der Gedanke wird zum Gefühl, es steigt daraus ein Bild, eine Szene, eine große öffentliche Festlichkeit und ein Rhythmus als Himmelsleiter, von der es abstürzt, sobald die Trommeln schweigen. Chr neben mir, blond, schmal und gesittet. Ein Juwel in Blechfassung. So verging die Zeit. Unter der Flüchtigkeit eines einzigen Blicks glitt es verzichtend hinweg. Helle Voilevorhänge vor einer dunklen Fensterhöhle: ein Luftzug wölbt sie zur Metapher für Seelensubstanz, die spüren läßt, daß etwas noch da und lebendig, dessen Wortkörper mir jedoch zuwider ist: ‚Sehnsucht'. Trotz Johann Wolfgang. Es ist zu tief gesunken.

‚Tat twam asi' und Wegrand.
Lustlos lesend lag ich, das neue lindgrüne Nachthemd übergeworfen, nachmittäglich abgedunkelt auf dem Bette, als es kam, lautlos, schmerzlos und sich nebenbeiläufig bemerkbar machte, ein Tat-twam-asi-Erlebnis, unwirklich, fremd, aber nicht mehr als Beleidigung des Geistes empfunden. Bald werde ich's hinter mir haben. Und nun, was suche ich in den zigeunerhaft bunten Phantastereien der Lasker–Schüler? Es gibt nur weniges, das mir zusagt. ‚Ich bin dein Wegrand. Die dich streift, stürzt ab.' Das ist viel behauptet im Hinblick auf einen wie Benn, aber sonst und an sich eine abgründige Metapher. (18.10.)

Englischer Park. Tournaille.
Ich wollte doch schreiben; aber wohin haben sie sich verflüchtigt, die exquisiten Gefühlsnuancen, die Differenzial-Gedanken und prickelnden Metaphern? ‚Augen, glänzend wie Sommernächte' – leider kann man da nicht ohne weiteres hineinspazieren, wie in einen englischen Park, nackten Fußes sozusagen,

umflattert von den leichten Gewändern einer unbekümmerten Kaprice. Es lauern im Gebüsch die Wachhunde des Argwohns und des Wissens darum, was sich gehört und was nicht. Wenn Augen schilfumstandene Teiche wären, müßte man sich noch mehr vorsehen, um nicht hineinzufallen ‚aus Versehen'. – Was geht mich die Tournaille an, lauter ältere, resignierte Herren, und das Theater drum herum. Mich interessiert das, was *nicht* stattfindet. Was sich nur umspielen läßt in neuen und alten Variationen. Kongruenzen der Bewegung, selbstbeherrschtes Ausweichen. In den Herzkammern gärt der herbe Wein des Verzichts. (19.10.)

Das Datum der Reise nach Lah.
Den Augenblick auszukosten ist untersagt. Aber nicht nur alle kostbaren Worte entfallen; auch das Seidenpapierknistern einer exquisiten Stimmung läßt sich sozusagen von selber in den Papierkorb fallen. Es bleibt nur gesteifte und glattgebügelte Sachlichkeit. Selbige steht bei Nacht im hellerleuchteten Eingang drüben, wo um die Neonröhren wie betäubt große Käfer schwirren. Sie taumeln um die nüchternen Reden derer, die da stehen, und fallen tot zu Boden. Einer fällt auf den Kragen eines weißen Pullovers, eine Hand von gegenüber streckt sich aus und nimmt ihn von daselbst bedachtsam hinweg. Es ging um das endgültige Datum der Reise nach Lah: wenige Tage vor Weihnachten. (20.10.)

Sand statt Sinn. Volleyball-Magie.
Nichts gelingt mir. Hinter dem Pult rede ich mit leiser Stimme Sand statt Sinn. Wieder ein Text über die ‚Liebe'. Das ewige Charity-Charivari darüber macht mich schläfrig. Da streue ich doch lieber Sand in die Augen. Ein neuer Schal, weiß-schwarz-grün und sichtbarlich handgestrickt, erregt ein kleines Mitgefühl mit der armen Sue. Ansonsten – müde und irritiert. Dogmatik inspiriert nicht mehr. Ein Gefühl, als ob alles, was da ‚wonderfoolish' wäre, entrieselte. Gleichzeitig wächst mir zum ersten Male der Schreibtisch über den Kopf. Da tut es gut, auf einem bereitgestellten Stuhl zu sitzen und dem Volleyballspiel zuzusehen. Einer, der sich wohl zu alt fühlt, um mitzuspielen, erhob sich, lehnte sich seitwärts an einen Baum und hantierte

mit Stöckchen und Gras. Ich wunderte mich, bis der Kollege Prinzipal mir erklärte, es spielte da einer ‚magician': er versuche, durch Zauberei das Spiel zu beeinflussen. So wird aus einem religiösen Ritus ein Jux. Zauberfäden sind ganz hübsch und lieblich anzusehn, wenn sie in einer leichten Brise wehen und nichts als glitzern. Sobald sie verfangen und wofern es darum ginge, absichtlich einzuwickeln, fühlt es sich nur noch klebrig an und peinlich. ‚Has your magic worked?' ‚Oh yes.' Das Lachen war etwas zu laut.
              Ausdünnung. Mißgestalt.
‚Wie leblos fallen wir einander in die Augen': es läßt sich allenfalls zitieren. Es formt sich nicht einmal eine Andeutung von Empfindung. Es dünnt alles aus zu dünnen Armen und dürren Fingern, die nichts fassen, nichts begreifen dürfen oder können. Es wird Morgen, es wird Abend; ein Tag nach dem anderen vergeht und ich komme zu nichts als diesem Gekritzel. Weiß nicht einmal mehr, was sich noch reden ließe. Auf der Suche nach Impressionen trifft der Blick vielleicht auf den Dandy: Eleganz in nachtblauer Weste; ein Schöner, rank, schlank und gewandt. Und gleich daneben hockt das großformatig Mißratene, begabt mit weder Gestalt noch Schöne. Wenn da wenigstens ein Hauch von *redeeming grace* aus abgründig dunklem Blick, umflort von Tugendbatist, zu finden wäre; wenn etwas Nixen- oder Seepferdchenhaftes emportauchen würde bei Mondschein und Grillengefiedel – nichts. (21. 10.)

           Langeweile, Schwarz und Silber.
Wie mit ‚Zauberfäden' und als ob da einer mit Gräslein hantierte, zieht es mich fort aus der Soror Plunder-Kaffeeklatsch der Weißen mit ihren Sprößlingen. Es zieht mich ins Jenseits, aber in Wahrheit ist es die schiere Langeweile. Ein langer, selbst ein nichtssagender Blick, der mich da herausgeholt hätte, wäre auch denkbar gewesen. In der neuen schwarzen Bluse fühle ich mich wohl; das Silberkettlein fühlt sich da auch wohl, ein glitzernd Schlänglein um einen alternden Hals. An kühlen Tagen trage ich ein langärmeliges Hamlet-Schwarz lieber als einen Pullover aus Plüsch und Rosenholz. Mein Kommen verursachte eine kleine Unruhe unter denen, die im Jenseits saßen und lasen; ich stellte mir, mit Journalen beschäftigt, vor, wie es wäre.

Wie es wäre, wenn ein Gesicht aufsehen und sich zuwenden würde, gelassen, langsam und so lange, wie es eben noch möglich wäre; ein Augenblick, losgelöst von allem, was Leiden schafft, ledig aller Bedürftig-, Ärmlich- und Erbärmlichkeiten. Auch der des Geldes und der Abhängigkeit davon. Die Gartenarbeit: Vorwand, Schulden zu machen und nur eine symbolische Kleinigkeit davon zurückzuzahlen. Wäre Schuldenerlaß unmoralisch? Ungerecht anderen gegenüber? Wäre es vielmehr eine Verpflichtung? In großem Überdruß alles hinwerfen, Hier! Ich brauche es nicht. Gibt es eine Resignation Gottes, die dem bedürftigen Geschöpf alles hinschmeißt, selbst das bedürftige Leben, nur nicht die eigene Macht und Herrlichkeit? (22. 10.)

          Lebensentzug, tropfenweise.
Es ist, als wichen alle Lebensgeister. Nicht weil am Vormittag etwas wie ein Blitz einschlug und den Benjamin traf; ein Vorfall, der in ungewohnte Geschäftigkeit trieb. Es ist, weil vorhin ein gelbes Taxi, besetzt mit einer Gruppe in blauen Vereinskappen, zum Dorf hinausfuhr. Matt und lustlos sitze ich hier und kritzle. Es ist, als hinge das Leben am Tropf und als sei dieses tropfenweise Leben entzogen worden. – Abends. Frau ‚ermannte' sich, ergriff die Gießkanne, tat die Arbeit, für die ein Abgereister bezahlt wird, spürte den Schweiß im Hemde rinnen und fühlte sich wohl. Erfahrungsweisheit für einen iambischen Trimeter mit gnomischem Aorist, des Inhalts: Wer kör/per-lich/ hart ar/bei-tet/, vergißt/ das See/ len-weh. (23.10.)

       Literaturkritik und Lyrik am Sonntag
An diesem großen Cocoyam-Dankfest bleibe ich nun wirklich einmal im Hause und in den Räumen der Innerlichkeit, nachdem ich gestern schon den ganzen Tag herumgegangen habe. Chr, verschnupft und verstimmt, hat auch keine Lust auf den rituellen Rummel, geht jedoch aus Pflichtgefühl. Ich, mich versteifend in ein Gefühl evangelischer Freiheit, gehe nicht. Ich lese Literaturkritik, was es da so gibt an Frustbeschreibungen; typisch bürgerlich-individualistische Friedensliteratur. Und mir, im Regenwald Afrikas, fällt auch nichts Besseres ein. Was in der Lyrik herumwimmelt, vor allem Brecht- und Benn-Epigonen, ist auch nichts Rares. Da las ich still meine eigenen

vier, fünf Poemata und fand sie gut – für meine Ansprüche. Meine abendländische Innerlichkeit, umstellt von exotischem Dekor. Dann las ich: ‚Sie alterte tapfer vor sich hin' (Walser, Ein fliehendes Pferd). Ich bedarf vorerst fürs Altern noch keiner Tapferkeit und keines Vor-mich-hin. Dafür bin ich noch zu sehr beruflich aufgeputscht. Für die kultivierte Ehemisere genügt ein schmutziges Handtuch neben einem verdreckten Waschbecken, das zu stinken anfängt und das ich kommentarlos entferne – das Handtuch. Da können auf engstem Raum Welten einander so fremd sein wie sonst nur zwei Kulturen.

Umrisse eines Romans.
Im übrigen meditiere ich über die vierfache Wurzel einer Unmöglichkeit. Die erste, die stärkste, die Pfahlwurzel müßte die äußere Form der Ehe sein, Krise hin oder her. Etwas wie ein eiserner Ring um das Dasein, zumal das einer Weißen hierzulande. Eisen hält, auch wenn es zu rosten anfängt. Die anderen drei Wurzeln sind schwächer; sie haben es der Romantikerin Mireille nicht verunmöglicht, das Abenteuer zu suchen und zu durchleben bis zum bitteren Ende. Sie war freilich nicht bedeutend älter als der Erwählte. *Sie* war auf jeden Fall besser situiert als *er*, hatte mehr Geld zu Verfügung und konnte mit Europa locken. Das Wirtschaftliche, verknüpft mit der gesellschaftlichen Stellung, wenn diese etwa gleich ist, kann ein Anreiz sein für die andere Seite. Das schwächste Würzelchen ist inzwischen das, was einst die stärkste Verwurzelung im Unmöglichen war: der Kontrastreiz der Epidermis. Dieser Lockung des Exotischen ist Mireille erlegen. Dabei kann, zumal wenn Zufälligkeiten zu bedeutungsvollen Ereignissen hochstilisiert werden, der eine oder die andere sich in Illusionen verrennen. Der Roman müßte alles zergliedern, was an Syndromen in Frage kommt. Schade, daß man sie nicht ausfragen kann. Es läßt sich freilich das meiste vorstellen. Die innere Leere, als sie ins Land kam; die Bereitschaft für einen Neuanfang, die Gelegenheiten, die anfänglich harmlosen Wünsche, auch Mitleid vielleicht und bisweilen *un certain sourire*. Wenn es zudem ein stilistisches Experiment sein sollte, dann dürften so wenige Namen und Personalpronomen wie möglich vorkommen. Damit entfiele auch eine Rahmener-

zählung. Tatsachen müßten in den Konjunktiv oder in Negationen aufgehoben oder lyrisch verschlüsselt, mit Metaphern umspielt werden. Die Sprache müßte das Faktische in die Schwebe bringen. Ich müßte Hugo Friedrichs Büchlein von 1956 noch einmal lesen; ich hab' nur weniges ganz begriffen, die Sache mit dem Sylphen am Plafond zum Beispiel: ‚ni son amant, ni ma mère' – der Sylphe existiert nicht. Es dürfte bei Prosa freilich nicht so weit gehen wie bei Mallarmé, daß man nämlich zumeist überhaupt nichts versteht und nur herumraten kann.

Näherungswerte, asymptotisch.

Theorie *faute de mieux*. Weil da wieder einmal eine gähnende Sonntagsleere herrscht. Gestern nicht einmal Haare gewaschen; das werde ich erst heut abend nachholen. Es findet ja nichts statt vor dieser exotischen Kulisse – nichts als das Abenteuer der Innerlichkeit, winzige Goldlaufkäferlein, die mir gelegentlich über den Weg und die nackten Füße in Sandalen krabbeln. Die Szenerien der Innerlichkeit müssen mir das ganze Kulturleben ersetzen, Oper, Theater, Konzerte, Vernissagen, Museen, Parties, Bekanntschaften and *what not*. (Ja, wer weiß. In Europa hätten sich womöglich Begegnungen wie *Bethabara* ergeben. Wäre das besser gewesen?) Außerdem Fern- und Studienreisen – ich sitze an Ziel einer solchen fest und studiere meine schöne Seele. Der Fall ist hoffnungslos. Ich will hier raus; aber nicht aus der Ehe mit Chr. Ich laufe einem Phantom von Muse nach. Eine anständige Frau – ist *das* so langweilig? Dankbar bin ich, daß Chr die Wissenschaft zum Kebsweib hat, ein paar platonische Freundinnen und sonst nichts als mich. Seitensprünge sind so einfach, heutzutage; gehören schon fast zum guten Ton der ‚Selbstverwirklichung'. Aber Chr und ich, wir sind nach einem anderen Gesetz angetreten. Das gibt mir die Freiheit, wegzugehen. Das liegt mir zu Häupten als sanftes Ruhekissen eines guten Gewissens bei allerlei Tag- und Tanzträumen, die nicht aus ordinären Treib- und Triebhäusern wuchern. Sie tauchen auf aus kühlen Nixentiefen und wandeln nackten Fußes über Artemiswiesen in platonisch-platinweißem Mondenschein. Es sind die Näherungswerte einer Hyperbel, die eine Asymptote nie berühren, die den Reiz, das ‚Poetische' ausmachen.

Glasmenagerie.
Nun ist der Sonntag rumgebracht, umgebracht mit nichts als diesen Kritzeleien. Es gab kein Mittagessen. Der ganze Campus ist wieder voller keifender und kopulierender Hunde; es ist widerlich. Ich schmeiße mit Chrs Schnitz-Kunstwerken nach dem ekelhaften Viehzeug, um es zu vertreiben. Wächst das nicht aus ein und derselben Wurzel, die tierische Brunst und die sublime, die ‚selige Sehnsucht'? Ich verstehe die Mönchischen und die Philosophen, die sich weigerten. Mein Innenleben ist eine Glasmenagerie, in die Chr von Zeit zu Zeit Steinchen schmeißt. Das Scherbenklirren macht, daß ich mich noch tiefer zurückziehe; es bringt mich bisweilen aber auch zu besserer Vernunft. Wenn ich schreibe: ‚Ein schleichender Schwachsinn kommt über mich' – bin ich dann schon darüber hinaus? Hopefully so. (25.10.)

Müdigkeit. Milchglas.
Was ist los? Nichts. Müdigkeit, Schlafbedürfnis, eine Art Regression, über die Chr sich beklagt. Er macht Vorwürfe, weil ich mich kultischen Pflichten entzog, gestern. Er glaubte mir mein Kranksein nicht. Ich mußte es mir sehr einbilden und bin ja auch heute wieder berufstauglich. Formulierte Fragen mit leiser Stimme und langsam in Richtung hintere linke Ecke. Dort saß es wie hinter Milchglas und sah mich an, und als eine Frage in diese Richtung erging, kam eine völlig falsche Antwort. Wie gedankenverloren aus einem Abseits. Ich ging darüber hinweg. – Chr ist manchmal wie der liebe Gott im Lösen von Problemen, wo ich nicht weiterweiß und aufgebe. Der Kollege Nachbar drohte uns einen Strich durch die Reise nach Lah zu machen, da er zur gleichen Zeit den Landrover will. Da fahren wir also schon am Freitag und kommen am Montag zurück.

Abendstern.
Ein Flimmern am Nachthimmel, im Westen, vielstrahlig, zitternd und so weit weg wie die wenigen Zentimeter zwischen Rede und Antwort über einen Tisch hinweg in der leeren Bücherei. ‚I have made a few beds.' ‚I started digging myself. This is probably why I feel weak.' ‚Sorry.' Das neue Datum für Lah: der 18. Da tauchte ein Lächeln in meinen Trübsinn. Da ging ich

hinweg und sah den Abendstern. Es tropfte herab wie dünnflüssiges Gold. Frömmigkeit und Tugend sind ein Zaubermantel, welcher schützt vor allem Übel und schnöden Verdächten. Da bedarf es keiner romantischen Ironie, keiner Verstellung und Verkünstelung. In hoher Demut blüht ein Garten voller Madonnenlilien, die kleinen Radieschen ducken sich errötend, und drum herum der Bambuszaun, der ist solide. (26.10.)

Moral aus schwarzem Marmor.
Ein Bild zum Malen; aber ich habe nur einen Bleistiftstummel. Auf meinem Platz in der Kapelle, die ich blind betrat, saß der Kollege Prinzipal. Also setzte ich mich neben ihn und legte andächtig auf hell behoste Knie Hände, aus schwarzen Blusenbündchen tauchend, zusammen, wie es sich gehört. Dann, da sich der Blick erhob, geschah ein kleines See-, ein Seelenbeben. Ein Sehen war es im Grunde nicht. Es war wie wenn eine Welle anbrandet, keine große, aber groß genug, umzuwerfen, wenn man gestanden hätte. Ich saß aber. Gut und sicher. Trotzdem. Wenn es keine Welle war, dann war es ein Taschenmesserchen; etwas, das die äußeren Häute des Herzens ritzt, spitz und kühl. Eine exquisite Empfindung. Wie wenn auf einem Podest statt in gewohnt devoter Haltung, rigide und rechtwinklig, eine schräg gestellte Lässigkeit mit ausgestreckten Beinen säße, so daß der Blick in spitzem Winkel seitwärts von oben käme. Ein unbefangen gerader Blick, aber wie zwischen den Lamellen von Jalousien hindurch, lidschmal umrandet mit spitzem Pinsel, ein Mandorlablick wie auf alten indischen Miniaturen. Ein Augenblick der Inspiration. Das erhob sich und stand hinter dem Pult wie ein richtender Erzengel, dem der Herr Gerechtigkeit und Milde zugleich befohlen hat. Denn nicht in nackter Gerechtigkeit stand es da, sondern in die weiten Gewänder unendlicher Nachsicht gehüllt. Und doch wiederum hart und unbeugsam, eine Statue aus Tugendprinzipien und schwarzem Marmor. Wieder mußte ‚Yield not to temptation' gesungen werden; und diesmal war es Anrede. Ich stand im Stehen gleichfalls etwas schräg, durchaus geneigt, ein wenig umzukippen. Dann meditierte es auf ein geneigtes Haupt und in ein ertaubendes Ohr herab mit ruhiger, leiser, fester Stimme, ohne die geringste Un-

sicherheit und textgemäß über *fornication, impurity, evil desires*. In der alten Welt der Heiden, das war wohl den Kommentaren entnommen, sei es keine Schande gewesen. In den afrikanischen Stammesgesellschaften gebe es gewisse Tage, an welchen Ehebruch erlaubt sei. Aber bei den Christen sei es anders. Daran häkelte die Meditation herum, und es schien mir des Zuhörens und des Mitdenkens wert. Es lief so schön parallel. Diese absolute Moral, sofern sie auch und gerade vom Manne gefordert wird, das ist doch nicht nur Krampf und Neurose. Bei allen schier unvermeidlichen Aufweichungen und tragischen Verschränkungen ist auch Schönes, Erhebendes, dem Menschen und seiner Würde Gemäßes daran. Einem solchen Ideal und seinem Verkündiger, sofern selbiger sich selbst daran hielte, ließe sich jegliche Anmutung von ‚dark passion' zu Füßen legen – auf daß er sie aufhebe, reinen Herzens und mit reinen Händen. Die seltenen Male, die ich aufsah, sah ich Hände, die sich langsam bewegten in wohlausgewogenen Gesten. Das ist ‚lebendiges Wort': wenn es gesprochen wird von einem, der nicht nur Autorität hat, sondern auch geliebt wird. Der da meditierte, konnte mit Autorität reden, weil er sich selber seit drei Jahren in einer Grenzsituation befindet. Die arme Sue. Das muß man wissen. Da muß man sich einfühlen können. Freilich, wie schmal ist der Grat, wie morsch die Hängebrücke, auf der das Gefühl balanciert? Einer urtümlich-naiven Tugend mag eine überdifferenzierte Seele sich wohl am ehesten zu Füßen legen. Das war die Ideologie in den Salons der Schöngeistigkeit und bei Goethe (‚und in deinen Engelsarmen...'). Wie wär's denn mal andersherum? Daß eine vom Geist Zerfressene und von der Ehe eher Belastete nicht ‚un nègre ou un pompier' brauchte, sondern die Nähe eines solch Einfältigen. Eines Mönchischen. Zu Seelengleichklang reicht's nicht, aber vielleicht zu wortkargem Wandern durch Landschaft mit weiten Horizonten. Chr ist das eine, das not tut. Aber der Alltag der Ehe macht viel kaputt.

Vom Wesen des Verstehens.
Es fällt mir immer noch was ein. Ich habe den ganzen Tag, um über diese Morgenmeditation zu meditieren, die im Entstehen war, als ich kam, gestern abend, als wieder so viel von einem

einzigen Stern am Himmel stand und wie ein Lächeln Ratlosigkeit und Trübsinn aufhellte. Warum sagt man, ‚ich sank' – als wären Augen Teiche, in denen man ertrinken könnte. ‚Komisch' sagt man, wenn man ‚seltsam' meint. Diese Morgenmeditation hat mir Herz und Verstand bewegt. Sie läßt das Tagebuch weiterfließen. Vielleicht begreife ich auch etwas vom Wesen des Verstehens und des Einverständnisses. Vielleicht war es nur ein dürres Gedankengerippe, und nur, weil so viel Erfahrungssubstanz von meiner Seite, dazu ein gewisses Maß an Erwartung und Wohlwollen hinzukamen, wuchs das üppige Fleisch der Bedeutung um das Gerippe. Man weiß doch, wie Stimmungen und Affekte das Verstehen beeinflussen.

Ausgeklammertes und Lyrik.
Zwischendurch wird mir bewußt, was alles ausgeklammert bleibt in meinem Tagebuch: die große und die kleine Politik und weithin auch der Ehealltag. Was zwischen mir und Chr an Geistreichigkeiten hin- und hergeht, beim Kaffee am Nachmittag, über Lehre und Wissenschaft, oder auch Nachdenkliches, über den Rundbrief etwa, den ich nicht zustande bringe, und über den, für den er gedacht wäre, das geht verloren. Bei gemeinsamen Spaziergängen, jetzt meist nach B'me, herrscht meist Schweigen. Ich laboriere unterirdisch noch am Abschied von Bethabara. Zwischendurch gehe ich hinüber zur Bücherei, oder in den Garten, denn andere Wege gibt es nicht in diesem Campus. Dann ziehe ich mich wieder zurück in meine Lyrikanthologien. ‚... like a red-red rose'? Im Mireille-Roman, erster Teil, könnte es heißen: ‚like the dark warm soil / That sun has dried and drenched by rain. / ...is like a fresh-dug bed / That waits for – what? in vain.' Wie macht man mit Worten, daß der Sylphe nicht existiert? Ich stolpere. Chr ist mein Knochengerüst. (27.10.)

Kleinigkeiten. Monotones.
Ich brauche etwas, die Seele daran festzumachen, damit sie aufsteigen kann wie ein Luftballon, ohne davonzufliegen. Ich suche hier und da, finde bisweilen eine Kleinigkeit und dann wieder lange nichts. Ein bißchen Farbenspiel, geriffeltes Polyesterschwarz und Silber, ein Nadelöhr ins andere verschlungen; ein bißchen Nähe schräg daneben, während anderes, das einst

Gedichte inspirierte, inzwischen monetär abgefunden wird und im übrigen völlig aus dem Gefühl gefallen ist. – Bisweilen blättere ich durch die Anhäufung von Nichtigkeiten, durch seitenlange Ansammlungen von Krümeln: Dürftiges vom dürftigen Tisch des Lebens. Monotones, Monomanes. ‚There are many forms of intimacy' fing der Dandy heut an zu meditieren, ‚conversing, strolling, eating together' – warum nicht ‚sitting together'? Wie dumpfe Ahnung plötzlich auflachen kann. Wie lächerlich das Wenige werden kann, das zwei sich eben noch gestatten zu dürfen glauben. Man wird ja wohl wissen, wie es um die arme Sue steht und warum sie so oft krank ist. Plötzlich wird es komisch, wie sie sich quälen, die Tugendhaften. Wie sie einer an des anderen Nähe herumnaschen. Wo doch alles so skandalös einfach sein könnte, und der gute M-y im Grasland oben wäre die Verlobte los. (28.10.)

Reden über den Sinn des Leidens. Es kann unangenehm interessant sein. Eine gelungene Stunde nennt man das. Die meisten machten mit, auch der Benjamin ist wieder da; nur einer lag erst apathisch auf der Bank, in den Armen vergraben, ehe er sich aufrechtsetzte und mich mit geschlossenen Augen ansah. – Die drei, deren Diplomarbeit ich mitzuverantworten habe: jeder wäre eine Charakterskizze wert. Der Benjamin ist 20 km heraufgelaufen, um die Exegesestunden nicht zu verpassen. Sie haben ihm gesagt, es sei Gehirnmalaria gewesen. Er schreibt über das Leiden. Der mit den Propheten übt sich in Tugend und Schweigsamkeit. Er hat die Sache mit der armen Sue durchzustehen. Als letzter kam der Dandy, fragil, sensibel, ein schöner Mann, der sich ungerührt Schmeicheleien sagen läßt, der verwöhnte Liebling der Mädchen und Lehrerinnen. Auch mit ihm kam ich zurecht, unter vier Augen, im Kabinett, mit leiser Stimme, freundlich interessiert in kühler Nüchternheit. Es bleibt nichts kleben.

Gedanken zu einem Roman. Wie finde ich hin zu einer literarischen Darstellung dessen, was seitwärts an Mireille vorbeigeht in licht- und schattendurchwirkte Empfindlichkeiten des Gewissens, die hierzulande gar nicht zu erwarten sind. Was wäre zunächst an Impressionen aus dem Nichtsein ins Sein zu holen? Manche Schreiber beschreiben so anschaulich Gesichtszüge und Mienenspiel, Rundes, Ovales, Gerades, Schiefes, Geschwungenes, Gewölbtes; Farbnuancen im Vergleich mit Alabaster und Perlen, Frauenhaar, geladen mit Elektroschocks, und von den sieben Pforten der Sinneswahrnehmung vor allem Augenzauber. Die Vasenmalerei der alten Griechen hat verzehrende ‚Augenblicke' mit spitzem Stift hingekriegt. Mit Worten geht das gar nicht. Aber wenn es gelänge, solchen Augenzauber anzudeuten: das sphinxhaft ‚Ägyptische', schmal umrandet und wie gemeißelt; ein Zyanendunkel, dicht umwimpert, das hinabzieht wie in einen Kratersee, dann wäre zu fragen: wo fängt bei dem, der solchem begegnet, das Begehren an? ‚Keep my eyes from looking at vanities'? *Vanities* sind Nichtigkeiten. Oder wäre, wovor gewarnt wird, eher Ver-nichtend-es? Dann läge eher Platens ‚Tristan' nahe. Wenn ein Lächeln, ein kühl nuanciertes, sich einem von ähnlicher Konsistenz ‚vermählt', was zaubert sich da ins Leere, was fluoresziert da? Es bleibt auf Distanz, und dennoch oder gerade deswegen kommt etwas wie Einverständnis zustande – über das Gute und Gerechtsame eingehaltener Distanz. Möglich, daß in solchen Analysen die Erfahrung *Bethabara* nachwirkt. Die von vor bald neun Jahren. – Askese. Die Übung eiserner Selbstdisziplin. Die Anstrengung, ins Unbestimmte zu sehen, oder schräg daneben. Weil es nicht mehr auszuhalten war, lief ich während des Vortrags hinaus in Nacht und Regen, um den Schreibtisch vom Fenster wegzurücken. Lief ohne Taschenlampe über den Campus, im Licht der Blitze, und kam durchnäßt zurück. (29.10.)

Virtus-Zauber und Sylphe.
Nachts Sturm, Regen drang ins Kabinett. Krampfartige Alpträume, Mutterhöhle, Familientraumata. – Wie Peinlichkeiten zustande kommen. Etwa, wenn ein braver Mensch von mäßigen intellektuellen Gaben, den nichts als eine lupenreine Tugend auszeichnet, sich Mühe gibt, etwas zu schreiben, das höheren Ansprüchen gerecht werden soll, und es mutet dürftig an. Wenn er sich aufschwingen will und nur ein paar unbeholfene Hopser hinbringt. ‚Jason, ich weiß ein Lied.' Es fällt mir,

Weib statt Mann, Grillparzers Medea ein. Aber der Beispielwert ist gering, denn der Zauber der Barbarin ist Schadenzauber. Hier aber geht es um den Virtus-Zauber, der sich trotz peinlicher Versuche, sich zu Höherem aufzuschwingen (Paralleles zu einem Essay über ein Kunstwerk der Architektur zu Papier zu bringen) durchhält. Es geht um etwas an sich Langweiliges, das nur unter bestimmten Bedingungen und bei poetischer Beleuchtung zu leuchten beginnt. Ja, kann dann nicht *virtus*, Mannestugend der Gesinnung und der Seele, etwas sein, das man nur still vor sich hin blühen sehen möchte? Es kann sich freilich hin und wieder das ‚wonderfoolish feeling' einstellen, mit dem zwei halbe Zufälligkeiten an einander vorbeihauchen, leise und vorsichtig. Etwas, das alles offen und viel Spielraum läßt zwischen Arbeitskabinett und vorderer Veranda. (Es ging unter anderem um den Sonntag in Lah, daß da von Chr oder mir eine fromme Ansprache erwartet wird.) ‚I will remain in the background', sagte ich, und daraufhin –. Es geht im Grund nur um ein bißchen Inspiration, um Impression und poetische Abstraktion. ‚Ils n' ont bu… jamais à la même chimère.' Das ist die Sprachebene. Auf einer anderen Ebene fluktuiert eine gewisse Art zu lächeln, die sich wie ein Kranz von Veilchen, Veilchen vom Musenhügel, um den Herzbeutel rankt, und solches ist nur möglich zwischen Seinsweisen, die wie der Mallarmé'sche Sylphe durch Negation ins Dasein gerufen werden. ‚Ni…ni'. Denn was soll das heißen: ‚der Sylphe existiert nicht'? Er existiert als Wort in einem Gedicht und in diesem Satz. Er existiert als Luftgespinst. Als Sylphe. (30.10.)

Todernst in Taubenblau.

Vom Abendspaziergang zurück, saß Chr in meinem Kabinett und wir blödelten ein bißchen herum. Kam durch die Dämmerung, in ungewohnt feierlicher Aufmachung (langes taubenblaues Gewand mit Silberborte) und in gewohnter Langsamkeit – ‚Fon Eku' sagte Chr in ein todernstes Gesicht hinein, und dann war da, was immer wieder seltsam berührt, eine Geste des Sichzurechtschiebens, die, wenn nicht peinlich, so doch ‚archaisch' anmutet. Es waren Kohlpflänzchen auf der hinteren Veranda zu holen. Ich ging mit Chr in die Küche, die Aladinlampe anzuzünden. Auch dieses Fetzchen festgeschrieben.

Abendstern und Christologie.
Naturpoesie im Gewipfel der beiden Eukalyptusbäume gen Westen. Aus dem linken müßte eine Eukalyptin werden mit sanft geneigtem Haupt und Mondsichel über dem Scheitel; aus dem rechten ein kompakter Thuja mit Abendstern an breiter Schulter. Dazu die Fensterhöhlenpoesie jenseits des Fußballfeldes. Das Buschlampenlicht dringt rosig-orangen gedämpft durch die weißen Voilevorhänge, und dahinter bewegen sich langsame Schatten. Ein malerisches Motiv. Unter dem Tulpenbaum stehend müßte die Perspektive noch romantischer sein. So nah und doch so fern, unwirklich wie das Himmelreich und die ewige Seligkeit. Die Christologie macht Schwierigkeiten. Das Historisch-Jesuanische war einmal recht nahe. Damals in *Bethabara* habe ich es begriffen. Das Utopische, den Schwärmer, das religiöse Genie, den Mystiker und den Jungfräulichen. Einer, der verzichtet um eines Absoluten willen. Ein bestimmter Typus Mann jenseits der Normalität, mit einer traumhaften Sicherheit Frauen gegenüber, aus einer schwer begreiflichen Unschuld heraus. Freundschaftliches, das imstande ist, erotisch über das Sexuelle hinwegzufühlen. Leiden am Vater versteh ich nicht, weil ich vaterlos aufgewachsen bin. Leiden an der Mutter versteh ich. Leiden an der Mutter Leiden. Leiden am Geliebten ist fast eine Selbstverständlichkeit.

Der Reiz des Malerischen.
Was einen gewissen textilen Schmeichelreiz ausübt, sollte man nicht voreilig verschenken. Es ist, als wollte ich das Plüschige in Nougatbraun mit Blenden aus ‚Rosenholz' zurückhaben. Es müßte wenigstens ein Ölgemälde daraus werden, auf dunklem, fast schwarzem Grund zwei Pastelltöne wiederholend: ein mattes, ins Violette schielendes rötliches Braun, ein Reh-, ein Gazellenbraun, und das Beige-Rosé der Schulterblenden. Es kontrastiert und harmoniert mit einem tiefen Umbra besser als mit dem fahlen Weiß eines Bleichgesichts. Das Malerische reizt. Das Farbsehen der Augen. Aber das Eigentliche steckt wie das Kerngehäuse im Apfel (mitsamt dem Wurm); im Schöpfungsursprung sozusagen. – Und nun wieder das Ritual des Haarewaschens, um morgen sonntäglich ‚schön' zu sein. (31.10.)

Vergebliches. Verdrängtes. Resignation
(November)

Fremde Freundlichkeit.
Die knirschenden Räder der Ehemaschinerie. Der böse Ton zwischen Chr und mir, der so unerwartet, so tödlich kommt aus einer Weltgegend, die eisig ist und trostlos. Diese Sonntagskocherei zu zweit, und wenn dann noch welche von drüben mit ihren Problemen dazwischenkommen, da rastet es aus. Chr ist gegangen ohne Mittagessen; ich habe Hunger und kann nichts essen. – Balsam für die lädierte Seele: eine Gegenwart, die mit beiläufiger, wie geistesabwesender Handbewegung mitten im Gespräch ein Käferlein vom Kragen klaubt. So besänftigend, daß ich bereit wäre, Chr um Verzeihung zu bitten für mein unbeherrschtes Auffahren. Im Gästezimmer, denn ich kann nicht, wie er, durchs Dorf laufen. Es ist alles so abgenutzt. Die Stimmungen schlagen um von einem Augenblick zum anderen. Nie weiß man, woran man ist. In solcher Situation tut fremde Freundlichkeit gut. Sie vermag die Seele zu glätten von den Knitterfalten es Ehezwistes. Das ist Chr nachzufühlen und mir selber auch. Eine Verführung ist es nur insofern, als ein kleiner Umweg und heilsame Entfernung auf Zeit stattfinden soll.

Seelsorge. Versöhnung.
Die dicke rote Hinweistafel am Eingang zum Agavenweg, entgegenkommend hingenagelt vom Kollegen Prinzipal, ist nicht mehr da. Daß man das Verbot als Zeichen von ‚Apartheid' auffasse, geht als Gerücht im Campus um. Heut flanierten drei Erwachsene vorbei, vielleicht Lehrer der Sekundarschule. Recht und Rechtsgefühl sind zweierlei. Vor so etwas weiche ich aus. – Ein seelsorgerliches Gespräch mit der armen Sue, was hilft's? Studieren will sie. Weil sie dem, den sie liebt und der anstandshalber auf sie verzichtet, in irgendeiner Beziehung nahe bleiben will. – Versöhnung am Sonntag. Ein grünes Zettelchen mit Entschuldigung von meiner, Blümchen von der anderen Seite. Wie kam das? Der besänftigende Einfluß eines sachlich-ruhigen Gesprächs über den Fall Sue auf der Küchenveranda hat das zustande gebracht. (1.11.)

Fromme Gelassenheit.
Am frühen Morgen eingekeilt zwischen *husband* and *wife*: wie mag sich das anfühlen? Das Klappern halbhoher Absätze auf dem roten Zement der Kapelle betont Wohlgefühl in langen Hosen, weit schwingend in Trompetenform. Der Campus in dichtem Nebel: wo kommt der her? Der Mittagsschlaf zerrissen durch das Geschrei vorbeiziehender Schulkinder; noch ein Gespräch über den Fall Sue auf der Küchenveranda, gestört durch einen vorbeischlendernden Provokateur. Was wäre anzuraten? ‚She should marry.' ‚And if she no longer loves the man she is supposed to marry?' Einem kühlen Vorgesetztenblick begegnete ein Gegenblick in gelassener Selbstsicherheit, wie sie nur aus einem unbeschädigten Gewissen kommen kann. Es war mühsam, Sinnvolles zu sagen, zumal Echowellen, wenn auch schwache, vergangener Affekte interferierten. Wer anfängt, kreisförmig zu reden, bricht besser ab. Gerade dann, wenn der Wunsch sehr heftig das Gegenteil wünscht.

Resignierter Narzißmus.
Durch den Nachmittag des Lebens, Mitte Vierzig, müßte der Roman sich hindurchtasten. Oder wenigstens ein Fragment über die Ästhetik langsamen Verblühens, das doch zugleich ein Reifen sein sollte. Selbstbezügliches, das einem Moralisten mit dem abgenutzten Blick langer Gewöhnung als schnöde und verächtlich gelten mag. Das losgelöste, das bloße äußerlich Wahrnehmbare. – Wieder eine Mondsichel, eine leere Wiege, ein Traumboot, ein halber Heiligenschein um die dunkle Luna. Wenn sie wieder hell und rund wird, ist sie nämlich männlich und ein Mönchischer. In der Abendkapelle wird mir der Stammplatz streitig gemacht. Da oben, am Nachthimmel, auf dem Lunathron, in der Sitzrundung der Schaukel, da sitzt ‚Ich bin der Kronprinz, der Erwählte, der Einzige, der es wagen darf. Der würdig erfunden ist.' Sozusagen. Unschuld kann durchs Feuer gehen, ohne sich zu verbrennen. Es versehrt nicht, es verzehrt nicht. Ich lese wieder in das Buch des 1944 mit seiner Frau in Rumänien verschollenen Schubart hinein. Der Stil behagt mir nicht; die Auffassung vom Wesen des Weibes ist auch antiquiert. Aber einen Zipfel der Wahrheit hat er erfaßt. Man müßte es nur kühler und distanzierter sagen. (2.11.)

Täuschende Oberfläche.
Wieder einen Tag vergebens dahingelebt. Dem Gifthauch politischer Ressentiments weicht man besser aus. Das Verbotsschild, das Privatsphäre schützen sollte, wurde entfernt der ‚Apartheids'-Gerüchte wegen. Die Friedlichkeit dieses Campus ist Oberfläche. Auf dieser Oberfläche liegt mein Paddelboot im fast Windstillen. Das Recht zum Rückzug in die Innerlichkeit, ich nehme es mir. Und im übrigen werde ich gehen – in eine andere Gegend. (3.11.)

Tagträume. Anmutung von Idyll.
Dicht und hellgrün wie Elefantengras im Dauerregen schießen Tagträume auf. Glitzernde Spinnennetze weben sich ins Leere; wenn Worte danach greifen, zerreißt der Stimmungszauber. Was alles ‚im Grunde idiotisch' ist oder ärgerlich; wie es sich in Richtung Plüsch verkriecht; wie es aus dem Griseldisgrau der Langeweile blindlings ins Blaue hinausstolpert, sorgfältig vermeidend, über das nahe Verandageländer hinweg ins Unziemliche zu fallen. – Chr und ich haben unter einander die zugeteilten Gruppen und Orte für den 15. 11. ausgetaucht. Er will unbedingt nach N'si; ich meinerseits traue mir zu, auch bei behinderter körperlicher Verfassung insgesamt 20 km zu laufen. – Phantasieren über das Geheimnis der Trinität. ‚There are things you do not know because they are not revealed to you; but they exist, as secrets and mysteries; there are – ' Wenn da aus einer Ecke ein Augurenlächeln gekommen wäre, es hätte erschlagen werden müssen. Ein Geheimnis andeuten, das aller Welt offen vor Augen liegt – wie komisch. Wie peinlich. Das Einrennen offener Türen. Aber wie offen ist die eine Tür? Außerdem das Anregende einer Stunde Psychologie über Id – Ego – Super, ein solch seltenes Erfolgserlebnis, daß wohlige Bedürfnislosigkeit sich ausbreitete. – Anmutung von Idyll. In der Küche bereitet der Koch das Abendessen; im Kabinett sitzt die Tutorin und korrigiert Hausaufgaben; im Wohnzimmer fragt der Ehemann einen Häuptling aus; von jenseits der Bougainvillea tönt das Singen und Klatschen einer Kindergruppe, die der älteren Studenten einer leitet; Rauch steigt auf, es wird kühl, die Mücken stechen, die Grillen zirpen sanft, kein Lüftchen weht. Ringsum eine wohltuende Ruhe wie sonst nur noch selten. (4.11.)

Annäherungsgrenzen bestimmen.
Eine Betrachtung darüber, was sein darf und was nicht. Wenn im Näherkommen (hier, auf das Innere des Kabinetts zu bei offener Tür oder sonstwo) allzuviel Selbstbewußtsein aufträte und gezielt Bewußtseinshelle ausstrahlte, scharf und schmal und mit herausforderndem Schweigen, müßte sich ein derartiges Vor- und Näherkommnis Zurechtweisung zuziehen, kühl und trocken: So geht das nicht! Die Grenze bestimmt ein Ich, das Stimmungen zurechtzuschneiden weiß zu geometrischen Figuren, die scharfkantig von einander abgehoben bleiben, ohne ausfransende Ränder, noch gar verfließende Farben. Selbst wenn es nur Einbildung wäre, müßte abwehrend ein Szepter entgegengehalten werden. Froh, daß seit drei Jahren für sich bleibt, was keine Ironie von außen kaputtmachen soll. Daß quer über Weg und Spur ein Schlagschatten liegt, in dem es sicher ist. Ein merkwürdiges Gemisch aus Bravheit (,Tugend' in höherem Chore), Opportunismus (Nüchternheit zum Zwecke materieller Vorteile) und bisweilen eine peinliche Portion Feigheit (Besonnenheit?) – das Richtige und Beste ist vermutlich auch hier eine aristotelisch goldene Mitte.

Schwierigkeiten. Meinungen.
Im Abendvortrag erzählte einer von Schwierigkeiten, die er als Praktikant mit einer Siebzehnjährigen hatte: ‚She would only fight with boys. She painted her face white and looked like a ghost. She did not accept any discipline. She said: My father is a monkey and my mother is a goat. I want to be a driver and kill many people. I want to kill two pregnant women. I am always angry.' Jeder Satz war kurz, kam langsam und prägte sich ein. Mit Chr und dem Kollegen Nachbarn Meinungsaustausch über das Material unserer Pflichterfüllung. Der Dandy werde steile Karriere machen. Der Schwerfällige sei auch prädestiniert für einen höheren Posten. Der Benjamin sei noch unausgewickelt. Zwischen Chr und mir entspann sich ein Meinungsstreit, ob das Benehmen Kg's den Vorgesetzten gegenüber damals ‚unflätig' oder ‚mutig' gewesen sei. Kopfschmerzen. Möchte doch die linke Schläfe bluten, auf daß eine zögernde Hand den Dorn herauszöge mit vorsichtig fühlendem Finger... (5.11.)

Written in the Book of Life?
Yours: written in the private booklet of life's transcendent dream. *Conquer. Stand firm.* Nur weniges tropft aus dem Abendkelch. Lineaturen, Filamente. Die ins Dunkel gerundete Stirn eines Heiligen-Drei-Königs, gemalt von La Tour; der kaum gebogene Doppelsteg der Brauen, nur einen Halbton dunkler, hervorgehoben über der Wölbung gesenkter Lider, eine Verführung für Fingerspitzengefühl und das Innere entfernt liegender Hände. Brav, langsam, schwerfällig fallen die Worte, dumpf und tumb. Wenn doch das Getröpfel im nachhinein zu ein wenig *poésie pure* koagulieren würde! Aber es geht pragmatisch um Orangen aus L'm und leere Gasflaschen; denn wer kümmert sich sonst um solche Banalitäten? (6.11.)

Reizzonen. Reflexe.
Wie das Echo eines Grollens aus dem Gefühl des Erliegens einem Unziemlichen gegenüber. Nur ein Wort: der Papayabaum solle weg – schon liegt er, ein dumpfer Plumps, umgelegt mit einem einzigen Hieb des Buschmessers, im Gras. Zwei Beete Kartoffeln im Garten. – Immer noch diese dottergelbe ‚Philosophie des Glücks', ein Geplänkel im Ästhetischen, ein Spiel am Rande des Statthaften, an einem flachen Ufer: für die, die nicht schwimmen können und sich daher nicht ins Meer hinauswerfen. Sie begnügen sich mit genüßlichem Herumplätschern im Flachen, wo kleine Wellen sie belecken, und mit kleineren Eskapaden ins Halbtiefe. Im übrigen wandeln sie unter Palmen am Strand entlang. Sand ist ja auch etwas Sinnlich-Besinnliches für die Reizzonen nackter Sohlen. Wenn bei Flut hohe Wellen anbranden, ist ganz in der Nähe eine feste Burg. Da hat man sich schnell in Sicherheit gebracht.

Zebragestreiftes.
Schon vorbei, schon hinab, kaum wert, einen Wortfetzen aufs Papier zu werfen: einen zebra-gestreiften Überraschungsschreck längs des Fiebergrasweges zu formulieren. Wenigstens ein bißchen Nervenflirren ist noch zu spüren. Ansonsten: ein Schrumpfen nach innen. Ein Mikrokosmos der Stimmungen, den ich vor Chr verberge, um mich vor der Salzsäure seiner Ironie zu bewahren. (7.11.)

Kultisches Ungenügen. Sandflöhe können die Langeweile auch nicht vertreiben. Den ganzen Vormittag festgesessen jenseits des Elefantenpfades. Vor uns, außer Hörweite, einer, den Chr zum Anlaß nahm, zu lästern: es dürfe kaum an der Konstruktion des Anzugs liegen, daß keiner richtig sitze, sondern an der des Inhalts. Welch seltenes Zusammenstimmen ehelicher Meinungen. Grußlos durch die Grüppchen. Die Gemeinschaft der Heiligen ist genauso zerklüngelt und ressentimentzerfressen wie jede andere Gruppierung. (Stichwort ‚Apartheid'.) Vier Stunden, und die Zeit ward lang. Es spannte sich kein Seil durch den Saal, es schoß kein Mondstrahl quer. Es war lang-lang-langweilig und ermüdend. Eine formidable Leere. Was kratze ich hier wieder zusammen an Resten von trockenem Hühner- und Ziegenmist.

Adrenalinstoß und Seelenklimbim. Wieder kommt es den Fiebergrasweg entlang, und die Handschrift zerfasert, löst sich auf in schräges Gestrichel: gefundnes Fressen für Seelenschnüffler. Ein Adrenalinstoß kann so belebend sein. Welche Falten sind da in die Seele geknittert! Wie hübsch und lustig, wie der Puls aufflog und die Hand entgleiste. Ein Schachzug gegen die Langeweile. Aber die Höhle der Kalypso ist anderswo. Ein Anflug forschenden Argwohns in allen Ehren; Bequemlichkeit und Opportunismus hingegen können peinlich berühren. Da lobe ich mir den Verbannten von einst in den Mangroven, den Störrischen, Aufrührerischen. Um eines solchen willen Gefahr und Abenteuer auf sich zu nehmen, ist doch nicht abwegig, selbst wenn es in einem Einbaum auf dem Atlantik ans Ende der Welt führt. Hier herrscht ein auf Segen, auf materielle Güter gerichteter Pragmatismus, der auch den religiösen Daseinsteig durchsäuert. Es gibt eine subtile Rache des Menschen an Gott: er verachtet oder ignoriert den Allmächtigen, der sich den Luxus leisten kann, sich aus Liebe hinzugeben. Gib uns lieber, außer Kindern sowieso, Geld, Wohlstand, Ansehen, langes Leben. Für idealistisch-mystischen Seelenklimbim sind wir nicht zu haben. Erst, wenn uns alles andere zuteil geworden wäre, so daß man seiner überdrüssig würde, könnte man sich nach dergleichen sehnen. (8.11.)

Pegasus. Wiesenschaumkraut.
Frustra war's. Nur drei rafften sich je einmal auf; alle anderen schwiegen hartnäckig, und ich, irritiert, ließ mich provozieren: ‚I hope you will wake up after breakfast.' Einer blickte, als witterte er finstere Gefahr, besonders apotropäisch. Anderes wird zur Donquichotterie. Kleinigkeiten von der Gestalt und Beweglichkeit daumengroßer Mistkäfer stilisieren sich mir zu Pegasussen, darauf ich durch die Ödnis dieses Campus und durch mein Tagebuch galoppiere. Längs der vorderen Veranda wurde der Hibiskus zurechtgestutzt und die Agave rundum abgesäbelt, angeblich wegen der ‚dangerous small animals'. Der eine grub Pflanzlöcher, die andere pflanzte Tomaten mit bloßen Händen; man mühte sich mühsam mit Sachlichkeiten ab. Ein heimatlich-peinlicher Wohlstandsbauch, von Entenbraten gemästet und überfettem Käse, von süßem Wein und Eiscreme, ist wieder hinweggeschrumpft. Flach und schlank steigt Wohlgefühl verjüngend um die Hüften, Kind. Um eine Mondnacht zu genießen, dürfte es kein elektrisches Licht geben; aber das ist nun mal da seit letztem Jahr und vergriesgrämelt mir die lyrischen Ansprachen an den Gedankenfreund. Das Wort ‚Wiesenschaumkraut' begegnete (in Martis Aphorismen zu Zärtlichkeit etcetera), und ich sah vor mir die Wiesen der Kindheit, hinter dem Haus zur Orla hin. (9.11.)

Traumhafte Innenausstattung.
Im Traum ein phantastisches Gebäude: nach außen war es ein altes verfallenes Missionshaus, im unteren Stockwerk morsch, finster, voller Spinnweben und Gerümpel. Darüber ein Zwischenstockwerk mit Mobiliar, düster, muffig, triste und doch: man hätte darin wohnen können. Plötzlich sah ich noch ein Stockwerk, das da gar nicht hingehörte: ein Märchenschloß in glänzenden Farben wie glasierte Terrakotta und buntes Glas, großräumig und verschwenderisch ausgestattet. Ich sah's und dachte: siehe da, solchen Luxus konnte man sich damals leisten, ganz da oben und ganz für sich. Es will scheinen, als ob der Traum mir die eigene Innenausstattung gezeigt hat. – Wie werde ich den Tag rumbringen, ohne Hoffnung, daß mir etwas in den Weg läuft? Nur von ferne sehe ich etwas entschwinden – etwas Plüschiges mit rosenholzfarbenen Blenden.

Überdruß und Langeweile.
Diese Art, Tomaten zu pflanzen, ist chaotisch und freut mich nicht: ein Loch, eine Handvoll Kompost, das zarte Pflänzchen rein und rundum zugescharrt mit grobem Erdreich voller Steinchen, Unkraut, Klumpen. Es wird sich zeigen, ob's gedeiht oder nicht. Was liegt daran. Es ist alles trübe und langweilig. Der Zweck meines Vorhandenseins in diesem Campus scheint mich zur Zeit überzuhaben. Ich ihn nahezu auch. Selbst die Besten machen in mürrisch und maulfaul. Das Hirn ist mir umwölkt vom Mittagsschlaf. Man müßte wie alle anderen das Buschmesser ergreifen, um Hecken zu stutzen. (10.11.)

Wieder Vollmondnächte.
Vergeudet und vergeblich, tagsüber Kopfschmerzen. Stumme Nähe, geschnitzt aus Ebenholz und Elfenbein, eine Intarsie, eine Impression. Fromme Phrasen. Die Kranken besuchen, denn sie kommen nicht von selber, um sich eine kühle Hand auf fiebernde Stirn legen zu lassen. Die Nackten kleiden; aber hier gibt es keine mehr. Sie sind alle mit Kattun bekleidet worden. Oder mit Plüsch. In der Mauer rings um eine Villa gibt es eine schmale Pforte. Für wen? ‚Laß mich doch ein.' ‚Wer weiß so zu schweigen und behutsam umzugehen mit einem Geheimnis' – Gedichte macht man nicht mit Gefühlen, sondern mit Wörtern. Gefühle sind die Hefe, die man wegschüttet.

Zwischen den Zeilen.
Was geht da um? Verbrauchte Worte (‚Blick' und ‚Lächeln' der heimlich Liebenden etwa); Sumpfiges, so daß man nicht weiß, wohin man ausweichen soll. Überall versinkt man in Banalitäten. Da soll etwas ‚rein bleiben, von Trauer umschattet, unbegründet, ungedeutet'; da wird ‚einsam der Wein der Traurigkeit' getrunken. Das kennt man; es erinnert an *Bethabara*; ist trotzdem ungenießbar. Schließlich bleiben ‚Nichts. Müdigkeit. Schwere. Schlaf. Rosen', und es wird unerträglich; man sucht ‚Erlösung', will raus aus dem Netz, in dem man sich verfangen hat. Und wickelt sich an jedem kühlen Morgen in den Plüsch einer Sentimentalität, nougat-und-rosenholzfarben, als sei darin Trost und heimliches Einvernehmen zu finden. (11.11.)

Verdrängte Mutterwelt.
Was da bisweilen in Träumen aufsteigt, die aufzuschreiben ich mich zwinge. Der antizipierte Tod meiner Mutter. Sie bekam einen Herz- und Hitzeanfall, lag im Bett, Leute standen herum, ich suchte einen Arzt per Telefon, der Notruf funktionierte nicht. Niemand half mir. Endlich war da eine Krankenschwester, die versprach, einen Arzt zu holen und irrsinnige Anweisungen gab, und ich wußte, daß sie nur gegeben wurden, damit der geängstete Mensch etwas tun und hoffen kann. Auf keinen Fall ‚Keule' sollte ich essen. Ich durchschaute den Unsinn, ging zu meiner Mutter, fühlte, wie heiß sie war und legte ihr die Hand auf die Stirn. Sie hatte wieder schwarzes Haar. Ich sagte ‚Muttilein', kläglich und hilflos und wußte, ich kann nichts machen, außer bei ihr sein. Das will ich, so weit es in meiner Macht steht. Allein soll sie nicht sterben. Das sind andere, abgründige Wirklichkeiten. Je näher der eigene Tod kommt, um so gefaßter ist man auf den anderer. Meine Mutter: ein Komplex verdrängter Abhängigkeiten. Wer leidet nicht an den Eltern? Trotz aller Dankbarkeit.

Das Lachen der Verlegenheit.
Heftige Auseinandersetzung um Faulheit, Beschränktheit und zu viele Hausaufgaben. Einer fing an, in Parabeln zu reden: ‚You see, when you overburden children – ' ‚You are not children. You are grown-up men.' Das Gerangel zwischen den Männern und einer Frau konnte nicht zum Kampf ausarten; es war zu viel Ironie und Koketterie im Spiele, vor allem zwischen der linken hinteren Ecke und der Kathedra. Es endete in allgemeinem Lachen. Der Nachmittagsschlaf hat's umfassend vom Kopf auf die Füße gestellt. Geist und Autorität einer Frau, das ist wider die Natur und die Anatomie. Es ist eine kräftig zupackende Herausforderung, die sich nur durch das Lachen der Verlegenheit abfangen läßt. – Gegen Abend Offizielles, nach einander alle drei Kandidaten. Und zwischenhinein, dieweil das Arbeitskabinett offenstand, eine langsam nahende, unschlüssig verweilende Gegenwart, die eine Zange auf den Tisch legte. In der Liste der Traumsymbole befindet sich dieses umgreifend zupackende Werkzeug meines Wissens nicht. Die ersten Radieschen, rot und weiß. (13. 11.)

Freßegoismus und Abendstern.
Es ist etwas kaputt zwischen Chr und mir; es läßt sich auch mit geistreichem Geblödel nicht heilen. An kleinsten Kleinigkeiten bricht Unerträgliches auf, Empfindlichkeiten, die nicht abstumpfen wollen. Der spontane Freßegoismus muß schon in der Urhorde ein Problem gewesen sein. Den instinktiven Verzicht gibt es wohl nur bei den Müttern. Alles andere ist mühsame Erziehung. Von den Radieschen, die *ich* gesät und geerntet habe, darf ich doch wohl wenigstens die Hälfte selber essen. Selbst wenn es bloße Gedankenlosigkeit wäre, warum ist beleidigt, wer darauf aufmerksam gemacht wird? Das ist ein bösartiger Reflex: wem man ein Unrecht nachweist, der wird böse. Es greift die ‚Ehre', das Selbstgefühl an. Auf politischer Ebene kann man nur von einem Feind, der gänzlich besiegt ist, auch noch Schuldbekenntnisse fordern. Das tägliche, klägliche Scheitern an einander, das eine hausbackene Moral erträglich zu machen versucht, es ruft der Ferne, weil darüber hinweg sich alles reicher und edler anfühlt. Deshalb klammere ich mich so an das Wenige, das wenigstens ein paar Tagträume generiert; Strohhalme, aus welchen die Phantasie vorsichtig Seifenblasen steigen lassen kann. Deshalb ist der Abendstern über Eukalyptus und Thuja so schön, und vor erbleichendem Himmel möchte es scheinen, als ob die nahen Silhouetten einander umarmten. Andere Impressionen sind naturalistischer. Wenn etwa Oberbauchmuskulatur zu schwach ist, einen gefüllten Magen in Form zu halten, dann entsteht eine massige, eine paschahafte Wölbung – und der Vollmond scheint noch immer. Es ist eindeutig, daß Kultur (Geist, Geld, Macht) vor Rasse und Geschlecht rangiert. Eine qualifizierte *fraternal* nimmt hier eine Mittelstellung ein. Die totale Kehre wäre eine Afrikanerin, die sich Geistesschätze und Privilegien der westlichen Kultur aneignete und dadurch Macht und Autorität über weiße Männer erlangte. Warum schlagen weiße Frauen sich auf die Seite des schwarzen Mannes? Ist es die Faszination des Fremden? Geht es um Gesellschaftliches? Desdemona verliebt sich in die Sklavenleiden eines schwarzen Fürsten. Sie heiratet einen Admiral der Republik Venedig. Es gibt aber auch die absolut Falschen für die Inszenierung einer Romanze.

> Il n'y a pas...

Eine Existenz, in sich selbst zerrissen. Ein Versuch der Selbstheilung durch Tagträume und Tagebuch? Chr, versöhnlich gestimmt, bringt mir Brot und Radieschen, ein Blümchen und eine Erklärung auf der Rückseite des gestrigen Kalenderblättchens. ‚Die Liebe erkennt man nicht an ihrer Stärke, sondern an ihrer Dauer'. Sonst wäre es ‚bloße' Leidenschaft. Wir kennen aber fast nur das Leiden an einander. Il n'y a pas d'amour heureux, mais... Morgen werde ich stramm wandern im Dunstkreis ungenauer Erwartungen (14.11.)

> Exkursion, schwarz-weiß geblumt.

Um es eben noch aufs Papier zu werfen. Schlafen wäre einfacher, mit dieser Müdigkeit in den Beinen, nach dem langen Laufen. Was läßt sich aus der Ereignislosigkeit machen? Wieder greifen die Worte nach einer Stimmung, nach einem Entschweben von nebelhaften Erwartungen. Was fühle ich, wenn ich durch kultivierten Urwald laufe? Nichts. Ich sehe zur Rechten und zur Linken Gras, lang und struppig, und Bäume, große mit verrenkten Ästen; Blüten rot und weiß, Tulpenbäume, Buschlilien und Ameisenstraßen. Über den Köpfen der Mannschaft zu acht Füßen und über dem meinigen war es leicht bedeckt, aber nicht drückend. Das wanderte so dahin, zwei Stunden lang; neben den Unbedarftesten war's am erträglichsten; andere sind zu schweigsam oder sowieso ein Problem. Alle vier in schwarzem Anzug; dazwischen ein schwarz-weiß geblumter Kattunkasack über taubenblauen Beinkleidern. Es kommt das Dorf, die Leute stehen herum: Staffage. Dann saß man unter dem Palmblätterdach im Freien, um den Tag zu feiern; der Vierte machte Liturgie, die Predigt entlockte mir am Anfang einen Satz im Küsten-Idiom, in der Mitte einen in der Stammessprache und ansonsten Pidgin, so gut und schlecht es ging. Während die Chöre sangen, saß mir gegenüber eine sehr schöne Frau mit apart drapiertem Kopfbund, die Züge so edel, als wär's eine Griechin aus Milchschokolade. Sie saß unbeweglich, mit der linken Schulter seitlich ab- und zugewandt neben einem Ältesten mit großen Augen, der eine Rede gehalten hatte. Es war wie eine Spiegelung. Neben mir rückte es immer wieder ab; man saß eng gedrängt. Ein echtes Silberkettchen am Armgelenk statt, wie im Juni, eines Kamelbeinringes am Finger. Zwischendurch kam die Sonne heraus und schnörkelte durchs Palmblattdach, und ein selbstversponnener Narzißmus spürte im Nacken die Verführung frischgewaschenen, locker aufgebundenen Haupthaars. Hinter den Stühlen, im Rücken, drängelten die Kinderhaufen. So saß man, honoris causa, hin und wieder konversierend, kühl zugewandt, höflich abweisend. Dann war da noch eine Beerdigung im Nachbardorf, und wie das so ist bei Begräbnissen: die Leute und Einzelne suchen die Nähe der Lebendigen. Vor allem derjenigen, die man mit gutem Gewissen ausnützen kann, weil man sich, und vielleicht zu Recht, etwas einbildet. Es war freilich befohlen worden: Die Gruppe bleibt beisammen. Bei der Verabschiedung hier, raffte auf mein ‚Thank you for your cooperation' der Vierte sich auf: ‚We have enjoyed your leadership'. – Chr war schon zurück, hatte Abendbrot gedeckt und mir ein winziges Eilein gekocht, so weich, daß es nach einem Löffelchen voll leer war, und der angeregte Appetit – wie es halt so gehen kann. (15.11.)

            Seifenschaum. Lah-Diplomatie.
Alles, was ich gestern abend, statt zu schlafen, geschrieben habe, kommt mir heute vor wie Seifenschaum. Ich greife hinein und habe nichts in Händen. Abends zuvor war mehr zu haben gewesen, aber keine Zeit, es aufzuschreiben, weil das Pidgin-Elaborat fertig werden mußte. Drei Rosen in blauer Vase; ein Brief an Kg daneben. Kam einer von den Vieren zu sagen, daß wir schon um 7 in der Früh losgehen müßten. Gut. Was noch? ‚I am advanced in Pidgin as you are in French.' Das Lachen kam schon von jenseits der Tür, der halb geschlossenen, aus dem Dunkel. Dann, wie zur Umkehr bewogen durch das Lachen, kam das Eigentliche. Einzelheiten der Reise nach Lah. Nach kurzem Zögern holte ich Chr, und der schlug plötzlich quer, wollte statt auf dem Rückweg auf dem Hinweg in Mah übernachten. Da zeigte sich statt schwerfälliger Schweigsamkeit diplomatische Zähigkeit, gewillt, auf bereits Abgesprochenem zu bestehen. Chr fügte sich. Er wird die kultischen Pflichten übernehmen und seine Interviews machen. Ich werde im Sande nach Kindheitsspuren suchen und mich in einem Hohlweg

unter dem Hellgrün der Musazeen an einen dunkellila Felsen lehnen, äußerst vorsichtig. Er könnte aus Pappmaché sein. Es ist schwierig, mit diesem ‚Sohn des Dorfes' etwas Persönliches zu reden. Ich suchte, während Chr zwischendurch nach dem Teewasser gucken ging, mühsam nach einem Thema. Wird der Traum aufweichen wie nasse Pappe?

Tauziehen und Spitzenkrägelchen.
Chr, wieder ab ins Feld der Forschung, überließ mir seine vier Unterrichtsstunden. Das fröhlich-verbiesterte Tauziehen um Faulheit und Doofheit, Stumpfheit (*dullness*) ging weiter. Ist ein weißes Spitzenkrägelchen auf schwarzer Bluse nicht puritanisch genug, daß es einen so argwöhnischen Blick auf sich ziehen muß? Es gibt gar vieles, das nur auf Abstand genießbar ist. Im täglichen Umgang würde es bald auf die Nerven gehen. Oder es käme zu Apostrophen wie dieser in jenem Roman: ‚Was mach ich mit dir, du Erwählter, wenn du sanft und widerspenstig bist wie eine Frau, die sich geliebt weiß...' Frage- und Ausrufezeichen fallen zusammen. Schade, daß das bißchen Glück sich so verkleckert. (16.11.)

Versuchungen des Heiligen Antonius.
Ob in einer Lehmhütte der ägyptischen Wüste oder in der Zelle künstlerisch-asketischer Ideale: die Dämonen der Phantasie, nicht nur der Nachtträume, fordern ihr Teil an verdrängter Fleischlichkeit. Merkwürdig, daß es unter den Göttern Griechenlands drei jungfräuliche Göttinnen gibt, aber keinen einzigen jungfräulichen Gott. Nicht einmal der kühle Apoll kommt ohne aus. Und bei einem Hippolytus steht zu vermuten, daß er zwar vom Weibe nichts wissen will, wohl aber vom Manne. Das Ideal kam erst mit dem Christentum ans Licht und ins Zwielicht. Dem Wachbewußtsein kann manches zuwider sein; es drängt sich trotzdem auf. Es rächt sich halt. Aus dem Ehegehäuse schweift es ins Freie, über die Wiesen und in die Wälder der Artemis; es hat genug gehabt; es will nichts mehr. Da ist es eigentlich nicht zu begreifen, daß die Suche nach dem Rein-Geistigen zur Versuchung ins Gegenteil werden kann. Andererseits kann es ohne Versuchung keine Tugend geben. Geht es um Tugend? Geht es nicht um die Muse?

Eidechse und anderes.
Hier im Kabinett, das zum Denken und Schreiben verdammt, versucht eine Eidechse, an der Holzwand hochzukrabbeln und fällt immer wieder herunter. Drüben in der Morgenandacht saß das Vergebliche in gewohnter Ungestalt, zwischen breiten Schultern festgeklemmt ein Pygmäenschädel, fast kahlgeschoren; dünne Finger fuhren unruhig in einem abgewandten Gesicht herum. Dann ging es um Gnade und Günstlingswirtschaft und warum der Erwählte in Gefahr ist. Kann Nähe dumm machen? Ich schreibe, um mich abzulenken vom Geschrei der Kinder vor dem Haus und provozierendem Defilieren durch die Privatpassage. Wenn es textilgrün durchs Laub leuchtet; wenn es mit einer Zange am Gartenwasserhahn herumhantiert und man einander ins Gehege kommt – was ist dann? Der Messingschlüssel für den Hahn erfordert Feingefühl, das auch mit zwanzig Fingern nicht hinzukriegen ist. Was ließe sich mitnehmen, als Reliquie und Andenken an diese Jahre? Ein ausgefranster musazeengrüner Arbeitskittel? Er müßte erbeten werden. Die Knie knacken beim Niederhocken vor den Bücherregalen. Was war im Traum der letzten Nacht – die Enge einer Telefonzelle? Zwei Blinde, die an einander vorbeitasten? (17. 11.)

Morsche Leiter über Wasser.
Für ein Gedicht bedürfte es eines schmalen Streifens Zuwendung, der sich vorsichtig dunkelblau färbt unter einem Blick, den verwehtes Haar verhängt. Wild erst und dann vorsichtig waren die Träume der Nacht; ein großer Zorn jagte große Mädchen aus den Guavenbäumen; aber auf flach gelegter morscher Leiter über Wasser klettern? Das Wasser war mir zu schmutzig, außerdem wußte ich, daß ich nicht schwimmen kann. Nach ein paar Sprossen vorwärts kletterte ich zurück.

Unbeherrschtheit.
So. Das war eben ein selten großes Theater mit der Nachbarin wegen dem Gastzimmer. Die Geduld von sieben Jahren geht zu Ende. Die Lust, Porzellan zu zerschmettern, kam ganz plötzlich, aber nicht unerwartet. Mit Chr geht es so heftig nicht her. Auf seine Vernunft bin ich angewiesen. – Ich ging zum Kollegen N., der seinen akademischen Titel als Seelsorger nicht zu Unrecht

trägt, mich der Unbeherrschtheit anzuklagen. Er konnte ein Erstaunen nicht ganz verbergen. Ausweichen – wohin? Die banale Wirklichkeit gleicht einer pedantischen Sozialpädagogin. Immer wenn das Leben zu friedlich und zu langweilig wird, rastet unversehens etwas aus, und dann ausgerechnet gegen harmlose Leute und wenn Chr nicht da ist. Ablenkung: ein Brief aus Kairo, rasant und witzig geschrieben, echter Journalismus. Einer der Besten unter den Ehemaligen, der es nicht nötig hat, sich einen billigen Titel aus den USA zu holen. Ich warte auf Chr. (18. 11.)

Verschreckte Fledermaus.
Wieder das Sich-Verkriechen in den verrottenden Müll der Stimmungen. In die gesternabendliche Mühsal etwa, in der Öffentlichkeit eines geschlossenen Raumes sich als Zuhörer auf eine Beliebigkeit zu konzentrieren, statt mit den Fledermäusen Dämmerträumen nachzuschweifen. Als der Blick dann doch einmal gleichmäßig in die Runde ging und geradeaus anhielt, da schien der Mond voll ins Gesicht und schreckte die Fledermaus weiter. Wovon leben Fledermäuse? Von Insekten? Kleinigkeiten, im Flug erhaschbar.

Machtkampf. Gedichte. Resignation.
Am Vormittag, als zwei der wochentäglich zu Belehrenden sich mit dem Vorwurf konfrontiert sahen, sie hätten den Text nicht sorgfältig genug gelesen, da blickte der eine (beide sitzen kontrastreich einträchtig nebeneinander) – er richtete den Blick herausfordernd nach vorn, geradeaus zupackend, so eindringlich und durchbohrend sich festsaugend am strengen Gegenblick, daß es an den Rand des Unziemlichen geriet. Daher die Ältere und Klügerer, unbeirrt weiterredend, schließlich nachgab. Abends Gedichte; ich las Chr zwei von Hofmannsthal vor; er sagte, ich sei undankbar. So gehen die Tage dahin. Ich tue meine Pflicht; die Restbestände sind immer noch sinnvoll; aber es reißt nicht mehr hin. Was in diesem Campus sonst noch zu haben ist, außer den Ärgerlichkeiten, das kratze ich zusammen und mache Wörter daraus. Es ist wenig, und das Wenige verrottet. Die Stimmungen, die daraus aufdünsten, sind Apathie und Resignation. Nicht einmal der Wunsch zu tanzen kann sich noch auf den Beinen halten. (20. 11.)

Verdrängtes in eckigen Klammern.
[Ein Wochenende im tropischen, im hochsommerlichen November, damals. Ein vielschattiges Grün, ein buntes Blühen, wohlige Wärme und äußerliches Wohlbefinden trotz innerer Unzufriedenheit. Feierabendgefühle? Wie soll man reden im nachhinein von etwas, davon das Tagebuch schweigt und das doch vorhanden war, verdrängt ins Unterschwellige. Etwas, das ausgehalten werden mußte, wenn es unerwartet zur Sprache kam. Da war die rote Bank vor dem Haus mit dem altfränkischen Fachwerkgemäuer und zu Füßen der graue Bretterboden der Veranda. Neun Jahre zuvor, beim ersten Erkundungsbesuch, hatte man da gesessen, und eine, die sich bis dahin vor Afrika gefürchtet und alles so lange wie möglich vor sich hergeschoben hatte, sagte, damals: ‚Hier ist es schön. Hier bleiben wir.' Kein Gedanke daran, daß eines späten Tages und Jahres einholen könnte, was vorweg entschieden schien.

Da aber saßen zwei, sieben, acht Jahre später, und redeten vom Unterschwelligen. Von Schicksal, Opfer, Selbstverwirklichung und Egoismus. Und der innere Zwiespalt, fast drei Jahre lang ausgehalten, tat sich von neuem auf und machte vorübergehend elend und müde. Lebensmüde. Die Wissenschaft war erledigt (‚Da habe ich so ein Elaborat verfertigt, orthodox und langweilig; etwas, das nichts zu wissen vorgibt vom Tode, der mitten im Leben beginnt') – was nun? Wer hätte da wem etwas zugemutet? Hätte es sich nicht ergeben können? Hätte es nicht auch gutgehen können, wie so manches andere bis dahin gutgegangen war? Wer fühlte sich da alleingelassen, auf der Suche nach einem Heilsorakel, und es ward keins zuteil? Wer war da schließlich vernünftig für beide, und woher kam das dumpfe Gefühl, daß es eines späten Tages unter der Schwelle und aus der Verdrängung hervorkriechen könnte, um des Lebens letzte Jahre zu verdüstern?

Es hat sich nicht ergeben. Es verdüstert des eigenen Lebens letzte Jahre bislang nicht. Dankbarkeit überwiegt, vermischt mit Resignation. Man kann nicht alles haben. Anderes war stärker und schicksalhafter. Wer als Kind aus einem Weltkrieg mit dem

Leben davongekommen ist; wer die Hilflosigkeit und Verzweiflung einer kriegsverwitweten Mutter mit einem schwer erziehbaren Sohn miterlitten hat und um die gleiche ungute Veranlagung zu Eigensinn, Rechthaberei und allem ähnlichen Bösen in sich selber weiß; wer zudem in einer ans Manichäische grenzenden Hinsicht sich selber fremd bleibt und Gemeinschaft vor allem im Geiste sucht; wer in einem wesentlich religiösen Sinne dankbar dafür bleibt, daß dem Leben am Rande existentieller Sinnlosigkeit in der Zuwendung eines Einzigen Heil zuteil wurde und sich daran als ein Wenigstens und irdisches Höchstgut klammert – was soll der mehr wollen. Es ist das Wenige, das not ist. Es hätte Dankbarkeit unter anderen Umständen sich wohl im Üblichen und Natürlichen verkörpern können. Aber wie die Dinge lagen und standen wäre es Selbstverleugnung gewesen und das Ungleichgewicht hätte dem Zusammenleben nicht gut getan. To say the least.

Es blieb und bleibt ein harter Kern Selbstbehauptung auf beiden Seiten. Es geht viel kaputt im Gerangel des Ehealltags. Das ist nicht zu ändern; es muß ausgehalten werden. Es kann Bewährungsprobe sein. Trennung auf Zeit hat bisweilen gutgetan; wenn nicht immer beiden Seiten, dann wenigstens einer von beiden. In diesen späten Jahren fliegt der eine immer wieder zu Lehr- und Forschungszwecken in den Kongo, und die andere bleibt mit mehr oder weniger irrationalen Ängsten zu Hause. Klammer zu.] (21. 11.1981/18.2.2011)

□

Ethos. Vergeblichkeit. Abstraktion.
Noch immer: das Amten als Bürde auf Schultern, die nicht breit genug sind. Händezittern. Magenflimmern. Die Instanz, der das Ethos sich verantwortlich fühlt, erinnert dadurch an die Zerbrechlichkeit des Gefäßes. Das mag ein Trost sein. – Der Harmattan weht schon, zwei Monate zu früh. Alles rinnt mir davon. Zwei Stunden des Amtes gewaltet und von innen wahrgenommen, was andere nur von außen sehen. Die beherrschte Stimme, das Stehen vor der ‚großen Gemeinde', und dann, innerhalb weniger Augenblicke, die Gewißheit: es fehlt etwas.

Es packte kurz und ließ wieder los: ein Gefühl der Vergeblichkeit, des Wozu? Als ob die Kraft zum überhaupt Anfangen entweiche. Wer ist da, dem ich etwas zu sagen hätte? Allenfalls Chr. Und das mühsam Erarbeitete warf sich so hin, fast achselzuckend, Pidgin und lässig. Chr hatte danach Freundliches zu sagen. Was also soll der irrationale Wunsch nach einem Reflex, den ein Tagtraum zurückwirft? Es ist gar keine Frage. Es ist ein Bild, das bis in die Nachmittagsschlafträume dringt. Etwas in der Nähe abstrakter Kunst, der *Fauves* vielleicht, in den Farben Hellbeige, Kobaltblau, Umbra gebrannt: aufs peinlichste korrekt und geradlinig beherrscht, nahezu Statue, Rauten wie Revers, und über den seitlichen Vertikalen eine gedrechselte Rundform wie ein erhobenes Haupt; darin eingekerbt leicht geschwungen Horizontalen, schmal, halb geschlossene Öffnungen, Linien ohne Verwischungen. Alle Spannung gesammelt im oberen Drittel, in dunklen Blautönen, mehr Dunkel als Blau, Strahlungen, interferierend von zwei Zentren aus wie ein ruhig lächelnder Blick der Begegnung und des Einverständnisses. Wo kommt das her? Wer darf so fragen? So scharflinig vorbei an ‚Du weißt, was ich weiß. Ich weiß, was du nicht wahrhaben willst.' Kann solche Komplizenschaft über ein Vierteljahrhundert hinwegspielen? Es war, wiedererkennbar, ein Lächeln aus alten Zeiten, das mir im Traum entgegenkam. Ich werde in den Garten gehen, um zu gießen und zu jäten. (22. 11.)

Müdigkeit. Honni soit....
Daneben steht eine Rose im Glas. Aus Langeweile ‚Fröhliche Wissenschaft', über die ‚gemeinen Naturen', ‚wie sie die Freude geringschätzen, welche der Irrsinnige an seiner fixen Idee hat.' Und wie, wenn die ‚fixe Idee' von Zeit zu Zeit Ziel eines schrägen Blickes wird, den der Irrsinn über die eigene Schulter wirft? Gießen und Jäten vertreiben auch die Zeit, von der zu viel zwischen den Pflichten übrigbleibt; nur nehmen davon die Schulden dessen, der diese Arbeit gepachtet hat, nicht ab. Ich habe so viele Briefe zu schreiben und niemandem etwas zu sagen. An den Nachmittagen schlafe ich mich müde und halbtot. Wenn man über die Tabugebote der Wilden liest, über die Meidungsvorschriften, dann ist vieles lächerlich bis zu dem Augenblick,

wo Analogien auffallen. Immer fallen mir Dinge, die sich sagen ließen, zu spät ein. Vous avez creusé des trous pour attraper des éléphants, pas pour planter des tomates. Wie stumpf und verwaschen ist das Gewebe, das einst so viel Glanz abstrahlte! Der Garten: was da wächst, ist dürftig. Der Garten daneben gedeiht prächtig, eine Lust der Augen und vorweggenommener Tafelfreuden. Warum fühle ich weder Neid noch Ärger? Die mageren Kohlpflänzchen, die ohne ausreichende Düngung zu wachsen versuchen; die dünnen Mohrrübenfederchen, vom Vertrocknen bedroht – oh, wie symbolisch ist das alles! Es fällt kein Tau, es sprudelt kein Quell, es rinnt kein Bächlein. Chr las meinen Brief an Kg und mißbilligte ihn: ‚Blabla', man lese hier *zwischen* den Zeilen. Man umschreibe das, worum es geht. Da will es nachgerade scheinen, als sei das Brieflein von Ende Juni eine naive Narretei gewesen. Es könnte der Eindruck von etwas Unziemlichem entstanden sein. Wohingegen ich eher geneigt bin zu denken: Honni soit qui mal y pense. – Eine Fussel klaubte mir vom Kragen neulich der Laienvorsitzende, als ich ihn begrüßte. Der Mensch kann ganz charmant lächeln, sieht dem ‚Wie bist du fern' von einst ähnlich. Es hilft wenig. Wir mögen einander nicht. (23.11.)

Hausbackenes.
Einen Ball aus Purpurwolle zurückzuspielen taugt dieser Gespiele nicht. Das sitzt, teils besonnen, teils tranig, auf seinem Stühlchen, guckt mit kugelrunden Augen leicht verschreckt in die Gegend und meditiert dann über ‚Christ' in einer Präpositionenlitanei, wobei ‚beneath me' merkwürdig anmutet. ‚My mind ran back…' ich sah etwas wie eine Eidechse durch warmen Sand wuseln hin zu den nackten Füßen eines noch nicht Zwanzigjährigen, der sich aussenden ließ von einer Frau aus seinem Dorf, die ihren christlichen Neuglauben verteidigte und ‚Philemon, my son' sagte, und ‚Go and preach.' Eine hausbakken-solide Gott-Helfer-Theologie, ohne Abgründe. Unschuld und Egoismus eines Kindes. Wenn Männer leiden und dabei eine unbeholfene Würde bewahren, wird ein bestimmter Typ Frau schwach, weil des Fleisches Schwachheit dem Geist mehr Spielraum läßt. (24. 11.)

Traumfragmente und ein Stück Gedicht.
Es kompensiert im Traum, weil die Wirklichkeit auf allen Wegen entgeht. Neben einem züchtig-düsteren Kindergärtner hockte ich auf staubigem Marktplatz, rote und schwarze Brombeeren zu einer Kette reihend, um sie auf sittsam zusammengefaltete Knie zu legen. Der Beschenkte nahm's und gab's den Kindern. Was einem entgeht, das geht einem nach. In einem anderen Traumfragment wollte ich mit einem Unbekannten auf Elefantenjagd gehen – per Fahrrad und mit dem Gefühl: rein um des abstrusen Abenteuers willen. Die Muse humpelte auch wieder einmal umher. Sieben kurze Zeilen *Dry season fever* mutet sie mir zu. *And I – o so – and I* - o, bloß nicht! Bloß keine Blöße geben. So etwas, griffig, rund, klammernde Organe (wie Gurkenranken) zu *poésie pure* umbauen, das wäre eine Versuchung ganz anderer Art. *My darkling eyes confront the white temptation of* – Es zieht an und stößt ab. Die dem und so etwas nachgegeben hat, hieß dummerweise Desirée. Der Harmattan war schuld. Es bedarf halt einer gewissen Widerstandskraft. ‚Mit Anstand über die Runden kommen.' Chr fängt auch schon an, über die Seltsamkeit unseres Lebens hier zu sinnieren.

Es geht zu Ende.
Auf offener Straße kann ein Kind hier das Licht Welt erblicken. Sie kamen herbeigerannt vom Volleyballspiel und trugen's zur Klinik hinüber, eine dichte Gruppe. Dann noch ein bißchen Gartenarbeit, recht nahe an Resignation. Ein Stück Messing läßt sich gerade noch auffangen, längs der hinteren Veranda. Vom Darlehenzurückzahlen ist keine Rede mehr. – Die Zeit hier geht zu Ende. Vorlieb genommen mit dem, was vorhanden war. Keine schlimmen Krankheiten, keine Unfälle bislang, aber auch keine exotischen Abenteuer. Trotzdem oder gerade deswegen Tagebücher vollgeschrieben. Die möchte ich noch ‚zu etwas machen' können und dürfen: die Zeit dazu haben, das Leben von rückwärts zu betrachten. (25. 11.)

Rougemonts ‚L'amour et l'Occident' lese ich, Dinge, die ich kenne, weil ich sie erlitten habe. Da naht ein Gartenkittelgrün, ernst und skeptisch, und auf der Leine tanzt in der Abendbrise ein Lindgrün im Empirestil. (26. 11.)

Tagebuch, trauriger Lebensersatz.
Wie winzig ist meine Welt. Wie zerkrümelt. Wie innerlich zerfasert und verunsichert. Ein Spiel mit Farbsymbolen, die alle Verantwortung dem zuschieben, der sie so oder anders auslegt. Schwarz-weiß zusammengedrehte Zwirnfäden etwa. Oder ein Plüschpullover. Wenn man alles zusammenzählt... (27. 11.)

Trauma. Opiat. Fatalismus.
Die erste Ehehöhle und eine rücksichtslos in aller Frühe die Tür zuknallende Nachbarin: es verfolgt mich bis hierher bei jeder Einquartierung im Gästezimmer. Der kohlhaasische Rechtsanspruch, die affektive Übertreibung, ungute Gefühle erzeugend bei einer steatopygen *fraternal*. Chr's Vernunft und des Kollegen Seelsorger Friedfertigkeit tun gut. Kommt hinzu eine Nähe, die wie ein Opiat wirkt. Eine undefinierbare Farbnuance, ein sonnen-, schweiß- und chlorgebleichtes Grün, besänftigt auf unbewußte Weise, während Chr mit Vernunftgründen überzeugt. Zurückhaltung ist etwas Gutes; ein gerader Blick zeugt von einem reinen Gewissen. Wer den Blick beim Reden ins Abseits lenkt, verrät sich und seine Angst, zu stolpern an der Schwelle zu einem Adyton. – In diesem vermaledeiten Regenwald befindet sich kein gesittetes Wesen, das imstande wäre, die filigranen Arabesken des Verblühens wahrzunehmen. Wie zurechnungsfähig bin ich noch? Ich rechne nicht mehr. Nahe am Fatalismus. Alt genug. (28. 11.)

Schief und mißraten.
Die Abiturii waren eingeladen; aber es nützt sich auch ab und um 10 Uhr reichte es. (Wir gingen noch hinüber in die Weiberversammlung.) Die Vorbereitungen – kann man sich selber ‚historisch' auslachen? Erinnertes ist immer nur noch die halbe Wahrheit. Man trank Bier; man lachte, wenn Chr und ich uns in Dispute verwickelten. Hier gibt es keine Maikäfer; ein ägyptischer Skarabäus würde sich auch eignen zum Vergleich. Ein langer Arm ließ sich über die Stuhllehne hängen. Das Disproportionierte diskutierte diesmal lebhaft mit, auch mit mir. Was ich zu sagen hatte, fand Chr hernach ‚unerträglich litaneihaft'. Man schont einander nicht. Es ist alles irgendwie schief und mißraten. (29. 11.)

Sprachtabus. Rhythmen. Zerfall.
Die schwarze Mami, die hier mit die Weiberfasnacht dirigiert, guckt beleidigt an mir vorbei, weiß, daß sie nicht willkommen ist. Muß ich das notieren: der fast physische Abscheu bestimmten Ausdrücken und selbst Umschreibungen gegenüber, so als läge ein negativ magischer Realismus in ihnen. Es grenzt ans Krankhafte. Sprache ist ein Geistesprodukt, und wo sie das Gegenteil zu sagen versucht, greift sie, je nachdem, wer sie handhabt, entweder tief ins Tabu oder sie scheut zurück. – Jede Wahrheit ist schon im Entstehen uneindeutig, polyvalent, ein Produkt von Empfindungen und Deutungen. Ich saß drüben, gewappnet mit träger Ausdauer, ums Hirn ein grobes Gewebe aus Sonntagslangeweile und der Hoffnung, ein paar Trommelrhythmen ins Ohr zu bekommen, leicht, tänzerisch, hingegeben, kein Draufhauen, eine leichte Berührungen mit empfindlichen Fingerkuppen. Ein Rhythmus, der es zuwege bringt, das Schwere leicht zu nehmen und aus Schwierigem ein Spiel zu machen. Es kroch auch zögernd etwas in sich Geringeltes, eine Anmutung von Tanzlust heran und zerrann, ehe es auch nur in die Nähe der Zehenspitzen kam. Wie kam es, damals? It just happened. A trap. A falling into. Chr ist an meiner Seite und freundlich, während ich mich zerfallen fühle. (29. 11.)

Ziemlich am Ende.
Das Zermürbende an der Unfähigkeit, den Kairos zu ergreifen. Wo ist ein Trost und Ausgleich dafür? Raumverdrängendes, ganz in der Nähe, Nougat und Rosenholz. Zuwendung und Abwendung umrankten einander wie die helle Sichel des zunehmenden Mondes das dunkelrunde Innere... Ein einziger Augenblick hätte genügt. Wer sich ihn und ihm versagt, muß seine Zuflucht zu Wörtern nehmen, im Tagbuch. Frustration kann daher kommen, daß Selbsterfahrung nur noch im Gegenüber zu anderem möglich ist. Die Zeit bleibt stehen und zerbröckelt. Es muß etwas geschehen. Als erstes die Reise nach Lah. Noch knappe vier Wochen. Noch einmal vier Jahre so zubringen, hier, in diesem Campus unter den gleichen Bedingungen – selbst ein einziges würde mich aus den Anstandsrunden torkeln lassen. Ich bin ziemlich am Ende. (30. 11.)

Abendstern auf Pappe. Alpträume
(Dezember)

Der Abendstern: ein Kristallisationspunkt für religiöse Lyrik, lyrische Theologie. Bisweilen sind freilich nur die Melodien schön. Ein kanonisches Sternen-Orakel gibt Anlaß zu vielem Feilen an öffentlich Vorzutragendem. Die Nachbarin hat mir wieder Privatgäste in Aussicht, vor die Nase und den Nachtopf gesetzt. Die Rechtslage ist verworren. Im Garten wird zu wenig gegossen, obwohl ein Darlehen abzuarbeiten wäre. (1. 12.)

Hermeneutik und Sternblumen. Morgens in der Früh geisterte es wie ein déjà-vu auf der hinteren Veranda im Pyjama umher: Das legere Textil wird hier offenbar für eine Art Hausanzug gehalten, in dem man auch eben mal über den Campus spazieren kann. Kopfschütteln. Unterschwellige Symbolik. Es kann zu weit gehen. Der Farbton, ein Lindgrün, war mit schuld an der Verwirrung. Es war fast zum Ausspucken. Dann die Sternenmeditation. Einer biß an und fragte: wieso denn (als *caelebs*) Leiden? Eine Beinahe-Verlegenheit wich aus ins Halbgare. Das Spiel mit Symbolen, ad hoc erfunden und daher uneindeutig, ist es spielbar? Ein Sichmitteilen durch Anpassung in Farbwahl und Echohaltungen: ein offenes Interpretationsspiel, offen auch für reine Einbildungen. Jeder kann jederzeit Einverständnis verweigern und sagen: so war es nicht gemeint. Was bildest du dir ein! Aber es kann auch sehr weit gehen in die beabsichtigte Richtung. Mein Sitzenbleiben etwa, beim Reihentanz während des Empfangs für den neuen Kollegen, wurde beantwortet durch ein Ausscheren und Beiseitetreten, hinaus auf die Veranda. Do you remember? Verzicht beantwortet mit Verzicht: vermittels eines Glases Rotwein versetzte es die Seele in kleine Glücksschwingungen, ohne Ringe am Finger. Es leuchtet ihm kein Mond, kein – Stern. Ich habe mir Sternblumen in einen Kasten der vorderen Veranda pflanzen lassen – nicht von dem, dessen schuldentilgende Aufgabe es eigentlich wäre. (2. 12.)

Irrationalis. Mürrisches Wesen.
Im Bereich der Didaktik fällt mir zwischendurch eine Menge ein ohne Vorbereitung. Über Homosexualität und Inzest; über des Leidenden Wunschdenken im Irrationalis. ‚He knows that it is an impossibility.' ‚He is dreaming of something for which there is no fulfilment.' So kann man vom Tod reden und etwas anderes meinen. Sie sitzen da, die meisten schreiben mit, selten kommt eine Frage dazwischen oder eine irreguläre Bewegung – einer zieht den Pullover aus und sitzt da wie abwesend, wie qualvoll versteint; nach einer Weile legt er den Schlips ab, löst zwei Knöpfe des weißen, kurzärmeligen Oberhemdes und spiegelt auf diese Weise die Militärbluse vorn vor der Wandtafel. Der Blick, während des Redens gleichmäßig gestreut, erfaßt dies und weniges, vom Geist erhelltes Dunkel und bestimmte Flächen, die ein matter Glanz überzieht, ein metallisches Rotbraun mit dunkleren Streifen längs der Schläfen, herabgezogene Mundwinkel, Schattierungen, selten ein Blick, nach innen gezogen. Ein mürrisches Wesen, als litte der innere Mensch unter einer Art Bedrücktheit. Vielleicht Verdauungsstörungen. Es gibt eine Art widerstrebender Hingabe, die auf den Wunsch nach Erwiderung wie auf giftige Tentakel trifft.

Geheimnis Abendstern.
Im Gefunzel der Buschlampe, beim Zelebrieren von Rührei in der Küche und dem Zurückstellen einer Gießkanne hinter die Tür – wenn da der Zufall verdruckstem Schweigen doch noch ein Lächeln abzulisten vermag, dann hat der Sinn eines ganzen Tages sich offenbart, und der Abendstern blinzelt. Der Abendstern, eine bewährte Meditationsstelle, hoch da droben und jenseits der öffentlichen Donnerstagabendqual, den Blick hinter den eisernen Gitterstäben des Gehörigen eingesperrt zu halten. Worüber darf meditiert werden, worüber nicht? Daß der Stern ein Geheimnis weiß, das nur zwei kennen, ein Ich und ein Anderer – der Abendstern. Was für ein Eiertanz, um Rührei zu vermeiden. Wenn der Stern, Astarte, jenseits des Bewußtseinshorizontes untergeht und eines Tages am Morgenhimmel steht als derselbe und doch ein anderer – was ist dann? Das Unverführbare hat seinen eigenen Reiz. Es macht die Ungefährlichkeit des Spiels aus. Doch wohl. (3. 12.)

Sprache als Vernichtungspotential.

Man könnte sich mit einem einzigen Wort umbringen, zumindest ins Chaos stürzen. Sich ‚unmöglich' machen. Das funktioniert natürlich nur in gesellschaftlichen Bezügen. Am sichersten in politischen. Früher auch in religiösen. In erotischen bisweilen wohl auch. Schon das Nachdenken darüber nähert sich dem Abgrund. – Es gibt kulturelle Eigenheiten allhier, die ich nie begreifen werde. Etwa, daß man fein angezogen zur Arbeit kommt. Es geht freilich nur darum, eine Gießkanne hin- und herzutragen. Aber das dann auch noch in solch aufreizender Langsamkeit, daß der Gedanke an einen, zumindest verbalen, Fußtritt sich aufdrängt. Und statt der Muttersprache drängt sich die Kolonialsprache auf, die gerade, weil sie so leicht fällt, daß sie sich sogar für Gedichte hergibt, dem Tagebuch nach Möglichkeit fernbleiben soll. Hier aber naht es in besagter Langsamkeit und dazu hin ‚defiant and demure', den Blick geradeaus gerichtet mit solcher Intensität, daß eine ungute Spannung entsteht, die unterbrochen, unschädlich gemacht werden muß durch eine forsche Anrede. Von der abgewandten Seite des Mondes her betrachtet könnte es auch bedeuten: das bißchen Inspiration in den Staub des Anstands treten.

Drachin in Polo-Gelb.

Die neue Polobluse spiegelt genau das Gelb der Anemonen (oder waren es Freesien?) vom letzten Juni wider, die auf dem Lesezeichen blühten. Der Campus kann ein beengendes Daseinsgefühl ausdünsten. Außerhalb der Arena des Geistes gibt es wenig, das anregt. Daher Chr sich die Feldforschung ersehen hat und ich – die Suche nach der Muse, die ein Phantom vorschickt. Es spielt ein bißchen herum mit mir, läßt sich füttern mit Extrawürstchen, aber nicht in einen Käfig sperren. Das wäre Hühner- oder Sklavenhaltung. Da schäkerte vorhin einer mit halbgaren Mädchen hinter dem Haus, und ich – ich mußte als Drachin hinterherfahren, denn sie pflücken mir die Pitangakirschen weg, die ich mal gemalt habe und daraus ich Marmelade kochen will. Ach, hol's – ! Es geschieht mir recht. Wer Höhen und Tiefen von allerlei Stimmungen erforschen will, soll sich nicht wundern, wenn er am Ende irgendwo ganz unten festsitzt und sich in der Nase bohrt.

Fisch – Wasser – Abendstern.
Das sind meine ‚Erlebnisse' in diesem Campus. Wieder einmal bin ich Pflichten nachgekommen, um die Chr sich drückt und habe zu Abend gegessen mit den Junggesellen drüben. Von rechts erhielt ich eine Portion Fisch; als ich sah, daß der Betreffende nichts mehr davon auf dem Teller hatte, nahm ich ein winziges Stück davon und schob den größeren Teil wieder zurück. Es war so peinlich stille, daß ein paar Fragen ins Allgemeine notwendig wurden. Den Nachbarn ins Einzelgespräch zu verwickeln schien unangemessen, da ein Schluck Wasser in das leere Glas, mit seit kurzem wieder ringloser Linken hingehalten, ihn auch noch zum Mundschenken machte. Nach der Spätandacht in der Kapelle, auf den bröckeligen Stufen, begegnete von drüben, über dem Fußballfeld und dem Tiefland, am Westhimmel der Abendstern und piekste achtstrahlig ins bedürftige Herze hinein. Chr zur Seite ging ich ins Haus. Bei Günther Eich las ich: ‚Aber du, der du neben mir gehst, wie verborgen ist mir die Landschaft deines Herzens. Ich weiß, du willst nicht, daß ich deine Gedanken durchwandere. Irreführen soll das Echo deiner Worte.' (4. 12.)

Der Berg ist in Morgenduft gehüllt.
Ein Aquarell, fast japanisch. Aus dünnen Grillen- und Vogelstimmen geknüpft hüpft ein dichtes Gepünktel von Notenköpfchen durchs Gras; ringsum versprenkelt eine grüne Gießkanne Kühle; die Sonne steht weißgetüncht hinter einem Schleier von Federwolken, und ein bescheidenes Maß an Glanz, das durch die Labyrinthe der Neuronenbahnen huscht, gliedert das Laub der Zwillingspalme in elegant geschweifte schmale Streifen. Ein Lüftlein geht hin und wieder, als wüßte es nicht, wohin mit sich. Aus den Steinwüsten der europäischen Städte werde ich mich zurücksehnen nach solchen Morgenstimmungen.

Ein Motiv zu einem neuen Gemälde.
Es ist mir etwas eingefallen. Wie wäre es mit dem Abendstern als Astarte und auf Pappe? – Weder einen vollen Humpen noch eine Tasse, nur einen Fingerhutvoll, ja nur eine Fingerkuppe betupft mit Lah-Aroma möchte ich genießen dürfen. Was gibt's da zu verraten? Es ist alles so enttäuschend langweilig.

Akademische Dürftigkeiten. Ich behelfe mich mit ein bißchen Jäten und ein paar Radieschen aus dem Garten, mit Schmökern in einem Glücks-Buch von einem Menschen mit banalem Namen und poetisch-ironischem Stil. ‚Nächte ohne Nachtigall und Lerche' – hübsch assoziativ. Chr liegt auf dem blaugeknüpften Lotterbett und liest ‚Mann ohne Eigenschaften'. Was ich an Fragmenten zu den Diplomarbeiten zu lesen bekomme, ist dürftig und balanciert am Rande der Enttäuschung, bei allen dreien. Das Pflichtgefühl läuft den Kandidaten nach bis in die Schlafbaracken; da hängen sie herum vor ihren Wackeltischen, Drahtbetten, Familienfotografien und Kleiderleinen statt hinter den Büchern zu sitzen und etwas Ordentliches zu Papier zu bringen. Der eine schreibt Lexikon-Artikel ab, der andere schlägt rhetorischen Schaum, der dritte schleppt lieber in gemächlichem Trott Schlips, Bauch und Gießkanne vor sich her. (5. 12.)

Sonntagsfrust abermals. Sonntags statt einer Matinee mit berühmtem Bariton öffentlich öde Rituale unter offenem Gebälk. Da hilft auch ein wallender Aufzug nicht viel, das säuerliche Vergnügen unter Mürrischen aufzusüßen, die lieber bei dem großen Amtseinführungs-Spektakulum drunten im Tiefland mitgemacht hätten. Ich spiele weiter lustlos mit Armreifen, Ringen und schwarzem Kaffee in weißem Porzellan auf hellgrünseidener Serviette. – Als ich mit Chr beim bitteren Campari auf der vorderen Veranda saß, wandelte vorüber die zerfasernde Schwerfälligkeit eines Tagtraums, grüßte und entschwand. Ruhelos gehe ich den Schülern nach, die hier, wo sie nicht sollen, vorbeilaufen; gehe in den Garten und sehe, daß die Beete trocken sind: es ist wieder nicht gegossen worden. Zu viel überschüssige Energie? Die Zeit absitzen und aufs Papier kritzeln, was durch das Grau der Gehirnwindungen kraucht.

Sonntagslangeweile (Fortsetzung). Das war ein verzweifelter Rundumschlag mit Kaffee und Kuchen gegen die Sonntagslangeweile: ein paar Weibsen einzuladen auf die vordere Veranda. Da steht abgetafelt das ‚Fest'. Es hat seinen Zweck nicht erfüllt. Das flackernde Warten auf etwas Seelen- und Geistanregendes war umsonst. Es ist als fehlte etwas im bisher gelebten Leben; etwas, das noch nicht auswendig gelernt ist; etwas, in dem noch Möglichkeit und Maßvolles an Gefahr ist, um überschüssige Kräfte zu binden auf ein Ziel hin. Es will sich noch nichts klären zu geschlossener Form. Bethabara ist mir entfallen. Die Schmerzen schweigen. Die Inspiration ist weg. Vielleicht wird die Reise nach Lah eine andere Inspiration bringen. So bleibt vorerst nichts als diese frustrierende Langeweile, die kein Gespräch zu zweien mehr auszufüllen vermag. Die Seele ist wie heimatlos, wie ein Waisenkind. Sie möchte irgendwo unterkriechen, wo es dunkel und warm ist und ein Stern leuchtet. Warum finde ich dieses Dunkel und diese Wärme bei Chr nicht mehr? Nie ist der Mensch zufrieden; auch im friedlichsten Frieden nicht. Ich wäre gern ruhig und gelassen und dankbar. Statt dessen fühle ich mich kribbelig werden, wenn es um das Gästezimmer und die Ansprüche der Nachbarn geht; es ist als müßte ich eine Katastrophe heraufbeschwören. – Chr ist lieb, aber er begreift wenig. Oder liegt ein Konstruktionsfehler in meiner Individualseele vor? Oder brechen Traumata auf? Rücksichts- und Rechtsansprüche und wenn andere sich ein Vergnügen auf anderer Leute Kosten machen: da helfen auch Salat und gute Worte von nebenan nichts und böse Gefühle können wohlig wühlen. Es hilft auch nichts, im Halbmondlicht auf der Küchentreppe zu sitzen, um in die dunklen Büsche Richtung Jenseits zu gucken. Da drüben ist auch nichts, und das Mondlicht ist von milder Gleichgültigkeit. Der Abendstern ist auch nicht da. (6. 12.)

Wieder Alpträume.

Aus welchen dunklen Tiefen? Hätten die beiden Stunden Unterricht mich nicht abgelenkt und wieder hochgezogen, ich säße noch da unten. Chr rüttelte mich wach, weil ich vermutlich beklemmende Laute von mir gab. Das eine knüpfte wohl daran an, daß Chr gestern abend meinte, die Nachbarn hätten eben Kinder und könnten deshalb keine Gäste bei sich unterbringen. Und von neulich fügte sich dies hinzu, daß bei uns ‚Trauerarbeit' zu leisten sei. Im Schlafzimmer hängt seit Jahren ein Schnitzbild quer: ein leeres Nomadenzelt mit Sternen darüber und davor ein Bärtiger mit verschränkten Armen: als Dauermemento quasi. Im Traumzusammenhang bekam ich zu hören, ich hätte es nicht gesagt oder er habe es nicht gewußt, daß ich ‚so eine' sei (mit einem Ausdruck, den die Leute hier gebrauchen). Daraufhin stieß ich ihn von mir und hervor brach: Ich hasse dich! Mit solcher Verzweiflung, daß ich an dem damit verbundenen krampfartigen Schluchzen und an dem Gerüttel, mit dem Chr mich an der Schulter packte, schließlich aufwachte. So etwas muß wohl auch aufgeschrieben werden, wenngleich mit Widerstreben. Im Wachzustand war alles anders. Auch beim Gutenachtsagen, mit der Geste, die sich seit sieben Jahren gemeinsamen Schlafzimmers nicht abgenützt hat. Eine Schmalspur Glück; Vertrauen und eine Zuflucht. Was in solchen Alpträumen hochkommt, das ist auch ein Teil des zu lebenden Lebens, und vielleicht ist der am leibhaftesten betroffene Teil auch größerer Nüchternheit fähig, während der andere sich mystisch-romantischen Vorstellungen hingibt. Da lag ich also eine ganze Weile wach, und die Kakerlaken raschelten im Papier des Lampenschirms. Dann schlief ich wieder ein und es ging weiter mit einem der endlosen Flucht- und Versteckträume, wo man sich in keinem Winkel sicher fühlt, durch Kellergewölbe, Klüfte und felsige Waldgegenden, durch Schluchten und zwischen Steinbrocken hindurch; in dürrem, faulendem Laub wollte ich mich verstecken – vor Chr. Und fühlte mich nirgends sicher. Das finde ich besonders schlimm. Ich will zwar weg, aber nur auf Zeit und mit Chrs Einverständnis.

Halblautes Lachen. Es bringt mich wieder ins Gleichgewicht. Die Nähe von etwas. Eine Komposition aus gebleichtem Musazeengrün, herbeigeschleppten Palmwedeln und einer luftballongroßen Seifenblase Schweigen, die aus Geheimnis ebenso wie aus leerer Luft bestehen könnte. An der Schreibmaschine schreibend, oder Tagebuch, die beiden abgelegten Ringe aufgespießt auf einen Ebenholzdolch (das ist der Brieföffner, den Jg 1976 mitbrachte) lassen sich nebenbei ein paar Worte wechseln und ein wenig halblautes Unerhaltungslachen dazwischenmischen. Es genügt. Ein paar Tomatenpflänzchen ließen sich hinzuverschenken. Schon fühlt sich alles friedlicher an. Wie lange? (7. 12.)

Tautropfen in einer Kakteenwüste.
Äußere Ereignislosigkeit ist gut, so lange die Herrlichkeit innen stattfindet. Kritisch wird es, wenn die Festlichkeiten in den inneren Palästen aufhören und statt dessen Äußerlichkeiten nach innen dringen und randalieren. Ich habe Chr als beharrende Substanz meines Lebens; warum fühle ich mich trotzdem elend? Kein Gewissen richtet mich – moralisch auf. Ich suche etwas, das poetische Empfindungen und Formulierungen hervorbringt. Die greifbar-ungreifbarste Möglichkeit ist mal da und mal nicht. Alles was damit zusammenhängt, schreibe ich auf, sammle es wie Tautropfen in einer Kakteenwüste. Und was da hin und wieder blüht zwischen dem Gestachel, das sind Phantasieblüten. Es geht nur darum, etwas Schönes und Besänftigendes wahrzunehmen. Es kann auch der Abendstern sein. Oder wehender Voile vor leerer Fensterhöhle. Wie nahe in anfänglicher Unbefangenheit könnte ein Vorgestern gewesen sein; das Gestern wäre es schon nicht mehr und das Heute müßte mit erblindetem Blick ertasten, was noch zu haben wäre. Verdacht und Befangenheit bedingen einander. Chr fragt: Wann redest du wieder einmal mit mir? Nach der Reise? Und was, das seiner Ironie entgehen könnte?

Zweierlei Verzicht.
Das Wesentliche, das Wunder; ein Erstes, während eines Jahrzehnts mühselig Ermöglichtes und darum Kostbares, dem Gefühl nach und vor Gott der Dauer Würdiges; etwas sprachlos und nicht ohne Schmerzlichkeiten Weiterreifendes; des Lebens Gerüst und innere Sinngebung; alles das, ohne dessen Sein-für-mich ich nicht hier wäre: es ist nach einer bestimmten, für mich nicht, aber für Chr wesentlichen Seite hin das einzige Sprachtabu, dessen ich mir bewußt bin. Alles ist Chr zuliebe, Rücksichtnahme und Bedürftigkeit halten einander die Waage; es nimmt noch immer hin und ich suche zu verhindern, daß, wenn schon anderes traurig für ihn ist, er sich wenigstens dieses nicht auch noch zu Herzen nehmen muß; aber das Schweigen drum herum ist von einer Hilflosigkeit, die – warum kann ich es nicht mit ganzer Seele erfassen? Warum fault es so vor sich hin im Ehealltag? Warum macht die Suche nach innerem Gleichgewicht einen Umweg über fromme Profitsuche und

reine Torheit? Wenn auf einen Reihentanz verzichtet wird, weil ich verzichte, ergreift es mich; es steigt beinahe das Räucherwerk einer Ekstase auf, der Verzicht bringt das Glück zum Blühen. Das Imaginierte ist stärker als die Wirklichkeit. Chr verzichtet auch; aber in anderen, in leibhafteren Zusammenhängen. Ich kann es ihm nicht sagen, weil es ihn unglücklich machen würde, und das wäre auch mein Unglück. Ein Unglück in demselben Sinne, in dem er einst, als Siebzehnjähriger, vom erträumten Gegenteil schrieb.

Resignation als schleichende Krankheit. Etwas anderes, Neues suche ich; freilich auch nur mit halbem Herzen, hier auf dem Papier, im Geist und im Gefühl. Kaum wage ich noch, Wünsche zu haben. Die Resignation ist wie eine schleichende Krankheit; etwas, das alles wie mit Schimmel überzieht. Ich möchte ein Jahr lang in dem unbekannten Dorf im Abseits leben, in einem Häuschen mit zwei Kammern unter offenem Gebälk. Mit Wasser von einer Quelle und Buschlampenlicht. Versorgt werden für mein Geld, meditieren und schreiben. Alle paar Wochen ein Besuch, ein Fest, ein kleines Abendsternglück. Sklave sein in einem Palaste; der Majestät nahe sein, um ihr eine Weile zu dienen: das ist Individual-Religion des Herzens und fast schon Minnedienst. Das andere wäre Eremitendasein, eine höhere Stufe der Vergeistigung. Und was ist Schreiben? Ich kann mich nur in die Sprache retten, in dieses Tagebuch, das zu sagen versucht, wie es ist. Wie es sich anfühlt. Kg verging, Jg verging, was ich suche, wird auch vergehen, und doch wird es noch irgendwie da sein, auf dem Papier und in der verblassenden Erinnerung. Dann ist da noch das Geld. Das ist das Mißliche einerseits und andererseits das Realistische, das alles rechtfertigt.

Abendstern auf Pappe. Ich habe zu malen angefangen, an diesem 8. Dezember 81, und wenigstens eines ist mir gelungen: ein Türkisgrün, anders als das Musazeengrün, dem ich seit drei Jahren nachjage und das mal zu sehr nach Gelb, ins Eifersüchtige, schielt und mal zu sehr nach Blau, ins Treuherzige. Ermischt und erwischt und als Abendhimmel auf Pappe gemalt habe ich ein Türkisgrün, sitzend auf der hinteren Veranda, denn die vordere ist vom Gastzimmer her belagert von zwei Weißen (gegen die ich nichts habe außer daß sie mir vor die Nase einquartiert wurden). Das ist nun freilich das verräterischste Opus des Triptychons, das Ende Juni 79 abstrakt mit einer zu giftgrün geratenen Epiphanie den einen Flügel aufschlug (heut habe ich das Grün überblaut). Dann kam im April dieses Jahres, und wie lange ist es schon her! ein fließendes Doppelgewand, gehälftet aus Rosé-Beige und sehr dunklem Umbra, mit weißer Sternblume oben und Pitangakirschen unten. Und nun ist Nacht mit zwei Fensterhöhlen im unteren Drittel, und aus dem einen weht ein heller Vorhang herüber zu einer Treppe und einem Stück Veranda, auf der vor offener Tür ein Bündel Sternblumen blüht. Es fehlt noch die Vollendung zweier Bäume, eines Eukalyptus und eines Thuja, wie sie hier im Campus gegen den Abendhimmel stehen und sich mit dem Geäst in einander verfangen. Über dem Scheitel des einen steht die Mondsichel waagerecht, auf der Schulter des anderen blinkt der Abendstern achtstrahlig. Mehr läßt sich mit Worten nicht sagen. Da hinein kuschele ich mich als wär's ein nougatfarbner Plüschpullover. Jetzt habe ich aber doch das Bedürfnis nach etwas mehr als Pappe und Farbe. Abends gehen die Giraffen und Zebras zur Tränke. Sie haben Durst. Ich auch. Ich brauche nur einen Fingerhutvoll. Mir genügt es, wenn ich sehe, daß der Abendstern da ist. (8. 12.)

Tränen in schwarzem Kaffee.
Verschlafen, das letzte Volleyballspiel. Grund genug, das Versäumnis zu beweinen, weil es sonst gerade nichts zu bejammern gibt (außer etwa, daß eine der ‚Tanten' aus dem Gästezimmer auf dem WC sitzt, wenn ich auch muß, so daß mir nichts übrigbleibt als ins Bad auszuweichen). Chr will erzählen, was ihn an seiner Wissenschaft beschäftigt; ich sitze in seiner verkleckerten Seekistenecke und halte mühsam die Tränen davor zurück, sich im schwarzen Kaffee zu ertränken. Der einzige magere Trost ist, daß er bereitwillig zum Sportplatz mitgeht, wenn das Spiel gerade aus ist. Während ich mir noch das Gesicht wusch, brachen sie das Spiel ab. Das Fest war gerade aus, als ich kam. Und dann Verpflichtungen, die sich aus nichts als räumlicher Nähe ergeben. Auch ein den Gästen geschenkter

Hahn muß untergebracht werden. Der Gockel wird neben den frisch gepflanzten Tomaten angebunden, scharrt und kräht die Gegend voll. Kreislaufstörungen der Älteren, der ich doch eigentlich verpflichtet bin; der Jüngeren, einem Omnibus, gilt das Lächeln eines rundum Verbindlichen. Im Garten zertrampelte Beete, rätselhaft. Chr rührt so etwas nicht, mich regt es auf. Warum bin ich so kribbelig? (9. 12.)

Wohlverstandenes Eigeninteresse.
So werden Jüngere einmal von uns reden, untereinander und in ihren Tagebüchern: ‚die Tante' – nachsichtig, mit leiser Verachtung, die, moralisch völlig unbegründet, allein aus Mißvergnügen und Gedankenlosigkeit kommt. Der ‚Tante E-ing' geht es also wieder besser, aber vier Eier müssen geopfert werden und vor allem vier Orangen, die mal eben von unten mitgebracht wurden. Eine Veranlagung, die nicht entschuldbar ist. Sie erinnert an die bayerische Bäuerin, die im Sommer 1945 einen Vierteliter Magermilch für den Säugling eines Flüchtlingstrecks nicht hergeben wollte, weil sonst ihre Ferkel nichts zu saufen gehabt hätten. Güterabwägung. Das wohlverstandene Eigeninteresse, das nur bei großen Verbrechen von hohem Pathos überrannt werden kann.

Das Blinzeln der Hermeneutik.
Hermes ist ein Winkelzügler und Assoziationskünstler. Die Bedeutungskunst der Hermeneutik ist zu Recht von seinem Namen abgeleitet, denn sie versteht sich auf allerlei Tricks und Drehmomente. Ein frisch geschliffenes Buschmesser liegt auf dem roten Bord; es weiß nichts von alteuropäischer Mythologie. Die bleibt dem Bildungswissen einer *fraternal* vorbehalten. Daneben präsentiert sich ein düsterer Blick von der Seite, den eine Frage, die sich simpel beantworten läßt, ins Gleichgültige zurechtrückt. Diese wundertörichten Einbildungen, Stern zu Stern, das Blinken der Buschlampe vom Gebälk der Küchenveranda hinüber ins Jenseits. Da steht eine Fensterhöhle offen, aus der es ebenfalls blinkt. Das mythische Buschmesser schlug im Vorübergehen einen Zweig Bougainvillea ab, der die Sicht behinderte. Winzige Leuchtspuren im Dunkeln, hin- und herhüpfend, sind allein dem künstlichen Blinzeln der Hermeneutik sichtbar. Sie bildet es sich ein, also *ist* es. (10. 12.)

‚Daß einer den Ruf vernimmt'.
Unter dem Tulpenbaum, ein wenig schräg daneben, überkam der Mut des Durstes nach einer Handvoll Wasser, es langte geradeaus zu und nahm nach Bedarf. Sowohl beim Betreten wie beim Verlassen der Kapelle. Es versetzte in wohltuende Trance. Es verdrängt die Alpträume der Nacht, die Belagerung von Privatsphäre durch Kinderhorden und anderer Leute Gäste; zerbröckelnde Erinnerung an Bethabara, die etwas unter sich begräbt, das tristan-nah und melodienreich war. Stummer Schatten, Glühwürmchen im Dunkeln, Zittern der Silberpappel im Sommerwind: diese Pracht, töricht-schön, ungestillt zu ertragen wäre nur in Bethabara möglich gewesen. Wo hier etwas dergleichen zu spüren wäre, könnte es nie die seelische Differenziertheit erreichen, eine Verknüpfung von ästhetischem Genuß und intellektueller Analytik, die nur im Abendland, nicht in diesem-hier primitiven, allenfalls von moralischen Vorbehalten umgrenzten Realismus möglich ist. Hier geht es um materielle Vorteile zur Aufbesserung des täglichen Lebens. Das verdirbt alles von vornherein. Wer hier Zeichen gäbe, müßte sie ins Unendliche hinausgeben oder – ins Mißverständliche. ‚Daß einer den Ruf vernimmt / Und zum Untergange in einem andern bestimmt'. Das andere wäre nicht eine Antwort in gleicher idealischer Schwebe, sondern Entfremdung ins Materielle hinein, in Vorteile und Zwecke, die ein Absolutes zum Mittel erniedrigen würden.

Mit zitternder Hand.

Es wäre möglich, auf Kollisionskurs zu gehen, um die Langeweile ein wenig aufzumischen. Im Unterricht Theodizee und gewagte Thesen: der Leidende sterbe in eine Theophanie hinein. God embraced him and he died. God's arm encircled him around. Dann zu den Hausaufgaben: unter den tutorialen Anmerkungen komme auch ‚Nonsense!' vor, das möge man doch hoffentlich nicht als Beleidigung auffassen. Doch, fuhr ein Beliebiger auf, es verletzte sehr. Der, den es allein betraf: ‚You want to see how we react.' ‚No, honestly', hörte ich mich heucheln. Daraufhin diagonal zu und von der vertrackten hinteren linken Ecke hin und her ein unverantwortlich langes, stummes Ineinanderhaken von Blick in Blick, fast eine Ewigkeit lang, fast schon mit dem Gefühl der Tollkühnheit: auf wessen Seite?

Als ein Vordermann unruhig wurde, brach ich ab, ging die Fragen durch und sagte viele Dinge, die zu spekulativ sind. ‚Satan is a doubt in the heart of God.' ‚God wanted to see whether Job loved him for his own sake or for materialistic motives.' ‚Star of life' stand an der Tafel, und ein Stern war hingezeichnet. Daß in einem dieser Hefte unter dem Tadel ‚Nonsense' ein ‚I apologize' stehen könnte: nur die Überlegenheit einer *fraternal*, einer Fremden, könnte sich dazu verstehen, vielleicht mit zitternder Hand, aber ohne das Gefühl, sich etwas zu vergeben im Sichhinabneigen und Schreiben. Das sitzt stumm und reglos und begreift nichts. Erst hinter dem Hinausgehen kommt Bewegung in die Mannschaft. Das ist ein bißchen zickzack – hach, und ‚wie tief neigst du dich, o welke Rose, über den dunklen Spiegel' – es ist Kaffee, und unten ist Kaffeesatz. Jedes Aufputschen ermüdet. Schlaf ist das Beste, gleich nach einer Handvoll Wasser.

Stummes Drama.

Auf den niedrigsten Hocker im fernsten Eck setzt sich demütiglich, wer am höchsten und herrlichsten erhoben wurde. ‚Siehe ich bin dein Sklave, dein Knecht bin ich': der ganze Alte Orient samt der Psalmentheologie liegt in solch zwiespältigen Demutsbekundungen. Ein stummes Drama. Pantomime zu zwei Paar Armen ohne Musik. Abendstern, fall mir nicht vom Himmel und zu Füßen. Welches Gefunkel ließe sich schlagen aus schwarzem Meteoritengestein! Betroffen ist, wem unverhofft etwas zugestoßen ist, aus dem er nicht ganz schlau wird. Eine feste und ruhige Stimme ist eine Wohltat; ‚bebende Lippen' sind schlechter Stil und Gefühlskitsch. Es müßte schon recht Erschütterliches vorgefallen sein, etwas, das am Weiterlesen hindern könnte. Das ließe sich schön verpacken und gut verkaufen, und aus dem Erlös ließe sich, wo kein Palazzo, so doch eine Eremitage bauen.

Der Abendstern persönlich.

Bin ich nicht gut abgestützt mit Chr auf der einen Seite und dem Phantom der Muse samt dem Abendstern persönlich auf der anderen Seite? Freilich erweisen sich diese Stützen des Stimmungsgefüges immer wieder als unzuverlässig. Chr ist mit seiner Wissenschaft beschäftigt. Das Phantom der Muse macht Fisimatenten. Es erleuchtet meine Seele mit Lametta, versagt indessen die Inspiration, etwas Ernsthaftes anzufangen. Wie oft hab ich gewartet, ja, wahrlich ‚sehnsüchtig', und vergeblich. Statt dessen kam all das Ungeladene vor meine Tür, auf meine Veranda, mir freie Bewegung und die Luft zum Atmen zu nehmen. Das sind die Mücken, die zu Elefanten werden. Kinder mit Biskuits abfüttern ist Zeitvertreib (und ein Sand-in-die-Augen-Streuen). Es hilft nicht darüber hinweg, daß sich in diesem *journal intime* die Kleinlichkeit meines Charakters entblößt und mir entgegenblökt – o lieber Gott! Was ist der Mensch, wenn es ihm zu gut geht! Er bildet sich Leiden ein, denn nichts ist schwerer zu ertragen als eine Reihe von guten Tagen. O Hüter meiner Zunge, wo weilest du?

Sichfallenlassen – wohin?
Daß dieses Trampeltier von Soror Mitleid mit mir zum Ausdruck bringt, ist nahezu verdächtig. Das Gatter klappt; es ist aber nur die geschäftige Fiffi, die trotz Familie offenbar auch zu viel Langeweile hat und sich deshalb Gäste einladen muß, die meine Veranda belagern. Chr sitzt im Windschatten; ihn betrifft nichts. Ich möchte mich wegschreiben von allem, aber wohin? Ins Imaginäre eines Nachgesprächs, das ein sanft abwehrendes ‚No' erwartet und ein Sichfallenlassen – wohin? In einen grünblauen Kratersee, der sich dunkel färbt beim Hinein-Sinken? Tauchen? Plumpsen? Das Grün wechselt unter wechselnden Beleuchtungen. ‚Glück' und ‚Hingabe' sind Blechplaketten, sind Unwörter, die jetzt nur Platzhalter spielen und später einmal ersetzt werden müßten. Ähnliches gilt von vielem ähnlichen, das hier zu Papiere kommt.

Lyrisch-pathetische Apostrophen.
‚Du aber' (an den Abendstern), ‚komm in der Dämmerung, wenn auf Erden nichts zu erwarten ist, Glitzern im Eukalyptuslaub und im Nervengeflecht, Du Einziger; allen habe ich dich gezeigt, aber nur mir selber geschenkt, Erwählter, einsam durch Aussonderung.' Auf Erden kommt ein am Vormittag öffentlich Sonder-Behandelter und sagt: ‚Of course' sei er beleidigt gewesen, der Gute, ‚Else I would not have spoken'. Die Konditionalkonstruktion jedenfalls ist tadellos. Ob er die Entschuldigung akzeptiere. Ja, und windet sich ein wenig vor Verlegenheit. ‚It's

finished.' Geschriebenes bleibt freilich stehen, wo es hingeschrieben ward. So häkelt es sich durcheinander, zwei Muster, die eigentlich nicht zusammenpassen. Das eine ist ein grobes Sockenmuster, das andere eins für Batistumrandung.

Funkelnde Schwermut.
Vollmond aufgeblüht aus Eukalyptusbäumen. Aber im Hibiskuswinkel sitzen und träumen ist nicht möglich, denn soeben kommt die nächste Gästeladung. Die Tür zum Kabinett schlägt zu; ich verziehe mich ins Tagebuch. In der Kapelle wird ein kleiner Trost zu haben sein. Aber den Abendstern werde ich auch nicht anhimmeln können, denn die Küchenveranda ist besetzt von Fremden. ‚Des Abendgottes goldnes Augenlid' in Anführungszeichen, damit ich niemandes schöne Formulierung für die eigene halten möge. Sich in eine Tiefe hinabstürzen, in ein Dunkel, das der Sturz zu einem Funkeln entzünden könnte. Eine funkelnde Schwermut, gibt es das? Aus anadyomenischen Tiefen heraufgerührte Tränen: was waren die alten Griechen in ihren Mythen für moderne Tiefseepsychologen! Glückselig, berauschend kann auch Sinnloses sein. Was wiederum heißt ‚sinnlos'? Es wird dem ursprünglichen Sinn ein anderer aufgepfropft wie weißer, volldoldiger Flieder auf den einfachen, wilden, dessen Hellila auch hübsch ist. Zu einem Adventslied wurde gesungen die Melodie des Passionsliedes ‚O come and mourn with me a while...' in wohligem Schmerz zerfließend. In einer Woche sollten wir in Lah sein. Bei abnehmendem Halbmond. Ein langer Tag im Tagebuch (11. 12.)

Stimmung der Vergeblichkeit.
Morgens auf der hinteren Veranda. Die Ortsangaben sind wichtig, denn der Campus ist so klein und die Bewegungsfreiheit um dieses Haus herum ist auch eingeschränkt durch Medizinmänner im Gästezimmer. In der verwichenen Nacht lief ich in einem grünen Kittel herum, der mir nicht gehörte. Ich trug ihn umgewendet, die Goldborte nach innen, und schnitt heimlich ein paar Fetzchen ab. Ich blätterte Bilderbücher vor, Gemälde, Klassisch-Mythisches, breitete abendländische Kunst aus und wußte: vergeblich. Anderes, dem Ursprung Näheres, ist näher als Kunst. Wunsch und Verzicht: so sehr hat immerhin Kultur

Natur gezähmt. Dann sah ich am Abendhimmel rund um einen freien Horizont Wolkenhunde jagen, rund herum im Kreis. Jemand sagte, es seien Fledermäuse, also ‚fliegende Hunde'. Das Wesentliche aber war eine Stimmung der Vergeblichkeit.

Ein Bild zu Ende malen.
Wieder beginnt ein Wochenende grau-in-grau. Im Gartenarbeitskittel eben mal über den Campus hinüber, wo Sehen und Gesehenwerden zweierlei sind. Dann kleine Wäsche waschen von Hand in kaltem Wasser; das hängt nun in leichter Brise tanzend auf der Leine, dreimal Weiß und einmal Schwarz in Blusenform; ein Lilarosa als Ober-, ein Lindgrün als Nachthemd. Und das kleine Nadelstreifenpolo, graulichbläulich, ein Lieblingstextil. Eine hübsche Farbenklaviatur, an der ich mich ergötze, still und beinahe schwachsinnig. Chr mit seiner frommen Alltagsvernunft sitzt an seiner Wissenschaft, ein richtiger pietistischer Aufklärer mit mystischen Einschlägen. Meiner slawischen Seele, die keinem Standard genügt, hätte nichts Besseres zuteil werden können. Was fang ich an? Das halbfertige Abendstern-Bild zu Ende malen?

Astarte ou le goût de l'abolu.
Es ist fast fertig. Nur der Stern ist zu plump, aus Deckweiß statt aus Silberflimmern. Vielleicht müßte der Himmel dunkler sein, damit der Stern heller leuchten kann. Die beiden Bäume beherrschen das Bild. Der schütter-schlanke Astarte-Eukalyptus und der andere, breitere, ein Thuja, der die Äste ins Lichtere drängt. Das zweite Fenster hab ich wieder zugemalt. Das Sternblumenbündel ist noch nicht gemalt, nur angedeutet. Es sind lauter Nachtfarben bis auf das sanftrosa Licht, das aus Fenster und Tür kommt. Den ganzen Nachmittag hab ich oder hat es gemalt. Es wurde schon dunkel, ich saß mit Chr auf der roten Bank, da ging doch noch eine Gießkanne in den Garten. Chr, wessen sollte er nicht unkundig bleiben? Wie verschnörkelt wäre es ihm zu sagen? Wem sollte hier mulmig zumute werden? Es existiert doch alles nur in der Einbildung und im Tagebuch. Chr's Gedanken sind noch bei der ‚Umwälzung' (wie er es nennt) von Bethabara, vor acht Jahren. (12. 12.)

Nachdenken über Schlüsselerlebnisse.
Das stimmungsmäßig Innere christlicher Theologie läßt sich aus erotischer Energie aufbauen. Die Jesusminne der armen Nönnlein, die Marienmystik der Mönche ist des zur Genüge Zeuge. Dem Protestantismus ist es peinlich, vor allem, wenn er einer Abstraktion wie dem ‚Wort Gottes' um den Barth geht. Dem entgegen ist in derselben Gegend ‚Bethabara' zum religiösen Schlüsselerlebnis geworden. Davor war die Erfahrung des Bösen in mir selber und der Blick in den Abgrund der Geschichte; dann Leiden und Beten einer Großmutter, und schließlich Chrs Dasein-für-mich als Lebensermöglichung ‚von Gott her'. Das sind ihrer vier Erfahrungen, daraus sich meine Gottesbedürftigkeit vor aller Schrift und Tradition gebildet hat. Der Versuch, wie er mir vorschwebt, könnte nur eine Möglichkeit unter anderen sein. Er wäre mehr erfüllt als gedacht, denn das Gefühl ist eine Funktion der Hormone. Auf dem Weg hinab zu Staub und Asche bleibt nur das Erbarmen. Konventionell verankert hab ich das im ‚Großen Eifersuchtsmonolog' unterzubringen versucht: die Pole ‚Astarte' und das Erbarmen mit der Kreatur. Moralisten wie Chr wollen alles in der Ehe unterbringen, aber das geht nicht. ‚Astarte' löst sich in der Ehe auf wie Salz in der Suppe. Es bleibt kein Nanovolt Spannung übrig. Nur noch Ingrimm macht bisweilen zittern. Es ist ein vom normalen Lebenswege abgezweigter Luxus. Normal ist, daß aus dem ‚schönen Wahn' das ‚Haben von Sex' wird, Ehe als Institution und Gehege für Kinder. Die Abzweigung führt zu ‚Inspiration', zu einem Lebensgefühl auf höherer Ebene, mit allen Abstürzen; es können daraus Gedichte, Bilder, Literatur oder therapeutische Tagebücher entstehen. Und andere Kulturleistungen durch Triebverzicht.
Fluchtrichtung Lah.
Durch solche Gedankengespinste fährt ein Motorrad den grasigen Pfad hier an der hinteren Veranda entlang; auch diese Rückzugsmöglichkeit ist seit neuestem gestört. Fluchtrichtung ist das unbekannte Lah: eine Hütte, eine Eremitage mit Matratze, zwei Leintüchern, drei Büchern, Papier und Bleistift. Und drei Steine, ein Topf mit Wasser darauf und ein Holzfeuer darunter, um Reis zu kochen, mit Salz, einer Zwiebel, zwei Tomaten und gutem Appetit.

                              Schulter an Schulter.
Allein, wie alle Sonntage. Alles bleibt innen im Traume. Die
erträumte Zeit in den Bergen von Lah soll nur vergehen, um in
einem herbeigesehnten Augenblick zu enden und dann weiter-
zufließen. Während hier wieder Kultisches abgesessen wurde.
Eine lange, gerade Hülle Taubenblau raffend neben einem ma-
ronenbraun wallenden Gewand, stieg es Schulter an Schulter
und ohne Notiz von einander zu nehmen die Stufen empor und
ging durch eine offene Tür, wo rechts und links je einer mit
sturer Miene am Glockenstrang zog. Der Häuptling des Ober-
dorfes, neben den ich mich setzte, erkundigte sich nach dem
abwesenden Gemahl. Überall saßen Hinterköpfe, bar oder drapiert, und bisweilen ein Profil, eine schmale Nase, eine Schnute,
die runde Niederung einer Stirn. Ich machte die Augen zu.

                              Das Wimmern ins Leere.
Den Sonntag totschreiben. Allein mit dem Tagebuch. Wieder
einmal verblüht alles so vor sich hin. Frühherbstliche Tage,
Spätsommer schon vorbei. Der Reiz des Ergrauens, der Duft,
der unaufdringliche Glanz: warum trug man im Rokoko weiße
Perücken? Immer hatte ich gedacht, ein solches Wahrgenommenwerden hätte ich nicht nötig. Nun da ich im afrikanischen
Busch sitze, kommt es geschlichen, und soll ich das Liedlein
einer Marschallin singen oder mir Chrs Ironie zu eigen machen? Einen sensiblen Mann müßte man sich einbilden können,
ein fühlend Auge und ein Ohr,   den Ruf zu vernehmen. Das
Wimmern ins Leere. Und bisweilen gehe ich hin und schütte
diese Traurigkeit über Chr aus, der lesend auf dem Lotterbett
liegt und mich geduldig, freundlich-ernsthaft ansieht – einziger
Trost, wenn es ganz dunkel wird. Das jüngste Foto, dem Zelluloid eingeprägt nach dem Tage des Wiedersehens Ende September: alt, vergrämt, die Falten auf der Oberlippe abzählbar.
In wessen Seele – in Chrs vielleicht? – verweilt etwas, von mir
verursacht, so glückhaft-traumatisch wie *Bethabara* in mir verweilt und aufsteigt, immer, wenn ich daran denke? Eine künst-
liche Gleichgültigkeit, am Rande der Unhöflichkeit, stieg die
Stufen empor. Hier sitze ich und schreibe. Kommt wer oder
was? Es kommt der Appetit auf grünen Lauch mit Buttersoße.

Mami-wata. Eine Kurzgeschichte.
In einer Anthologie aus dem Literaturregal drüben fand ich eine Geschichte, die sich liest wie etwas Bekanntes. Sie handelt von einer *mami-wata*, hiesigen elbischen Wasserwesen, die als Weibwesen ‚anders' sind und viel vermögen (als Töchter von Meeres- und Flußkönigen), und dennoch bisweilen dem banalen Menschenschicksal erliegen (wie Rusalka oder ähnliche Seejungfräulein), indem sie einem Menschenmannsbild begegnen, das Eindruck auf sie macht. Ich kopiere, mit kleinen Auslassungen, einen Passus: der Stil ist das, was die Muse mir bislang versagt: knapp, einfach, geradeaus und dennoch nicht Hemingway. Die Szene ist in einer Hütte, darin die angeschwemmte Wasserfrau schläft oder träumt oder wartet. Es ist das ‚Mannsbild', das da kommt und spricht:

I have come. I have come in secret. None of my people knows. I left my house, because you called me. I have come in the middle of the night, and will leave with dawn. I will stay this night in this house. You have given me gifts. They have poisoned my soul. They are tokens of your – well, you know. You have spoken no open word. You have not even spoken with your eyes. You have indirectly told me, not to touch you, when I innocently touched your hand, not knowing what I was doing, not knowing that I was arousing something in you, in my -, and my -.I mean, I was like a child and confident. I went near the fire not knowing that it was burning. You told me things without naming them, publicly saying one thing and meaning another in secret. You spoke in parables and you acted in symbols, in colours, in flowers, in presents you gave me. Here am I, because you called me. I have come and I will stay the night with you. There is only one bed in this house. I will sleep in this same bed. Is is my bed. I left it to you to sleep in it. I might as well sleep on a mat on the floor. But I will sleep by your side. I will, because it is your wish. It is your wish with nothing beyond. I know that there is no beyond. It is not because of the law of man or of God. It is not even against the law of you sea-people. It is simply because it is against your wish. I know it is against your wish. You are a *mami-wata*. You are one of the weird ones. You have come from the coast to haunt our mountains and my village. You made me fall – into dreams and doubts. You want to carry away my soul. You are like seawater. I am like a stone. How equal are we?>

Was ist das? Ein poème en prose? Neo-Primitivismus?

Zartbitterschokolade. Stolperunfall.
Allein mit einem linksseitigen Kopfschmerz. Chr hat Besuch, noch ein Feldforscher. Ich spiele nicht Sonntagshausfrau. Ich mache mich davon ins Jenseits. – Das maronenbraune Dior-Polohemd vom Mai, gekauft eine Viertelstunde vor dem Diebstahl, ist schön. Das offene Blütenweiß des Kragenfalls ist berückend einfach und des großen Namens würdig; der Hals steigt daraus empor wie jugendbewegt, das Silberkettlein schlängelt sich; alles schmeckt nach Zartbitterschokolade, wirkt herbstlich herb, ironisch-melancholisch. – Ein Schutzengel, wie man sagt. Chr brachte den Gast hinüber ins ‚hohe Haus', weil das Gästezimmer belegt ist, und stolperte im Halbdunkel über Gerümpel. Aufgesprungene Lippe, Schrammen, sonst nichts. Das Seltsame: er habe den Sturz vorweggeträumt. (13. 12.)

Examensmeditation.
Schreiben, damit die Zeit vergeht. Das Astartebild ist fast fertig; sieben weiße Sternblumen sind noch verbessert worden. Es ist morgens jetzt bitter kalt, alle ziehen Pullover an, ich auch. Chr mit aufgesprungener, lila desinfizierter Lippe, ließ mich die Ethik-Papiere überfliegen. ‚The woman's wisdom is only in the night.' ‚He has many chances to punish her and she may not know why.' Hier gilt noch das gute alte Recht, ‚the wife has to take orders from the husband'. Vermutlich auch nur so lange, wie es der Frau an Bildung und wirtschaftlicher Selbständigkeit fehlt. – Wer um den Vogel in der Hand die Faust schließt, der ‚hat' ihn zwar, aber er singt nicht mehr. Was hat, wer hat, was er will? Man wundert sich, daß da nicht mehr ist – oder alles ganz anders. Der Fall Mireille. Die lächelnde Rätseltiefe dunkler Augen ist bald ausgeguckt und ergründet. Was bleibt dann noch im Koppe? Der Prinz begann, Befehle zu erteilen, und sie gehorchte eine Weile, der Eigenartigkeit wegen und weil sie ihn – eben. Bis auch solch ungewöhnlicher Nervenreiz abgenützt war. So nähert sich ein weiser Realismus, gerade jetzt, wo die Reise nach Lah vor der Tür steht. Womit habe ich die Tagebücher vollgeschrieben? Mit Nichtigkeiten, die nur durch Worte Wirklichkeit erhalten. Ich warte auf die große Müdigkeit, auf den Überdruß. Wie lange ist Leben im Dauerverzicht möglich? Das Phantom der Muse narrt mich. Guckt mit runden Augen

geradeaus, sachlich und wie examiniert. Wenn das Glück günstig ist, mag man sich in einem flüchtigen Lächeln verheddern. – Nun ist da noch ein Krankheitsfall, und man soll Blut spenden. So platzt die Wirklichkeit in die Träume. (15. 12.)

Kummerwolke. Häppchenbücher.
Da ist schon die Kummerwolke über meinem Lah-Abenteuer. Chr will auf dem Rückweg von einem Dorf am Osthang aus zu den Kraternomaden hinaufkrauchen, obwohl man ihm sagt, daß kein Mensch mehr den Weg auf dieser Seite kennt, daß es da nur noch die wilden Kühe und die langen Messer ihrer Hüter gebe. Das findet er abenteuerlich, da will er unbedingt hin und fragt, ob ich mitwolle. So völlig vorbei an der Exklusivität und der Innerlichkeit meines Ziels. Chr verrät nicht, was er denkt; wird mir's nachträglich mit gewohnter Ironie servieren: So bist du jetzt also einem – sagen wir: Traum bis nach Lah nachgegangen wie einst einem anderen in die Mangroven. – Damit die Zeit vergeht, schmökere ich in den Anthologien, den Häppchenbüchern von Kleist bis Hartlaub, alles ist viel zu viel, großer Warenladen und Bombentrichter zugleich, schnell wieder raus und ins Tagebuch, das keinen Stil erfordert und keine Komposition. Sobald das Schreiben ‚für andere' beginnt, nimmt die Reflexion überhand. Jeder Einfall wird mit dem Lineal begradigt. Man müßte eine Strecke trockener Prosa schreiben, um dann in lyrische Ekstasen zu geraten. Es müßten verschiedene Stile sich abwechseln wie die Farben in einem Aschantischal: so wie die Wirklichkeiten wechseln. Oder ein Nominalstil, kubisch, Dinge in den Raum setzend ohne Gefühlsinterferenzen. Ich habe aber nur einen Essay ‚Mystery of Incarnation' für die Seminar-Zeitung zustande gebracht. (16. 12.)

Pullover und Zebrakittel.
Werden wir morgen wirklich unterwegs nach Lah sein? Wird dieser langhingezogene Wunsch in Erfüllung gehen? Es wird da oben auch kalt sein. Ich sagte: ‚Wir sollten Pullover mitnehmen.' Chrs selektiv scharfem Blick ist das ‚Pullovergesicht' des prospektiven Gastgebers nicht entgangen. An der ursprünglichen Eigentümerin freilich scheint er Nougatplüsch nie wahr-

genommen zu haben. Nein, er habe sich nur gewundert. ‚Ich guckte immer den Pullover an und dachte: so etwas gibt es hier doch nicht.' Beim Frühstück kam die Veranda entlang auf Chr zu, der entgegenging, ein unbefangen strahlendes Lächeln, das sofort erlosch, als die Beantwortung der Frage von mir kam. Die Tür klappte zu. Wieder diese sonderbare Geste. Die Empfindung macht nicht den Umweg, zu dem offenbar nur eine lange Kultur-Dressur befähigt, sie geht instinktiv geradeaus. So stellt man sich ‚Unschuld der Kindheit' vor in Herzensergießungen, die vor hundertfünfzig Jahren vielleicht noch lesbar waren, heutzutage ungenießbar sind: ‚Schön war die Zeit, da wir noch in unschuldig verspielter Neugier…' und so weiter, mit Augen als Kelchen, daraus man trinkt und ‚Lächeln in Lächeln tauchten und das Glück aus jeder zufälligen Begegnung pflückten.' Schauerlich. ‚Glückliche Zeit, auch ohne Feste, ohne Tanz und Gesang' – ? ‚Glück' – was ist das? Weder *beatitudo* noch *eudaimonia*. Das moderne Glück hat etwas Plebejisches an sich. Ich suche in Lah nicht ‚das Glück'. Ich suche einen Ausweg aus dem Gekrisel, ein Gegengewicht zu Chrs Wissenschaft. Ich suche die Spur der Muse. Etwas, das mir hilft, etwas Unmögliches geistig und literarisch zu bewältigen.

Vorabend der Reise nach Lah.
Andere lassen sich nicht aus der Ruhe bringen, Chr nicht und der prospektive Gastgeber auch nicht. Der heftet drüben gemächlich Zeitungen zusammen. Von dieser Ruhe brauchte ich eine Portion. Wer reichte da wie ein Stück Würfelzucker eine Packung Heftklammern mit zwei Fingern durch die Fensterlamellen? Winzig, flüchtig und ganz unvermeidlich. Stand eine daneben, sah's und dachte: ‚They kiss with their finger-tips.' Der Fahrer ist noch unterwegs mit einer anderen Fuhre. Die morgige Fuhre wird wieder voller Mitfahrgelegenheit sein. Der Kranke muß unterwegs besucht werden. Das Tagebuch muß mit. Haare waschen. In dunkler Frühe, um 5, soll es losgehen. Das nächste Gemälde ist vorerst nur eine Pastellskizze: eine halbverblühte Rose, einst rosa, jetzt ein verblichenes Lila, über eine halbvolle Tasse, chamois auf hellgrüner Serviette, halbvoll mit schwarzem Kaffee, geneigt. (17. 12.)

Die Reise nach Lah

Aufstieg
Medusenhaupt der Muse
Rohstoff im Tagebuch und Romanbeginn

‚Es war schon spät am Nachmittag...'
Die Reise als Rohstoff

Spät war es: keineswegs *zu* spät. Denn wie wäre, ohne Dämmerung und einfallende Nacht, der Abendstern denkbar gewesen und ein *tying long hair to the evening-star to lead captive* ... ?

Es war schon spät am Nachmittag: mit diesem *la marquise-sortit-à-cinq-heures*-Satz beginnt, was sich nach der Rückkehr in ersten Entwürfen aufs Papier warf, ein Roman werden sollte und es nicht geworden ist bis zum heutigen Tag.

Später Nachmittag: die Reise nach Lah war die Reise einer *femme de quarante-quatre ans*, die am Ort endlicher Erfüllung lang hingezogener Erwartungen ins mitgenommene Tagebuch nur knappe dreißig Zeilen kritzelte. Es wären etliche mehr geworden – ‚Da geschah es.' Unvermutet sah des Lebens Nachmittag sich einer mittäglichen Wirklichkeit mit der Wirkung eines Medusenhauptes gegenüber; eine Überraschte erstarrte und versank in sternlose Nacht. Zurück in Nza'ag, begann wilde Sammelleidenschaft das Tagebuch zu füllen mit Rohstoff für den alsbald begonnenen Roman. Das Medusenhaupt enthüllte sich als Trick und Tritt der Muse, endlich Literarisches zu wagen. Der erste beschwerliche Aufstieg nach Lah zog nach sich den ersten, nicht minder beschwerlichen Aufstieg in die Gefilde der schönen Literatur. *Die Reise nach **, begonnen am vierten Tag nach der Rückkehr, ausufernd zum Bildungsroman, ist Fragment geblieben. Zustande kamen in späten Jahren kleinere Gebilde, eine *Spur im Staub*, ein *Aufstieg ins Abseits*, ein Tanzfest *Unter dem Mangomond*, Tagtraumszenen, *Die Eukalyptusschaukel*. Sie alle lassen sich einfügen in ein papierenes *Kenotaph*.

Zwei Nächte, ein Tag und ein halber in einem Dorf im Abseits gaben der Unrast zunächst einen Ruhepunkt und den Tagträumen Konturen. Die Suche war ans Ziel gekommen. ‚Weder Zitronen blühen hier, noch ragen Zypressen; aber der falbe Sand weckt Halluzinationen, und die grünvioletten Berge ersetzen Helikon, Parnaß und Pierien zugleich. Hier ist der Ort, wo, wenn kein Grab gegraben, so doch ein Kenotaph errichtet werden müßte.' Eine Seite Notizen, hingeworfen kurz vor dem Wiederabstieg; nach der Rückkehr viele Seiten, gefüllt mit frischer, überquellender Erinnerung: Erlebnistagebuch als Gegengewicht zum bunten Schaum voraufgegangener Tagträume.

Lah. Sonntagmorgen. - Hier ist ein Mann in seinem Stamm und in dem Haus, das er eigenhändig gebaut hat. Das ist die unmittelbare Gegenwart. Offenes Gebälk, drei kleine Räume, in dem einen ein Doppelbett, in dem Chr und ich zwei Nächte geschlafen haben. Vor der Fensterhöhle (ich sitze auf der Bettkante) eine Sandböschung nach oben, dürres Gesträuch, Bananenstauden; dazwischen das niedere Klohüttchen, ein lockeres Geflecht aus dürren Palmblättern. Flucht in Äußerlichkeiten, weil das Innere nicht zu bewältigen ist.

Nach dem Geldpalaver. Als ich vor das Haus und an den Rand des Bergrückens trat und durch die dürren Kaffeestauden hinab in die Baumkronen des Kraters und hinüber zu dem dunstigen Bergkoloß schweifte, kam mir nach und trat auf mich zu die Bitte um Geld für die Rückfahrt, ein Betrag, den ich mit den 20'000 ausgehändigt glaubte. Es störte die Landschaftsromantik. Und doch würde ich am liebsten den schnöden Mammon nachwerfen einem, der seiner bedürftig ist. Jeder sucht das, was er am notwendigsten braucht. Alles ist do ut des. Der eine braucht Geld, der andere ein Jenseits der inneren Misere. Ein bekümmertes Gesicht guckte aus dem Plüschpullover, eines halben Hauptes Höhe über meinem. Eine ruhige und tiefe Stimme erfüllt das Haus, Befehle erteilend in einheimischem Idiom an die halbwüchsigen Helfer.

12.30. Ist das die erbetene Matte? Habe ich genug bekommen? Da ist auch, über der Tür zur Schlafkammer, ein Fotoporträt, Großformat, das mich vorgestern abend als erstes - ansprach. Beim Betrachten könnte man sich verraten. Die ganze öffentliche Performanz gestern im Häuptlingsgehöft und heut in dem Lehmkirchlein - Maskerade? So viel social happening, um Eigentliches zu verheimlichen. Dankbar, daß Chr mit hier ist. Das bunte Packpapier an der grauen Wand -

Da geschah es.

Auf der Rückreise.
Montag, unterwegs, gegen Abend, im Landrover. Ein Markt. Es zieht mich weder zu Zwiebeln noch Orangen, seit ich das weiß, das eine, auf das ich nicht gefaßt war, das mich so überrumpelte, daß ich seitdem nichts anderes mehr denken kann. Es war gestern vor dem Mittagessen; ich dachte, ich könnte nicht, aß dann aber doch, vor dem Abstieg. Chr ist unterwegs ausgestiegen, zu Forschungszwecken. Ich krümme mich in mich selbst zurück, wartend auf Alleinsein, auf Besinnung und Schreiben und auf Schlaf ohne Alpträume.

Die Rose von Mah.
Zurück, abends. - Eine Rose, zwischen leeren Händen plattgedrückt unterwegs von Mah nach Muvum, gepflückt, ehe die letzten 10'000 verschenkt wurden. Zugewandt mit geschlossenen Augen, aus Dankbarkeit freiwillig ward eine letzte Gegengabe für alles Erlebte und Erlittene übergeben zwischen den purpurdunkel blühenden Bougainvilleabüschen von Mah, eine blaßrote Rose lose in der einen Hand, in der anderen das Geld. Begreife, wer will. Ich nicht. Zwischen Mah und Muvum, heut morgen, war eine lose, sich entblätternde Rose zwischen locker gefalteten Händen der einzige Halt. Wer nicht weiter weiß mit Worten, klammert sich an Symbole. Rose oder Rosenholz. Hinter mir, in warmen Plüsch gehüllt in der Morgenkühle, die Arme nach rückwärts auf die Lehne gebreitet, die Gedanken wer weiß bei welchen Nützlichkeitserwägungen, saß (von John-the-driver abgesehen, der sich sein Teil gedacht haben mag), die eine von drei Wirklichkeiten; die andre, dicht zur Seite, Chr, still und ahnungsvoll. Fortan wird er mir alles stückweise zerpflücken. Eine verletzende Ironie wird alles in kleine Fetzen zerreden; es wird zerfallen wie die Rose von Mah zerfallen ist. Es fing schon an beim kurzen Aufenthalt in Mbebete, als ein Bekannter fragte, was der Zweck der Reise gewesen sei. Da legte gönnerhaft eine Hand sich aufs Knie der Gemahlin und was zu erwarten war, ließ sich eben noch abfangen mit hilflos-verlogenen Hinweisen auf den Forschungsdrang des Gemahls. Alle inneren Verworrenheiten krochen in die blasse Rose von Mah, die sich entblätterte zwischen Händen, daraus alle Kraft gewichen war. Die Reste legten sich soeben wie von selbst ins Tagebuch - hier, das ist alles. Diese Reste habe ich soeben plattgedrückt hervorgezogen, um sie mir auf den Abendbrotteller zu legen wie eine Hostie. Etwas symbolisch Geopfertes.

Zeitzubringen nach der Rückkehr.
Eine ganze Stunde habe ich mit Symbolhandlungen verbracht, um der Unordnung der Gefühle ein äußeres Gerüst zu geben. Dem geschenkten Federvieh Mais und Wasser gegeben und zugesehen, wie sie pickten und durstig die Hälse streckten durch das Gittergeflecht des Korbes, in dem sie eingesperrt sind, zwei weiße Hähne, ein brauner und ein noch dunklerer. Dann hab ich die beiden Matten aufgerollt; sie duften noch frisch nach Raffiabast; aber wessen Hände haben sie geflochten? Die breitete ich auf dem Bretterboden des Schlafzimmers aus. Es liegt sich reichlich hart darauf. Dann packte ich das mitgegebene Bettzeug aus, darin ich als Gast geschlafen habe (Chr hatte seinen Schlafsack mit). Eigenhändig hat der Gastgeber das Bett in der Kammer bereitet, das blaugestreifte derbe Leintuch ausgebreitet, die gelbrote Acryldecke. Das ärmliche Bettzeug, das in einem Plastiksack wieder mit nach Nza'ag kam, es liegt nun über den Matten. Was sollte das Besprengen mit Eukalyptusöl? Ein Versuch, mittelalterlichen Reliquienkult zu begreifen. Sie rissen den Heiligen die Lumpen vom Leib und wickelten sich darein, Heilung erhoffend für ihre Schwären. Die Seele leckt ihre Wunden, Heilung erhoffend durch Analogiehandlungen.

    Ein bröckelnder Felsbrocken. [Medusenhaupt A.]
Es war keine Wunde. Es blutete nicht. Es schmerzte nur. Es war nur eine Beule. Blau unterlaufen und gelb verfärbt. Es war ein Schlag vor den Kopf. Chrs Bemerkungen waren eindeutig, witzig, zupackend mit beherztem Griff. Die Nervosität, die Verlegenheit des Gastgebers war schon am Abend zuvor spürbar gewesen. Mir blieb die Mühe, zu begreifen. Vielleicht auch eine Prise Schauspielerei. Rollenspiel. ('Are you jealous?' 'And if it were so?') Ohne Chr wäre es eine Katastrophe geworden. Oder ein Melodram am Rande einer Farce. Da hat es einer nicht leicht. Muß an so vieles zugleich denken, alle guten Karten in der Hand behalten, sich nichts vergeben. Sich einverstanden erklären mit dem, was die Sippschaft eingefädelt hat; es allenfalls hinausschieben. Alle möglichen Rücksichten nehmen. (How did she take it? 'Well, it was a bit funny.') Es müßte alles der Reihe nach schön säuberlich erzählt werden; aber es ist wie ein bröckelnder Felsbrocken, der stückweise herunterfällt. Letzte Nacht, in Mah, war erst kein Schlaf zu finden; dann rief es den Namen, auf deutsch, auf englisch, auf italienisch, eines Heiligen (der mit dem Drachen) und

Komödianten (der von Bethabara) laut hallend durch eine weiße Rokokogalerie. Gemeint war ein anderer. Der Drache ist vorhanden, schuppig wie im Bilderbuch und giftgelb wie der blanke Neid. Ein Gelbkörpergespenst ganz anderer Art als das, was mir vor Jahren in Ölfarbe auf Pappe entgegengrinste. Es schnaubt eine graurosa Wolke von peinlichen, die Selbstachtung verletzenden voyeuristischen Vorstellungen aus beiden Nasenlöchern. Es benimmt den Atem. (‚Und ich wußte: ich habe verloren. ‚Don't fear - hurt - pain - pleasure.') Es nagt und würgt. (‚Darf nicht - darf nicht - darf nicht.') Es bläht sich auf und lastet wie ein Alb, der sich nicht abschütteln läßt. Chr könnte mich nicht wachrütteln. Es läßt sich nichts machen. Es macht auch nichts. Weder aus noch ein. Die Kraft der Vorstellung versagt, das immerhin wird eindringlich und beruhigend klar, vor einer letzten Grenze.

Die Nacht auf der Bastmatte.
Jetzt ist es spät. Jetzt geht eine Prinzessin in lindgrünem Empire-Nachthemd schlafen. Wie lange wird es auszuhalten sein, nicht auf dreißig Matratzen über einer Erbse, sondern auf einem Leintuch über zwei Bastmatten auf hartem Bretterboden. Die Müdigkeit reicht hin. Wo die Worte versagen, da hilft die Härte des Lebens oder freiwillige Übung in künstlich zugefügten Entbehrungen. Wie lang war der Tag. Heut früh um halb acht saß ich unter der rotblühenden Schirmakazie des Rasthauses von Mah und es weinte leise vor sich hin. Es. Nicht ich. Ich wußte kaum, warum. Es war alles so diffus. Es verschwamm wie der blaßlila Morgennebel über dem Savannental. Chr stand von fern mit der Kamera.

Die Kosten der Inspiration.
Dienstag, morgens. Acht Stunden war es auszuhalten, von 9 Uhr abends bis 5 Uhr früh. Dann kroch ich, der Übung überdrüssig, krumm ins eigene Bett. Vor seelischer Erschöpfung kann ich nichts essen; noch immer nichts. Auch den Staub des Graslandes habe ich mir noch nicht aus den Haaren gewaschen. - Weiter. Nachdenken über den exotischen Flirt mit der Muse, die dem Leben eine Nuance Poesie als ‚Machbares' einhaucht. - Als erstes freilich rechne ich nach, was die Inspiration gekostet hat. Das dürfte doch ein Zeichen von Zurechnungsfähigkeit sein. Es wirft sich hier nichts in einen irrationalen Abgrund von Absolutheit. Es soll nach außen hin alles schön im Gleichgewicht bleiben.

Fremdheit. Individualismus. Astarte.
Als die fremde Sprache erklang: Plosivlaute, Sibilanten und ein ö-Mischlaut, der in Eigennamen mal e, mal i geschrieben wird, kam Fremdheit zu Bewußtsein. Ich hörte reden und verstand nichts. Was ich begriff angesichts der Rolle, die ein Mann wie E. in seinem Dorfe spielt, ist die Haltlosigkeit des Individualismus: so sehr sich einer auch verausgaben mag für andere, so weit er auch um sich ranken mag, er findet nirgends einen Halt. Außer vielleicht in Gott. Die Einzelnen hier sind Eingebundene und sie wissen, wofür sie leben: für die Familie, die Sippe, das Dorf. Weiter (etwa bis zu Volk oder Nation) reicht's bei solch kleinen Einheiten nicht. Fremde werden aufgenommen, wenn sie ausgenommen werden können. Als Person interessieren sie nicht. Vielleicht fühlt den Schmerz der Fremdheit und des ‚Objektseins' nur, wer liebt. Vielleicht war Jesus vertraut mit einer Einsamkeit, die ihn den Sprung in den Abgrund Gott wagen ließ. Eine andere Erfahrung des Göttlichen ist Astarte, strahlend und grausam, die Treibende, der Trieb, der Harm, die Hormone. Sie unterjocht die Geschlechter einander - für eine Weile. Bis sie untergeht und alles im Dunkeln läßt oder im Grau der Langweile. Müßte man den Astarte-Schmerz nicht festhalten, müßte man ihn nicht umarmen und wollen, daß er blühe und blute?

Erstes Traumfragment.
Dreimal hat die Traumfabrik der letzten Nacht Nähe stilisiert. Lebensgroße Figuren wie aus einer Glyptothek oder einem Wachfigurenkabinett, darstellend Parallelität, aufrecht in ganzer Höhe, festlich gewandet, hellbeige ein Dreiteiler, dunkelbraun ein Fledermausgewand; der Blick jedoch ist abgewandt, zur Seite oder zur Erde, dem Staube zugeneigt. Offen einander zugewandt sind nur, halb erhoben, die Handflächen, ohne Berührung, in einem Augenblick des Aneinandervorbeigleitens. Eine Bewegung, ersterbend und erstarrend im allerersten Anfang. Eine Parabel des Wunsches, aufsteigend, des Wissens im Scheitelpunkt, und des Verzichts im Zurücksteigen in den Staub. Aufgestaute Potentiale; es gibt keine Lösung und keine Erlösung. Es gibt nur Versagungen, die das Gesetz befiehlt, das gute, das weise, das da weiß: mit der Erfüllung ginge alles zum Teufel und kaputt. Das sind Abschweifungen in Richtung Mireille. Ihr Schicksal kam aus Mah, wo wir von Sonntag auf Montag übernachteten. Was Wunder, daß es nachgeht und nachdenklich macht. Mit der aufge-

stauten Energie des Unerfüllbaren ließen sich, wo nicht wörtlich Berge versetzen, so doch nützliche Dinge bewerkstelligen. Reis anbauen, Wassergräben graben, Lehmziegel formen, Staub und Hitze ertragen, und alles Glück und aller Lohn läge in etwas, das dem Lächeln des Abendsterns gleichkäme und anderen flüchtigen Berührungen des Zufalls. Es ist wie Elektrizität, die in der Luft hängt ohne sich zu entladen. Etwas, das rastlos umtriebig macht, eine Spannung im Nervensystem, ein Tonus im Zellgewebe, etwas Physiologisches, innere Sekretion, eine besondere Durchblutung des Gehirns und der Muskulatur, die ungewöhnliche Energien generiert. Auch der Heilige Geist kann nicht wirken ohne Chemie und Entladungen im Neuronengeflecht. Das Geheimnis des Glaubens in der Form mystischer Gottesliebe liegt irgendwo in der Nähe, vielleicht im Sand vor einer Schwelle, ‚ein Bündel Wegerich‘, bereit, alles über sich ergehen zu lassen und zu vergehen; Staub zu sein, den ein nackter Fuß betritt, ‚unter deinem Fuße rausch ich hin'. Dieses Glück, diese geradezu Wollust des Erlöschens in einem anderen, ist nicht nur das Gegenteil von Besitzenwollen und Herrschen, es ist auch etwas anderes als Erlöstwerden von dem Bösen oder Errettetwerden aus der Not, dem Nichts, der Sinnlosigkeit. Es ist ein Extrem, eine Grenzsituation des Glücks, in der es sich nicht lange leben läßt. Damit wäre immerhin etwas von der Eudämonie des Denkens und Erkennens zu Papier gekommen.

Zweites Traumfragment.
Gegen Morgen, im Bett statt auf dem harten Bretterboden, begegneten noch zwei weitere lebensgroße Szenen. Wiederum Nähe, aber nicht aufrecht parallel, sondern auf felsigem Grund in gerader Linie hingelagert, wie auf alten Burschenschaftsfotos, wo vorne zwei Schulter an Schulter mit aufgestütztem rechtem und linkem Arm liegen. Der jeweils freie Arm hangelte im Freien über den Köpfen, es zeichneten sich Arabesken in die leere Luft; bis eine schnelle Bewegung, wie wenn man Mücken fängt, meine Linke fing. Wer sah da zu? Wer durfte da nichts merken? Nach kurzer Hemmung Fingerspitzenspiel - vorsichtig, leise, wer will was? ‚It's complicated', sagte ich. ‚It's simple. Almost nothing. It's only this.' Die Schädelkapseln, in welchen das Gehirn sich windet und angeblich die Gedanken entstehen, sie sind nicht weit von einander entfernt; aber selbst wenn sich Abstand im Vierdimensionalen dem Grenzwert Null näherte, blieben die Innenwelten einan-

der fern und fremd. Also, was soll's. Klein, hart, rund wie eine Schale aus rußig gebranntem Ton mit Goldglimmer, wie das Gastgeschenk aus den Händen der alten Frau in der verräucherten Lehmhütte, ich nahm es entgegen über gesenktem Lid. Nur das Wenige zählt. Das verschwindend Wenige. Denn es war einmal ein Abend im Februar, und die Nähe einer fiebernden Stirn, die tastbare Nähe von Mitleid und Preisgegebensein wölben sich hervor aus der Erinnerung. Ich versinke darin. Ich ziehe mich zurück hinter geschlossene Türen und Vorhänge. Ich bin für niemanden da. Auf der hinteren Veranda verwildert eine Gurkenpflanze, die Ranken wachsen lang und länger und es ist da nichts, an das sie sich klammern könnte. Sie wirft sich hinaus ins Leere. Mit den Wurzeln klammere ich mich an Chr. Alles übrige rankt ins Leere. Ist das Leere das Absolute? Es ist da doch nichts. Nichts als eine passion inutile. Solche Energien müßten richtig transformiert werden. Das Schreiben allein tut's nicht. Es ist etwas Elementareres, etwas wie der Wasserfall, an dem wir auf der Hinfahrt standen. Alles, was da stürzt, stürzt ungenutzt in die Tiefe. Ein Naturschauspiel, ein sublimer Anblick, etwas ganz und gar Sinnloses. Ein *Tat-twam-asi*. Der Mensch, eine nutzlose Leidenschaft. Das Normale ist immer der Kampf ums Überleben und um ein Besser-Leben.

Drittes Traumfragment.
Es war da schließlich noch eine Szene, ein Reigentanz auf einem Kraterrand. Man tanzte in einer Doppelreihe an einander vorbei, es waren halbwüchsige Kinder, nur zwei Erwachsene. Die richteten es am Ende so ein, daß sie nicht vor einander, sondern nebeneinander stillestanden, jeder mit einem anderen an der Hand oder im Arm. Das Glück oder ‚etwas wie' stellte sich dar als bloßes Nebeneinander, die Seele dem zugewandt, den keine Hand hielt und kein Arm umfing.

Der Bergrutsch. [Medusenhaupt B]
Es ist schier zu viel. Mit Worten fast nicht zu bewältigen. Die Berge, die Nacht des Aufstiegs, der Abendstern. Aber diese Viertelstunde am Sonntag gegen 2 Uhr, die stürzte darüber wie ein Bergrutsch und begrub alles unter sich. Es war da zunächst nicht einmal die Möglichkeit des Begreifens. Blanke Nacht am hellen Tage. Chr saß neben mir, E. uns gegenüber an dem krummen Sofatischchen. Dann kam dieses Ameisenkribbeln und lief unter der Haut über Arme und Hände, diese äußeren Symptome innerer Anspannung und elektrischer

Aufladung im Nervensystem. Schock, der aus Träumen riß und lähmte; Ungläubigkeit, ein ‚aus allen Wolken fallen'. Denn verglichen mit Chr bin ich schwer von Begriff. Es läßt sich noch nicht sagen. Ich muß irgendwo vorher anfangen.

Der Abend zuvor.
Verlegenheit und Fahrigkeit des Gastgebers waren schon am Abend zuvor aufgefallen, als man nach dem Rundgang durch das Dorf beisammensaß und die Verwandtschaft kam, die Mutter, die Tanten, und es an der Zeit schien, es war schon dunkel, das Geschenk zu überreichen. Der Hausherr ging hinaus, ich holte das Kelimkissen aus der Schlafkammer und übergab es der Mutter. Die nahm es ohne eine Miene zu verziehen und verstaute es ohne ein Wort hinter ihrem Rücken - wie ein Höhlentier, das ein vorgelegtes Opfer in seinen Bau zieht. Als der Sohn zurückkam, zog sie es wieder hervor, zeigte es und alles war merkwürdig unruhig und wie ratlos. Als hinge etwas in der Luft. Als ginge draußen etwas um im Dunkeln. Es wurde leise hin- und herübersetzt, was die Mutter und was Chr sagte, denn ich wußte in meiner Versponnenheit nicht, was ich sagen sollte. Rückte die Buschlampe zurecht, so daß der Schatten des Gestells auf mein Gesicht fiel, und konnte mir in diesem Schutze den Luxus und das Opfer zweier Tränlein leisten. Weswegen? Weiß ich nicht. Wieder wurde da einer, die dergleichen Übereignungen unangemessen findet, ein Sohn zuerkannt. Der also saß gegenüber, spielte mit den Fransen des gelben Tischdeckchens, versuchte, alle gerade hinzukämmen mit unruhigen Fingern, sah vor sich hin, übersetzte dies und das und muß schon gewußt haben, was die Sippschaft seit den letzten großen Ferien hinter seinem Rücken vorangetrieben hatte. Es mag ihm eine schlaflose Nacht bereitet haben. Ich schlief auch nicht gut.

Der Blitz schlägt ein. [Medusenhaupt C]
Der Sonntagvormittag in dem unverputzten Lehmkirchlein unter krummästigem Gebälk ist schnell skizziert: Chr predigte, der Gastgeber machte Liturgie und übersetzte, und ich konfirmierte (unter anderem auch die eine der beiden wuschelköpfigen Vortänzerinnen der ‚Mannbaren', die tags zuvor im Häuptlingsgehöft die große Schau abgezogen hatten zu Ehren der Gäste). Und ich - ich ahnte nichts, bis der Blitz einschlug, eine Stunde, ehe man zum Abstieg aufbrach. Das Mädchen wurde hereingeholt und vorgestellt.

So kann es nicht weitergehen. Es muß im nachhinein eine Szene dargestellt werden, die zeigt, wie und mit welchen Folgen ‚der Blitz einschlug' – ins völlige Dunkel des Nichtwissens, in nachtblaue Ahnungslosigkeit. Etwa so: ‚Man saß in hölzernen Sesseln um ein von Nässe und Hitze verbogenes Ovaltischchen, wartend auf ein Mittagessen. Da wurde das Mädchen hereingeholt, gegenübergesetzt und vorgestellt. Saß da einen Augenblick stumm und dumpf und pummelig und wurde wieder hinausgeschickt.' Dann müßte die Wirkung geschildert werden. Erst eine merkwürdig lähmende Art von Fassungslosigkeit. Hilflos schweigendes Spielen mit einem Glasröhrchen Thomapyrin, eine Halt suchende Wendung zur Seite, zu dem hin, von welchem ein Wort erwartet wurde, um die Situation zu retten. Das Wort kam auch, zu dem hin gesprochen, den es anging, feststellend, was so offenkundig der Fall war, als Subjekt des Satzes den gewohnten autochthonen Ehrentitel voranstellend (‚Na'any seems to be more surprised than you'). Dann abrupte Irritation und der Versuch, das Kribbeln abzuleiten ins Spielen mit einem winzigen gläsernen Väschen, das da leer und mit bunten Fäden umwickelt auf dem krummen Tischchen stand. Ein Hin- und Herschieben von kurzen Sätzen, zur Preisgabe von Dingen drängend, die allenfalls eine besorgte Mutter oder einen guten Freund hätten angehen dürfen. (‚I thought you should have a more educated wife.' ‚Are you not free to make your own choice?' ‚Do you want to marry without - having fallen in love?') Alles in gedämpftem Ton, und es kam auch eine Antwort auf die (es war nun schon alles egal) zudringliche Frage, ob denn nie zuvor – und die Antwort kam so leise, daß fast nur zu erraten war, was an Enttäuschungen am Wegrande langer Jahre lag. (‚She misbehaved.' ‚Twice. No response.') Dazwischen Chrs ironisch provozierendes ‚Are you jealous?' und ein hilflos-trotziges ‚And if it were so?' Es blieb in der Schwebe. Es bleibt gesichert durch so viele Netze, Gitter und Zäune. Ohne Chr wäre ich verloren gewesen. Ohne ihn wäre ich nicht so abgesichert und so frei wie ich mich fühle.

Versionen eines Brauterwerbs.
Und nun? Die Muse, die ich rief, der ich nachlief, sie ist um den Weg, und wenn sie mir nicht als Floh ins Ohr hüpft, dann schlägt sie ungebärdig um sich mit den Schlagfittichen, bei denen ich sie erwischt habe. Sie läßt keine Ruhe. Sie flüstert mir ein die Mär von einem Wackeren, dem es nicht gelingt,

eine Frau zu finden. Eine Enttäuschung folgt der anderen. Werden zu hohe Ansprüche gestellt? Ist ein mißgünstiges Schicksal schuld? Wenn da einer zum dritten oder vierten Male ‚Pech' gehabt hat, an die Falsche geraten ist (sei es ‚falsch' im Sinne von treulos, oder im Sinne von schon vergeben wie die arme Sue - welch ein dorniges Tugenddrama), da also greift, wie es so Sitte ist, die Großfamilie ein: sie kauft dem Glücklosen eine Braut. Kauft sie hinter seinem Rücken und stellt ihn vor vollendete Tatsachen. War es so? War es anders? Ist es gut? Ist es schlimm? Ist es eine Zumutung? Für wen? Die Geschichte könnte auch anders gelaufen sein. Da war ein Brief, nicht wahr, geschrieben Ende Juni, vor dem Abflug nach Europa; und darinnen eine leise ironische Wendung, die Anlaß gegeben haben könnte, die Sache eigenhändig einzufädeln. Um sich aus der Pechsträhne herauszustrampeln, wäre das Brautpalaver begonnen worden um eine aus dem eigenen Dorf, aber ohne endgültige Absprachen (die hätte sich dann die Sippe angemaßt). Die Braut wäre eine, die vor Jahren einmal Schülerin des Brautwerbers war (soll hier öfter vorkommen), runde zwanzig Jahre jünger, ohne einen Funken Geist im Blick, aber tanzgewandt.

            Autochthoner Realismus.
Und weiter? Das ist noch ungewiß. Es ginge vorerst nur um eine Charakterstudie des ungekrönten Herrschers einer Bergfeste, der Moderne und Tradition zusammenzwingen will, jedoch auf verschiedenen Ebenen. Willkommen ist westlicher Fortschritt hinsichtlich Infrastruktur und eigener Berufsausbildung. Gleichberechtigung der Frau indes ist undenkbar (und wie weit gediehen ist sie denn bei uns? Auch herkömmliche Kurzschlüsse haben in den Verzicht geführt). Es genügt hier ein Haus- und Muttertier. So hat es seit Menschengedenken am besten funktioniert. Eine gebildete Frau wäre erstens zu teuer, zweitens zu anstrengend. Und was sonst noch dabei herauskäme, das sieht man ja bisweilen. Nämlich nichts. Das Groteske, für eine anders gelagerte Mentalität, wäre die Inkongruenz, an die Nietzsches böses Wort vom sich in Abscheu windenden Kosmos erinnern könnte. (Was für Nietzsche noch nicht denkbar war, wäre, für ihn, noch grotesker. Mireilles Jahren müßten noch ein paar hinzugefügt werden; und sie müßte etliche Stufen höher stehen auf dem Hierarchie-Treppchen - wie, oh, stop it! Materielle Ausbeutung ist auch in anderen Konstellationen möglich.)

Stooping to conquer.
Was noch an Charakterzügen? Es ist da eine gewisse naive Weltläufigkeit, die zwar aus einem abgelegenen Bergnest kommt, aber sich überall zurechtfindet mit Vorsicht, Frömmigkeit und einem Gespür fürs Mögliche. Die Muse scheint hold. Vielleicht allzu hold, die Huldin. Das Rößlein, das sie reitet, könnte durchgehen. Mit einem Gedicht über das Thema ‚Stooping to conquer' etwa. Wobei nur die Frage offen bliebe, wer hier am Ende wen übermocht hat und wie das Erobern sich darstellt. Gewisse Formen und Weisen der Herrschaft und des Beherrschtwerdens können durchaus willkommen sein. Am Ende müßte auch der Abendstern vorkommen, ‚Tied her long hair to the evening star / And led her captive...' Schließlich würde es wieder auf ein Aut - aut (Horaz? Nietzsche?) hinauslaufen, aber auf unterschiedlichen Ebenen. Dem einen das Allgemeine, der anderen ein Besonderes. (Wie besonders wäre es noch?) Die Wege führen aus verschiedenen Richtungen zusammen, um, wenn nicht alles unvermutet abbricht, auf verschiedenen Ebenen nebeneinander her weiterzulaufen, begleitet von Tagträumen, Mißverständnissen und allfälligen Enttäuschungen.

Dankesgabe.
Es ließe sich im Gegenüber auch eine Mireille vorstellen, für die es mehrere Möglichkeiten gäbe. Entweder, um im Genre der Groteske zu bleiben, sie verdampft vor heißer Eifersucht, (wegen dem Haustierchen), dann ist der Fall erledigt. Oder sie wendet sich ab, dann ist die Geschichte auch zu Ende. Oder aber, sie bildet sich ein, das bessere Teil erwählt zu haben und betrachtet die materiellen Kosten entweder als Mildtätigkeit oder als Äquivalent zu dem, was man in Europa für Weltreisen und ähnlichen Luxus ausgibt. Auf einer höchsten Ebene könnte es schließlich auch als eine Art Dankesgabe für poetische Inspiration empfunden werden.

Im Schutze ehelichen Schattens.
Das Entscheidende des ganzen Abenteuers: Chr war zur Seite, der, sicher auch im eigenen wohlverstandenen Interesse, alles tat, um eine ihm Anvertraute und am Ende in peinliche Verwirrung Gestürzte zu schützen durch das Vorgeben eigener Forschungsinteressen, das Halten öffentlicher Reden und das Bereithalten ironisch neutralisierender Bemerkungen, kurz, durch das Herstellen ehelichen Schattens, der Rückzug in die Innerlichkeit ermöglichte.

Der Abend in Mah.

Was wäre hier noch einzubauen? Der Abstieg nicht, das ist Landschaft; aber der Abend in Mah, als man zu dritt in den lila Sesseln des Gästehauses saß, der Dritte von Chr herbeigeholt auf meine Bitte hin. Es wäre nicht gut gewesen, ihn allein zu lassen mit der Verwirrung des Aufbruchs auf beiden Seiten. Und dem langen Schweigen des Abstiegs und der Fahrt nach Mah. Das grelle Licht der Aladinlampe auf der Konsole hinter uns blendete einen Müden, rechter Hand schräg gegenüber jenseits eines niederen Tisches. Er saß da, den Arm über den Kopf gelegt wie zum Schutze, die Augen schmal und abweisend, schrumpfte in sich hinein und verschwand fast im Plüsch eines ominösen Pullovers. Im Hin und Her kam auch der Satz zustande: eine Frau wie die Sue wäre die Richtige für ihn gewesen. Wer kann wissen, wie viel Essigsäure da in eine offene Wunde gegossen wurde. Und was im nachhinein sonst noch erinnerlich ist. 'I was so small and my legs were so thin', das war, als Chr ihn während der ersten Mahlzeit nach der Kindheit gefragt hatte. Oder Erklärungen, des Inhaltes, daß er zwar angefangen habe, eine Unentschlossene zu fragen, ob sie wolle, daß aber die Familie dann ohne sein Wissen die Sache weitergetrieben habe. 'My cousins started giving some groundnuts. They feel that I am overdue.'

Monologe.

Vieles ist schon nicht mehr klar erinnerlich. Was hab ich laut gesagt, was nur leise zu mir selbst? Es hängen da Satzfetzen herum, von welchen ich es nicht mehr weiß. 'If you have waited so long, you can still wait a bit longer.' 'I had so much to think about...' 'You have succeeded terribly...' 'Something essential has not changed...' 'To have a common goal ...' Entäußerung an eine gemeinsame Aufgabe, um das Unmögliche zu bewältigen. Aber die eine hat die Mittel, der andere nicht. Wer aus dem Überfluß gibt, bringt kein Opfer. Geben, gar teilen, als ethisch-religiöse Pflicht, würde schwerfallen. Taten aus Dankbarkeit freiwillig, aus dem Impuls einer Neigung, wäre ein Werk widerfahrener Gnade. Freilich auch nur, wenn es ohne Berechnung angenommen würde, naiv, ohne den Hintergedanken: 'You must make the giver feel that you are doing her a favour in accepting what is offered.' Man sieht um sämtliche Ecken, durchschaut sich selbst und andere, reflektiert das Problem auf sämtlichen Ebenen und tut dann, mit gewissermaßen gespaltenem statt mit einfältigem Herzen, was man nicht lassen kann. (Kurz bevor er auf der Rückfahrt den Landrover verließ, erzählte Chr, daß sein Kollege Ej. ihn um ein Darlehen zum Bau eines Hauses angegangen habe, sich indes mit einer Beihilfe zur Ausbildung seiner vielen Kinder begnügen müsse. ‚So sucht sich jeder seine Gönner', sagte ich. ‚Und seine Günstlinge.') Können große Projekte auf dem schmalen Grat dessen, was hier der Fall ist, balancieren? Ich schreibe und schreibe.

Landschaft und Abendstern.

Es fehlen noch die Landschaften. Ein Himmel voller Licht ohne Sonne. Sie tauchte erst aus dem Dunst, als es hinter Ubum auf schmalem Pfade abwärtsging. Da sank sie rötlich-matt und wie ein müder Luftballon dem bergig bewaldeten Horizont zu. Ist es der Mühe wert, den mühevollen Ab- und Aufstieg zu beschreiben? Denn es kommt nicht von selber. Von selbst kam nur der Abendstern, der plötzlich da war, beim Aufstieg in der Dunkelheit. So plötzlich war er da zwischen den Bergen und den Bäumen, daß er eine heftige Seelenbewegung hervorrief, die ihn beim Namen nannte: ‚The evening star!' Wer hörte es? Wer sollte es hören? Was ist hängengeblieben von den Meditationen in der Kapelle? Der Stern, der mich nach Lah geleitet hat...von Norden nach Süden, entgegen der Richtung, in die wir den ganzen Tag lang gefahren waren. Da höhlte sich die Tiefe der Täler zwischen mächtigen Bergmassiven; auf den breiten Talsohlen deuteten fahlgelbe Fleckchen Reisfelder an, dazwischen einzelne Palmen. Und am Wegrand die großen, dunkelvioletten Blüten einer Staude, die wie Weiderich überall wuchs, seit man in das Tal von Ubum eingebogen war. Bis dahin war längs der staubigen Straße nicht viel von Interesse gewesen. Außer dem Wasserfall des Flusses, der durch die Gegend mäandert. Wir standen da und sahen hinab und hinüber. Unterwegs wurde ein großer Koffer abgeliefert, den E. ohne um Erlaubnis zu fragen in Nza'ag zugeladen hatte. Ach, wie schnell würde der Stern in den Staub fallen.

Landschaft und Heimatsuche.

Von der Einfahrt ins Tal von Ubum an war Landschaftsempfinden wach, als suchte die Seele eine Heimat. Zu sehen war ein breites, flachhügeliges Tal, erst sehr nüchtern und kahl, mit störrischen, niedrigen Bäumen über die Hänge hin, wie in süddeutschen Landen die Holzbirnenkrüppel der Streuobstwiesen. Dazwischen überall im halbhohen, staubigen Gras die dunkellila Blütenstauden. Auf den Hügeln Gehöfte der Wanderhirten, die hier ihre Rinder weiden lassen. Das ging so keine halbe Stunde lang durch Staub und über Steine, eher enttäuschend. Die Muse müßte es nachträglich mit gefleckten Felsabsprüngen, aufgesprungenen Cassiaschoten und anderen Symbolen ausschmücken. Die Romantik fing mit dem Abstieg hinter Ubum an. Im Pfarrhaus hatten wir zu trinken und zu essen bekommen. Es war halb sechs, als man loszog. Die drei Dörfer des kleinen Stammes liegen alle auf Bergeshöhen, dazwischen liegen tiefe Flußtäler. Da ging der Fußpfad hinter dem Dorf also steil bergab, steinig und sandig. Dunkelblaue Nadelstreifen hielten sich dicht hinter grauen Rauten, das Jackett über dem Arm, die Handtasche über der Schulter, einen Fuß vorsichtig vor den anderen setzend. Selten ein Blick in den Abenddunst und die sinkende Himbeersonne. Wenn ich zurückkomme, dachte ich, will ich mir alles genauer ansehen; aber auf dem Rückweg war alles verschleiert, und der wäßrige Dunst lag nicht über der Landschaft. Der Blick also war nach unten gebogen, um jeden Schritt im voraus abzutasten zwischen Elefantengras, Gestrüpp und einzelnen Bäumen. Zwischen physischer Angespanntheit und seelischer Leichtigkeit mit Glücksanwandlungen ging es bergab (und zwischendurch einmal kurz und steil bergauf und wieder ab; es lag da eine Kuppe im Wege, um die man nicht etwa bequem herumlief: man bezwang sie geradeaus, *as the crow flies;* nur ich eben mit staksenden Beinen). Zwischendurch ging es durch einen Palmenwald und weiter bergab auf einem Grat zwischen zwei Tälern. Da entlang liefen die Beine; da entlang flog ein Glücksgefühl, wie es vermutlich Pilger kennen, die zu heiliger Stätte wallen auf den Spuren eines Heiligen, des von Assisi etwa, beflügelt von Vorstellungen wie: hier ist er gegangen nackten Fußes in Sandalen, bei Hitze und Kälte, in Wind und Regen, als Kind, als Jüngling, als Mann. Alles dies kennt ihn, bewahrt Erinnerungen an ihn, die dem Sande noch eingeprägt sind, im Gras am Wegesrande jedes Jahr von neuem grünen, und in jedem Luftzug unter diesem Himmel wenigstens noch ein paar Moleküle vergangenen Atems enthalten könnten. Die Talsohle wurde noch bei Tageslicht erreicht und durchwandert zwischen dürren Maisfeldern; dann kam der Fluß, den ein Traum vorweggeträumt hatte. Das Bett war flach und breit und steinig. Wenig Wasser. Es ist ja Trockenzeit. Es gab indes nichts zum Hinübertragen, denn es ist da eine Bohlenbrücke auf Betonpfeilern.

Arabeske über flachem Sumpf.

Gleich danach aber, um die Ecke, vorbei an Reisfeldern, kam ein Gräblein und eine sumpfige Stelle mit zwei krummen Ästen darüber. Da stockte es, denn die Knie zitterten noch vom Abstieg. Der eine ging hinüber, ich schickte den anderen nach und wartete auf Hilfestellung. Chr schob mir das Almosen zu, dem Gastgeber bedeutend, daß es seine Aufgabe sei, einem Gast hinüberzuhelfen. Das Manöver gestaltete sich recht geschickt, geradezu arabesk. Es faßte Rechte entgegenkommend in Rechte, zog vorsichtig hinüber und machte im Loslassen eine Drehbewegung, wie die eines Tänzers; es war nicht genau zu erkennen, wie; der Blick tastete den Boden ab, um die Füße sicher aufzusetzen. Es war eine artige Episode. Es war auch schon recht dämmerig.

(Hier wird es auch schon dämmrig, Chr ist noch nicht zurück; das Schreiben wurde soeben unterbrochen, als mir auf der vorderen Veranda der Dandy mit Frau entgegenkam und ich Müdigkeit vorschützen mußte, um unbehelligt zu bleiben von einem Anstandsbesuch. Wenn einer, der sich in der gewohnten Rolle des Günstlings wähnt, langsam merkt, daß er gar keiner ist, dann mag das bitter sein. Ungeliebt und abgespeist, ich weiß, wie das ist. Das göttliche Achselzucken.)

Hinauf nach Lah.

Zurück in die leichtere Luft einer Bergfeste, auf die ein kleiner Splitterstamm sich einst zurückzog vor den Sklavenjägern vergangener Zeiten. – Was kam nach dem Steg über den Sumpf? Der steile, schmale, gewundene Aufstieg in immer dichtere Dunkelheit. Der Gastgeber voran, langsam, sicheren und leichten Schrittes, ohne künstliches Licht, während ich alsbald eine Taschenlampe brauchte. Steile Böschung rechter Hand, steiler Abhang links, hohes Gras, stellenweise abgebrannt. Es wurde kühl, ich zog das Jackett über, die Handtasche hing schon geraume Weile über der Schulter vor mir. So begann ein Balancieren, bisweilen mit beiden Händen nach dem nächsten Trittstein tastend, nach Halmen fassend, hoffend, daß es ende, hoffend, daß es nicht ende, daß es immer so durch die Nacht aufwärts gehen möge, einer hinter mir, einer vor mir. (Daß John-the-driver auch dabei war und sich vermutlich seinen eigenen Reim auf alles machte, sei nur nebenbei erwähnt. Er ist ein freundlicher und zuverlässiger Mensch, dessen Fahrkünsten man sich gern anvertraut.)

Über Lah stand der Abendstern
- das wird bleiben. Die Geschenke, Matten, Grasschüsseln, die
irdene gebrannte Schale, alles hat den herben Geruch des
Holzfeuers in den Lehmhütten. Aber das Eigentliche hat den
Geruch schwelenden Seelengewebes. In den letzten Regenzeit-
ferien, als ich wieder ‚bei den Mönchen' über der Wissenschaft
saß und am Ende wie eine Stichflamme Bethabara noch einmal Verwirrung stiftete, da geschah in Lah und sozusagen
‚hinter meinem Rücken' das, was nun für peinvolle Verwirrung gesorgt hat. Nur wer sich einen ganzen Tag, Müdigkeit
und Kopfschmerzen vorschützend, hinter geschlossene Türen
und Vorhänge zurückziehen kann, hat Muße, sich mit Dingen
zu beschäftigen, die gesundem Menschenverstand niemals
beikämen. Das Alleinsein ist notwendig, um erst einmal zur
Besinnung zu kommen.

Weiter. Lah ist noch nicht erreicht.
Ich steige noch immer und immer mühsamer durch die Dunkelheit, die noch nicht Nacht ist. An einer der vielen Wegbie-
gungen stand der Abendstern und wird da stehenbleiben
ewiglich. Es ging noch eine endlose Weile weiter; dann kam
schließlich Rauchgeruch auf (Chr sagte später, es habe auch
nach Latrine gerochen); es kam ein Hohlweg, große Felsbrok-
ken lagen am Wege; dann war da linker Hand das erste Ge-
höft und ich war so erschöpft, daß ich mich sonst kaum noch
an etwas erinnere. Vielleicht waren da wuselnde Schatten von
Kindern und das Gefunzel von Buschlampen. Es ging noch ein
Stück eben und sandig weiter, dann kam noch ein Hohlweg,
steil ansteigend und wieder Felsen, (eben jene von dem bunten Bildchen, wie ich am nächsten Tage sah) und dann ein
Haus, ein Häuschen. Kein Würfelhaus.

Am Ziel.
‚You enter my house.' Wie gerne wäre ich über die Schwelle
gestolpert, aber es war da keine. Gleich linker Hand um ein
niederes Tischchen vier Holzsessel, und was kann es Köstliche-
res geben, als sich aufseufzend, vielleicht sogar ächzend,
hineinfallen zu lassen. In einer Ecke ein Bett, vor einer Fensterhöhle gegenüber ein größerer Tisch und drei Stühle: der
Palast eines Sultans ohne Harem aus Tausendundeiner
Nacht... Vor zehn oder vierzehn Jahren erbaut, wie später zu
erfahren war; zwei kleine Räume, ein schmaler Anbau. Das
Glück des Angekommenseins saß in einem hölzernen Sessel,
unwiederholbar und ahnungslos.

Abend der Ankunft.

Es stand sonst nur noch eine Art Schränkchen mit Ablage in einer Ecke, und über der Tür zu dem Raum rechter Hand, in den das Gepäck abgestellt wurde, war in der flackernden Düsternis der Buschlampen ein großes Fotoporträt zu erraten. Die Gäste bekamen ein Bier. Ich möchte ein großes Gefühl festhalten und kratze statt dessen Äußerlichkeiten zusammen als wären's Gold und Edelstein. Muß nicht die Wirklichkeit mit dem verglichen werden, was fast drei Jahre lang durch die Tagträume irrlichterte? Kein fensterloses Würfelhaus, keine Hütte aus geflochtenen Matten. Ein krummes Backsteinhäuschen mit unverglasten Fensterhöhlen und offenem Gebälk. Was dann nacheinander kam, weiß ich nicht mehr - ob es erst etwas zu essen gab oder erst warmes Wasser zum Waschen oder ob es erst die Tänze vor dem Hause gab - ich war so müde, daß ich alle Willenskraft brauchte, um nicht einzuschlafen. Vor dem Haus versammelten sich Leute. Es war nicht ganz dunkel, es waren außer den Buschlampen auch Sterne da. Das Tischchen und zwei Sessel wurden vor das Haus in den Sand gestellt. Da saßen wir, Chr und ich, und eine Gruppe Jugendlicher tanzte zu Trommel, Gesang und Händeklatschen. Darüber war Sternenhimmel. Das Bier stieg in den Kopf und ich wußte: ich muß eine kleine Rede halten. Ich, nicht Chr. Auf Pidgin. Es wurde wohl übersetzt. Jedenfalls stand ich in einer Tanzpause auf und sagte was. Mit dieser ersten Rede kaufte ich mich los. Von nun an, während der beiden Tage, sorgte Chr dafür, daß ich wie ein Häuptling nur da-zu-sein brauchte, ohne irgend etwas zu sagen. Und saß dann also wieder und überließ mich dem Gefühl des Da-Seins. Hier bin ich. Ich bin wirklich da, wo ich hinwollte. Ich bin da. Chr ist da. Der ‚Sohn des Dorfes' ist auch da. Hierher kann es die Seele ziehen ‚mit wunderbarer Macht', weil ich hier nicht mein mühseliges Zuhause habe, hier nicht ein hartes und dürftiges Leben fristen muß. Die Sterne sahen herab. Die Seele war selig. Sie schnurrte vor Behagen. Das Glück des Angekommenseins und das Wissen: da ist ein Bett und da ist Schlaf, es übermochte die körperliche Erschöpfung. Das Doppelbett in dem Raum nebenan wurde zwischendurch in unserem Beisein zubereitet. Chr wickelte seinen Schlafsack aus und bemerkte trocken, der sei für zwei zu unbequem. Daraufhin wurden auf der einen Seite Leintücher und eine Acryldecke ausgebreitet. - Es wird spät; der Tag ist am Schreibtisch vergangen. Morgen werde ich weiterschreiben.

Äußerlichkeiten.
Mittwoch, morgens. Lieber Schmerz erdulden als mit dem Abklingen nur noch fühlen, wie das Leben verebbt. Die Träume der Nacht waren schon wieder ohne ‚lebensgroße Bilder', ohne das große Gefühl; aber vielleicht hat sich Wesentliches ins Unterbewußtsein gerettet. Es wären noch Äußerlichkeiten festzuhalten. Das Berge-auf-und-absteigen ging wohl so gut, weil gerade genügend Treibstoff in der Blutbahn zirkulierte und vorwärtstrieb. Am nächsten Morgen waren die Schmerzen in den Oberschenkeln mit Thomapyrin zu mildern. Vom Abend der Ankunft ist nachzutragen das ‚Bad'. Hinter dem Haus ist neben einem Schuppen, der als Küche dient, ein ‚local bath' aus rohem Backstein und verrostetem Wellblech angebaut, ein luftiger Verschlag ohne Tür, in dem man sich gerade einmal um sich selbst drehen kann. Die Öffnung war durch ein Tuch verhängt, auf dem Sandboden stand neben der Buschlampe eine große Schüssel mit warmem Wasser; auf einem übers Eck gespannten Bindfaden konnte man die Kleidung ablegen, ein fehlender Backstein in der Wand ergab eine Ablage für Brille, Armbanduhr, Seife. Da zog ich mich wirklich aus, erst oben, dann unten, balancierend in Sandalen und wusch Staub und Schweiß von Armen und Beinen. Das Klo war eine tiefe Grube auf einer kleinen Anhöhe hinter dem Haus, mit Baumstämmen abgedeckt um die schmale Öffnung nach unten und einem Spitzdach aus Palmblättern darüber, zu niedrig, um darin zu stehen. Da kroch ich am Sonnabend in noch dunkler Frühe mit der Taschenlampe hinauf und hinein, um eine Diarrhö loszuwerden (die sich dann mit Mexaform stoppen ließ, so daß nunmehr Ananas notwendig ist). Je primitiver, um so romantischer. Die Mahlzeiten bestanden aus Schwarztee mit Dosenmilch und Zucker, gebratenen Eiern, Weißbrot und Fischpaste, Reis, Kochbananen, Huhn und Erdnuß- oder Fischsoße. An Obst waren weder Mangos noch Avocados noch Ananas zu haben; nur ein paar Bananen. Mir fehlten vor allem Haferflocken. Wenn ich wiederkomme – und ich will, ich werde, ich muß zurück nach Lah – werden in meinem Gepäck außer Fleischbrühwürfeln und Dosenmilch Haferflocken sein. Ich könnte eine Verdienstquelle für die Leute sein, die mir das Zeug hochschleppen. Ich würde auch eine Medizinbox bei mir haben. Ich würde da leben, monatelang und – was tun? Wie mein Vorhandensein rechtfertigen? Landschaft genießen, wandern und schreiben. Schreiben und warten – worauf? Auf ein Kommen. Auf ein Fest.

Mah am Morgen danach.

Die plattgedrückte blaßrosa Rose von Mah auf der Rückreise und der Wasserfall des Mchu auf der Hinfahrt: Symbole für eine *passion inutile*. Mah ist ein schön gebautes, idyllisch auf einem Hügel gelegenes Gästehaus, gepflegt in lieblicher Landschaft. Am frühen Morgen, am Morgen danach, die Hütten im Tal, umflossen von Rauchschleiern und Morgennebel, zart und duftig: ein Aquarell. Palmen- und Bananenhaine, Berge von übersichtlicher Höhe und von Kühle umhüllt die aufgehende Sonne. Mit einem umfänglichen Baumstamm im Rücken saß tränenschwer Besinnlichkeit am Fuß einer blühenden Schirmakazie, und aus den Zweigen weinte es. Es tropfte aus lichten Laubaugen. Das große Erlebnis Landschaft war überlagert von hochstilisiertem Pathos, schillernd wie ein Hahnenschwanz, ein abgrenzbares Nebeneinander von stahlblauem Selbstgefühl, altersgrauer Weisheit und kupferrot glühendem Aufbegehren. Wohl weil da Bäume standen, war auf einmal auch etwas wie ein Meerkätzchen im Blickfeld der Besinnung, mit den Hinterbeinen sich klammernd an den einzigen Ast an einem Baum, um nicht abzustürzen, mit den Ärmchen hangelnd nach einer dicken, krummen schwarzglänzenden Bohnenschote am nächsten Baum, der mehr Äste hatte. Ab- und hinüberzuspringen wagte das Tierchen nicht, es konnte wohl die Entfernung recht gut abschätzen. Es hangelte und hielt sich fest am einzigen Halt, den es hatte. Die Muse und der Roman ,Mireille' glitten auch kurz vorüber. Zu bedenken und darzustellen wäre, wie bloße Freundlichkeit, Höflichkeit, veredelt durch Hilfsbereitschaft in völliger Absichtslosigkeit zu einer Falle werden können. Freilich nicht einfach so und an sich, sondern in einer schwebenden Zwischensituation, und wie dabei alle Verantwortung sich anhäuft auf der Seite, an der es abgleitet und hereinfällt. (Wieder die Verschwommenheit, die ,Offenheit' einer Präposition: gleitet es hüben ab oder drüben? Das Problem ähnelt dem, mit welchem Chr mich bisweilen verblüfft: daß es mein bloßes Vorhandensein in der Klasse und also meine Schuld gewesen sei, vor fünfundzwanzig Jahren, daß er auf mich ,hereinfiel' und nun alles ist wie es ist. Bloßes Dasein als Schuld.)

Die Frage wäre weiterhin: warum tropfte es so seelenverzehrend durch mich hindurch, erdwärts rinnen, da auf dem Hügel von Mah, unter der Schirmakazie. Es war wohl nicht Erschöpfung. Es war eher ein Überwältigtwerden von Gefühlen der Vergänglichkeit und Sinnlosigkeit alles dessen, was noch einmal so lebendig alle Saiten des Daseins spannte und zum Vibrieren brachte. Im Grunde nicht, aber im nachhinein wird es unbegreiflich sein. Solches Vorwegwissen immerhin ist schon vorhanden. Vergänglichkeit und Sinnlosigkeit dieser Art ließen sich in ein Mittelmaß von Dauer und Sinn überführen nur, wenn bei alledem etwas Gestalt annähme. Ein Haus aus Backstein oder ein Buch aus Erinnerungen. Auf der einen Seite wird anpassungsfähiger Realismus den normalen Weg ins Allgemeine gehen (zu dessen Beherbergung ein größeres Haus ganz brauchbar sein könnte); auf der anderen wird in sich selbst Kreisendes wo nicht in rein Gedanklichem verdampfen, dann wohl sich niederschlagen auf Papier und als Buch untergehen mit einer untergehenden Kultur.

Abschied in Muvum.
In der Morgensonne auf der hinteren Veranda. Zwischen dem Schreiben denke ich daran, daß in Lah einer reden muß, so diplomatisch wie möglich, um das, was andere für ihn eingefädelt haben, wieder auszufädeln oder aber mit einem Knoten zu versehen, der es festmacht. Wie kommt es, daß Machtstreben bis zur Selbstaufgabe gehen kann? Das Werthersyndrom. Die Anziehungskraft verzehrenden Lichts für die Motte. Was heißt ‚einer Machtsphäre entgleiten'? Was für eine Macht? Ist es primitiv, und inzwischen schon lächerlich, oder hat es etwas mit Magie und Archaik zu tun, an die ‚Macht der Jungfräulichkeit' zu glauben, gar ihrer Macht zu erliegen? Wie ein Fieberkranker sich in die Kissen wühlt, nach kühlen Stellen suchend... Der Abschied in Muvum fehlt noch. Es war kurz vor 9 Uhr, die Luft schon warm, zu warm für Pullover. Aber die zum Abschied gereichte Hand war wo nicht kalt, so doch recht kühl und indifferent-freundlich der Blick. Man winkte kurz, ohne Wendung zurück. Um die blaßrosa Rose von Mah falteten sich kraftlose Hände und eine gewisse Traurigkeit. Die Seele klammerte sich an ein Symbol. So fuhr man dahin.

Nachzuholendes. Das Oberdorf.
Was ist noch nicht aufgeschrieben? Der Vormittag am nächsten Tag. Ein Rundgang durchs Oberdorf, zur Kirche, zum Gräberfeld an einem Steilhang, wo der Vater des Gastgebers liegt, seit zweieinhalb Jahrzehnten schon. Ich konnte mir die Topographie des Dorfes nicht einprägen. (Auch die Andeutungen real-politischer Strukturen nicht, wie die Schule ins

Dorf kam und das Christentum, und der Reisanbau ins Tal.)
Es stehen Würfelhäuser im Sand, etwa viermalvier, aus Lehmziegeln, rötlich-gelblich, mit Pyramidendächern, meist noch strohgedeckt, wie auf dem bunten Bildchen. Keine Fenster; man steigt durch die Türöffnung. Drinnen Bambusbetten an den Wänden und eine Feuerstelle in der Mitte. Da hocken die Frauen und kochen. Irgendwo saß ein Junge, der eine Bastmatte flocht. Schwester und Mutter wurden begrüßt. Unschöne Frauen, irgendwie verknetet und zerknittert. Und am Ende des Dorfes, wo der Bergrücken steil abbricht, standen übermannsgroß schwarzpolierte Felsbrocken. Die ragen da ungefragt aus dem Sand, sehen aus wie Hinkelsteine, und die Häuschen zwängen sich dazwischen.

Stammestänze im Häuptlingsgehöft.
Es muß noch der Nachmittag im Häuptlingsgehöft festgeschrieben werden. Wir zogen da hin, am Sonnabend nach dem Mittagessen. Es erwarteten uns Gruppentänze (etwa zehn an der Zahl) zu allerlei exotischen Instrumenten, Xylophon, Handtrommel, Rasseln aus Kalebassen und flachen Kästen, Kuhhorn und Trillerpfeife. Wir saßen auf Ehrenplätzen unter einem Palmwedelschattendach, in der Mitte die Hauptperson. Der Platz ward mir von Chr zugeschoben; der Gastgeber zu meiner Linken hatte es anders gewollt; aber Chr weiß um meine Rolle in diesem Spiel und so kam es, daß bei den Erläuterungen von links nach rechts hinüber Schultern und Knie ins Gedränge kamen; aber ich saß halt, wo ich saß, und Chr zu meiner Rechten. So waren wir ein Triptychon, und um uns war der Lärm, die Hitze, der aufwirbelnde Staub, die nackten Füße; die Männer im Festgewand, die Mädchen in Lendentuch und Büstenhalter; die alten Frauen in ihren besten Kleidern. Als die ‚Mannbaren' tanzten, mit einer prächtig wilden Vortänzerin, erhob sich der Gastgeber und tanzte (in einem geschenkten hellbeigen Oxfordhemd) an seinem Platze ein paar Schritte mit. Dazu erfolgte keine ethnologische Erläuterung. Bei einem der Männertänze tanzte einer der ‚Vettern' in vorderster Reihe auf uns zu und starrte mich mit großen Augen an. Es war unangenehm und rief gesammelte Abwehr hervor: ein gerader Gegenblick, ein strenges Gemisch aus Augenbrauen hochziehendem Erstaunen und Mundwinkel senkender Skepsis. (Der Herr des ‚Palastes' und sein Ältestenrat müssen da auch irgendwo gesessen haben, sie entgingen meinem Interesse völlig. Der Häuptling war im Staatsgewand und in

Begleitung zu einem Begrüßungsbesuch ins Haus des Gastgebers gekommen, und ich hatte ihm die Hand gegeben. Chr wußte, daß man das nicht darf. Er ist der Feldforscher, ich bin ein Schäfchen, das man scheren kann.)

Diese zweistündige Tanzvorführung - es war nicht das, was die Tagträume vorweg erfüllt hatte. Es schien kein Vollmond, es glänzten weder halbnackte Ursprünglichkeit noch geschwungene Speere; es ergab sich keine Beschützergeste, dicht an dicht, mit ‚weder Raum noch Berührung'. Es saß da europäische Sittsamkeit, schulter- und knienah, gewiß, aber das machten die Wendungen und Erläuterungen nach rechts, wo aller Verdächte Ableitung ins Honorable saß. Schmal in der Mitte saß ein großes Schlafbedürfnis, das nicht ganz bei der Sache war. Bei welcher denn? Zurück ins Haus geleitet von einer Tanzgruppe, machten wir nach 5 Uhr noch einen Gang durchs Dorf, vermutlich durch den unteren Teil. Chr kaufte einem Fallensteller zwei Antilopenfelle ab. Danach, im Haus, war plötzlich die Unruhe da. Etwas wie Ratlosigkeit - wie sag ich's meinen Gästen? Es war doch gar nicht vorgesehen gewesen. Die Voreiligkeit der Vettern. Wenn das Haus eine Hausfrau gehabt hätte, statt eines Neffen, der das Feuer unterhielt, die Töpfe schrubbte und das Essen zubereitete, wäre dann ein möglicher Argwohn aus der Welt geschafft gewesen?

Fotoalben.
Ich habe etwas vergessen. Es waren Fotoalben zu betrachten, wie man sie hier Gästen vorlegt. Das Gruppenbild einer großen Hochzeit irgendwo in Deutschland, vor etwa zehn Jahren, zeigt einen Gast im *traditional gown*, die Augen voller Schatten und Pandora, schmal, schräg, scharf umrandet, aufblitzend. Es war schwer, sich loszureißen. Ein anderes Foto zeigte einen, der sich noch nicht eingereiht hat ins Gruppenbild. Alle stehen steif und brav für die Aufnahmen bereit, nur einer, rechts außen, schlank und im Profil, gestikuliert noch herum, und derweil drückt der Fotograf auf den Auslöser. Das Viertelprofil ist angespannt, noch nicht verfettet; es zeigt scharfe Züge, die schräg von oben noch immer erkennbar sind (beim Schreiben von Klausuren etwa, wenn ein Blick über die Sitzenden schweift). Es fällt die Flanke von der Schläfe abwärts wie mephistophelisches Felsgestein bis zur schmalen Doppelhorizontale über ausgeprägtem Kinn. Eine seltene Perspektive aus jugendlichen Tagen..

Die Suche nach dem Sinn der Reise

Von nun an lief das bereits vielfältig von empfindsamen Betrachtungen durchflochtene Sammeln von Einzelheiten der Reise hinüber in eine Suche nach Sinn und in ein Pläneschmieden zur Ermöglichung einer Rückkehr; es lief zwischenhinein in ein Gedicht und in weitere Grübeleien im Gefolge dessen, was der Fall war, ehe am vierten Tage das Schreiben am ‚Roman' begann und sich hinzog.

Zukunftsträume.
Immer noch Mittwoch. Während Chr sich in seinen Jagdgründen herumtreibt, liege ich auf dem Bett hinter zugezogenen Vorhängen und träume eigene mögliche Projekte. Ferien in Lah. Unter welchen Bedingungen? Die Infrastruktur verbessern. Wozu hab ich eine Straßenstudie in die Hand gedrückt bekommen? Die Leute wollen nicht mehr zu Fuß und auf dem Kopf ihre Reissäcke aus dem Tal bergauf schleppen. Eine Straße von Ubum zum Fluß: ja. Von da nach Lah: nein. Es würde die Abseits-Idyllik dieses Bergnestes stören. Abseitige Vorstellungen eines Flüchtlings aus dem letzten Weltkrieg? Keine Autos, keine Elektrizität. Allenfalls eine Wasserleitung und eine Erste-Hilfe-Station wären denkbar. Die Sprache zu erlernen traue ich mir nicht zu. Mich treibt kein Geist der Forschung, wie er Chr treibt. Mich betört ein Geist der Romantik und der Träume vom einfachen Leben. Reis anbauen? Nein. Das Häuschen ausstaffieren mit Vorhängen, Teppichen, Bildern, Möbeln? Das könnte soziale Ressentiments im Dorfe schaffen. Eine Eremitage bauen und Geld ausgeben für Dienstleistungen der Bedürftigen? Es müßte etwas sein, das dem ganzen Dorfe zugute käme.

Ein Roman und ein Gedicht.
Schreiben. Einen Roman. Den Roman Mireille mit Lah verknüpfen, aber anders einfädeln und ausfädeln. Einer wie ihr Prinz dürfte nur Angelhaken, nur Mittel zum Zweck sein, die als Phantom umherflundernde (statt in einen Frosch verzauberte) Muse an Land zu ziehen. Das Wichtigste wäre die Landschaft, ein Metaphysikum ähnlich wie Sils Maria. Es gäbe da Monologe, etwa: ‚I have seen the place my soul will long for until old age and death. May eyes that reflect this landscape remain the same, gentleness never change. I have come like a beggar, I take what I get, longing for something be-

yond ordinary longing. Shall I find what my soul desires in a place haunted by material needs? You are longing for blessings which for me are not essential. There is no bridge over the troubled waters of differing expectations except the one that would satisfy needs that are not mine. If someone gave all his material wealth, it would be nothing but a means to an end, for you, sitting in an easy-chair with beer and friends, ignorant of your life's most romanesque success.'

'...and led her captive'
Lah - eine Inspiration. Aufstieg ins Abseits der Berge und der Literatur. Schreiben. Eine Erlebnis-Novelle wie die von Sils Maria, die nie fertig geworden ist. Die äußere Wirklichkeit interessiert mich im Grunde wenig. Sie wäre nur Kulisse für verfeinerte Gefühle abendländischer Spätkultur. Wenn so etwas sich in Beziehung setzt zu nüchternem Pragmatismus, der nichts als seine materiellen Vorteile sucht, was kann dabei herauskommen? Der Kulturheros einer Bergfeste als Knecht im Tiefland, wo er sich verdingt. Der Glanz seiner Persönlichkeit leuchtet durch die Lumpen und verklärt Ungestalt. Auf theologischer Ebene wird das zum Hymnus. ‚Wir sahen seine Herrlichkeit...' die Herrlichkeit des Erwählten, der sich erniedrigte zu Sklavenarbeit im Schweiße seines Angesichts, krank wurde und durch schlaflose Nächte hindurch fieberte. Dann der Aufstieg als Rückkehr in ursprüngliche Herrlichkeit. Und wie wurde solche Verklärung möglich? Durch den Abendstern. Durch die Macht der Astarte. Das ist der Punkt, wo die Analogien sich verwirren. Wie hat es angefangen. Stooping to conquer? ‚And what did he do? Tied her long hair to the Evening star ... led her captive ...' Will das ein Gedicht werden?

Es war eben fertig, da kam Chr zurück. Ein Gedicht ist schneller geschrieben als ein Roman. - Chr hat, da man sich nach der Reise erkundigte, das Wichtigste schon ausgeplaudert: die ‚troubles' unseres Gastgebers und wie die Familie nachzuhelfen versucht. Da habe der Frager gesagt: Ja, das sei ein seltsamer Mensch; er habe verschiedentlich Anläufe gemacht und sich immer wieder zurückgezogen. Die Sache mit der armen Sue ist mir ja nicht unverborgen geblieben. Wie kann einer so Pech haben, dachte ich laut vor mich hin. Und Chr, in gutmütiger Ironie: ‚Du würdest ihn auch bald zum Gerümpel werfen, wie Kg und mich. Dann könnten wir bald ein Veteranentreffen machen.'

Und, fügte der Menschenkenner hinzu, jener werde sich fügen. Er sei so verantwortungsbewußt und patriarchal, daß er um des Friedens seines Dorfes willen heiraten werde, was man ihm eingekauft hat. Vor lauter ‚family problems', habe er verlauten lassen, sei er zu Hause in den Ferien so schlank geworden. Hier im Campus, schloß Chr, könne er die Misere vergessen und sich wieder Bauch anschaffen. Es mache ihn noch häßlicher, fügte Chr hinzu. Ja, sagte ich schicksalsergeben. Dann, auf Englisch vor mich hin sinnierend in Apostrophen: ‚And yet, I always felt that girls should be scrambling for you.' Von Yeats gibt es ein Gedicht, das sich nach der ersten Zeile variieren ließe: ‚When you are old and grey and full of sleep/.../ you might remember that once, long ago / You won affection from a left-hand side / That stood aloof with never a chance / To speak or you to make response.' Dankbarkeit Chr gegenüber, der nach einigem Zickzack schließlich doch mitkam und mir das Repräsentieren und Reden abnahm. So konnten sich Eindrücke und Gefühle entfalten.

Tagtraumkaskaden.
Donnerstag, morgens. Was ist's, das da hingegossen im Sande liegt vor der Schwelle eines bröckelnden Backsteingehäuses? Es möchte Wurzeln schlagen und sich verwandeln in einen Rosen- oder Malvenstrauch vor der niederen Fensterhöhle und die Jahrszeiten überblühen. Wird es spurlos im Sand verrinnen, ohne Kraft zur Verwandlung in eine Form, die Vergänglichem Dauer verleihen könnte? Kaum Gedanke zu werden wagt, weil zu verstiegen, zu abseitig und jenseitig, was wohl Grund und Ursache gewesen sein könnte immer neuerlichen Rückzugs und Verzichts. Dreams beyond possibility? Das gibt es hier nicht. Das sind romantische Tagtraumkaskaden und Gefühlsschnörkel. Es möchte sich aufs Papier ergießen, die leeren Seiten mit Unsagbarem überschwemmen. Es windet sich. Etwas, das Geheimnis hätte bleiben sollen, hat sich verraten. Hoffentlich in so nachsichtig-ironischer Form, wie Chr es zu formulieren beliebte. Er durchschaut die Schiefe und die möglichen Peinlichkeiten der Situation.

Comedy of Errors.
Was noch? Eine sehr langstielige Rose blüht, von der Küchenveranda hereingepflückt ins Wasserglas. Ich habe kein Weihnachtsgeschenk für Chr. Das Abendsternbild ist nicht für ihn. Es gibt hier nichts mehr, das wichtig wäre. Ich bin hängen-

geblieben in Lah. Die Seelenlage ist verwickelt. Es dreht sich im Kreise wie in einer Shakespeare-Komödie. Eine *Comedy of Errors*, ohne Verwechslungen, aber ebenso absurd. Die Ahnung ist auf der richtigen Spur, der Verstand durchschaut, das Gefühl will es nicht wahrhaben; aber nun ist es am Tage. Nur ein Argwohn bleibt, und die Frage ist schon dreimal gestellt worden: ob wirklich ein weiteres Jahr der Trennung beabsichtigt sei. ‚Who is running away?' Ein Lachen antwortet. Chr sitzt dabei wie ein Weiser, der weiß, daß es das beste ist, der Sache ihren Lauf zu lassen. Sie wird sich müde laufen.

Betrachtungen zum Unterschied.
Mir ist gar nicht weihnachtlich zumute. Der Garten welkt dahin. Die Seele auch. Es ist nichts anzufangen mit diesem Tag. Zwischendurch plagt der Husten. Chr schreibt seine Magnetbänder aus, die Weisheiten des Propheten, den er interviewt hat. Er ist involviert mit der Dame Wissenschaft. Ich habe seit der Rückkehr vierzehn Seiten Tagebuch geschrieben - kostbarer Rohstoff. Aber worum geht es? Um Berechnung. Es kann und es darf auch nichts anderes sein. Jede Anpassung an Erwartungen, jedes vorsichtige Entgegenkommen kann nur von dem Versuch motiviert sein, eine günstige Stimmung nicht zu verscheuchen. Wenn etwas so unerwartet zufällt, ist alle Umsicht geboten, das Vorteilhafteste daraus zu machen. Hörigkeit des Herzens, Versklavung der Gefühle - wehe, wenn zu Bewußtsein kommt, daß es als solches erkannt und ausgenutzt wird. Dann wird alles Süße sauer. Das schwebend Schöne an Bethabara war, zum einen, daß man einander auf gleichem geistigem Niveau begegnete und wortlos verstand, worauf angespielt war, wenn der eine wartete, bis die andere das Impfgift getrunken hatte; zum anderen, daß nichts Materielles die Leichtigkeit des Spiels beschwerte. Es gab nur den Luxus der Gefühle, die Komödie unserer Seele. Hier hingegen - nun, es ist nicht das reine Almosengeben. Es ist da ein gewisses Maß an Vorgaben, an Dienstleistung und Ehrbezeugungen; ein *do ut des*. Ein ungeschriebenes Gesetz, das Umgang und Austausch ermöglicht. Es könnte nur sein, daß der Austausch von Gütern aus den Proportionen gerät.

Maskentanz und das Ethische.
Es fällt mir bemerkenswert leicht, freundlich mit Chr umzugehen, ohne Unwahrhaftigkeit. Es ist, als ob die Energien, die Lah bindet, dem Mißmut und dem Genörgel entzogen werden.

– Noch nicht ergrübelt ist das Zustandekommen einer Erschütterung wie der vom Sonntag vor dem Abstieg. Kann das Gefühl so sehr gegen etwas sein, daß der erkennende Verstand das Vernünftige und Normale nicht wahrhaben will? War es, weil ein langes Aufatmen ein ganzes Jahr hindurch keinen anderen Gedanken zulassen wollte? So wird nun alles ein Maskentanz. Alles Äußere, Öffentliche dient nur dazu, das Eigentliche zu verkleiden und ein Minimum an Nähe zu legitimieren. Leiden allein läutert nicht, so lange so viel Lebensenergie zur Verfügung steht. Der irrationale Impuls muß sich ins Gemeinnützige hinein objektivieren. Ins Ethische also. Das Gute, das da getan wird, ist dann freilich nicht aus Freiheit und um seiner selbst willen getan. Das Unfreie aber hat immer auch etwas von Komik an sich. Oder von Tragik.. Ich denke an Mireille. Sie kann nichts dafür und ist doch selber schuld an ihrem Unglück.

Grotesk-Träume der Nacht. Freitagmorgen. Heut vor einer Woche waren wir unterwegs. Sag ich zu Chr: ‚Hab noch ein wenig Nachsicht mit mir.' Sagt er: ‚Wenn du nicht gar zu wilde Orakel ausstößt.' (Etwa: umgehend abzuzischen ins Grasland.) Die eheliche Nähe ist nicht darstellbar. Beim Frühstück erzählten wir einander die Träume der Nacht. Ich saß mit Chr auf einer Telegrafenstange und stelzte dann durch ein breites flaches Tal zwischen Bergen dahin. Als ich absteigen wollte, ging unten feixend Gir'din vorüber; dann kam ein wilder Eber herangefegt, vor dem die Leute auswichen und wir auch, an einen Baum gelehnt (noch auf den Telegrafenmaststelzen). Der Eber fegte mit der Schnauze am Erdboden entlang und hatte den Schnauzbart des Großvaters Bn auf dem Hochzeitsfoto. Jemand setzte sich in ein Auto und fuhr davon. Ich überlegte, wie ich von dem Masten absteigen, hinabrutschen könnte. Der Mast und die Stelzen, das ist offenbar unsere ‚high position' hier in diesem Regenwaldnest. Da will ich runter und weg. Chr erzählte, er habe Lah geträumt und meine Anforderungen an die Studenten. Sie mußten in Körben ‚Seestücke' schleppen einen steilen Berg hinauf und einer sei ganz erschöpft angekommen. Er habe gesagt, nun sei es aber genug; aber nein, es mußte weitergehen. Chr meint, da habe er wohl an E.'s Krankheit im Februar gedacht, von der ich ihm gestern wieder erzählt hatte. In Auswahl. Zudem hatten wir uns gestern abend über die mangelnden Leistungen mancher unserer Aspiranten unterhalten.

Heiligabend mit Bildchen.
Wir saßen wie üblich, in der Seekistenecke. Chr hatte alles schön hergerichtet, sogar ein Tüchlein vor sein Bücherchaos gehängt, frische Palmzweige in die große Weinflasche gesteckt, sieben Kerzen angezündet und die kärglichen Geschenklein ausgebreitet: eine Kreideskizze der dunkellila Malve von Ubum (ein symbolischer Farbklecks im Staubgrau) für Chr, und für mich eine winzige Federskizze: zwei steile Berge mit Hütten, links ein Landrover, dazwischen eine Brücke und Reisfelder, rechts zwei Ameisengestalten, die hochkrabbeln neben dem Sprüchlein ‚Selig sind, die reinen Herzens sind'. Das hatte ich ihm vor zwanzig Jahren aufgeschrieben. Nachdenkenswert noch immer und wieder. Schokolade, die er in Bethabara von einer seiner ‚Freundinnen' geschenkt bekommen hatte, schenkte er mir und ein Blumenkalenderchen, eins von der Art, daraus ich ein Kärtchen mit gelben Freesien als Geburtstagsgruß verschenkt habe, Ende Juni. Auch davon weiß Chr nichts. Da saßen wir wieder und sangen Weihnachtslieder, deutsch und englisch und mit der gleichen Müdigkeit, mit der ich den ganzen Tag herumgehangen oder vor dem Tagebuch und einer langstieligen Rose gesessen und geschrieben hatte. Die Soror kam und brachte auch noch was an; aber ein Fest mit frisch gewaschenem Haar und einer Seele aus knisterndem Seidenpapier, veilchenblau, hätte es nur werden können, wenn da eine Möglichkeit gewesen wäre, sich zu spiegeln in einer Gegenwart, für die alles ‚schleierhaft' gewesen wäre, verhüllt von glitzerndem Geheimnis. Wir gingen in den Abend-, den Kindergottesdienst und bald wieder zurück und redeten darüber, daß man Leute wie einen solchen ‚Sohn des Dorfes' nicht entwurzeln dürfe; daß man den zukünftigen Amtsbrüdern die doketische Christologie ausreden müsse und daß sie mir, der Frau, als Männer manches einfach nicht sagen. Daß es aber wohl ihre Phantasie anrege, zu sehen, wie wir miteinander umgehen, als Ehepaar. Daß Leute wie E. zu bewundern seien, wenn sie sich mit 33 noch mal auf die Schulbank setzen, um mit 37 in einen neuen Beruf einzusteigen.

Zurück nach Lah.
An diesem ersten Feiertag ist alles öd, leer und langweilig. Weder in den Gottesdienst werde ich gehen noch zur der Tauffete im Refektorium. Chr geht, Pflichten zu absolvieren. Er wird mich als schwach und krank entschuldigen. Ich pflege meine zerknitterte Seele hinter dichten Vorhängen. Sie flügelt

als Libelle zurück nach Lah, verwandelt sich in eine Eidechse, huscht ins Haus und hält sich stille in einer dunklen Ecke. Did you not see a lizard? Oder sie liegt im Sand vor der offenen Tür, die ein leichter, hell gestreifter Vorhang verhüllt. Es geistert durch das ärmliche Häuschen mit den grünen Läden vor den Fensterhöhlen. Es hängt kopfunter als Fledermaus im krummen, offenen Gebälk...

Verdrängte Kleinigkeit.
Es ist da noch eine Winzigkeit. Etwas, das so tief berührte, daß es verdrängt werden mußte. Ich weiß nicht mehr, an welchem Tag es war; der Augenblick fiel aus allen Zusammenhängen bis auf das Unmittelbare davor: es war etwas zu bereden gewesen. Daraufhin ging der Gastgeber in die Schlafkammer, zog bei noch weit offener Tür den Plüschpullover über den Kopf und es war nichts darunter. Gar kein Entzücken. Woran mag es liegen? Überfeinerung des Sehnervs? Übertragung ins Taktile? Der Blick glitt ab und fiel auf Zement.

Sentimental journeys.
Chr zurück von der Fete, sagt, er habe mein Fernbleiben erklärt mit ‚Some have only spiritual children' und ich sei gerade dabei ‚to recover from looking after one of them.' Es ist die dritte ‚looking-after-Reise gewesen. Auf der ersten, allein und mit Überlandtaxis durch die Regenzeit 76, war nur Landschaft zu sehen, die grünen Hügel von Sanya als Ort einer Herkunft, die sich entzogen hatte. Die zweite führte zusammen mit Chr auf dem Atlantik der Küste entlang zu dem Einsamen in den Mangroven, der da wie ein Verbannter saß und grollte. Die dritte Reise dieser Art nun war - Heimsuchung einer Heimgesuchten. Das gesuchte Heim öffnete seine Pforten, gewährte Einlaß und sagte beim Ausgang ‚You leave my house. May you return some day.' Hab ich so etwas gehört? Bilde ich es mir nur ein? Ferien in Lah! Verweilen. Wandern. Bücher schreiben. Wenigstens den Roman, der im Waldland begann und in die Graslandberge von Lah führte. Vor einer Woche um diese Zeit rollte der Landrover Richtung Ubum. Am Wasserfall des Mchu hatten wir zuvor gestanden und ich sah, wie es schäumend abstürzt und auch nichts dafür kann... Als wir in das Tal von Ubum einbogen, war es schon spät am Nachmittag.

Es war schon spät am Nachmittag...

Vom Tagebuch zum Roman
Die Reise nach *. Das Urfragment

Wie anschaulich, wie angenehm gruselig alliteriert auf dem Titelblatt über Krüppelbäumen und Lehmhütte das Medusenhaupt der Muse! Im Tagebuch erscheint es nicht. Es ist ein später Einfall. Ein Beispiel für das ‚Feilen' der Muse. Sie meißelte an einem bröckelnden Felsbrocken, der in träumerisch malvenblauen Himmel ragte. Sie schaufelte an einem Bergrutsch herum, bis aus dem Felsen, dem Stein etwas Versteinerndes wurde und aus dem rutschenden Geröll das schlangenumzüngelte Haupt auftauchte. Hinter der Maske der Meduse verbirgt sich die Muse; hinter dem Erstarren, das dem Unerwarteten ins Gesicht sah, sammelte sich der Impuls, die Inspiration, das Beste daraus zu machen: Literatur.

An jenem Freitagnachmittag, nach dreieinhalb Tagen Stoffsammlung und Suche nach Sinn, erschien, ohne Medusenmaske, die Graslandmuse, schob das Tagebuch beiseite, ergriff einen Kugelschreiber und eine Handvoll karierter Blätter und es begann zu schreiben. Zwei Tage lang schrieb es vor sich hin, unterbrochen nur von einem kurzen Höflichkeitsbesuch. Zwei Tage lang flochten sich Wörter zu Sätzen in immer neuen Anläufen und Verbesserungen. Ein Ideengerüst und Themenübersichten bedeckten bereits die erste Seite: der Versuch, das Rohmaterial zu ordnen entlang der Doppelfrage: Warum? Wozu? Welche Beweggründe und Erwartungen führten aus eigenen Lebenswelten auf Umwegen ins Abseits der Berge von Lah?

Dreimal erscheint auf der dritten Konzeptseite der Satz ‚Es war schon spät am Nachmittag' (von fern und geradezu ominös erinnernd an ‚La marquise sortit a cinq heures'), jedesmal zwei Zeilen oder drei weiter vorrückend. Nach zwei Tagen und der neunten verbesserten und erweiterten Wiederholung, am Sonntag, begann die erste Reinschrift mit der Schreibmaschine auf vanillefarbenem Papier: eine Seite Landschaftsbeschreibung. Dann das Weiterschreiben von Hand und ins Konzept. ‚Sie waren zu dritt' (den Vierten, den Fahrer, literarisch unterschlagend). Zwei Tage später schon die zweite Seite Reinschrift und der erste Blick zurück: ‚Nza'ag am Morgen.' Der Reise nämlich. Am folgenden Tag die dritte Seite und der zweite Blick zurück: ‚Damals' - vor sieben Jahren, Ankunft im Idyll, der Park in exotischer Oktoberblüte. Am vierten Tag das alte Missionshaus als Symbol allmählichen Rückzugs (im Gegensatz zur Feldforschung des Kollegen Ehemann). Auf der fünften Seite über den Jahreswechsel hinweg eine Beschreibung des Dorfes und des eigenen einfachen Lebens (im Gegensatz zu westdeutschem Wohlstand und Luxus). Dann gibt auf der nächsten Seite und am ersten Tag des neuen Jahres ein Radieschen beim Frühstück Anlaß, über den Garten nachzudenken. (‚Der Garten war ein Atavismus.') Ein gewaltiger Sprung führt zurück in den Garten der Großeltern und der Kindheit, im Sommer 44. Kurze Beschreibung des niederschlesischen Dorfes und der Flucht im Januar 45. (‚Ein Trauma. Ein Alptraum, verdrängt, verschoben auf den Jüngsten Tag.') Ein flüchtiger Gedanke an den Soldatentod des Vaters. Dann, vermittelt über einen Altersunterschied, zurück in die Gegenwart. ‚Als ich der Katastrophe entkam...' So weit war der Roman am vierten Tag des neuen Jahres schwarz auf Zartgelb gediehen. Eine letzte Reinschrift bestimmte ihm als Hintergrund ein Lindgrün.

Das diffuse Seelenweh ließ merklich nach, aufgesogen von dem Bemühen um literarische Prosa. Wohl verheddderte es sich in endlosen Verbesserungen, nahm indes so völlig in Anspruch, daß es erst abbrach, als das neue Trimester begann. Spät im Oktober dann, nach dem Umzug ins Grasland, spann sich das Angefangene weiter ins Abseits eines Bildungsromans. Bücherregale wurden inventarisiert, Erlebnisse aus Schul- und Studentenzeiten erinnert. Ausführlich beschrieben wurde das Triptychon an der Wand des Kabinetts. Was schließlich in einem Faszikel von 33 Seiten auf Fools-cap (Narrenkappen-!) Format vorlag, hatte das Ziel der *Reise nach* * (der Ort sollte utopisch anmuten, sein Name und Vorhandensein Geheimnis bleiben) noch lange nicht erreicht. Das 8-Seiten-Ur-Fragment wird hier auszugsweise (und mit allen überflüssigen Personalpronomen) eingefügt: der Graslandmuse sozusagen erster Kuß.

Die Reise nach *
Das Ur-Fragment

Es war schon spät am Nachmittag, als sie in das Hochtal von Um einbogen. Es war ein langgestrecktes, flachhügeliges Tal /.../ Es war ein so kahles und nüchternes Tal, glanzlos und matt lag es unter einem kreidig-gleichgültigen Himmel, der Licht und Wärme lustlos vergab und den langen Tag dem ersehnten Abend entgegenzögerte. /.../ Und während so das Tal ereignislos vorüberzog /.../ und wohl auch, weil das Ziel, ungeachtet seiner immer näheren Nähe sich allen Vorstellungen entzog, ließ sie sich zurückfallen an den Ausgangsort dieser Reise, deren möglichen Sinn ihre Gefühle noch immer unschlüssig umspielten.

*

N. am Morgen, dreihundert Kilometer tiefer im Süden und näher am Meer. /.../ früheste Frühe und kühl und die Hähne krähten im Thujabaum. /.../ das sanfte Flöten des Quarzweckers, und der Mann an ihrer Seite, ihr Mann seit vierzehn Jahren, drehte sich aus dem Bett, tastete nach der Taschenlampe und zündet einen Kerzenstumpf an. ‚Also, da wollen wir mal und sehen, wo wir heut abend schlafen werden, am Ende dieser unvermeidlichen Reise an den neuesten Ort deiner Träume.' Er war, wie immer, sofort hellwach und der Situation mit Kommentaren gewachsen. Sie liebte seine Ironie nicht /.../ und trat zögernd hinaus in die türkisfarbene Kühle. Ein halber Dezembermond stand am Himmel, hoch und schief und zitronengelb. Haus und Baum warfen violette Schatten auf den farblosen Rasen. Unterwasserlicht der ersten Frühe die Veranda entlang zur Küche. Heut abend, dachte sie, wird im Westen wieder der Abendstern stehen. /.../ Möge es Abend werden. /.../ Die Gasflamme brannte nur noch schwach. Eine Ratte sprang über den Tisch und verschwand an den Regalen hinauf im Dachgebälk.
/.../ Zwei der Agaven waren in den letzten Wochen neben einander emporgeschossen zu baumhohen Blütenständen. Auf waagerechtem Antennengeäst streckten sie nach allen Seiten stachelige Büschel von sich, wartend auf die Stürme der Übergangszeit, die sie umwerfen würden, der Länge lang quer über den Weg. Unter den Mango- und Avocadobäumen hin strichen auf gewohnter Fährte Schweine von den nächtlichen Farmen zurück ins Dorf. /.../ die leeren Nester der Webervögel wie große, poröse, samenlose Früchte...
Es war alles wie damals – oder schien es nur so?

*

Damals – vor wie vielen Jahren? /.../ Der Park, /.../ an jenem ersten Morgen war der Himmel hoch und leicht und schüttete ein kühles, blondgrünes Licht weit über das waldige Bergland. /.../ Das Haus, /.../ fast hundertjährig, /.../fließendes Wasser /.../ eiserner Holzfeuerherd /.../ Kühlschrank /.../ Kerosin, Butangas /.../ Holzkohlebügeleisen /.../ ein Koch und Steward. So war sie dem Hausfrauendasein entronnen, das ihre damals gerade sechsjährige Ehe zermürbt hatte. /.../ Am Frühstückstisch mit Isidor, /.../ zwei akademische Titel und ein ungebrochener Forschungsdrang.

/..../ Ursprung, Sinn und Ziel ihres Daseins an diesem Ort waren im Laufe der Jahre Gegenstand eines besinnlichen Zweifels und resignierender Skepsis geworden. /.../ Das Dorf /.../ der Schweine-, Schaf- und Ziegendreck allerorten; die Moskitos, Hakenwürmer, Flöhe, Ratten, Schlangen; die streunenden Katzen und räudigen Hunde, und die Leute, deren Freundlichkeit, Stolz und Verschlagenheit sie nicht begriff. /.../ Inzwischen gab es keine Missionare mehr. /.../ eine bessere Art von Gastarbeiter. /.../ Im übrigen konzentrierte sie sich auf zwei oder drei Dinge und füllte damit ihre Tagebücher.

*

Der Dinge eines war der Garten.
/.../ wurzelte in den Tiefen der Vorvergangenheit, der Kindheit, ein verlorenes Paradies, kurz vor der Kollektivkatastrophe. /.../ Fliederlaube mit Hängematte darin /.../Erdbeeren. /.../ ein Dorf, irgendwo östlich vom westlichen Nabel der Welt /.../ Zuckerrübenfelder, die sich endlos über die Ebene hinzogen, über die dann der Krieg heranrollte. Der Krieg, der die Flüchtlingsmassen vor sich herschob gen Westen, auf Fluchtwegen, die wie durch ein Wunder offen blieben. /.../ Geschützdonner unterm Weihnachtsbaum. /.../ zogen davon auf schweren Pferdewagen im hohen Schnee /.../ um mit dem Leben davonzukommen inmitten der Apokalypse am Himmel und auf Erden. /.../ Nur manchmal, wenn sie am Abend in ihrem Garten umherging und an den Drachenbäumen vorbei zu dem großen Berg hinüberträumte, zog Vergangenes dieser Art schlierenhaft über ihr Bewußtsein und mischte dem Daseinsgefühl etwas Befremdliches bei, als greife eine Wirklichkeit von jenseits des Lebens nach ihr. Seltsam, hier bin ich und lebe, und könnte auch längst nicht-mehr-sein. Erfroren am Straßenrand liegengeblieben, verbrannt, erschlagen unter den Trümmern einer bombardierten Stadt, vermodert wie mein Vater, den es auch ‚erwischt' hat. /.../ Als ich der Katastrophe entkam, als Kind, war Denis noch nicht geboren. /.../

Mit diesem Garten in der Parkecke war es ähnlich wie mit den Farmen. Es gab da die übliche Arbeitsteilung. /.../ die grobe und schwere Arbeit /.../ garden boys, mal diesen, mal jenen /.../ die, wenn die Kohlköpfe schon schwarz vor Fäulnis waren und das Tomatenlaub ergraut vom Mehltau, optimistisch versicherten ‚They will do well.'
Dann kam Denis. Er versicherte nie etwas. Er kam, langsam und würdevoll, einen breiten Brustkasten vor sich herschiebend und einen Ansatz von Bauch. /.../ Denis kam an einem frühen Morgen im Oktober /.../ Es kam nur selten vor, daß sie zusammen im Garten waren. /.../ Der Garten war eine sachliche Sache und Denis diente ihr redlich, und aus dem wirren Gebüsch unter den Drachenbäumen leuchteten die Bambarabeeren, hell- und dunkelrot. /Sie aßen, sie und ihr Mann; aber sie wurde nicht satt. /.../ Der Garten, zu Anfang war er ein Zeitvertreib gewesen. Nun war er ein Vorwand geworden. Und Denis – war ihr *garden-boy*. Sie verzog den Mund. Ihr Mann, aufmerksam bei aller Schweigsamkeit bei Tisch, sah es. ‚Was hast du?' ‚Oh - nichts besonderes.' /.../ Ein Realismus, der ihr immer wieder in die romantische Seele kniff. Sie hob leicht die Schultern. Es war wie es war, und ohne diesen ihren Mann war sie lebensunfähig. Schwachheit, dein Name ist Weib. Sie seufzte lautlos und ging.

Tagebuchreste

Während es inspiriert vor sich hin schrieb (es sind in späteren Jahren anspruchsvollere Darstellungen, des Tales von Ubum etwa, entstanden, vor allem unter Verzicht auf die überflüssigen Hülsen der Personal- und Possessivpronomen) dünnte das Tagebuch aus. Es notiert, in einer Art Werkstattbericht, den Fortgang dessen, was ein Roman werden sollte, und gewisse Stimmungen, die beim Erinnern und Niederschreiben von Kindheitskatastrophen überkamen. Die Rückkehr des ‚Phantoms der Muse' ward gebührend berücksichtigt.

Konzepte und Radieschen.
Heut ist wieder Sonntag. Zwei Tage lang habe ich versucht, das Tal von Ubum mit Farbadjektiven abzumalen, von immer neuem angefangen, um es wirklicher zu machen als es war. Blatt um Blatt mit Kompositionsplänen, Konzepten und Reinschriften bedeckt. - Wunderbar zarte Rettiche und Radieschen hab ich geerntet in gänzlicher Abwesenheit dessen, der für den Garten zuständig wäre.

Weihnachtspost.
Farbfotografien sind dabei eines neuerbauten und luxuriös ausgestatteten Hauses. Mich aber zieht es in eine Lehmhütte in fernen Bergen. Auch ein Druckkostenangebot für die zu veröffentlichende Schrumpfwissenschaft kam an. Das alles ist im Augenblick nicht wichtig. Ich komme nicht los von meiner ‚Reise nach - ‚ ja wohin?

Kindheitstrauma. Silvesterärger.
Es ist wie es ist, aber doch unbegreiflich, daß beim Schreiben die Weinkrämpfe ruckweise kommen, während ich ein paar Sätze über die Flucht im Januar 45 zu formulieren versuche. Es ist sechsunddreißig Jahre her, bewußt geworden freilich erst viel später. Opfertod im Krieg, im Nahkampf: vergessen oder verpönt in diesem feigen Zeitalter, in einer wehleidig bequemen Wohlstandsgesellschaft. Es erreicht den Verstand nicht. Es ist wie etwas Fremdes in mir. Die Erschütterung. Daß die einen sich opferten, um anderen die Flucht zu ermöglichen. Eine letzte Division an der Oder. Sind es die Edlen, die umkommen, während gemeines Volk entkommt? Ich gehörte auch zum gemeinen Volk der Frauen, Greise, Kinder. Es ist sehr still im Campus. Heut ist Silvester. Chr macht seinen Abendspaziergang, vom native staff ist keiner da, also bleibt der Ärger mit

dem knubbeligen N., der den Landrover will, um Nachschub für seinen Saftladen heraufzukarren, an mir hängen. Wir haben auch kein Tonic mehr. Kalter Tee mit Zitrone tut's auch. Die Soror ist zur Pizza eingeladen Früher hab ich langatmig ‚Bilanz' gemacht. Diesmal genügt ein einziger Satz: ich bin dankbar für Reise und Muse.

Neujahr 1982.
Gestern abend zeigte Chr Dias von seiner Japanreise. Dann, nachdem die Soror gegangen war, nahm Müdigkeit überhand, so daß ich bei Panflötenmusik einschlief. In den überseekisten, die gestern kamen, waren Schreibmaschinen und Strickdecken zum Verschenken. Chr lieb und freundlich; nach einem Vierteljahrhundert seit den Wiesenblümchen im Schullandheim und vierzehn Ehejahren noch immer ein Wunder. Wie können wilde Ranken sich ins ‚Absolute' ringeln aus solchem Wurzelgrunde? Es ringelt sich auch frisch gewaschenes Haar selbstgefällig vor dem Spieglein an der Wand. Es liegt kein Wunschzettel nach einer anderen Nase oder anderen Falten vor. Ich werde immer mehr ich selbst. Ein weißes Prinzeßnachthemd paßt freilich nicht dazu.

An einander vorbei.
Gestern Abend: eine seltsame Art von wortlosem gegenseitigen Mißverstehen, der eine bei Musik Synodenberichte lesend, während eine unbestimmte Erwartung, halb freundliches Entgegenkommen, halb Pflichtgefühl, hin und her ging und ein Gefühl der Peinlichkeit ausdünstete. Chr wollte dann Gedichte vorgelesen haben. Es war ihm einmal ein Vorschlag dieser Art gemacht worden. Da war erst die traurige Ballade von der Jungfer Maleen, ‚Liebe sprach zu Liebe'; dann etwas, worüber wir sehr lachen mußten: ‚Ist er stillgrimmig, wird sie schrillstimmig'. Dann: ‚Gute Nacht, ich bin müde.' So haarscharf an einander vorbei. Wie schnell wird alles abwärts gehen, die Spannkraft nachlassen. Möge wenigstens die geistige noch eine Weile hinreichen.

Zweierlei Chaos. Rückkehr.
Drei Tage ohne Koch und das Haushaltschaos bricht aus. Das Chaos im Kabinett hingegen ist künstlich und absichtsvoll: Bücher und Papiere auf dem Boden verstreut, so daß der Eingang versperrt ist. Wenn heut wer kommt, sein Bettzeug zu holen, ist da ein Schutzwall, abzulenken von den vielen Blu-

men, die auf dem roten Bord stehen und von dem, was da war, morgen vor zwei Wochen. - Gegen Abend. Die Fensterhöhlen drüben sind geöffnet, die Vorhänge wehen. Ich warte. - Es ist erledigt. Das Chaos hat seinen Zweck erfüllt. Es war da ein Geräusch, ich ging nachsehen und siehe, es war der Erwartete. Mit ausgestrecktem Arm ward ihm eine Hand über das Papierchaos hinweg gereicht. ‚Welcome back' - freundlich, geradezu heiter. Man fiel einander nicht um den Hals, sondern ins Wort - reden, reden, reden; dem Schweigen keinen Raum geben, stummem Blicketausch auch nicht. ‚I heard you were down for some days.' ‚I am not used to this sort of physical exercise.' Man lehnte jenseits am Bücherregal neben der Tür, diesseits saß es sich leger auf der Tischkante. ‚I had time to think and to revover' - die einzige Mehrdeutigkeit. Ein Lachen. Das Reden schirmte alles ab. Der Sack mit dem Bettzeug ward geholt und hinübergereicht und ein Zusammensitzen zu dritt in Aussicht gestellt. Ob der Hausherr im Hause sei. Nein. ‚Who cared for the garden?' ‚Nobody.' (Eine halbe Unwahrheit, wenigstens vier Tage lang hatte der bärbeißige A. gegossen.) Kein Blick ging dem Davongehen nach. Nur verstohlen und flüchtig ließ sich zwischendurch festzustellen, daß unter weißem Trikot akademischer Speck bedeutend reduziert erschien. Ab heut hat der Campus wieder Sinn und Inhalt. Noch ein halbes Jahr. Soll dann ‚alles vorbei' sein?

Pläne Richtung Lah.
Der Abendstern hat sich hinter Wolken verkrochen. Was tut's. Er ist ja fixiert auf Türkisgrün an der hinteren Wand und macht das Arbeitskabinett zum Boudoir. Das Ergebnis der Reise nach Lah läßt sich in einem Vorsatz mit zwei Hörnern packen: eine Straße und/oder ein Haus will ich daselbst bauen und einen Roman schreiben. Das eine benötigt Geldmittel und umsichtige Organisation, das andere bedarf der Muse und eines Ortes ungestörter Muße. Ferien- und Gastrecht will ich mir erkaufen in Lah. Mit den Leuten dort kann ich wenig anfangen, um so mehr mit der romantischen Abseitigkeit des Dorfes und der Landschaft drum herum. Ich suche zusammen, was noch zu verschenken wäre (muß ich mich in der Kunst der Bestechung üben?) - ein weißes Baumwolltrikot mit kurzem Arm und schmaler blauroter Borte ist noch vorrätig. Und eine smaragdgrüne, dunkelgelb durchwirkte Strickweste mit V-Ausschnitt.

Zweiter Sonntag danach.

Chr vernachlässigt Feiertagsgebräuche seiner Wissenschaft wegen, wie ich mich neulich drückte dem retrograden Voranschreiten meiner Prosa zuliebe. Heut weiter, ehe morgen der Beruf wieder ruft. - Es rauschte hinüber in cognacbraunem Satin und lilienweißen Volants. Der einzige Grund des Hinrauschens erschien in taubenblauem Festgewand mit Silbermäander am Saum und rief einen Augenblick des Erschreckens hervor. Beinahe nämlich wäre in verräterischer Parallele dazu ein Petrolblau mit dem gleichen Mäandermuster aufgekreuzt. Es hätte mir nicht behagt. Von außen betrachtet ist es lächerlich, von innen glänzt es dunkelgold und beziehungsreich. Hier ist zwar nicht das hohe Komödienplateau von Bethabara; aber wer weiß, welche Verdächte, aus Mißgunst gekrochen, dennoch umgehen und nach ‚Beweisen' suchen. Ich lebe hier auf zwei Stockwerken. Das Erdgeschoß ist fest gemauert; alles Notwendige zum Leben ist nahe und beruhigend solide. Es ließe sich noch ein Zwischenstockwerk öffentlichen Rollenspiels denken. Gleich darüber aber gibt es ein windiges Dachgeschoß - in dem fange ich Sterne und Fledermäuse und spiele Verstecken mit der Humpelmuse. Ferne sei eine Verwechselung der Inneneinrichtung von oben und unten. Aber es geistern da oben gelegentlich doch auch die Schatten von ‚secret desires', die da eigentlich nichts zu suchen haben dürften und für die ich doch dankbar bin. Sie lassen mich fühlen, daß ich noch lebe.

Erste Reinschrift.

Am späten Nachmittag ist noch ein Stück Prosa über den Garten und eine gewisse ‚beängstigende Zuverlässigkeit' zustande gekommen. Jetzt werde ich mich an die Schreibmaschine setzen und meine bislang handgestrickte, durch viele Streichungen verunzierte Prosa ins reine schreiben. Wird sie mir das Hangeln nach einer Gegenwart ersetzen, die sich so beharrlich und so besonnen entzieht? - Der Tag ist vergangen. Außer einem Augenblick am Vormittag drüben in der Prozession und acht Seiten Reinschrift - nichts. Es ist doch verwunderlich, daß die Huld der Muse vor der Melancholie des vergehenden Lebens nicht gänzlich bewahren kann.

*

Stufen ins Offene
– Der Rest der Zeit in Nza'ag –

Straße und Melodie nach Lah
(Januar 1982)

Kaffee zu dritt im Seekisteneck. *Wird die Huld der Muse mir das Hangeln nach ihrem Phantom ersetzen? Es scheint nicht so. Ich warte. Ganz in Schwarz und ganz verträumt. Zufrieden, daß mir diese acht Seiten* gelungen sind, und dennoch. – Der Erwartete ging zu Chr. Im Kabinett begann ein Magen zu knurren; eine Thermosflasche, in der Küche als Vorwand ergriffen, ermöglichte den Weg zum Wohnzimmer, in dessen Tür man (Mann gegenüber Mann) lehnte und palaverte. Beim Hindurchlavieren zwischen beiden (hübsch, nicht?) ergab sich die Einladung zu einer Tasse Kaffee. Da saß man zu dritt eine Dreiviertelstunde lang in der Seekistenecke, und Chr, zwischen Hamletschwarz und Musazeengrün, stellte freundlich interessierte Fragen. Weil ich vom leise Geantworteten nicht alles verstand und nachfragte, eine stückweise Wiederholung: In zwei Jahren werde er sich entscheiden. Ich nickte, trank schwarzen Kaffee auf leeren Magen und betäubte das Hungergefühl mit Biskuits, denen auch der Gast ungeniert zusprach. Auf die Frage, wie sehr der Häuptling beleidigt gewesen sei, weil ich ihm die Hand gab: ‚Well, it is as with a baby.' ‚Who is ignorant and innocent?' Er sah mich an, korrekt und wortlos. Auf meine Frage, ob der Reis vom Tal nach Ubum hinauf getragen werde, hakte Chr ein: ‚This is the road Na'any wants to build.' So war es denn gesagt. Es ist die einzige Möglichkeit, durch Entäußerung Innerlichkeit zu bewahren und der Quelle der Inspiration nahe zu bleiben. Zwei Bewegungen hatte das Gesprächs: ein Darüberhinhuschen, wie in Furcht vor schmerzhaften Berührungen, als vom Brautpalaver die Rede war. Und ein abwägendes Hinzielen auf die Möglichkeit einer Rückkehr nach Lah. Daher die Straße.

Der Garten am Vormittag.
Das war der ‚thé à trois' bei dem man schwarzen Kaffee trank.
Dann der Garten. Mein Kommen (es war ein Nachgehen, ‚Let me just see what has to be done') war sichtlich nicht willkommen. Befangenheit verharrte reglos, seitwärts, schweigend, geradezu finster. Die Abwehr- und Ausweichbewegungen, um den Schatten möglicher Verdächte fortzuscheuchen mit dem Ausbuddeln einer Handvoll Kartöffelchen. Der Garten war der Anfang der Entäußerungen und Verknüpfungen.

Kleine Tagtraumszenen.
Inzwischen ist die Verwicklung weit gediehen; das Puppenspiel hängt an vielen sich kreuzenden Fäden; aber es ist noch keine gestaltende Idee zu erkennen. Es ist etwas anderes als die geistvoll-melancholische Komödie nach Hofmannsthal am gedachten Abgrund von Bethabara. Hier, in diesem Regenwald, treffen Ungleichheiten auf einander, die reizvoll anmuten, weil das Wesentliche an dieser Begegnung imaginär ist, ‚fiction', fingiert von einer reflexiven Mischung aus Sentimentalität und Sinnsuche in der Krise der Lebensmitte. Wie ein tausend Seiten langer Roman sich in einer Nußschale unterbringen ließe, ist noch nicht sagbar. Die Tagträume generieren kleine Szenen, wundertöricht tugendhaft und edel-aufrecht ‚I have no secrets before my husband.' ‚So you are – ?' ‚Yes, I am – '. Eine sentimentale Intellektuelle, Spätprodukt Europas, und der biedere Realismus eines Autochthonen.

Der Garten am Abend.
Der Zufall, eine Gießkanne und die Absicht, Kartoffeln zu ernten, stiegen gemeinsam hinab; wieder versuchte mein Plaudern das Schweigen zu verscheuchen; ein Viertelstündlein in der still-bescheidenen Nähe von Oxfordbeige war vergönnt. Zurück und wieder hinab, und es kam kein gelbes Schlänglein mehr gekrochen, als beim Anblick einer Gruppe mit einem Mädchen vom Bildungsstandard Sue der Gedanke sich nahelegte, man suche nun (auf das höchstpersönliche Gutachten einer Gönnerin hin) nach etwas, das dem Prädikat ‚more educated' entspricht. Einer Frage begegnete flüchtig ein großer, dunkler und ruhiger Blick und ein Nein. (4.1.82)

Gedicht mit Reimen.
Gestern abend noch das Stooping-to-conquer-Gedicht (...*and led her captive*) mit Reimen vervollständigt. Es hört sich jetzt so witzig an, daß es zum Abschied überreicht werden könnte. Freilich nicht ohne vorsichtshalber Chrs Geschmacksurteil zu erkunden. Der Unterricht beginnt; es bedarf der Vorbereitung. Was fühlt der Glücklose, wenn Erwählung ihn trifft – und zwar eine, die unziemlich anmuten muß? Unbehagen.

In der Abendkapelle.
Stand da doch der höchsteigene Ehemann und lenkte von jenseitigen Seelenströmungen ab. Hinter dem grünen Tuch bot sich ein ästhetisch seltener Anblick, jünglingshaft melancholisch, dazwischengemischt die Gelassenheit und Reife des Mannes. Schmal und in fast gotischer Pose stand er da im Talar, die Hände zierlich vor der Brust und um das Buch gefaltet: ein seltener Eindruck. Je näher, um so weniger. Ein merkwürdiges Gesetz. ‚What will this campus have been for you, after four years?' In der ersten Reihe rutschte eine leise Unruhe in Schneeweiß hin und her und fingerte sich im Gesicht herum. ‚For me it was – a terrible success.' Der Beinahe-Skandal. Naiv nicht nur, wer einem sakralen Häuptling die Hand zu geben wagt. Naiv auch, wer auf solche Naivität zugeht und sie anträumt mit dunklem Unschuldsblick. Ein wenig zu tanzen und ein Lächeln wagt, das von sich selbst so wenig weiß wie vom Duft der Buschveilchen, der in ein Dickicht verführt, wo Farne, die im offenen Sonnenlicht nur kniehoch werden, im Dämmerdunkel des Urwaldes weit über den Kopf wachsen. (5.1.)

Selbstbewußtsein.
Drei Stunden lang öffentliche Rede auf dem schmalen Grat zwischen Untertreibung und Überheblichkeit, mit einem kleinen Notizzettel als Balancierstange. Ein rhetorischer Rückblick auf Dinge, die im nachhinein pathetisch und peinlich anmuten. ‚A student taught a tutor a lesson.' ‚You will not tell me, because I am a woman.' ‚What do I know of African life? Nothing. Ignorant like a baby.' Es drängte hervor das Bedürfnis, offen zuzupacken, vor allem ins hintere Eck, um zu zeigen: ich behalte alles im Griff. Und greife womöglich daneben.

Im Blick auf den Roman.
Da ich auf der vorderen Veranda saß, in Chrs Wissenschaft vertieft, kam ein grimmiger Gruß mit Gießkanne vorbei, eine Verdüsterung des Gemüts, vermutlich durch Argwohn. Solche Mannestugend des Widerstehens hat ihre Reize. Den grünen Kittel, darein sie sich hüllt, hätte ich gern – außer dem Nachsehen. Das sachlich-knappe, fast harte Reden hin und her über Tomatenstöcke, die am Umkippen sind und starker Stützen bedürfen, war nicht ganz normal. Als Chr kam, war alles wieder ‚richtig'. Während über Schreibmaschinen geredet wurde, gingen Blick und Gedanken hin und her zwischen Ästhetik und Ethik, Wertschätzungen und der Funktion von Katalysatoren. Was gibt das her für meinen Roman? Was hat es zu tun damit, daß Chr mich im Zusammenhang mit alten Schulzeiten einer *mauvaise foi* verdächtigt – als hätte da eine ins Knabengymnasium gedrängelt, um unschuldige Knäblein zu verführen. Merkwürdige Verkürzung einer so langen Geschichte. Jeder, der einer Macht erliegt, fühlt sich als Opfer. Es ist jedoch wieder einmal Freundlichkeit zwischen uns. Und in der Abendandacht stand einer, legte bedachtsam die Fingerspitzen zusammen und sagt: Seid brav, ihr Leute. Gebt ein gutes Beispiel. Eßt nur einen Teller Reis statt zwei, trinkt nur *eine* Flasche Bier. Seid das Licht der Welt. Denn heut ist Epiphanias. Im Blick auf den Roman ist das die eine der beiden Mächte. (6.1.)

Weißer Flieder am Äquator.
Chr zum Zahnarzt hinab an den Atlantik. Die Kinder vor dem Haus, des Nachbarn und andere, machen einen solchen Krach, daß an Mittagsschlaf nicht zu denken ist. Vielleicht sollte ich an meinem Roman weiterschreiben. Wenigstens nach schönen Formulierungen suchen. ‚Große Augen, wie tiefe Brunnen, und ein Verdurstender fällt hinein.' Dieser Lärm von eins bis zwei, und dann plötzlich ist alles still, nur die Ziegen streunen noch herum und ich knalle kommentierend mit den Türen. Unbeherrschtheit. O Zeit, wo fließt du hin? Glück, was ist das? Schnee und weißer Flieder am afrikanischen Äquator? Eher denkbar wäre eine ‚Regenwaldnarzisse' als Versinnlichung der Idee hochdifferenzierter Innerlichkeit und Selbstbezogenheit, Suche nach den richtigen Worten und solchen, die nicht vor-

kommen dürfen, weil sie – peinlich sind. Zu aufgebläht, zu altbacken, zu nahezu lächerlich. (Wie wenn es hinter dem Ofen hervor ‚Geliebter!' riefe, oder gar ‚Du Keuscher', wenngleich das doch einmal, *conscius*, ‚Mitwissender', ‚Vertrauter' bedeutete, vor der Odyssee des Bedeutungswandels bis hin zu einem, der vom Weibe nichts weiß.)

Bei den Tomaten.

Zwischendurch wird alles schwammig, träge, gleichgültig. Man redet irgend etwas, damit etwas geredet ist. Wie erschöpft von Rätseln und Tagträumen. Man steht vor den Tomaten längs der Veranda, nimmt einander die Schere aus der Hand und schnipselt ein wenig herum – ach, man darf doch die eigene Stimmung nicht übertragen. Seelisch müde und entspannt zugleich ging ich hinweg und pflanzte Tomaten, kam mit einer Handvoll Mohrrüben zurück und amüsierte mich leise über die fürsorgliche Frage, die mir in den Weg lief, ‚Have you watered them?' Wie sehr ist bereits der Eindruck der Nichtzurechnungsfähigkeit geweckt? Wie leicht kann das Hinweggehen sein, wenn doch noch unerwartet ein Lächeln, ein freundliches, über abendliche Seelengefilde hinhuscht... (7.1.)

Familiarity breeds contempt.

Was ist wert, festgehalten zu werden? Große, geistesabwesende Augen. Es blieb passiv im hinteren linken Eck. Es starrte wie ein Geisterseher durch mich hindurch, als sei etwas zu sehen – etwas Entgeisterndes. (Wieder die Stimme hinter dem Ofen hervor: ‚Du Erwählter, dem sich eine traurige Liebesphilosophie nachdichten ließe', die verstummt angesichts von Garten und Tomaten.) ‚How do you assess your work?' Es muß doch ein Gleichgewicht zwischen Arbeit und Entlohnung erhalten bleiben. Was war heut dran? Gott gibt Gesetze und Gesetzlein, um dem Menschen eine Möglichkeit zu geben, seine Anhänglichkeit zu zeigen. Entfremdung und Entfernung sind notwendig, damit alles im richtigen Verhältnis bleibt. Denn *familiarity breeds contempt*. Keine Woche wäre es auszuhalten. Verdrängt – warum? Während des Dozierens öffnete sich behutsam die Tür, herein trat in prinzlicher Vornehmheit ein Ehemaliger und ward begrüßt mit aller zur Verfügung stehenden Liebenswürdigkeit. Eine Gelegenheit, zu zeigen, daß angelegentliches Interesse an manch Würdigem hängengeblieben ist. Mit höflich-gespanntem Schweigen ward die Zeremonie zur Kenntnis genommen. Das Spielerische, Tänzerische, das Glück eines freischwebenden Selbstgefühls steht zur Verfügung im Raum der Unverbindlichkeit, so lange es noch in keine honigtriefende Fliegenfalle, wie sie auf schwarzen Hochmooren blüht, gefallen ist, festklebt und hilflos zappelt. Erst wenn es in so etwas festsitzt, kommt es zu Befangenheit, Ausweichbewegungen, Düsternis des Gemüts und allerlei Trübsal, die gleichwohl ‚süß' ist – man sitzt ja im Honig.

Enttäuschung hier, Rührung da.
Chr ist seit einer halben Stunde zurück, hat eingekauft, steht unter der Dusche, und im Norden steht eine schwarze Gewitterwand. Es wird regnen und stürmen heut nacht. Es hat schon begonnen zu donnern. ‚What do you think will happen to the tomatoes?' ‚Well you may regret.' Und lachte. ‚How?! You are laughing, when I might cry.' Sprach's und rauschte davon. Im Arbeitskabinett lag auf dem Tisch ein dunkelbraunglänzendes langes Gewand, goldgestickt. Und weil sowieso das Heulen aus Enttäuschung über die vernachlässigten Tomaten nahe war, kamen nun die Tränen der Rührung über das eheliche Geschenk. Nun regnet es, es donnert und blitzt und morgen werde ich mir die Bescherung ansehen. So geht alles kaputt. Nur die steinernen Denkmäler und Chrs Treue überdauern. Ebenholzdolch und Elfenbeinfächer als Symbole ans Fenster geklebt. Ich weiß, daß ich die Verliererin bin. Bisweilen fühle ich mich hochpathetisch als Symbol des alten Europa und des untergehenden Abendlandes. (8.1.)

Kom-scheh-leh-wräs-amã
Beim Frühstück soeben, nachdem ich Chr gestern abend die Enttäuschung über vernachlässigte Lohnarbeit bei unabgetragenen Schulden geklagt hatte und es nun bei den Tomaten längs der Küchenveranda inspizierend auftauchte, während eine grimmige Genugtuung sich Luft machte: ‚Na dich treibt wohl dein schlechtes Gewissen. Ja, guck dir die Bescherung nur

richtig an!' da bemerkte mit freundlicher Ironie der Gemahl: ‚Das geht auf und ab – comme chez les vrais amants.' Da war es beim Namen genannt. Ein Gefühl der Erleichterung. Denn es muß ja irgendwie zusammenstimmen mit dem, was Wurzelgrund ist und bleiben wird. Die Gartenarbeit soll an zwei Jüngere vergeben werden. Die Schulden wären dann wohl eine Art Anzahlung auf den nächsten Besuch in Lah.

Vollmond und Sappho in Tränen.
Abends. Der Vollmond kam. Der Mondmann kam nicht. Das neue braungoldene Gewand fällt sehr schön, und Chr ließ sich herbei zu der Bemerkung ‚Wie Sappho persönlich'. Erzählte ich ihm die Sage von Phaon und dem Leukadischen Felsen. Hier würde für solche Anwandlungen der Wasserfall des Mchu in Frage kommen. Immerhin hat Chr doch mal was gesehen. Im übrigen brennt es still und einsam vor sich hin wie eine Kerze, die selbstverzehrend an sich heruntertropft. Ich kann nicht reden. Ich bleibe stumm. Musik löst die Seele in Tränen auf, die rinnen, rinnen, rinnen... alles ist traurig und umsonst und Chr merkt nichts. Er hat seinen Lebenssinn in seiner Wissenschaft. Ich habe außer ihm als Geländer vor dem Abgrund – nicht viel. Vielleicht ist der Vollmond schuld. Eine Rose entblättert sich. Es ist alles trostlos und umsonst. Schlaf ist eine Zuflucht. (9.1.)

Schaf-Tomaten-Krieg.
Nachts gegen eins wachte ich auf von Geblöke; weil es nicht aufhörte, ging ich hinaus und sah eine ganze Herde, ein rundes Dutzend, an der Treppe zur Küchenveranda; scheuchte sie und es galoppierte davon, den Agavenweg entlang zur Dorfstraße. Niemand fühlt sich verantwortlich für das Reparieren des Zaunes oder das Einfangen des Viehzeugs. Tränen wegen abgefressenen Tomaten? Es kullert einfach so. Das Faß läuft über. Die neuerliche Schafplage ist Symbol für alles, was hier schief und daneben geht. Für die letzten Züge, in welchen das einstige Idyll dieses Campus liegt. Das Gesicht, vom Schlaf erfrischt, das Haar verschönt durch das abendliche Ritual, es ist alles umsonst und verfällt wieder, vergrämt und vergraut und will nichts mehr. Schmeißt alles hin, weil weniges nicht zu haben

ist. Chr ist das alles egal. Tomaten – lächerlich! Aber wenn man der Sache dreimal ums Eck nachgeht und mit drei Körnlein Salz zu sich nimmt, dann haben sich Chrs verspätete Vorstellungen und Wünsche von 76 bis 78 verunmöglicht nicht nur an patriarchalen Vorstellungen von ‚Arbeitsteilung', sondern auch am akuten Desinteresse an meinen Tomaten. Die Interessen sind zu verschieden; nicht auf herkömmliche Art, sondern neu sortiert aufgrund individueller Veranlagung und bildungsbedingtem Bestehen auf Gleichverpflichtung. Die ist unserer Generation noch fremd. Die Tomaten haben kaum einen Realwert; es ist der Symbolwert, der zerstörte, der so an der Seele frißt. Ich gehe nicht aus dem Haus; ich will auch nichts essen. Nur Tagebuch schreiben. – Bin doch noch gegangen, um zu erscheinen. Mit großer Verspätung, sichtbar nur dem Liturgen, saß hinten in der letzten Bank und verschwand als erste wieder. Ich weine den Tomaten nach, weil ich anderes nicht haben kann.

Zartbitterschokolade.
Der Sonntag besann sich doch noch eines Besseren und hüllte sich in einen Hauch von Zartbitterschokolade. So ein langärmeliges blütenweißes Oberhemd zu Hellbeige würde mir ähnlich schmeicheln wie das neue Gewand. Angeborene ästhetische Empfindlichkeit. ‚I was very upset this morning…' Wenn man es jemandem klagen kann, ist es nur noch halb so schlimm. Es war natürlich kein Klagen, sondern beherrscht empörte Berichterstattung. Der Jemand besah sich den Schaden mit bekümmerter Miene; ach, was hat so eine Hobbygärtnerin für Sorgen. Eine bunte Eidechse auf der Veranda lenkte davon ab, daß kurz zuvor Mr. Somebody ums Eck gegangen war, wo es auch *nymphai* gibt. Geschlossene Augen, müde Lider und eine Prise Mitleid, so viel, wie neben einer Fingerkuppe Platz hat, die auf eine Überschrift auf einem Blatt Papier hinweist – wenn Leiden Mitleiden erregt, dann hat es doch Sinn. Unerbaulich ist, daß die fünf Seiten, die da abgeliefert wurden, so verworren sind, als wäre der Verfasser nicht ganz bei Verstand gewesen. Das soll nun alles unter einen Sonntagshut – der Schaf-Tomatenkrieg, ein Sapphogewand, das Mitleid, die *nymphai* und so eine Zumutung von Diplomarbeit.

Wissenschaft und Schafe.
Eine abendliche Sitzung über den fünf Seiten, meinerseits leise und erschöpft, und die Dämmerung fiel. So nahe und so vergeblich. Dann von der anderen Seite Sorge um die abwesende Sue. Immer wieder: ‚Worried.' Und ‚She shall marry.' – 10 p.m. Etwas nie Dagewesenes. Chr hat mit einem ausrangierten Fensterladen den Eingang zum Agavenweg verbarrikadiert und die Studenten aufgefordert, die streunenden Schafe zu fangen. Sie stehen aber bloß herum, teils schon im Pyjama. Die Schafe sind noch nicht da. Wo holt Chr plötzlich die Entschlußkraft her? Aus dem morgendlichen Tränenquell? (10.1.)

Es schreit die Soror an.
Bloß einigermaßen gesund und vor allem bei guter Vernunft bleiben. So ein Krüppelphantom, soll es die Hälfe meiner selbst mitnehmen samt dem Pullover? Für das Ungewollte aus dem Halbbewußtsein kann doch wohl das Wachbewußtsein nichts. Oder doch? Lieber böse werden, mit Steinen nach Schafen schmeißen und die Soror anschreien, die ein lahmes Schaf beschützen will und mir ‚He, laß das!' zurief. Sie ist es nicht gewohnt, daß ich sie anschreie. Ich schreie zum ersten Male in diesem Campus und in diesen acht Jahren. Das muß zu denken geben. Was macht so wütend und so verzweifelt – die Hormone, über deren Tücke ich den Knaben Chr einst belehrte?

Duscheimer und Mondstich.
Während ich an dem großen Loch im Zaun herumreparierte und grimmig zu den wehenden Voilevorhängen hinüber sah, fiel Chr der volle Duscheimer beim Hinaufziehen vor die Füße; der Strick riß, der Eimer verbog sich, das Lattengerüst zersplitterte. Nackt und verdutzt habe er daneben gestanden, sei gegangen und habe sich einen Kaffee gemacht: so hat er mir's eben erzählt. Ich erzählte von meinem Geschrei mit der Soror wegen den Schafen. Ist wieder die Trockenzeit schuld? – Kurz darauf kam einer angeschlendert, lehnt sich in die Küchentür und fing an, über den Garten zu reden: daß er enttäuscht sei, wie schlecht die Kohlköpfe gedeihen. Und statt diesen Hauptschuldigen an der Misere endlich beim Kragen zu packen und

kräftig durchzuschütteln, fing es an zu säuseln: man sei schon zufrieden mit Radieschen und Mohrrüben. Das ist doch zum – es ist wie ein Mondstich. Eine Frage nach der Sue ergab, daß sie zurück sei. Und? Was darf man sagen, was fragen, was nicht? Wie dumm, wie stumm macht das sich windende Bemühen um das Geziemende. (12.1.)

Erster Hinweis auf Abschied von Nza´ag.. Der höheren Würdenträger einer war zu Gast, aß Obst und Salat und nahm höflich zur Kenntnis, daß man beabsichtige, noch in diesem Jahre umzusiedeln ins Grasland, zur Erholung und um ein Lehrbuch zu schreiben. Wer wird etwas von einem Roman verlauten lassen, so lange er noch Wert darauf legt, ernst genommen zu werden. Nun muß noch der Oberhirt in Kenntnis gesetzt und um Versetzung ersucht werden. Ja, es muß der Dienstweg eingeschlagen werden. Der ist asphaltiert. Im Grasland ist viel Gras und die Horizonte sind offen. Es wird nichts mehr beengen. Ich werde mit keinem Hindernis mehr ringen, um erschöpft in einen hölzernen Sessel zu fallen. Ich sehe statt dessen, romanesk-surreal, ein filigran geschnitztes Elfenbeintürmchen gegen eine verrauchte Lehmziegelwand kippen. Wer wollte eine gewissenhaft glattgebügelte Seelenoberfläche ‚mit Eifersucht kräuseln'? Oder strohtrockenen Lehrstoff ‚mit einem Geheimnis durchsäuern'? Es gibt so ausgefallene Einfälle...

Das Licht der Buschlampe, das orangeblond von jenseits der Bougainvillea durch den weißen Schleier der Voilevorhänge schimmert, die in abendlicher Brise wehen: eine irdische Variante von Abendstern? Es läßt sich nicht sagen, ob es an verbrauchtem Sprachmaterial liegt oder an dem dünnen Süpplein der Gefühle, das mit dem Schneebesen der Rhetorik aufgeschäumt werden müßte. Eine atembeklemmende Befangenheit, etwas Asthenisches, Dahinwelkendes, in Tränen Zerfließendes, zögernd vom Leben sich Lösendes, beim Singen nur zum Scheine die Lippen Bewegendes, weil das Ohr ‚eine präzise Aussprache' vernehmen will...

[Abbruch der Tagebuchabschrift von 1988.]

TV-Verzicht und die Güte des Gesetzes.
Der Campus wird wieder einmal heimgesucht von hohem und höchstem Tourismus samt einer Fernsehmannschaft. Einer von denen wird zum Frühstück unsere letzte Pampelmuse ‚fressen', ich kann's nicht verhindern. Mit allen übrigen in feierlich schwarzem Anzug wird ein rosélila Schlips auf Zelluloid verewigt werden im Rahmen einer Griechischstunde (die sich der Kollege Nachbar vorbehalten hat) für das Erste Deutsche Fernsehen. Mir wurde die Komödie zu dumm und ich ging. Das Tagebuch soll es wissen. Bei dieser Schau mach ich nicht mit. – So müde, als der Rummel endlich zu Ende war. Der Abend ergeht sich in Seufzern – ach, ach, was für ein unschönes Gehutzel in Menschengestalt drängte sich überall dazwischen. War es des Schöpfers Erbarmen oder des Versuchers Tücke, daß es mit solch abgründiger Sogkraft zwischen schmalen Lidrändern begabt ward? Eine verwelkte Tomatenpflanze und eine Sternblume, ebenfalls dahin, fanden Aufmerksamkeit. ‚I think, we can throw this?' ‚Yes, it has served its purpose.' ‚What purpose?' Mein beinahe verlegenes Abwinken. Gegenseitiges Belauern, wer als erster sich oder etwas verrät? Wie ist doch die Güte des Gesetzes zu preisen, das hier Riegel vorschiebt. (14.1.)

Vatergedenken und *moments of grace*.
Von einer Traurigkeit in die andere fallend. Irgend etwas schlägt mir aufs Gemüt. Mein Vater wäre heute 80 geworden. Würde staunen, sähe er die Tochter als Narzisse im afrikanischen Regenwald. Die Arbeit schiebt sich wie ein dicker Raupenbauch voran. Wenig Lust, Kg wiederzusehen. So ist es mit Jg gegangen, so wird es immer gehen. Was der Mensch ‚Glück' nennt oder ‚Schmerz', es vergeht, zerfällt, stirbt, und es gibt keine Auferstehung. Seele mag verkümmern, sich dem Versteinern nähern, es bleibt doch der intakte Rahmen, der goldene Ring, die ewige Idee. Stumme Schreie nach dem wenigen, das nicht zu haben ist. *(Las gentes de las cuevas asoman sus velones.)* Hungern, Dürsten und Weinen an den versiegenden Wassern des Lebens. Ein Gruß, ein Lächeln: das Thema erster Prosaversuche vor einem Vierteljahrhundert in Schillermanier, errötende Spuren und ‚von ihrem Gruß beglückt' – hab ich damals alles bekommen, ohne es zu wollen, samt dem Schönsten von

den Fluren, das immerhin, eine zartrosa Federnelke war auch darunter, mit Wasserfarben abgemalt wurde. *Docendo* war ‚das Gesetz' dran. Hinten an der Wand zurückgelehnt und ganz gegen seine Art zierte sich einer, vorsichtig gestikulierend und mit einem Lächeln spielend: wozu das Gesetz, ob die Liebe nicht genüge. Da ward ihm Belehrung zuteil über eine gewisse Neigung der lieben Liebe zum Chaos. In seltenen *moments of grace* kann sogar um ein Nilpferd das rosenduftende Flimmern eines poesieverdächtigen Charmes sein.

Krümelklauben. Seelenkonfetti. Lauter *poèmes en prose* müßten daraus werden, wenn das Wortmaterial nicht so spröde, so bröckelig wäre, daß es schon beim bloßen Anfassen zerkrümelt und als Sand zwischen den Zähnen des guten Geschmacks knirschte, würde man sich eine Kostprobe davon zu Gemüte führen. Für ‚komm' müßte ‚mock' stehen, für ‚mein' ‚nein' und ‚Ter-ge-biel' für etwas, das sowieso nicht in Frage kommt, nicht einmal als Lemma in einem Privatlexikon. Durch äußere Nichtbeachtung läßt sich der Schatten besonderer Nähe kultivieren, das weiß man doch, freilich nur aus psycho-subtilen Gesellschaftsromanen. Vorbei am Palaver wegen irgendwelcher Kisten kam und ging eine Gießkanne, ein Lachen irgendwelcher Leute lief ihm in den Weg, Soso du bist dienstverpflichtet, und die Kanne schlenkerte verlegen. ‚The rain is always coming when you are coming' – ‚Yes, Na'any', in ergebener Schlichtheit. (*Am Tag als der Regen kam...* das melodisch Zehrende.) Daß die erste Tomate halbreif gestohlen worden sei, ward geklagt. Nicht doch. Er habe sie entfernt – ‚It was wounded.' Das bin ich auch. Wirft man Verwundetes weg? All das Krümelklauben, das grün-gold-staubige, das Sprachgebrösel und vorgestanzte Seelenkonfetti... (15.1.)

‚Toerisch' – töricht. Meinungsverschiedenheiten zwischen Chr und mir wegen der Schreibmaschinen; ich beanspruche eine von den fünfen, weil sie versprochen ist dem, der die *Notes* auf Matrizen schreiben soll. Es wäre auch noch ein Armvoll Anziehzeug zu verschenken. Dann ist zu überlegen, ob ‚toerisch' ein passables Anagramm in einem Satz wäre, in dem ein Bündel Tomatenstützen unter dem Fenster vorbeigeht, ein kurzer Blick empor die Scheiben erklirren läßt und der Bleistift ein Adjektiv sucht, um einen Nervenreiz auf das Papier zu übertragen. Der Zusammenklang mit ‚töricht' würde recht guten Sinn ergeben. Die Dämmerung war schon fast Nacht; aus der Küche kam ein Magenknurren; das textile Bündel wurde übergeben, ‚Thank you', unter den Arm geklemmt und weg. (16. 1.)

Kleiner Sonntags-Dämon.

Ein Sonntags-Mini-Glück; es gibt keine Synonyme. Ein kleiner Dämon von der guten Sorte öffnete die Tür des Kabinetts mit Chrs Hand und sagte: ‚Hier will dir jemand ein Foto bringen.' Eins von der Exkursion im November. Da war wieder das merkwürdig ephemere jugendliche Wohlgefühl, das langgewandete, und das locker-leicht-geringelte, aufgebundene Sonntagshaar, bereit für einen Augenblick so schön, daß wieder Dunkelheit den Blick umfing. Eine Morgengabe. – Abends. Wo ist die Grenze zwischen Wahrheit und Dichtung? Und wie wenig genügt, Weniges zu zertrümmern. ‚Er kam heut morgen mit rollenden Augen und wollte eine Schreibmaschine.' Die erste Tomate errötet. Wird sie ungestohlen reifen können? (18.1.)

Nervös und frustriert.

Der Schlaf umarmt einen Traum; der Wachzustand wirft einen Seitenblick: doch nicht diesen?! Was ist das, das bald nicht mehr sein wird? Dumpfempfundenes, das auseinandertreibt. Ungesagtes, das sich im Dasitzen und Zuhören ‚vergestigt': Ausdruck sucht im Gebärdenspiel, im Gesicht herumfingernd, als sei das eigene Vorhandensein taktilen Nachprüfens bedürftig. Aufenthalte, die sich ergeben, der Campus ist so klein, Bücher und Kataloge sind katalytische Neutra für einen Hauch Höflichkeit, ‚Good morning', ‚Could you help me to find...' Es bleibt unauffindbar; unerfindlich bleibt, warum es der hehren Here niemals beikam, zu sagen: ‚deiner Augen Licht'. Es betteln Götter selbst vergebens und bedürfen der Verkleidung, fürchten Blicke aus der Nacht am hellen Tage und ein dunkelviolettes Tuch aus dem schweren Samt toerischer Trauer breitet sich darüber hin. Was für eine Konstellation, wie schief und wie verschoben, ein Schachbrett mit inzwischen fünf Figuren. Gemeinsame Trauer kann verbinden; das würde Chr auch sagen, nur in anderer Hinsicht. [In eckigen Klammern und in einer engen, dunklen Kammer, die einem Sarge gleicht, bin ich allein mit Vorwürfen, die Chr mir macht, die Alleinschuld für die negative Entscheidung mir zuschiebend. Als ich, mürbe und am Ende der Widerstandskraft, nachgab, gab auch er nach, aus Vernunft, wie er sagt. Warum also nun die Vorwürfe? Es macht lebensmüde.] (18.1.)

Schluderbegriff ‚love'.
Wie Wunschvorstellungen Wirklichkeit verändern können, das ist doch allgemein bekannt. Die Schludrigkeit, mit der hier in erbaulicher Absicht mit dem Gummibegriff ‚love' umgegangen wird, verunmöglicht den Gebrauch der Vokabel in anspruchsvolleren Zusammenhängen. Da gibt es einen, der öffentlich bekennt, daß er sich vor Verleumdung durch böse Menschen fürchtet. Ist das eine Erklärung dafür, daß er mit kindlich vertrauensvollem Lächeln auf die Leute zugeht? Bis zu dem Punkt und Augenblick, wo solches Vorgehen einem düsteren Argwohn weicht. Der wiederum nicht von Dauer sein kann, sondern in leise Höflichkeit mündet, in ein behutsames Ausweichen. Und dann: ‚Oh, der Abschied! Der Schmerz!' Und ähnliche Töne aus der Pathos-Trompete. – Chr zu meinem gestrigen Gerangel mit dem alt-neuen Kollegen: ‚Zwei Halbwahrheiten im Clinch.' Ich zu ihm: ‚Sei doch mal ein bißchen erotisch attraktiv', und er lachte sich krumm. (19.1.)

Gesetz, Bohnen, Silben und Silber.
Was ‚das Gesetz' alles sein kann: Brandmauer, Vorwand und Brücke. Welche Freiheiten es gestattet, welche Nähe – unter der stillschweigenden Voraussetzung einer Unmöglichkeit. Aber es ist ein Schillern beigemischt, ein Flimmern, ein Changieren zwischen Purpur und Azur – Violett eben. Aschviolett. Es regnete gestern abend, es regnet immer noch; es bleibt unerfindlich, warum eine Gießkanne hin- und hergeht. ‚Deplorably' ist Adverb mit der Bedeutung ‚beklagenswert', wenn es um einen Bauch geht, der, gefüllt mit zu viel Reis und braunen Bohnen und zudem des Bergesteigens entwöhnt, sich wölbt und sich schieben lassen muß. Eine heul-, nein heilsame *déformation*, wahrhaftig. Sie füllte den Holzsessel gegenüber aus. Wie lassen

sich die Au-Silben trau-rig, ver-trau-end und ver-träumt ohne Schmerz und ohne Begehren zusammenschieben mit den Einsilblern Kinn-Stirn-Lid im bloßen Dasitzen und Reden über ein Stück verholperter Diplomarbeit? Ein Silberkettchen (schon als Abschiedsgeschenk prädestiniert), doppelreihig im offenen Kragen, ließ den Blick kurz vom Weg abweichen. Alles war verhalten und leise und später Nachmittag. Es weht vorbei wie ein laulicher Hauch Harmattan.

Ü-Laute und Fetischismus.
Wiederholungen ermüden, wenngleich es eben das wiederholt Wenige ist, das genügt und alles in der Schwebe hält: das Leise, Leichte, Unbeabsichtigte, das sich bisweilen ergibt und das nur ist, weil es Sprachgestalt annimmt. Oft versagt es sich den Worten ob seiner Banalität, es sind immer dieselben ü-Laute (kühl, flüchtig, kaum spürbar). Und dann der beginnende Fetischismus im Hinblick auf ein textiles Musazeengrün: alles nur auf dem Papier eines *journal intime*, Regungen und Ausdrücke, von welchen absehbar ist, wie sie später einmal anmuten werden: peinlich, oder einem professionellen Mitleid preisgegeben, das ekelhaft wäre. Lieber Chrs nachsichtige Ironie, die bisweilen heilsam wirkt. (20.1.)

Das Schwanken der Schatten.
Ein Todesfall im Campus, ‚nur' ein Kind, nur ein Mädchen. Eine Gruppe machte sich am späten Nachmittag auf zum Begräbnis ins Nachbardorf; die Frauen durften mit dem Landrover fahren, die Männer sollten laufen. Ich lief. Ankunft in der Dämmerung, man war schon auf dem Weg zum Grab und machte es kurz. Danach die übliche Bewirtung. Eine enger Bretterraum, Lehmboden, Bänke, Holzsessel, das Gedränge der Leute, das Dunkel angeheimelt durch Buschlampenlicht. Es erzeugte ein ‚Sich Versehen' als Wort- und Gefühlskontamination. Von der Wand gegenüber verzog es sich in die Ecke hinter meinem Sessel, ließ sich, wie ich, *belle vie* einschenken, trank, kam, mein leeres Glas wegzuräumen, und es war da nahe ein Neigen und Schwanken der Schatten im Halbdunkel. Eine Rede und Mahnung zum Aufbruch. Als Chr und ich langsam Richtung Landrover gingen, kam einer uns nach, gab erst

Chr, dann mir die Hand, wohl um Anwesenheit zu bekunden. ‚You stay?' ‚Yes, Na'any.' Und das alles mußte vor dem Schlafengehen noch aufs Papier. Warum? Warum bloß? Weil ich sonst nicht lebe. (21.1.)

Tentakel der Sehnerven. Pathetische Versöhnung mit dem lieben Trampeltier von nebenan wegen dem lahmen Schaf von neulich. Sie fährt Taxi ins Grasland, sagte: ‚Man soll sich versöhnen vor so einer Reise. Man weiß nicht, ob man wiederkommt.' – Gibt es ein Umarmen mit den feinfühligen Tentakeln der Sehnerven? Soll sich der geschenkte Kohlkopf auf den kürzlich geschenkten weißen Pulli beziehen? Es werden auch wieder einmal Schulden abgearbeitet. Die kühlen Abende. Die kurze Dämmerung. Sonst nichts, so sehr ich auch warte. (22./23.1.)

Die große Tomate, die erste, makellose, fiel mir aus der Hand, heut morgen, bei dem Versuch, sie zu umfühlen und zu erfassen. *Overdue.* Gerade noch geeignet zum Teilen am Frühstückstisch. Zartgrünes Japanpapier soll einen Paradiesapfel einwickeln zur Überreichung als ‚symbolical share in the harvest', heut abend vielleicht. Zwanzigmal vor sich hin gesagt hilft es, Zeit zu vertreiben, während das kostbare Leben verrinnt und nichts des Weges kommt, der sonntäglichen Langeweile ein Glanzlicht zu verleihen. Zwei Stunden kultisch abgesessen, in völliger Abwesenheit. - Gegen Abend. Chr half beim Gießen der Tomaten, eine Seltenheit und nicht umsonst. Dem einen eine Tomate, dem anderen alles übrige. Morgen für fünf Tage ins Tiefland; ein Kultverein tagt, ich bin offiziell verpflichtet. Chr bleibt hier. (24.1.)

*

Ankunft im Tiefland, kühl und betröpfelt. Die Begrüßung teils enthusiastisch, teils zurückhaltend. Mit dem Kollegen Nachbarn in einem Haus untergebracht, dessen fraternale Herrin mir kaum wohlgesinnt sein dürfte. – Chr und noch einer standen am Landrover und gaben die Hand zum Abschied. Hier nun ist Vergangenheit zu besichtigen und Zukünftiges zu erahnen. Kg, einst der schlanke

Jüngling, vom Geiste veredelt, von der Muse für würdig erfunden, vier, fünf Poemata auf sich zu beziehen und zwei risikoreiche Reisen: die Überwindung, die es nun kostet, ihn anzusehen. So unbeherrscht feist geworden, und die Art, wie er mit mir redet, mit schräggelegtem Kopf und fast völlig geschlossenen Lidern die klobige Schnauze vorschiebend, ein Bild verlegener Selbstgefälligkeit. Es ist peinlich. Ach, warum muß das Schöne sich so verhäßlichen! Besser, etwas ist von Anfang an unansehnlich und schiebt sich schon jetzt wie ein Flußpferd über den Campus. Dann können sich Geistesgaben oder Charakterstärken im Kontrast dazu behaupten und entfalten. J'chen hingegen noch immer zartgliedrig und charmant. Der Campus von Nza'ag ist der Teich, in dem ich als Goldfischlein schwimme. Außerhalb bin ich wie auf dem Trockenen und am Verenden. Eben deswegen will ich weg, um außer den vorhandenen Kiemen auch noch Lungen zu entwickeln. Vor allem will ich am Roman weiterschreiben. (25. 1.)

Offizielle Rolle. Mitgeteilte Absicht.
Das leidige Etwas-sagen-müssen, ohne sagen zu dürfen, was im tiefsten Herzensgrunde auf- und abgeht. Ein ganzer Tag neben Kg, und es ist nichts übriggeblieben von dem bewundernden Mitleid mit einem leidenden Helden. Alles ist nichtssagend freundlich und zu fett zum Angucken. Zurückhaltend bleibt der Vollbart Ng. Er sitzt mit Weib und Kind im sumpfigen Nd'n und will weg von dort. Gegen Abend habe ich dem Kollegen Prinzipal von dem Plan erzählt, ab Oktober nicht mehr verfügbar zu sein. (26.1.)

Abend des dritten Tages.
Nun ist das auch überstanden, mit zwei Lieblingsliedern und einer Ansprache. Erschlagen und erleichtert, daß ich's hinter mir habe. Nichts verursacht mir als einziger weißer Frau ein Herzklopfen unter diesen rund hundert schwarzen Kollegen. Ein Gefühl wie in einem Kindergarten. Bin ja auch alt und grau und eben noch *en passant* – vielleicht vorhanden. Auch neben Kg – nichts mehr. Jetzt bin ich allein, dumpf und gelöst zugleich. Morgen einen offiziellen Brief schreiben. Es ist vorbei. Schlafen. (27.1.)

Erinnerung an Eudämonie.

Andere sind dran. Ich kann mich zwei Tage lang erholen. J'chen kam und erzählte; will im Sommer heiraten. L'k sehr fragefreudig, und ich kann seinen vornehmen Charme fast nicht genügend goutieren. Nach dem Mittagessen mit O'ih, El'ng, Ly'ng in eine Bar am Straßenrand, K'ng nahm alle im Auto mit. Ich brauche mich nicht mehr zu profilieren. Ein angenehmes Gefühl: unbefangen frei im Umgang mit allen *big men*. – Abends. Dürftiges sortieren. Seifenblasengefühle. Noch einmal Kg. Kam, setzte sich auf den leeren Stuhl neben mich und wir sangen aus meinem Gesangbuch. Vielleicht erinnert er sich an manches, das ich vergessen habe und nur die Gedichte noch wissen. Leichtes stieg auf, ein Neigen des Hauptes, eine in die Schräge gleitende Körperhaltung. Ich bin jemand, dessen Wohlwollen sich ausnützen läßt; aber während der Oberhirte in der Liturgie herumstocherte und nichts vorbereitet hatte, ergab sich doch ein wenig Dankbarkeit für Gewesenes. Für eine sokratische Erfahrung von der Intelligenz eines schwarzen Jünglings. Wenn Körper und Geist in Schönheit zusammenklingen, entsteht Eudämonie. Eine ferne Erinnerung daran schlich herbei und verdrängte vorübergehend die Gegenwart eines abstoßend fettgefütterten Ehemannes. (28. 1.)

‚We should be to-ge-he-ther...

Hier im Mini-Supermarkt, vor der Mittagshitze geschützt, was da beim Warten auf den Landrover zum Schreiben bringt, ist ein Schlager aus einem Straßenlautsprecher. Eine Melodie, eine angenehm sonore Männerstimme und Worte, die sich insinuieren. ‚We should be to-ge-he-ther...' Aber nur zwischen Büchern und Bougainvillea. Das Lebensgefühl hier in Staub und Hitze, im Schweiß und Dreck der Kleinstädte kenne ich nicht und vertrüge ich nicht. Mit dem Kollegen Nachbarn ging ich zum Markt und erzählte, ich hätte meine Versetzung betrieben. Nun sitze ich hier, kritzle vor mich hin und denke am liebsten an gar nichts. Die Melodie geht mir nach. ‚We should be to-ge-he-ther, we should be walking side by side...' Wo? Auf einer Straße nach Lah. In kühlem Mondenschein... (29.1.)

*

Zurück in Nza'ag.
Gestern abend in leichter Rotweinekstase die Heimkehr überstanden. Ich weiß, wie Wein zur Droge werden kann. Die Fuhre fuhr in der Dämmerung vor das ‚hohe' Haus, die Leute liefen zusammen, Chr kam auch, begrüßte diesen und jenen, sah mich im Landrover sitzen und nahm keinerlei Notiz. Das fand ich seltsam. Als ich beim Abendessen ein wenig erzählte, war es enttäuschend, wie desinteressiert er reagierte. Er habe gearbeitet. Je nun. Ich vielleicht nicht? Außerdem noch stundenlang in der Bank um Geld angestanden und eingekauft in Staub und Hitze. Mit einer Tasse Tee und einem Bissen Brot, einem Bier aus der Kühltruhe und zwei Orangen vom Markt hatte ich den Tag überstanden; geplagt von Durstobsessionen holte ich mir hier den billigen Rotwein aus dem Kühlschrank und trank und trank auf leeren Magen. Es verführte in eine kataleptische Ekstase (falls es so etwas gibt, etwas Befremdliches aus Fremdwörtern). Mit übergeworfenem Fledermausgewand ging ich noch verspätet hinüber in die Kapelle. Saß da starr und sah den Beliebigen an, der über ein Stück Abschiedsreden meditierte. ‚Vieles hätte ich dir noch zu sagen, aber du kannst es nicht ertragen...' Später vielleicht, wenn ich mein Buch geschrieben habe... Umsonst hängt eine leicht geöffnete Hand ins Leere und der Wein gärt im Hirn... es ist so blödsinnig schön... so völlig losgelöst von allem. Danach fiel ich, redend mit mir selber, ins Bett und schlief auch gleich weg, wachte gegen 3 auf, die Arme zerstochen, und holte mir kalten Tee.

Das war gestern. Heut ist heut.
Mohrrüben ausgebuddelt, verfaulte Kohlköpfe weggeworfen. (Den großen, schönen, den geschenkten, hat Chr während meiner Abwesenheit alleine gegessen.) Als ich aus dem Garten kam, waren die Dias der Reise nach Lah da und Chr sagte: ‚Sie werden deine Sehnsucht noch mehr beflügeln.' Ich sah sie mir flüchtig an und es stieg in alle Kapillaren des beseelten Systems. Es ist noch keine fünf Wochen her und schon reif für die Ewigkeit. Dann ging ich, den Staub des Tieflandes aus den Haaren zu waschen. Das Ritual hält mich jung, bewahrt vor verfrühtem Verlottern. Heut abend die dritte Sitzung im Kabinett.

Seele, erblindend im Verzicht.
Wie das ist, weiß ich längst. Diese Sitzungen sind mühsam, die Fragmente nicht überragend. Das Gehör läßt nach. Eine Maske vors Gesicht zu halten, kann ermüdend sein und reizbar machen. Dennoch ziehe ich alles hin und quäle den Kandidaten und mich durch die Materie. Morgen sollen die Dias der Reise gezeigt werden. (30. 1.)

Eine weiße Sonntagslilie blüht da, wo sie vor einem Jahr hingepflanzt wurde. Vor einem Jahr um diese Zeit habe ich sie mir bringen lassen. Eine Woche lang nichts Fleischliches zu essen bekommen, daher wohl der Heißhunger auf Gebratenes, auf Senf und Cognac. Ich fahre immer noch junge Kerle an, die hier vorbeigehen. Manche lachen einfach. – Die Sue kam, mit Büchern unterm Arm, zu erzählen, daß sie nicht zugelassen worden sei zu einem Kurs. Es ist schon spät, and I am growing restless. Es sollen doch heut abend noch Dias der Reise gezeigt werden.

Träume als Modi der Mitteilung.
Es wurde spät. Es sei schwierig gewesen, in der Erbauungsstunde das Erzählen von Träumen zu beenden. Was die Leute so erzählten: ‚I dreamt that you should give me a hundred thousand.' ‚I dreamt that I should marry you.' ‚I dreamt that I should sleep with you.' Mit ruhiger Stimme. Modi der Mitteilung. So funktionierten einst Gottesurteile, wenn Unschuldige unverletzt über glühende Kohlen gingen. Chr hat eine halbe Stunde ‚geopfert' und die Dias noch einmal gezeigt. Es geht nach. ‚I dreamt that...' hergewandt mit leisem, nachsichtigen Lächeln, im Kerzenlicht, im Wohnzimmer. Während der eine schon wieder nebenan auf dem Lotterbett lag, hielt ich den anderen fest, erzählte von der Sue. So what?

Es wird eine Zumutung sein, später einmal. Aber mit diesem Gebrösel friste ich das Leben, während nebenan Chrs Wissenschaft gedeiht. Ich lebe vom Notieren dürftigen Seelengekräusels. Aber nun werde ich einen Entschluß durchzusetzen, der eine Ehe prüfen soll und hoffentlich bestätigen wird. E. ist der richtige Knochen, an dem ich herumnagen kann. (31. 1.)

Im Ungleichgewicht
(Februar)

Je m'embête.
Der Vorsatz, endlich aufzuhören, jede Kleinigkeit zusammenzukratzen, scheitert an einem – ach, *je m'embête.* Man ödet sich selber an. Chr hat sich vor zwei Jahren in meiner Abwesenheit mit einem Kinnbart verziert, den er sich von mir stutzen läßt; steht es nicht jedem anderen frei, sich einen Schatten über der Oberlippe sprießen zu lassen? Das Anödende ist nur, daß es auffällt. Und die innere Ödnis dieses Campus erhellt daraus, daß so etwas in ein Tagebuch gelangt. Chr behauptet, er habe heut zum ersten Male das Abendsternbild (‚Astarte ou le goût de l'absolu') gesehen, das seit sechs Wochen in meinem Kabinett hängt. Er möchte es haben; aber das hieße einem Triptychon den rechten Flügel abbrechen. Ich möchte bald wieder malen. Die ersten Zwiebelröhrchen aus dem Garten mit Butterbrot und Senf – eine Delikatesse. Eine Grasschüssel voller Tomaten, die Lilie unter der vorderen Veranda und eine Handvoll Belangloses, das man redet in der Abenddämmerung. – Zwei Stunden mit dem Benjamin; langwierig. Alles übrige Orts- und Zeitangabe, wer sich wo befand: dann ging ich dorthin und dann saß ich hierin und dann und dann und dann – dann sah ich mir wieder die Fotos der Reise nach Lah an. (1.2.)

Traumchaos. Wundgeruch. Schweigen.
Geträumt: ein Zimmer, in dem ich Unordnung vorfand, versetzte ich aus Wut in noch größere Unordnung. Zerstörungs- und Selbstzerstörungsstimmung. – Eine schöne Tomatenernte, die erste Pizza, gestohlene Kohlköpfe: ich muß es doch aufschreiben, das Leben besteht doch aus sonst weiter nichts. Mit einem, der da kam, ward eine abgeknickte Tomatenpflanze, die schon Früchte trägt, behandelt, ein Unterfangen, in dem es in gärtnerischem Eifer durcheinanderfingerte. Der Wundgeruch von abgeknickten Tomatenstengeln ist eindrücklich streng und herb. ‚I am very happy with this harvest'. Und die schnellen Handbewegungen beim Verschenken, um systemgesteuerte

Eigenbewegungen zu kaschieren. (Ich sehe noch immer die Hand Mireilles, wie sie, eine Tasse über den Frühstückstisch hinhaltend, um sich von Jg einschenken zu lassen: wie sie zitterte.) Während eine weiße Damastserviette sorgfältig wieder über die Tomaten in der Grasschüssel gelegt wurde, tat eine Stille sich auf, in der ein Lächeln, reizlos schmal auf Schwalbenschwingen, zwischen grauen Stoppeln hinglitt. Später, von der Schreibmaschine her, nur ein Nicken von ferne, durch die offene Tür, als die Gießkanne zurückkam. Genügsam sein. – Nicht einmal schreiben, was, wenn in der Abendandacht über fünf Bänke hinweg ein anschmiegsam weißes Gewebe auf bloßer Haut sich dem Nachempfinden anempfiehlt und ein Nacken sich beugt, an den Pforten des Sagbaren vorübergeht. (2. 2.)

Verfremdung: Kaviar.
Die morgendliche Meditation war zu lang. Der zufällige Blick, der einen anderen wie ertappt niederschlug, war wie dünnes, sirrendes Glas. Aufgefordert zur Kritik, kam aus der hintersten Ecke, mit der Hand vor dem Mund, als gäbe es etwas zu verbergen (und es sieht dahinter zur Zeit wahrhaftig eine Spur nach Clark Gable aus): ‚For whom was that lecture in theophany? Do we have pneumato-phany?' Ein anderer: ‚It was too long. Where is the application?' So kam zutage, was auch ohnehin klar ist. Kaviar statt brauner Bohnen. Aber das Verfremden reizt. – Schon der Nachmittag verwischt die Spuren eines bescheidenen Glücks.

Szenen eines Mittwochnachmittags.
Nicht einmal Volleyball von Fußball kann Chr unterscheiden; er verhockt sich in die Bücher. Hemmungen kommen aus Hinverlangen. Ich könnte gehen, niemand hindert mich. Statt dessen heule ich in mich hinein, ‚untröstlich', und Chr ist bei allem Scharfsinn ein Schafskopf, der von einer Übergangskrise so wenig versteht wie von Säuglingspflege. – Umstürze finden in sehr kurzer Zeit statt. Nach dem Heulkrampf, der aufs Bett und aufs Tagebuch warf, eine Handvoll kaltes Wasser ins Gesicht, ohne daß sich die Verheultheit ganz verscheuchen ließ, und hinüber, als Vorwand ein paar Bücher unterm Arm, vorbei am Spiel, wo ein Kollege pflichtbewußt als Zuschauer stand und

neben ihm unübersehbar ein Bauch im Profil sich wölbte. Auf dem Rückweg hin. Beim ersten Wort schon tauchte es neben dem Kollegen ab, fing einen Ball und spielte mit bis zum Ende. Als ich – he! Was ist das?! Also weiter. (Der Clark-Gable-Schatten ist weg; nach der Gießkanne kam soeben ein Unschuldslamm in Hellblau.) Als ich von den Diebstählen erzählte und fragte, warum der Zaun nicht geflickt worden sei, führte die Suche nach dem Verantwortlichen in den Gemeinschaftsgarten; dort sah ich schöne Tomaten, als deren Eigentümer der genannt wurde, dem soeben welche geschenkt worden waren. Zurück in großer Fahrt, umziehen, ein Griff nach dem Buschmesser, und der putzige Ig'l kam mit, mir zu helfen. Im Garten wurde gerade gegossen. ‚I did not know that you have tomatoes in the common garden.' Ein kurzes Lachen, ‚Oh – so?' Im Umsichhauen mit dem Buschmesser reagierten sich Frustrationen ab. Die körperliche Arbeit tat gut. Ungut war kurz danach der Versuch, einer Prozession von Frauen mit Baby den Weg an der hinteren Veranda vorbei zu verbieten und der heftige Wortwechsel mit dem einzigen, jüngeren Mann der Gruppe. Zu heftig, zu unüberlegt war alles. Gleich danach wußte ich es, aber mitten darin verläßt die Vernunft und es gibt kein Zurück. Es ist wie ein böser Zwang. Frauen drehen offenbar schneller durch. Ich bin schon die hysterische Mittvierzigerin, die viel Nachsicht braucht. Wer gesteht sie mir zu?

Fallendes Laub im Haar.

Am Abend ging ich zu Chr und erzählte den anstrengenden Nachmittag und daß ich den Rest des Lebens gern in eigener Regie verbringen würde. Wir hätten uns auseinandergelebt. Dann lief ich zur Abendandacht als liefe mir etwas davon – und verzichtete auf hellblaue Nähe. Als ich zurückkam, berieselte Chr mich mit Musik und ich lag eine Weile neben ihm auf dem Lotterbett, fallendes Laub im Haar, in der Hand ein Buschmesser, unterm Lid einen Tagtraum. Ihr bösen Moralisten, ihr würdet Tagträume verbieten und durch ein schlechtes Gewissen ersetzen. Ihr würdet alles, was das Leben noch lebenswert macht, in kleine Stücke hacken, durch den Fleischwolf drehen und verwursten. Da mach ich nicht mit. (3.2.)

Wechsel der Präpositionen.
Wie ein Frommer jeden Morgen die Güte Gottes preist, weil die Sonne aufgeht, so weht für mich ein Flöckchen Sinn des Daseins vorüber, wenn morgens ein anschmiegsames Textil und eine bestimmte Farbnuance sich vereinen zu etwas, das einmal mein war, verschenkt wurde und mir noch an der Seele klebt. Auf den Bänken der Kapelle wechseln die Präpositionen. Vor, hinter, neben. Wenn dann beim Hinausgehen ein Blick nicht erwidert wird, fängt die Hermeneutik an. – Der Nachmittagsschlaf verirrt sich in Gegenden, in die ich nicht will. – Es ist gut, wenn ich gehe. Ich fühle mich schon als Besitzer dieses Hauses und seiner Umgebung statt als Gast. Es regt mich immer wieder auf, wenn Schüler hier ungeniert vorbeischlendern.

Lilies that fester... ‚You remember – ?'
Die Madonnenlilie ist nach drei Tagen umgeknickt. Die siebente Blüte, abgetrennt und mit einer roten Amaryllis vor das Fenster gestellt, hängt braun verfault herab, widerlich glitschig. *Lilies that fester...* Symbolfarben. Worte sind letztlich doch nicht das Letzte. Es werden noch andere Lilien blühen (wenn die Schafe bei Vollmond sie nicht fressen). – Womit läßt sich ein Lächeln an die Pforten des Schweigens locken? Ein Gemisch aus Kokosmilch und wildem Honig, müde und verlegen. Erkundung nach dem Fortgang der Geistesarbeit, während die Gartenarbeit ruft. ‚You remember how sick you were a year ago?' Ein matt-verlegenes Lächeln wagte sich herfür. Bei offener Tür saß ich dann, als die Gießkanne zurückkam, mit dem ausrangierten Dandy im Kabinett, es ging je ein Blick hin und her und verhakte sich im Wortlosen, wo genau, ist schwer zu sagen. Vielleicht bei etwas, das vor einem Jahr unerwartet eine Hand ausstreckte. Vielleicht war es der Mißdeutung zugänglich. ‚I have dreamt –' Ist es das, was Argwohn sät? – Im Abendvortrag Geschichten aus dem Praktikum. Dann der Prinzipal: wie spannend die letzte Sonntagsbibelstunde gewesen sei, und wiederholte wörtlich: ‚The Holy Spirit told me...' alles das, was uns am Sonntagabend brühwarm erzählt worden war. Merkwürdig, wozu die Leute hier den Heiligen Geist bemühen. Ob sie wirklich daran glauben? (4. 2.)

Kühl wie der tauige Morgen und sachlich wie trockener Sand. Noch ehe ein Wort im Tagebuch stand, ward ein weiteres Fragment überreicht. Dem Singen einer Stimme wandte sich Unbefangenheit leicht und wie beiläufig zu. Sei mir gegrüßt in der Morgenstunde, du stiller, dunkelsamtener Tagpfauen-Augenblick. – An den Türrahmen gelehnt, ein aufgeschlagenes Buch in der Hand, ward dicht daneben Geduld gelernt, Zuhören, Zögern, ein Sich-üben in Langsamkeit. Es gelang, nicht wegzulaufen, um Kinder zu verscheuchen, die grüne Guaven von dem Bäumchen an der hinteren Veranda schlugen. Wenn sich auf solche Weise doch auch der Ärger über das provozierende Defilieren verscheuchen ließe. Ich träume mich weg von hier, hinauf ins Grasland.

Krumm oder gerade? Im Garten geht ein kleines Chaos um, der Heckenzaun ist niedergetreten. Ich gehe ja bald. Entgegen kam unerwartet der, welcher für Ordnung zu sorgen hätte, und grüßte hinüber zu einer der *nymphai*, die in der Nähe herumstand. Den beschädigten Zaun betreffend fanden sich nicht die richtigen Worte. Peinlich indes, so peinlich, daß ich davonlief, war, daß auf einmal Kinder aus dem angrenzenden Bananengarten verscheucht wurden. Diensteifer, völlig fehl am Platze. Es genügt, wenn *ich* ausraste. Andere sollten, nach Chrs gutem Beispiel, bei guter Vernunft bleiben. – Aus gegebenem Anlaß ward im Kabinett ein Hinweis gegeben: zu erwägen, ob ein gewisser Erweckungsprediger ein Prophet sei. Ach, da müßte man ja eine kirchenpolitische Meinung haben, und das ist gefährlich. Die Aufforderung, immerhin, ward brav zur Kenntnis genommen mit beherrschtem Mienenspiel. Im Hinweggehen jedoch, aus der leicht gebückten Haltung, die das Schließen des Verandagatters erfordert, sich aufrichtend, kam des Belehrten Blick zurück und konnte durch das Bougainvilleagezweig der vorderen Veranda wahrnehmen, daß die Anforderung ihm von oben herab nachsah, einen Daumen auf den Mund gelegt und das Kinn nachdenklich in die Hand gestützt. So begegneten sich aus gemessener Entfernung und nur leicht verhüllt skeptisch fragende Blicke – was ist? Wie steht's? Krumm oder gerade?

                                            Erfolg und Enttäuschung.
Eher krumm. Ein steiles Auf-und-Ab im Verlaufe eines einzigen Abends. Erst ein brennender Wattebausch, in der Kapelle drüben, der den Kindern nicht nur etwas zu sehen gab in der Dunkelheit (einer hatte die gute Idee, das elektrische Licht auszuschalten), sondern auch bei den Kollegen Eindruck machte. Wiederholung dessen, was sich am Sonntagabend wie ein Griff in glühende Kohlen angefühlt hatte: ‚The Holy Spirit told me…' ‚I dreamt that I should…' Es war durch Wiederholung abgegriffen, ausgeglühte Schlacke. Aber ich griff danach. Das Standardgebet in sechs Sprachen miteinander. Nur noch die Inspirierten sind imstande, die Langeweile wegzuzünden mit einem brennenden Wattebausch und sich belohnen zu lassen vom still erstaunten Kinderblick eines Überreifen. Ein Erfolgserlebnis und eine von keinem Zweifel getrübte Erwartung, die sich schon zu zweit auf mondhellem Elefantenpfad zum angekündigten Vortrag wandeln sah (‚We should be to-ge-he-ther…'). Sie ward bitterlich enttäuscht. Alle waren da, sich den erwecklichen Ketzer anzuhören. Nur der, dem eine wissenschaftliche Aufgabe gestellt worden war, fehlte. Das war verwunderlich, wo nicht gar ärgerlich. Der wiederholte Blick ins Publikum erkannte einige der Provokateure wieder, fand aber nicht den, dem sich hier der Stoff für die gestellte Aufgabe bot. Chr neben mir mit Tonbandgerät; ich allein mit einer Abwesenheit und nichts als dem Tagebuch danach.

                                                  Schäferstündchen?
Nun auch das noch, nachts um halb elf. Durch die mit Fensterladen gegen Schafe verschlossene Pforte kam eine der *nymphai* von neulich. Über den mondklaren Himmel zuckte ein Blitz von der bekannten Sorte und traf den bekannten Nerv. Einst war es ein gelbes Schlänglein im Gras. Die Grazie von da hinten hat das gleiche Bildungsniveau wie die arme Sue. O-oh, ach-ach. Die belauerte und bedauerte Abwesenheit nimmt Gestalt an – die Schafe - ein Schäfer - ein Stündchen. Alles ist richtig, alles ist vernünftig. Selbst wenn, und dann erst recht – lieber auf geradem Pfad, und sei's im Mondenschein, ein Stelldichein, als ein Wölkchen des Verdachts am hellen Tag auf mehrspurigen Wegen mit Stolpersteinen und verdeckten Fal-

len. Ein Spiegel ist immer gut, auch wenn er halb blind ist und in einem verrottenden Tropenbad hängt statt versilbert im Boudoir einer hofmannsthalschen Opernmarschallin. Aufgelöstes Haar stellt Innerlichkeit in elektrolytischem Zustande dar, die Vernunft wandert hinauf zur Anode der Selbstachtung, die Unvernunft hinab zur Kathode zersetzender Affekte; das Selbst dissoziiert in widerstreitende Elemente. Ein Ringen wie nach Luft. Das Schreiben. Die Hoffnung auf Schlaf... (5. 2.)

Traumreste mit Vernunft. Das Gestrige: mitten im Flüstern der leisen Begebenheiten, die der Vorstellung Raum gaben, das Schlimmste sei vorbei und aus irgend etwas lasse sich ein Anrecht ableiten, schnappte es wieder schmerzhaft zurück. Die Träume der Nacht haben darin weitergewühlt, in Haufen von Heften nach Wissenschaft suchend, vierhändig, Verstimmung und Spannung halbhoch, mit dem Kopf in der Nähe vom Ge- , von dem Gefühl, die Sache hinzuschmeißen. Es war auch schwierig, in einem engen Gang zwischen Büfett und Theke zu unterrichten; aber ich, eingeengt, auf Barhockern nachrückend, als einer wegrückte, ich bin niemandem Rechenschaft darüber schuldig, wo ich sitze oder mich hinsetze. Aus einer vollen Flasche Wein sprudelte es in ein Glas, vom Griff danach hielt ein letzter Funke Vernunft ab, rückte weg ans andere Ende und begnügte sich mit hin und wieder einem Blick hinüber. So vernünftig können Nachtträume sein. Vernünftiger als Tagträume, die sich bislang stilistisch genießbarem Satzbau entziehen.

Das von gestern Abend hat zu Bewußtsein gebracht, daß der Zerfall des Alters im Unsichtbaren beginnt und daß es nur erträglich wird, wenn es ins Bewußtsein steigt und Sinn darin findet. Mehr noch, wenn sich etwas daraus machen läßt, Theologie oder Literatur. Das Tagebuchschreiben ist wie Überleben auf einem dahintreibenden Balken. Chrs Dasein-für-mich bewahrt vor dem Durchdrehen und der totalen Auflösung. Trotzdem muß ich weg, damit nicht durch beidseitige Überforderung das einzige Gut und Gottesgeschenk noch mehr zerbröckelt oder gar zerbricht. Ein schlechtes Gewissen hab ich nicht; es müßte mir eingeredet werden.

Was mich zermürbt ist der Dauerverzicht auf Mögliches und Harmloses, die Vergänglichkeit, die Ambivalenzen einer *passion inutile*, das ethisch versetzte ‚Toerische', die Seelenverrenkungen einer Übergangskrise, deren ich mir überdeutlich bewußt bin. Die Lust am Weinen, das Herzklopfen, der zerfallende Organismus, das Würgen am Gefühlsfufu. Werd ich den ganzen Tag und das Wochenende so hinbringen?

                                    Das Würgen an sich selber.
Was ist es? Es flundert frei herum. Die Vögel sitzen auf der elektrischen Leitung und fallen nicht tot herab, weil sie keine Bodenberührung haben. Meine Tagträume haben auch keine Bodenberührung, nicht einmal mit dem blühenden Gras der Sprache; deshalb sind sie so lebendig. ‚It seems you did not…' Ein Dunkel ohne Sinn ist nahe am Wahnsinn. Jeder Schimmer Sinn bedeutet Lebensmöglichkeit. Nichts zu bedeuten ist gleichbedeutend mit einer Variante von Nichtsein, und alle Varianten dieser Art sind ungesund. Ich bedeute etwas für Chr, weil so viel Gemeinsames hinter uns liegt und es anders nicht mehr weiterginge. Für meine Mutter sowieso und von Natur wegen. Für die Studenten nur in kurzfristiger und begrenzter Hinsicht. Nun aber ist mir zugefallen oder ich habe es mir herausgeklaubt, daß ich von Bedeutung auch noch anderweitig sein will, festgekrallt auf einer dünnen, fünf Meter über dem Boden ausgespannten luxuriösen Wäscheleine aus Gold und Seide, die nur Innerlichkeit affiziert. Nicht die Totalität der Existenz ist betroffen. Was da ist, reicht nicht einmal hin, den Ärger rings ums Haus zu überwinden, ist also nicht gleichwertig mit Chrs Wissenschaftsimmersion. Etwas, das sich nicht in die Grundmauern des guten Gesetzes einmauern läßt, flottiert, sucht nach einem grünen Zweig und plumpst immer wieder, wie ein Gecko, der an der glatten Wand hoch will, herunter. Das Strenge, Grimassierende, Dozierende; das Spröde, Intellektuelle, hier und da schon ans Hysterische Grenzende; das romantisch Verstiegene, poetisch Verhinderte, philosophisch an Krücken Humpelnde; das ekstatisch Gehemmte; das elendiglich Brave – es sitzt und würgt an sich selber. Bis das Heautotimoroumenon der Qual und des Quatsches müde wird.

Opheliengewächs. Purzelbäume ins Absurde. Die Lilien – es ist, als ob hier eine, obwohl es noch früh am Tage ist, Lust hätte, durchzudrehen in dieser letzten Trockenzeit. Vier Lilienstengel vom Zaun herübergeholt, zweiunddreißig Blüten, davon sieben aufgeblüht, ans staubbraune Hemd gedrückt die Veranda entlangwandelnd wie eine Ophelie, fand sich die Mono-Prozession wieder im Gemache des Gemahls, der über seiner Wissenschaft sitzt. Steht da und sagt. ‚Sieh mal.' ‚Na for whom?' ‚For myself.' ‚Schön, daß du mich informierst.' Dem Tone nach: ‚Stör mich nicht mit solchem Zeug.' Da drehte ich ab und beinahe durch. Könnte er denn, wenn er wollte – mir helfen? Will ich denn, daß mir geholfen werde? Jetzt steht das Opheliengewächs in einem Glaskrug auf dem roten Bord vor meiner Tür. Der Hermeneutik stehen mehre Möglichkeiten offen: Verlegenheit, Mitleid, Verachtung. Warten ins Vergebliche hinein. Vielleicht die Lilien malen, weiß auf hellgrauem Grunde. Nicht zu realistisch, ein wenig Cezanne oder Corinth. Ein paar Symbolhandlungen und Schreiben, das ist alles, was an Selbsttherapie zur Verfügung steht. Ich kann mich zu keiner anderen geistigen Arbeit aufraffen. (Der ‚Roman' kam nach acht Seiten ins Stocken.) Im Garten ein bißchen jäten ist nicht möglich; die Sonne brennt zu heiß. – Kreatur an Rande des Grabes? Schrei ins Leere? Bett-ler-in? Ein gewisses Pathos schlägt Purzelbäume ins Absurde. Schlägt um sich mit Sätzen, die ein Nachhinein zu unterschlagen wissen wird. Wie wäre es mit einem Entwurf des Gesuches um Versetzung? (Damit ist der Rest des Vormittags dann auch vergangen.)

Hinter zugezogenen Vorhängen, bei geschlossener Tür, hörte es dem Rauschen eines Buschmessers im Bougainvilleagestrüpp der vorderen Veranda zu; die Lilien standen still im Glaskrug auf dem roten Bord, ein leichter Kopfschmerz hielt zurück von der Unbesonnenheit, sofort hervorzustürzen. Ein Husten; ein Reden zu Vorübergehenden. Dann ließ der Spiegel mich vorbei und hinaus. Das Buschmesser hackte inzwischen unter dem Wohnzimmerfenster herum. ‚Sorry to have disturbed your rest.' Holte gelben Faden und band die blaue Winde im Akazienbäumchen auf, klaubte die

abgehackten Zweige zusammen, steckte sie in eine leere Flasche und versperrte die freigehauene Aussicht wieder. Kein Wort wegen gestern. Genügt nicht das bloße Dasein und ein wenig Arbeit? Das Glück der Werktätigen, wie es sich die Intellektuellen vorstellen: der Wolgatreidler und Garbenbinderinnen – niemand gönnt es mir. Ach, du Arme.
,It seems you were not...'
Gegen Abend lief es wieder wie ein Zirkuspferd im Kreise herum: Garten, Küche, Bücherei, Kabinett, aber nicht mit Chr ums Karrée, und immer wieder stoße ich mich an der Provokation durch Schüler und ‚Kerle' aus dem Dorf. Es sind nur wenige, und ich will das Absolute. Das Leben läuft mir davon, das dünne Gerinsel eines purpurroten Kopfschmerzes. – Nun ist es dunkel, die Grillen sind zu laut, der Mond hängt wie die Brust einer Kokotte am Himmel; die aufgeblühten Lilien duften unbescheiden, gegen alle gute Sitte. In der Enge des Kabinetts wäre es unerträglich gewesen, und so fand die Sitzung auf der vorderen Veranda statt. ‚It seems you were not...' ‚I was.' ‚I did not see you.' ‚I was sitting behind.' Also Schafe ohne Schäfer und Stündchen? – Elfe. Der Vollmond und die Lilien, das Bier und ein später Spaziergang durch das Mondgrau – allein? Mit Chr? Hab ich's geträumt? Das Flüchtige, Unabsichtliche, darin Mondlicht, Lilienduft und ein Bierrausch ohne formelles Bedauern einander in die Quere fingern... Nie wieder eine Entschuldigung. Was war es? Ein Mondscheindelirium? (6. 2.)

Traumreste, Lilien und das Unverfügbare.
Mehr war nicht möglich, gestern nacht. Der Mondschein-Bier-und-Lilienrausch fiel vom Tagebuch weg ins Bett, ohne das Gesicht zu waschen, ohne das Haar aufzuwickeln. Als Chr mich heut morgen weckte, weil ich nicht von selber aufwachte, da hatte ich gerade geträumt, daß ich vor Studenten von einem Balkon herab ein Gespräch mit Bultmann führte, ob Jesus der Erkenntnis, daß Gott nicht existiere, nicht recht nahe gekommen sei. Da er bejahen wollte, erhob ich die Hände vors Gesicht und sagte: Sagen Sie es nicht. Warum nicht? Wegen meiner Studenten. Ob da Jean Paul nachwirkt? Der starke Lilienduft hat mich umnebelt. Das erblüht und verfault so schnell, als sei

es ein Fremdling im Regenwald. Ein Zwiebelgewächs. Gnade als das Unverfügbare kommt absolutistischer Willkür bedenklich nahe. Warum bleibt in dem, was die Vernunft als gut anerkennt, Raum für die Suche nach etwas anderem? Gnade ist eine trans-ethische Kategorie. Wie das Schicksal.

Dramatis personae.
Der Sonntagvormittag: trüb und leer. Der Nachmittag (ich schlief ein über Schubart, *Religion und Eros*) bis gerade eben auch. Da flanierte es vorbei, zu zweit, nicht die üblichen Provokateure. Also sind sie zurück. Warum ist ein Sonntagnachmittags-Tee-Empfang auf der vorderen Veranda nicht möglich? Weil Chr seine Bücher lesen muß? Oder weil die, um die es geht, wenigstens sonntags in Ruhe gelassen werden sollten? Das Zeichnen der Lilien: this is another way of rescuing a thing of beauty that perishes too fast. Das Konzept der *Application for transfer* trägt das Datum 7. 2. Hochsymbolisch. – Gegen fünf kam erst der eine, dann die Sue; da saß, hockte und stand es zu dritt mit Gießkanne, Strickzeug und Zeichenblock. Schließlich kam noch Chr hinzu, da waren alle *dramatis personae* beieinander. Man unterhielt sich über den Erweckungsprediger, der den Nachstellungen eines Feldforschers entwischt ist. Die Stimmung war sachlich gedämpft. Der Sonntag hat einen blaßblauen Anstrich von Sinn erhalten.

Das Wildern der Einbildungskraft.
Erst heut ist der Mond voll und grinst pausbäckig hinter den Wolken hervor. Vor einer Woche war kein Bedürfnis nach Bibelstunde zu spüren; die Fotos von Lah zogen herbei, was sonst hingezogen hätte. Auf diese Weise kam auch jener Satz zustande, der am Freitag wiederholt wurde, ‚I dreamt that…'. Es scheint umzugehen im Campus. Das, womit sich alles schlagartig und für immer erledigen ließe. Aber es fehlen die Voraussetzungen durchaus. Und so zieht es sich hin und es wird ein Regenwald-Narzissen-Tagebuch daraus. – Weil der Zugang zum Verstehen von leise Gesprochenem akustisch verbarrikadiert war, brach die Einbildungskraft durch den morschen Lattenzaun der Vernunft und rannte frei herum, wildernd in dunklen Gesichtern, Stirngewölben zwischen Klüften in der engen

Umarmung eines Felsengebirges aus Urgestein. Ist das ruhelose Herz, das da sucht und wühlt wie ein Wildschein nach Trüffeln im faulenden Laub, nicht gottgeschaffen? Ein abgesplittertes Stück, ein Fetzen Selbst, das untergeht und ersäuft in momentanen Anwandlungen; etwas, das sich dehnt wie Sehnen zwischen nackten Knochen und dem blutdurchtränkten Fleisch längs- und quergestreifter Muskulatur. Unter dem milden Schlußsegen des Kollegen Seelsorger standen dann zwei Säulen an gegenüberliegenden Ufern eines breiten Stromes und tiefen Wassers. Ein geradlinig fallender bodenlanger Satinrock, aus dessen Cognacbraun und breitem Gürtel eine satinweiße Volantbluse steigt, verleiht Standfestigkeit. Merkwürdig, wie das Innere sich so klettenhaft an Äußerlichkeiten festhaken kann, an Baumwollgewebe, Strickmaschen, Synthetik, weiß, türkis oder nougat mit rosenholz abgesetzt, und tauschen möchte. Warum tauscht Diomedes mit Glaukos die Rüstung? Außerdem hab ich nachgerechnet, daß die Reise nach Lah mich runde hunderttausend gekostet hat. Geld ist ein guter Maßstab für Zurechnungsfähigkeit. (7. 2.)

‚Even you'. Rote Amaryllis. Eine vierstellige Anrede, nur die Missis blieb weg: ‚Even you can be taken over and be a victim.' Es ging um den Erwekkungsprediger und seine Erfolge. Die formelle öffentliche Anrede und das Erwägen der Möglichkeit – es mutete erstaunlich an. Ungewöhnlich mutig. Ward da des Weibes Schwachheit durchschaut? Es wäre peinlich. Oder skandalös. Oder beides. Bestimmte Dinge sollte man nur sagen, nicht schreiben. Ein Brieflein, ein hellgrünes, und sei es noch so klein, ist ein Dokument und bleibt eins. – Gestern war nicht nur der Tag stark duftender und sorgfältig abgezeichneter Lilien; es wurden auch Pitangakirschen, zu lange gelagert und schlecht geworden, weggeschüttet. Zu der aufgebundenen, gemeinsam ‚geheilten' Tomatenstaude im Verandablumenkasten kletterte ein, nicht mein, versonnenes Lächeln empor; für eine rote Amaryllis wurde ungewöhnliches Interesse bekundet – alles mit der Gießkanne in der Hand. Das sind die Äußerlichkeiten, mit deren Festschreiben das tägliche Leben sich bestehen läßt.

Lebensrückblicke und Abendland.
Das Eigentliche aber ist verhüllte Trauer zwischen Chr und mir und neigt sich schon dem Grabe zu. Chr wollte, im Bett, wieder Gedichte vorgelesen haben. Ich las bei Kerzenlicht Brentano, Hölty, Nietzsche. Keiner weiß vom anderen, warum. Auf der Suche nach dem Lebenssinn erzählt man einander Schlüsselerlebnisse. Auf der einen Seite: eine fromme Großmutter und ein Seelenfreund, der zum Ehemann wurde. Ja, und Jg. Nach diesem Namen fiel das große Schweigen über uns. Die Zeit der Trauer dauert und sie muß ertragen werden. Der eine flüchtet in die Wissenschaft. Es ist des Mannes würdig und verschafft Sozialprestige. Etwas, das er nicht aufgegeben hätte für ein Kind. Die andere spielt ihre Rolle hier äußerlich zu Ende und hat nichts Gleichwertiges vorzuweisen. Will nur das davongekommene Leben bestehen mit dem, was hinzugeschenkt wurde, Chr, und etwas, danach die Suche geht: eine Inspiration, die den Sinn der Jahre in Afrika darstellbar macht. Vielleicht ist das, was seit dem Oktober 78 die Tagebücher füllt, ein Zeichen bleibender Fremdheit und fließender Übergänge zwischen zwei Kulturen und Mentalitäten. Das Abendland verbraucht seine Substanz nach zwei Weltkriegen in hypertropher Zivilisation und einer Liberalisierung der Sitten sondergleichen. Es hat aber auch, aus dem Erbe Platons und stoisch-christlichem Ethos, eine Seelenkultur und einen goût de l'absolu gezüchtet, der auf Fortpflanzung verzichtet. Nur könnte diese Kulturerrungenschaft durchaus untergehen, spurlos, oder mit vergröberten, irreführenden Spuren. Denn ‚wie es wirklich gewesen' bleibt unerreichbares Wunschziel der Erkenntnis. ‚Wahrheit' gibt es nie ohne Anführungszeichen.

Wirbelnde Nebelfront.
Was war vom Tag zu haben? Es ging um das Steigen der Chaoswasser, Bedrohung von Ordnung, und was da unter Jochbögen wie ein Erröten hinrieselte, wenn es denn möglich wäre bei dieser Verdunkelung des Gegenübers und der eigenen Gefühle – es verhielt sich ganz still, sanft bekümmert in sich ruhend. Plötzlich aber, gegen Ende der Stunde, kam von eben da die Herausforderung: ‚Now, when these sects are rising inside and outside the church – ' was da zu tun sei. Eine kurze Vertröstung

auf einen späteren Locus half nichts. Da stand ich auf und ging, statt zur Tür hinaus, wo Chr wartete, ging auf die Ecke zu, aus der es eigensinnig weiterredete; ging mit geradem Blick geradeaus auf den Redenden zu und es war, als ob sich eine wirbelnde Nebelfront bildete. Es stäubte Partikel, die sich wie in einem Magnetfeld zyklonisch ordneten und kreisten. Das Magnetfeld ging von einem Gesicht und Mienenspiel aus, das mir besorgt und vorwurfsvoll entgegensah. ‚Watch and pray' sagte ich und zog mich zurück zur Tür, stand vor Chr, sagte etwas auf deutsch mit einer Kopfbewegung zur Seite, und es entstand ein Lachen hinter meinem Rücken.

Wer ist ein guter Mensch? Einer, der in der Fremde bescheiden und hilfsbereit auftritt, obgleich er in seinem Dorf eine Autorität ist? Was verstehen Mütter, wenn Töchter ihnen von anderen als dem eigenen Mann schreiben? Ohne eine Gießkanne am Nachmittag und eine ungenaue stumme Nähe am Morgen und am Abend in der Kapelle wären die Tage unerträglich lang und leer. Immer noch Vollmond. Langer Abendschwatz mit der Soror über ihre Besuche von Studenten. (8. 2.)

Käufliche Träume.
In der Morgenkapelle sitzen alle meine Pullover um mich herum. Und alles entgleitet. Die drei großen Alliteraten, Le-Lie-Lei, tanzen mit verschlungenen Armen und nackten Füßen einen Abschiedstanz über dem gilbenden Gras. Es ist wohl wirklich an der Zeit, daß ich abziehe; der ganze *traditional council* zieht hier am Hause vorbei; es muß sich wohl herumgesprochen haben, daß eine Weiße Privatsphäre beansprucht. Es gibt nichts mehr, das mich halten könnte. Chr ist bekümmert; sein Kummer bindet mich an ihn in letzter, existentieller Tiefe; auch zeitlich, hoff ich: lebenslang. Aber nicht räumlich. Ich träume von Lah und von dem Häuschen, in dem ich wohnen möchte. Käufliche Träume? Gedankensprünge. Müßte Gott nicht ungläubig erstaunen darüber, was sein Geschöpf alles für ihn zu tun bereit sein kann, für einen einzigen Blick der Gnade? Wie wird ein (historischer) Name zu einer Metapher für etwas, an dem sich alle menschlichen Sehnsüchte kristallisieren können?

Sprachlosigkeit.
Am Nachmittagsfenster stand ich und sah hinüber ins Jenseits, wo meine Rosenrankengardinen sich wie Segel hervorwölben. Jemand schlug die Hecke, die Aussicht, gerade wieder frei. Als sollte da ein Mondscheinsteg herüber- und hinüberführen. Chr liest Don Quichotte. Die Trockenzeit setzt ihm auch zu, aber anders. – Macht Jugendarbeit so munter? Ein abendliches Lachen, die Gießkanne schwenkend, besänftigte Bedenken: der Staub, der über die gestutzte Hecke komme, lege sich doch, ehe er das Haus erreiche. Drei weiße Lilien und eine rote Rose als stumme Zeugen meiner Sprachlosigkeit. Zog ab und ließ den Schlüssel liegen samt einem braunen Eukalyptusblatt, das sich windet wie ein Seufzer. Es läuft seit Januar wieder ein Auffrischlerkurs, darunter sind Leute aus der Gegend, wo vor Jahren kostbares Porzellan zu Bruch gegangen ist. Seitdem kann mehr als jemals zuvor für möglich gehalten werden. Die vielen Tomaten, die in dieser letzten Trockenzeit noch reifen! Die Grasschüssel auf der hinteren Veranda ist immer voll. Wenn mir jetzt noch etwas Einfältiges einfiele...

Manöverkritik.
An diesem Tag, an dem ich meine offizielle Abschiedsarie komponiert habe, waren außer Tomaten noch ein paar Kleinigkeiten zu ernten. Da war der Einfall mit der Schreibmaschine und dem Farbbandwechsel, einfältig genug mitten in der offiziellen *Application for Transfer*, für die ich einen Zeugen ins Kabinett zitierte. Der kam und stand aufrecht stumm neben dem vielen Reden, und in dem Spanngardinchen vor den Quadratscheiben klebte der weiße Fächer (Chrs Geschenk aus Japan), durchbohrt von dem Ebenholzbrieföffner (Geschenk von Jg). So objektiviert sich das. Und so stand ein freundliches Lächeln über dem Gehaspel, das da am Schreibtisch saß und feilschte um den Preis der Schreibmaschine. Aber sie sei doch schon gebraucht: am besten, man erhält so etwas geschenkt. Ach, ein durchsichtiges Manöver. Beim Abendessen sagte Chr, ich solle Abhängige nicht korrumpieren mit Pullovern und Schreibmaschinen. Aber dieser da arbeitet doch für mich. Kg hat nie einen Finger krumm gemacht (einst fand ich das ‚stolz' und ‚edel') und hat Brautgeld, Bücher und einen Besuch bekommen. Er hat

auch nie um Almosen nachgesucht, wie so mancher andere, der auch nichts dafür getan hat. Ist solche Weigerung, Lohnarbeit zu tun oder Almosen zu erwarten, nicht etwas Schönes, der Adel des Intellektuellen aus dem Volke? Christlich ist es wohl nicht. Christlich ist – *stooping to conquer*. Es verpflichtet schon fast dazu, sich ausbeuten zu lassen. Während der Mond sich einfach nicht entschließen kann, wieder abzunehmen. (9. 2.)

Stadien, Aspekte und Modi.
Chr schreibt wieder einen Rundbrief. Sagt, es sei ein Lustgewinn, daß er's besser könne als andere, die als Koryphäen gälten und keine Ahnung davon hätten, ‚wie die Dinge wirklich sind'. Ich für mein Teil dozierte Anselm und Abälard und verschwieg geflissentlich des letzteren Affäre mit seiner Schülerin. Anlaß, noch einmal nachzudenken über die Stadien oder Aspekte oder Modi dessen, was Schubart darzustellen versucht. Zum einen ist es Hingerissensein, Anbetung; etwas, das alles andere vergessen läßt, auch Ärger, Elend, widerfahrenes Unrecht, oder erträglich macht. Wenn ich nur dies Wunder betrachten darf, so ist meine Seele heil in einem Zustand der Selbstlosigkeit, die in der Hingabe ganz zu sich selbst kommt. Sie kann sich nicht auflösen ins Chaotische, die Kräfte der Zerstörung vermögen nichts gegen sie. Sie will nicht geliebt sein, es genügt, daß sie lieben darf. Selbst wenn der Angebetete nichts weiß, oder wissend zurückweist oder gar verachtet; even if there is no response, my love, you cannot prevent me from loving you. Das Glück ist im Dasein des anderen, sei es nah oder fern, und im Anschaun: *visio beatifica*. Das nächste Stadium oder ein anderer Modus ist das Glück der Gegenseitigkeit, des heimlichen oder offenen Einverständnisses. ‚Jesus loves me, this I know.' Es kann religiös oder profan, *secret* oder *sacred* oder beides sein. Als drittes, sei es Stadium, Aspekt oder Modus: die Vernichtungsqualen der Eifersucht, die sich anthropopathologisch auf die Gottheit übertragen lassen. Die Zerstörung von Sein und Sinn durch Liebesentzug. Das ist ein starkes Stück Mythos. Es macht Gott abhängig von seinem Geschöpf. Den Herrscher vom Beherrschten. Während auf der anderen Seite die philosophische Apatheia die Gottheit versteint.

Passage to Africa. Lah – wo? ‚Und ich – und doch' – *and what not*. Dann ist das Wenige auch wieder vorbei, verabschiedet mit einer Ermahnung hinsichtlich der Menge von Allotria, das da getrieben werde statt fleißig an einer Diplomarbeit zu schreiben. – Ein Umsonst nach dem anderen. Möge Rettung im Grasland zu finden sein. Chr erzählt Besinnliches über den spinnerten Idealisten von La Mancha, dazwischen flötet abendlich Pan, abwechselnd mit Albinonis elegischer Melodik und Schuberts Träumerei, und die Seele tropft mir aus den Augenwinkeln. Chr kann ‚Pathetik nicht verknusen'; auch ein Grund, warum das Tagebuch so unförmig anschwillt. Wenn Melancholie nicht mehr inspiriert, sondern nur noch müde macht, dann ist es besser, man gibt auf und geht weg. *Passage to Africa* – ohne Feste, ohne Ekstase, ohne Arien, ohne Abenteuer. Hoffen von einem Tag auf den anderen – aber auf was eigentlich? Es ist, als wären die Reise nach Lah und die Romaninspiration nicht gewesen. Was will ich? Fühlen, daß ich noch lebe. (10. 2.)

Inneres Ungleichgewicht. O – oh! Es ist kaum noch auszuhalten. Der Zusammenbruch kommt hinterrücks und Chr beschleunigt ihn, ohne es zu wissen. Warum rege ich mich auf über Frechheit, die ohne Erlaubnis vor dem Haus herumfotografiert? Warum? Es geht doch um etwas ganz anderes. Ein inneres Zittern. Das Zusehenmüssen, wie alles wieder in Vergeblichkeit versinkt. In diesen zwanzig Minuten vergeht mein Leben. O der Tränenstau. Der Wunsch, das eigene Leiden einem anderen - to inflict it upon the source of suffering. Alles irritiert. Das Schwarz-Weiß breiter Kittelstreifen und das Orangegelb einer idiotischen Kappe, die durch das Gewühl der Festwiese leuchtet.

Vom Chaos zum Kosmos. Das Tagebuch als Zuflucht und Möglichkeit, sich zu einem Nacheinander zu zwingen. Das Chaos war auch wirklich, ehe daraus ein Kosmos wurde. Heut ist ein Donnerstag, ein elfter Februar. Die Trockenzeit, der Luftdruck, die Schwüle: ein Tag der Jugend als Tag des inneren Umkippens am frühen Nachmittag. Für alle ein festlicher Tag, für mich ein schlimmer Tag zwischen äußerem Rollenspiel und innerem Zerfall. Da saß am

Vormittag, in schwarz-weiß geblumtem Kasack, wie im November, eine Honoratiorin samt Gemahl neben dem Kollegen Prinzipal in einem Sessel unter freiem Himmel, wartend auf dem Vorbeimarsch der Jugend, gelassen den Berg betrachtend. Er hüllte sich in dicken graurosa Dunst, der stellenweise zusammenklumpte in taumelnden Bewegungen, als drehte sich da etwas um sich selbst; das indirekte Sonnenlicht legte sich auf die Lider mit schmerzhaftem Druck, den die Krempe eines weißen Popelinehütchens schließlich zu mildern vermochte. Das lange Warten ward gemildert durch Erwartung. Währenddessen füllte sich das Fußballfeld massenhaft mit Schülermaterial, zweitausend, sagte wer. Das Häuflein klein der schwarzen Jacketts ersoff in einem Meer von himmelblauen Schuluniformen. Während des endlosen Vorbeimarsches geriet es dann ins Abseits, aber noch nicht aus den Fugen. Etwas wie eine Halluzination braute sich zusammen. Über der Monotonie der Schülerscharen entstand eine Lichtung in dem Dunst, der den Berg verhüllte, die Umrisse eines Tulpenbaumes wurden sichtbar und aus den Laubmassen formte sich ein Gesicht so finster und so abweisend, daß es alles, was da hätte sein können, zu Boden schlug. Inzwischen waren die schwarzen Jacketts abgelegt, man stand in Zivil am Rande herum; Chr war schon gegangen, er hatte genug und keine Zeit für den Rummel. Und die alten Tänze? Und die Möglichkeit, im Hin und Her der Menge noch etwas zu entdecken, das dem Tage einen Sinn – ? Der Hunger trieb ins Haus und in die Küche, wärmte etwas auf für zwei; und wollte umgehend zurück, um die alten Tänze zu sehen. In zwanzig Minuten, sagte Chr, komme er mit. Da kamen erst die Störer der Privatsphäre, und dann kamen die zwanzig Minuten, in welchen das Innere aus den Fugen geriet und ein Heulkrampf aufs Tagebuch warf. So weit. Jetzt hinüber.

       Danach. Weiter. Als man zu zweit wieder auf dem Festplatz ankam, waren die alten Tänze gerade zu Ende. Ging es um alte Tänze? Wo gehen wir nun hin? Es geht alles durcheinander. Überall findet etwas statt. Da geht einer langsam quer über das Sportfeld, allein; wir könnten ihm nachgehen und uns die Wettkämpfe da drüben ansehen. Auf zwei Armeslängen Abstand und mit Leuten dazwischen kann man etwas sehen, ungenau, aber es genügt. Wo? Mal da, mal nicht da, wieder da und wieder weg, wollen wir bleiben, wollen wir gehen? Suchst du etwas Bestimmtes? Gehen wir. Wir gingen rund um das Feld, zu zweit allein durch die Menschenmenge, es war wie ein Tappen durch den Dunst, der den Berg verhüllte, ohne Lichtung. Was soll's. Schlafen.

                                                Tagebuch statt Fußball.
Wer, wie Chr, guten Willen bewiesen hat, darf nicht mehr bemüht werden. Es gebe drüben noch Fußball zu sehen, sagte wer. Alleine hinüber? Alleine wäre Untergang in der Menge und Belästigung durch die mißtrauische Frage: was will die Weiße in ihrem weiß-schwarz geblumten Kasack hier? Ein orangegelber Kokitopf auf kahlem Schädel wäre auch kein erfreulicher Anblick, was also soll's. Ergebung ins Unvermeidliche. Wünsche werden überreif und verderben wie Fallobst. Alles, was ich jetzt nicht schreibe, werde ich nie mehr schreiben. Die Unwiederbringlichkeit vergebener Gelegenheiten – damit kann sich nur ein moralisches Wesen abplagen. Eines, dem *mores*, Sitten beigebracht wurden und das imstande ist, diese oder jene Anwandlungen seiner selbst in Frage zu stellen. Warum fasteten die Heiligen in der Wüste und in den Klöstern? Warum, andererseits, tranken und fraßen bestimmte Mönchsorden sich solche Bier- und Camenbertbäuche an? Aber nun. Es balanciert, sublimiert, auf viel höherem Niveau. Wie unsinnig von dorther betrachtet manche Tat- oder auch nur Wissenswünsche sind, wird erst im nachhinein offenbar. Was der unkontrollierte Impuls in einfachen Satzgefügen auf das Papier wirft, verbraucht im Hinwerfen eine Energie, die nicht mehr zur Realisierung dessen, was ausgesagt wird, zur Verfügung steht. Es ist wie beim Fluchen: es erleichtert ungemein. Rachepsalmen mit seelischem Heilerfolg. Wirkungsvoller als das Tugendgetue, das Lob der Zurückhaltung. Vielleicht ist das Innerste von Religion nicht Moral und nicht Erkenntnis, sondern eine in sich verschlungene Dreiheit von Numinosum, Tabu und Geheimniskrämerei. Man muß es nur angemessen mit personhaften Kategorien verbinden, und hinterrücks auch wie-

der mit der Moral. Jesus brach hier und da das geltende Gesetz. Das tun sie alle, die großen Naiven in ihrer Unschuld. Wenn ihr nicht werdet wie die Kinder... Kann Unschuld unwissentlich, unwillentlich verführen? Sie, *Es* kann. Wenn da eine Stimmung, eine Unbestimmtheit, das Zwielicht einer Daseinsverfassung ist; etwas, das nur darauf wartet.

Rückzug ins Gästezimmer.
Ein Kind nebenan schreit anhaltend; auf der vorderen Veranda stören die durchziehenden Leute. Hier will ich den Tag schreibend zu Ende bringen. Wird, wer von einem anderen, um den es geht, zu wenig weiß, auf sich selbst zurückgeworfen? Kennen Chr und ich einander? Es gibt so viele Wege des Erkennens, und manche enden in Gleichgültigkeit und Langeweile. Führt, auf der anderen Seite, der Weg der Selbsterkenntnis in den Narzißmus? Der offene Fensterflügel ist ein Spiegel. Das Tagebuch ist ein Spiegel. Der Gegensatz zwischen Chr und mir ist perfekt: er wendet sich alten Traditionen fremder Menschen zu. Ich drehe mich um meine inneren Befindlichkeiten. Das Kreiselhafte kommt freilich durch äußeren Anstoß zustande. Für das Spiegelhafte haben die alten Griechen mit Narziß ein schönes Bild und einen tiefsinnigen Mythos erfunden. Dann gibt es noch die merkwürdige Vorstellung, es müsse einer, für dessen akademische Performanz ich mitverantwortlich bin, einen Tag wie den heutigen wenigstens am Nachmittag schreibend nutzen. Statt dessen rennt er hinter dem Fußball her. So etwas kann an der Seele zerren, irrsinnig hin und her wie ein junges Hundchen an einem alten Pantoffel. Während ich hier Sätze über das Papier zerre. Wenn die Dämmerung kommt und sonst niemand, werde ich in den Garten gießen gehen. Warum ist das Warten so ruhelos, innerlich so kreiselhaft getrieben? Es läßt sich nur ertragen durch diese Kritzeleien, getrieben vom Stachel des vergehenden Lebens.

Der nächste Anfall.
Das bloße Heulen-Können ist therapeutisch und eine Gnade. Es erhält zusätzlichen Sinn, wenn es reflektiert und in Worte gebracht werden kann. Ich ging in den Garten. Dort wuchert das Unkraut, das Umsonst, die Enttäuschung. Es kam nicht der Erwartete, um seine Schulden abzugießen; es kam, eine Selten-

heit und wie ein Fingerzeig aus dem oberen Dunst, Chr, mich zu Tische zu holen. Die letzte Barriere vor jeglichem Abgrund saß bei Tisch gegenüber und erzählt vom Ende des Fußballspiels, das er, ohne mich, gegangen war sich anzusehen, als mich gerade der Garten vereinnahmt hatte. Die Übung, die Askese, sich dem Wunsche zu versagen, zu gehen und zuzuschauen, war umsonst gewesen. Es rührte stumm in der Tasse, den schwarzen Tee und die Dosenmilch durcheinander; es weinte stumm in sich hinein, erreichte einen Punkt ohne Umkehr, sprang auf, lief davon, warf sich aufs Bett. In einem sehr viel späteren Nachhinein ließe sich mit einer auffahrend wegwerfenden Geste und einem dunklen Urlaut eine pathetische Szene daraus machen. In der soeben erlittenen Gegenwart ist es schlimm, so schlimm, wie es hier auf dem Papier steht. Tür zu, Licht aus, Vorhänge, ratsch! vor die finstere Außenwelt, ein Schluchzen im Dunkeln, ins harte Kopfkissen eines Sich-selbst- und-die-Welt-nicht-mehr-Verstehens. Was? Fast eine Stunde im Garten, wartend, gießend, Unkraut jätend, Selbstgespräche: *What a surprise, I did not expect, I still hoped, I would I could*, die Zeit hinzögernd in unsinniger Erwartung. Nach einer Weile kam Chr, setzte sich freundlich zu der angetrauten Trockenzeithysterie, bewegte eine milde Hand hin und her, und schließlich saßen wir wieder am Tisch. Es aß und trank; es redete beruhigend Vernünftiges. Nun der Vorfall auch noch geordnet im Tagebuch steht, ist alles in Ordnung. Man muß sich die Dinge nur entsprechend zurechtlegen. Die *Application for Transfer* – ja, was denn? Erschöpft, müde zum Umfallen, aber noch nicht tot. Noch imstande, auf die Abendandacht zu warten.

Ein schlimmer Tag.

Es geht um nichts weiter als um eine Gegenwart. Die Kapelle wölbt sich wie Raum zwischen Händen, die sich in gotischem Bogen über alle falten, die sich einfinden. Ob in der einen Ecke oder in der anderen, ist gleichgültig. Was da geredet wird, ist ohne Bedeutung. Alle sind müde von dem langen Tag, von der Schwüle, von sportlichen Anspannungen oder seelischen Verworrenheiten; es bleibt kaum Kraft und Bewußtsein, Einzelheiten wahrzunehmen, Zebrastreifen und Phantasieblumen und eine Abgewandtheit, tief gebeugt, im Abseits, das Gesicht in die Hand gestützt. Kein Bedürfnis nach Nähe. Ja, es war ein schlimmer Tag. Es ist, als sei beim Anblick einer *Application of tranfer* ein Beben geschehen, dessen Wellen zwei Tage brauchten, um das Bewußtsein zu erreichen. Durch den Abschiedsdunst geistern Verdächte. Was will sie im Grasland? Was für eine verrückte Fähigkeit, anderen Gedanken unterzuschieben, die man selber denkt. (11. 2.)

Gewohntes Gleichgewicht.
Es ist als ob im Chaos nur solche Tage zu versinken drohen, an welchen das Gerüst des normalen Tagesablaufs fehlt. Plötzlich ist alles wieder in gewohntem Gleichgewicht; alles löst sich tröstlich in stimmig-stummer Nähe. Unter dem Tulpenbaum entstand ein Augenblick aus zwei Gegenrichtungen, von drüben von der Anhöhe herab und von hüben, von hinter der Hekke hervor – eine schwarze Königskobra und ein weißer Elefant: sie halten einander wohlbedacht in Schach. Meditiert wurde über ‚receiving strangers and dangers involved'. Das reimt sich sehr schön. Wer kann wissen, wen er aufnimmt in sein Haus oder einläßt in des Herzens Schrein? Eine andere Frage wäre, wo die Grenze verläuft, an der Selbstbeherrschung zu Verklemmtheit entartet.

Morgens müde, abends munter.
Eine Viertelstunde Verspätung blieb unmoniert; sie störte das Diktieren von Wiederholungsfragen nicht. Aber ist es so kalt am Morgen, daß man zwei Pullover braucht, um sich warm zu halten? Wieder eine dunkel glänzende Röte über den Bögen des Jochbeins, diesmal bei der Behauptung, die *egalitarian tribal society* sei primitiv, weil sie Frauen und Sklaven nicht einbeziehe. Dann stand das Drei-Stockwerk-Schema an der Tafel, um den Konflikt zwischen Willen, Intellekt und Affekten zu veranschaulichen. Selbstmord aus enttäuschter Liebe komme auch hierzulande vor, behauptete der Benjamin. Die öffentliche Rolle verbraucht genügend Energie, sie läßt keine übrig für innere Zusammenbrüche. (In einem Roman wären weitere Wahrnehmungen denkbar: ein unverwandter Blick etwa, glänzende Augen ‚voller Traum und selbstvergessener Hingabe', sowie

die Erwähnung der Glücksschauer, den so etwas auslösen könnte, wofern nicht schnelles Abwenden die Gefahr bannen würde, zu ertrinken in so viel Glanz und Glückseligkeit.) Dann war da noch ein Anfall von Müdigkeit, die legte sich platt auf die Bank und bekundete völliges Desinteresse, als ließe sich nichts mehr ertragen. Beim Thema Leiden raffte es sich indes wieder auf: ob der Mensch denn nicht für seine Sünden Strafe erleide. Nein, dein schlechtes Gewissen macht dich krank, nicht Gott. Da lehnte sich der also Belehrte zurück und strich mit beidem Händen flach und langsam über die weißmaschige Pullibrust. Es soll ja wohl weiter nichts bedeuten. Heut abend muß ich den Satz sagen: *You disappointed me yesterday evening.* – Auf Vorwurf und präzise Fragen, warum der Garten vernachlässigt worden sei, kam die Antwort ganz munter: Es sei so interessant gewesen, gestern auf dem Sportplatz. Und die Müdigkeit am Morgen? Man habe in der Nacht noch gearbeitet. Aha. Und wer ist schuld an allem? (12. 2.)

                                                   Verschiebungen.
Lassen sich aus einem Haufen Spreu noch Körnlein picken? Läßt sich aus so gut wie nichts etwas machen? Daß es in der Abendkapelle zu drangvollem Zusammenrücken kam und ein junges Bonbonrosa nichts weiter bewirkte als heitere Gleichgültigkeit, kapierte das Management der Traumfabrik nicht und drehte daraus beklemmende Verlegenheit, bäuchlings aufgestützt in jünglingsgrünem Gras. Hat das Unterbewußtsein noch nicht mitgekriegt, wie alt das Ego ist und wie wach und lebendig es wird, wenn verhaltene Überreife, bisweilen grau gestoppelt, mit glänzendem Blick als Abendstern erscheint? Nunmehr, am Morgen, Nüchternheit mit drei Kohlköpfen, im spitzen Winkel von Frage und Antwort aufeinandertreffend. Kohlköpfe und ein Lächeln für alle Hausfrauen ringsum.

                                    Die Existenzialie Sinnlosigkeit.
Das Spiel vor dem Spiegel der Innerlichkeit, während draußen in den Farmen eine junge Frau von wilden Bienen totgestochen wird. Die Frauen schreien, sie schreien sich los vom Entsetzen. Betrifft es mich? Nein. Aber es wirft Fragen auf. Die man doch wohl stellen sollte. ‚What is the meaning of this sudden death?'

‚It was an accident.' Und lacht. ‚You ought not to laugh.' ‚You asked an embarrassing question.' ‚I understand.' Es Zufall zu nennen ist aufgeklärt und über den Aberglauben an Hexerei hinaus. Die Kategorie Sinnlosigkeit indes ist hier unbekannt. Sie hat auch nur Sinn, wo Sinn vorausgesetzt werden kann. Ich kenne die Frau nicht, eine völlig Fremde und als Person gleichgültig. Es ist die Sinnlosigkeit eines solchen Todes, die nachdenklich macht. Munterkeit, gar Lachen erscheinen da völlig unangebracht, eine Unbekümmertheit, die um sich blitzte, so lebhaft, daß dagegengehaltener Ernst sie kaum zu zügeln vermochte. ‚What will you preach as a pastor?' Man kriegte einander nicht zu fassen. Es verhedderte sich in Verlegenheiten. – Dazwischen eine Rate Wissenschaft und ein Jonglieren mit Tomaten und Zahlen, sieben plus fünf ist dreizehn, eine kobaltblaue Blechdose voll zum Davontragen. (Am Nachmittag war Chr beim Vater der Toten und erzählte beim Abendessen, wie alle davongelaufen seien, und der Vater die Bewußtlose alleine davongetragen habe und die junge Frau dann starb und auch gleich begraben wurde. Wie einsam ist der Einzelne in dieser ‚Gemeinschaft'.)

An der Grenze zum Schwachsinn. Jedes Fragment wird notiert – jedes Krümelchen auserwählter Wirklichkeit, Kommen und Gehen, wann, wo und wie, ob weiß, schwarz, grau, hellbeige, grün oder nougat, gepünktelt, gestreift oder ungemustert, ob Plüsch in der Kühle, in der Hitze Baumwolle oder Synthetik, ob langsam oder schnell, leise oder laut, heiter, dunstig oder bewölkt – die Wiederholung grenzt an Schwachsinn. Und doch wäre Leben ohne Wiederholungen nicht möglich. Archaische Religionen bestehen aus nichts anderem als Ritualen zur Sicherung des Bestehens der Welt durch Wiederholung. Es ist der Geist der Neuzeit, der meutert, mutiert und auf Abwechselung aus ist. (13. 2.)

Sonntag. Das alte Übel und Campari. Die Mühsal, solche Kultveranstaltungen durchzusitzen. Eine gähnende Langeweile, aus deren aufgesperrtem Maul alle Irritation, alles Ressentiment herausdampft. Zersetzungsdämpfe, die selbst Tagträume am Entstehen hindern. Die Erwartung, daß alle da seien, und ein Festgewand bewegten aus dem Haus; als nach einigem Suchen zur Gewißheit wurde, daß ein ganzer Haufen fehlte, fiel alles zusammen wie ein morsches Hüttlein im Gurkenfeld. Neben Chr saß es wie Asche, wie ein Armvoll dürres Schilf, wie ein ausgehungertes Gerippe. Das ist meine ‚Sünde': nichts Böses zu tun, nur zu leiden unter Vergänglichkeit, stochernd in den letzten Funken eines Holzkohlenfeuerchens. Es bauen sich Hochspannungen auf, die sich nicht entladen könnten, ohne Zerstörung anzurichten. Jesu Sünde war, daß er die Sünder an sich zog, das sonderte ihn von Gott und brachte ihn schließlich in die Gottverlassenheit am Kreuz. Wenn anders Gott *heilige* Liebe ist, ambivalent, numinos wie Mutter Natur mit ihren Vulkanen, Kraken und Krankheiten. Wir tranken danach den rituellen Campari, um alles hinunterzuspülen, und unterhielten uns über die Beschränktheit der Studenten. Und wenn es nur ein einziger wäre, der meine hohen und tiefen Gedanken *nicht* kapierte, es würde genügen, mich kribbelig zu machen und an dem dünnen Silberkettchen, das doppelt die Seele umhalst, wie an einer dünnen Hoffnung zehrend zu zerren. Aus den Kleinen, die sich auf der Veranda einfinden, um mit Zucker gefüttert zu werden, mußte ich herausfragen, wo ihre Papis sind: im Tiefland. Da bin ich wieder in der Versuchung, einen Brei anzurühren aus Tugenden, Langsamkeit, Mißtrauen, Melancholie und einem Lächeln, das Unverbindlichkeit mit dem Duft von Bourbon-Vanille durchmischt. Wie man einen Filmstreifen betrachtet, so betrachte ich das Zeitzubringen: das Waschen, Pediküren und Salben der Füße für die alten braunen Sils-Maria-Sandalen. Sie stehen auf dem Antilopenfell von Lah.

Diamant im Perlmuttkästchen.

Ein Schächtelchen öffnen und etwas hineinlegen, das einem Juwel gleicht. Denn ich weiß, was letztlich Leben und Lebenssinn ermöglicht. Chr schläft, liegt auf der rechten Seite und hat die Hände neben der Stirn gefaltet. Bei Tisch sagte er, er erinnere sich. An ein Schwindligwerden in der Seele, einst, einmal, vor langen Jahren. Es gibt zwischen uns nur den Ausdruck ‚mögen' und darum herum so gut wie gar keine Worte. Es ist als ließe sich nicht mehr anfassen, was als mißbrauchter Wortfetzen in aller Welt herumgefleddert wird. Das mit dem Schwindligwerden war ein einziges Mal und es ward in ein Gedicht getan. Es war nicht das Schrecklich-Schöne wie bei Rilke, nicht das qualvoll und nahezu zerstörerisch Ekstatische. Es war still und tief wie das Tiefblau des Septemberhimmels. Es war Glück von der diamantenen Art. Ein Diamant, den man nicht am Finger trägt, sondern wegsteckt in ein Perlmuttkästchen. Es genügt zu wissen: er ist vorhanden. Das Schicksal rollt darüber hin, Mißverstehen, Ärger, viel böses Geröll, und es soll sich doch um einen Diamanten handeln. Zwischendurch reden wir resigniert-freundlich mit einander. Aber solch ein Schwindelgefühl noch einmal erleben zu wollen, von woandersher, wäre – Schwindel. Verrat. Treulosigkeit. Was also will ich? Etwas, das Chrs Wissenschaft gleichwertig ist und den ersten aller Selbstverwirklichungsträume erfüllt. *Poiesis*. Das bißchen Leben, seine Verworrenheiten und Lichtblicke zu etwas verweben, zu etwas *machen*, das eine Weile Bestand hat über das eigene Leben hinaus. Es kann nur Selbsterlebtes und Selbsterlittenes sein.

                          Mittelmaß und Zuckerstücke.
Das wissenschaftliche Urteil wird sich nie trüben lassen von Voreingenommenheit oder Abneigung. Eher, wie bei Kg: je höher geschätzt, desto höher auch die Erwartung und strenger der Maßstab. Hier wird nur Mittelmäßiges geliefert, vermengt mit Konfusionen. Das ist schade. Es ist geradezu peinlich, aber offenbar nicht zu ändern. – Warten, während Chr ein Buch nach dem anderen frißt. Das Gekritzel erfüllt seinen Zweck: es füllt Zeit aus, es läßt den Tag vergehen. O, herbei, ihr Zuckerstücke, es ward etwas gesichtet quer über das Fußballfeld; auf der Treppe sitzen die Kleinen wie Gartenzwerge, das Verteilen verzögert sich umsonst. Das Warten erschöpft. – Dann aber, beim Einsammeln von Kaffeetassen, waren doch wieder alle im Schrank, Fragen und Antworten gingen hin und her, die Gießkanne ward ihrer Bestimmung gemäß in den Garten getragen. Verabredet wurde eine Sitzung nach der Erbauungsstunde. Damit ich noch etwas habe vom Tage, der vergeht.

Der Skorpionstachel eines guten Rates.
Nur ein Nachsehen, mehr will ich doch nicht, durch den Agavenweg hin, einem musazeengrünen Entgleiten nach. Schon dabei, aufzugeben. Afrika: ein junger, vermehrungsfreudiger Kontinent, ich aber komme aus dem alten, absterbenden Europa. Eine ganze Kultur- und Geschichtsphilosophie; vor allem aber eine Theorie der Inkommunikation aufgrund divergenter Hermeneutiken des Lebens. – Da knistert wieder mal ein Blitz dazwischen, der sich immerhin schreibend ableiten läßt. Das ‚grausame Spiel der großen Göttin'; es ist so banal, daß es peinlich wäre, es beim ordinären Namen zu nennen. Mythologisches also, um abzulenken von etwas, das unschicklich erscheinen könnte. Gar um zu schützen vor Verdächten? Selbstbetrug als Balsam? Wer hat von ‚more educated' geredet? Ein guter Rat, der den Skorpionstachel gegen die Ratgeberin erhebt. Käme denn von den drei Grazien da hinten eine in Frage? Ach, welch ein Elend. Und nicht einmal Lyrik wird daraus. Nur ein mit Seelenessig bekleckerter Rohkostsalat von Tagbuch. – In der Bücherei kaum jemand. Die meisten sind wohl in den Trauerhäusern. Afrika bleibt fremd. Dankbarkeit für ein Leiden, das inspiriert? Aber hier komponieren sich keine *Nuits de mai*. Zwei junge Frauen sind im Dorf gestorben, und eine, die, bald fünfundvierzig, noch lebt, sitzt und jammert herum. Das Warten macht mürbe.

Abgesessen und vorbei. Es hinterläßt ein paar Graphitspuren am Rande eines langen Tages. Das in sich Ruhende im Sessel zur Linken und in einem zu scharfen Lampenlicht; das Bemühen, leise, langsam und verhalten zu sein mit Gedanken, Worten und Anwandlungen in der Nähe schreibend geneigter Bedachtsamkeit, die ein Verweilen bei Linienspielen erlaubte, die an i-Lauten kristallisieren (Stirn, Lid, Lider. ‚Titania' enthält auch i-Laute. Aber es spielt doch hier kein Sommernachtstraum). Eine in sich gesammelte Anspannung, das Kinn erhoben, die Augen geschlossen, um die Sätze richtig zu konstruieren, unabgelenkt, souverän. Ein kleines Zurückweichen vor locker fallendem Haar, und in weiter Ferne, am Strand warmer Meere, stieg und sank die Flut – ach, es erreicht mich nicht mehr. (14. 2.)

Die Tage gehen dahin.
Was sollen sie auch anderes machen. *Mein* Platz in der Kapelle, *mein* Pullover, *meine* Zu- und Abneigungen, *mein* dies und das und jenes und eine Viertelstunde Selbstbetrug, die man sich gönnt, hinsichtlich Gegenseitigkeit, verschwiegen und verstiegen. Die Lilien an der Hecke sind verblüht und umgefallen, die Trockenzeit läßt ihnen nur eine kurze Frist. Zu viele Tomaten, jede Woche eine Pizza. Chr erzählte vorhin, wie es mit dem Sterben und der Beerdigung der jungen Frau zugegangen sei, die von den wilden Bienen. Die Soror war auswärts, die einheimischen Verantwortlichen stellten sich krank oder liefen weg; die hätten beerdigen sollen, unsere lieben Kollegen, schlichen sich auch feige beiseite. Da habe ein Laie am Grabe gestanden, gesungen und gebetet, und die Leute hätten von ferne gesessen und Angst gehabt. Da ist etwas für einen Feldforscher.

Genau so unmenschlich ist es, wenn eine noch ferner Stehende sich ästhetischen Betrachtungen hingibt, perspektivischen Ansichten von Heiligen im Gehäuse wie auf Gemälden der Renaissance, wo schräg von oben ein Lesender oder Schreibender einen Blick auf sich zieht, der von vorgewölbter Stirn an kantigen Schläfen abgleitend über Jochbögen, glänzend in dunkler Glut, hintastet und über einen schmalen Nasenrücken dem Atmen leicht geöffneter Lippen, schmal wie ein Eukalyptusblatt, zufällt – heiliger Hieronymus mit der Löwin im Gehege oder einem Nagetier. Ich nage nämlich an den zähen Fragmenten einer Diplomarbeit, die noch glanzloser auszufallen droht als jene vor sechs Jahren. Glanz und Spannkraft des Geistes sind eines; Spannkraft und Glanz prangender Jugend, die hier vorbeigeht, sind ein anderes. Die einen haben es hinter sich, den anderen steht es noch bevor. Welche gewölbten Glückserfahrungen, nachtastbar im Geiste, der Maisbier brauenden Auserwählten und was sich hier dazwischendrängt an Vergehendem. Schon vorbei. Schon nicht mehr wünschbar. Eher noch Abscheu erregend, euripideisch-hippolytisch, oder tiefes Entsetzen, wie wenn man eine Leiche berührt, die man für lebendiges Fleisch hielt. Fürchten oder verachten – letzteres wäre das Schlimmere.

Simultantagebuch.
Kommt Regen, dann kommt keiner, um zu gießen. Kommt kein Regen, dann müßte einer kommen, der Schulden wegen. Wie kann ein bestimmter Farbton eine solch transitive Erinnerungskraft haben. Auf dem linken Flügel des Triptychons ist verewigt als Edelsteinknospe, was in Wirklichkeit nur ein lumpiger Arbeitskittel ist. Immerhin noch vorhanden, wenn auch anders als vor drei Jahren. Ob es präzise Hinweise sind, die gefälligst zur Kenntnis zu nehmen sind, oder ob da Gespenster statt Grazien umgehen, es nimmt auf jeden Fall bedenkliche Formen an. Längs der hinteren Veranda werden Tomaten gepflückt; sie plumpsen in eine leere Gießkanne; es zerrt von einem Zimmer ins andere. Ich schreibe fast simultan. – Warten macht abhängig. Was man nur tropfenweise bekommt, macht mürbe. Aber nicht müde. Es macht sich zu schaffen in Küche, Bad, Vorratskammer und auf der vorderen Veranda. Es wäscht sich die Sandalen-Füße und salbt sie mit Nivea, perplex vor dem eigenen Dasein, mit der Furcht vor einem Bewußtseins-, einem Sprachausfall. (Die Aufzählung von allem, was der Verdrängung anheimfällt: Eheliches, Muttertabus, blutsverwandte Traumata, gehört nicht hierher.)
Schemata des Gefühls formen sich aus der Erfahrung. Eine Mutter kann einen Sohn, eine Lehrerin einen Schüler, eine Chefin einen Angestellten ins Verhör nehmen, streng, bestimmt und nach Möglichkeit auch gerecht und ganz an der Sache orientiert, um die es geht. Bei Ehepartnern, die als Freunde, als Klassenkameraden aufgewachsen sind, entsteht ein Sonderproblem. Eine Frau *als solche* kann einem Mann *als solchem* gegenüber eigentlich nicht sachlich und gerecht sein. Sie kann verlegen, melancholisch oder kokett, sie kann pathetisch, hysterisch oder giftig werden. Es ist da immer ein Zurückweichen, das dann vorschnellt und überschnappt. In manchen uneindeutigen Zwischenfällen bedarf es, vermutlich aus Gründen der Selbstachtung und Selbstbehauptung, des Entschlusses, sich aus dem einen Modus des Verhältnisses (oder der Einbildung eines solchen) in einen anderen zu versetzen. Sandalen an nackten Füßen bleiben dann das einzige an Gemeinsamkeit. Der Versuch, Ideen einzuflüstern, die einem

hölzernen und gänzlich glanzlosen Geistesprodukt Eleganz und Brisanz geben könnten, gehen nicht ins Leere, sie stoßen auf die simple Feststellung ‚Well, that is *your* opinion'. Diese Mentalität ist priesterlich-hierarchisch ausgerichtet, sie hält von Unruhe stiftend Prophetischem nichts. So endet der Tag vor dem Spieglein an der Wand im Licht- und Schattenspiel eines Arbeitskabinetts, das zugleich Boudoir ist. Frauenhaar von der nixenhaft fließenden oder mänadenhaft flatternden Art, das blauschwarze Vlies Medeas, das goldene Gelock der Berenike: hinreißend, sinnverwirrend, weshalb es unter Schleier und Häubchen verborgen werden muß. Vielleicht kommt es vor, daß Animus sich auf diese Weise in Anima verliebt. Daraus entsteht dann Narzißmus wie der hier in diesem Kabinett-Boudoir. Selbstverliebtheit aus Mangel an Sein im Leiden eines anderen? Solches Sein hab ich gehabt. Es ist unwiederholbar. Es ist verschwunden in einer Art Tagesblindheit mit Namen Chr. Eine Weise der Apperzeption ist dahin. Wäre sie anderswo zu finden? ‚You are a woman.' ‚I have dreamt...' (15.2.)

Unrecht kann rasend machen. Besonders am Frühstückstisch, wenn gegenüber behauptet wird, die Mitarbeit der Ehefrau nehme – wem? dem Herrn im Hause? dem Patriarchen? – die Hälfte des Gehalts. Sie hätte ja sonst (vor allem mit Kind) von seiner ‚Verantwortung' leben können. In Abhängigkeit also. Sie ist jedoch an Unabhängigkeit und Selbstverantwortung gewöhnt. Und genießt es, bei halbem Gehalt einen vollen Beruf auszuüben. Wer denkt daran, daß Emanzipation zu den Spätfolgen des letzten Krieges gehört? Die Generation der Kriegswitwen hat die Töchter Selbständigkeit gelehrt. Das hat Chr offenbar nicht ganz mitbekommen. Es kann eine Ehe belasten, wenn es der Frau nicht gelingt, sich gänzlich aufzugeben oder diplomatisch durchzuschwindeln. Beides ist mir nicht gelungen. Unrecht kann nur ertragen, wer einen Ort hat, wo er hinfliehen und sich verkriechen kann. Das war Jahrhunderte lang der Sinn christlicher Religion. Nun ist es anders, selbstherrlicher. Mir genügt zur Besänftigung ein Platz in der Morgenkapelle in der Nähe von verschenktem Plüsch und einem guten Gewissen.

Was war's, was hab ich davon? Von diesen Sitzungen zu zweit allein in diesem Kabinett. Kein zierlich verziertes Tor zu einem Park tut sich auf, darin Rehlein stünden mit großen Frageaugen; kein Gitter schiebt sich zurück, um Einlaß zu gewähren in ein gepflegtes Labyrinth aus Taxus und Buchsbaum; nicht einmal schöne Worte können sich einschleichen, um hochbeinig auf schwarzen Samtpfoten goldfarbenem Feinsand Spuren einzuprägen. Es bleibt alles verschlossen fromm, kühl und abweisend. Wo auch hätte bei dem Ernst des Themas ein Lächeln sich für angebracht erachten sollen? Es ist zu viel Zwielicht dazwischengekommen. Mit Gestrüpp versperrt und dämmrig sind die Wege. Auch das Dozieren inspiriert nicht mehr. Ich muß mir alles mühsam zusammendenken. Aber ich verbeiße mich darein, wie ein Hundchen in seinen Knochen.

Schöner und glückhafter als solche Verbissenheit ist der richtige Augenblick an der Tür und ein Erschrecken, das sich faustgroß anfühlt und bedrängend schwillt: ein Adrenalinstoß. Das war, ehe die fatale Fiffi mit ihrem Besuch dazwischenkam. Es war ein – wie wenn einer nicht weiß, ob ein Lächeln erlaubt ist, ein Widerspiel des eigenen Zwiespaltes vom Schreibtisch aus. Es bleibt nichts anderes übrig, als solche Krümel aufzuklauben, eine ausgerissene Tomatenpflanze die hintere Veranda entlang der Frage nachschleifend, ob nicht ein schlechtes Gewissen zu bedenken sei, wenn die Zeit hier mit der Gießkanne statt drüben über einer Diplomarbeit zugebracht werde. Diese Sache mit dem schlechten Gewissen und wer eins haben müßte wäre eine Preisaufgabe für ausgepichte Sophisten. Dann wieder eine der plötzlichen Verdunkelungen, ein psychischer Mechanismus, der beweist, daß das Über-Ich voll funktionsfähig ist und verhindert, daß bewußt wahrgenommen wird, was möglicherweise geschieht oder auch nicht (ob etwa eine Gartenschere auf ein rotes Bord zurückgelegt wird oder hingehalten aus der Hand genommen wird). – *O come and mourn with me a while...* Das Vor-sich-hin-Singen, aus der Küche kommend, verstummte. Eine lange Baguette jonglierte vorbei am Zurückgebrachtwerden einer Gießkanne. Und plötzlich wird, angesichts des Wahrens von Formen der Höflichkeit, die sich ins Abseits interpretieren ließen, innere Armut und Bedürftigkeit bewußt. Das Tagebuch soll es wissen. Wozu ist es sonst da. – Jeden Morgen, jeden Abend sitzt es in der Kapelle wie auf dem Grund einer geborstenen Zisterne, die kein Wasser mehr hält, oder nur abgestandenes wie das Gefasel von vorhin. Auch sonst nichts mehr, kein Trommeln, kein Tanz, keine Epiphanien, kein Einlaß ins Paradies auf dem Mondstrahl eines Lächelns. Der Apfel, die Pflaume oder was immer, ist vom Baum gefallen und verfault. Es schlappt so dahin – barfuß und trist in Sandalen. (16. 2.)

Großer Maikäfer.
An welchem Kamin hat wer das Märchen ersonnen? Die Prinzessin geht nicht, einen Frosch zu fangen, sondern um einen großen Maikäfer zu betrachten: etwas mit den Proportionen eines solchen Kerfs: dicker Bauch, breiter Brustpanzer, dünne Arme und Beine und ein Ungeschick, das des Balls mit großer Mühe habhaft wird, um ihn in die falsche Richtung zu boxen. So hat es angefangen und ist unzählige Male durch die Wortmühle gemahlen worden. Das peinlich unvorteilhafte Äußere und wie es kam und immer noch kommt, daß es möglich ist, sich zu erlaben an der Möglichkeit, der Leichtigkeit des Absehen-könnens: beim Zwinkern des Abendsterns. Es ist kein moralisches Verdienst.

Kleines Plüschglück.
Er war ganz plötzlich da, der Einfall, und sofort in Wort und Tat umgesetzt. Die Sache mit den Abmessungen, um ein kostbares Textil, unbedacht verschenkt, noch einmal in die Hände zu bekommen, und in die Hände nicht nur. Es ging schon fast in eine fetischistische Richtung und mit einer Theatralik, die sich selbst nicht ganz ernst nehmen kann. Es ließe sich auch der Geruchssinn in Anspruch nähmen, dies verkümmerte Relikt aus dem Tierreich: zu schnüffeln (,riecht's einem jeden Möbel an / Ob das Ding heilig ist oder profan'). Fühlte sich ansonsten und großflächig ohne ein Dazwischen wirklich an wie Samt, Wirksamt, ein Veloursgewebe, zwei Drittel Baumwolle, und darf nur handwarm gewaschen werden. Meine Mutter wolle so etwas stricken. Damit war der Einfall rationalisiert. Und so kam

ein kleines hautnahes Plüschglück zustande am Tage des großen Maikäfers. Der nunmehrige Eigentümer hat es sich eben wieder abgeholt mit einem Lächeln – eine Nuance zu charmant. Chr schnappte ihn, um sich einen Text übersetzen zu lassen. Das ist gut. Es zerstreut Haufenwolken, die sich allzu dicht ballen über meinem Haupt, und über meinem nicht nur. (17.2.)

Der Ernst des Entschlusses, ins Grasland zu gehen, lag adressiert und gut sichtbar neben mir. Nähe und Einswerden – bei den Amöben und selbst bei höheren Tierlein kein Problem. Aber noch weiter oben im Geäst der Evolution wird's kompliziert und divergiert, vergeudet sich weithin in Geistestätigkeiten und symbolischen Formen, Sprache eingeschlossen. Es vergeistigt und verseelt sich. Wer ex officio so viel über das persönliche Gottesverhältnis redet, hat vermutlich keins mehr. Geträumt vom Haus der Zwischenkindheit in K. Die Fundamente eines Palastes waren zu sehen und ich wußte: da war ich einmal zu Hause mit Mutter und Vater und einem unleidlichen kleinen Bruder. Da hab ich kein Recht mehr zu sein. Grasland – Gralsland?

Mühsamer Nachmittagsunterricht. Was ist Sünde? Auch der tragische Irrtum. Daß wir bisweilen nicht wissen, auf welche Weise wir eine Versuchung oder ein Stein des Anstoßes für andere werden. Dann der Abendvortrag eines schmächtigen Persönchens mittlerer Jahre, das seit vorgestern das Gästezimmer besetzt hält. Der Liturg kam im schwarzen Anzug und grünem Hemd, zum Glück jedoch ohne himbeerlila Schlips. Der Text war maßgeschneidert: ‚I feel a divine jealousy for you...' In der breiten Skala möglicher Qualen ist eine noch unausgekostet. Es fehlt noch die Erfahrung, wie ein großer Apostel auf einen anderen gleicher Größe reagiert, der ihm Konkurrenz macht und ihm die Gemeinde, die ‚Braut' abspenstig macht, etwa weil er rhetorisch besser ist oder einen schöneren Vollbart hat. Das ist bitter. Nicht unter-, sondern überboten zu werden. Akademische Titel sind in diesen egalitären Zeiten breit gestreut und beglücken auch mittlere Chargen. Trotzdem macht es Eindruck, wenn in einer Urwald-Akademie eine Besucherin mit Titel vorgestellt wird. Der Liturg steht an der Tür, gibt ihr die Hand und sagt ‚Good evening'. Gleich dahinter kommt etwas gleichen Ranges mit gleichem Anspruch – und es wird ihr beides verweigert. (18. 2.)

Wieder einmal Präpositionen-Salat in der Morgenandacht. Am Nachmittag zum ersten Mal seit Oktober Inspektion, mit vorhersehbarer Blindheit allem Interieur der Schlafbaracken gegenüber. Es war denn auch ereignislos trotz schwarzem Polohemd; nur Ratten waren zu notieren, alles übrige stand schemenhaft herum, in Shorts und gesichtslos. Die Taubheit nimmt auch zu und führt zu Mißverständnissen. Zwischendurch schien es, als ob ein *fraternal* im Gespräch nach der Hand eines Studenten greife. Männer gehen zwar hier bisweilen Händchen haltend spazieren; es bedeutet nichts weiter als freundliches Einvernehmen. Aber ein Landesfremder... Es wird eine Täuschung gewesen sein. Gegen Abend wieder eine Sitzung im Kabinett, mit dem Überreichen von Papieren hin und her, Handhabungen anderer Art als was sonst sich ergeben mag, und konzentriertem Lehrvortrag, mit geschlossenen Lidern die Anstrengung des Begriffs veranschaulichend in das ungläubige Erstaunen gegenüber – es betraf den Inhalt, nicht die Form des Vortrags: einen erwecklichen Konkurrenten als ‚charismatic leader' vorgestellt zu bekommen. – Tag vergeh, mit Schwalbenschwingen glatt, sanft und ohne Sprünge, ein nächtig ermattender Glanz im gelassenen Antlitz einer in sich geschlossenen Welt jenseits von Begriffsbarrieren im Gehirn. Wann ist der ‚Neger' ausgestorben? Die Begriffsaura ist farbig. Der exotische Reiz aus Trommeln und Tanz hat überlebt; im Absterben oder schon ganz tot ist das Diffamierende, der Urmensch, das Halbwild, der Sklave. Er bleibt der Enterbte dieser Erde. Warum? Das Äußere ist das Wenigste. Ein Akzidenz, das als Substanz behandelt wird. Es sind die bildunsgfähigen, die Geistesgaben, die den Menschen zum Menschen machen. Da bleiben noch immer genug Unterschiede. Bis hinein in die Familien gibt es Unverträglichkeiten und Kulturkonflikte. Es bleibt immer etwas an instinktiver Abneigung, wohl kollektiv bedingt. Man will unter sich bleiben. Das sollte auch berücksichtigt werden. Daran sollte auch eine Weiße denken, ehe sie jubelnd verkündet: ‚Ihr Leute, ich liebe einen Negerhäuptling!' (womöglich samt seinem Harem, wie jenseits des Berges, gar nicht so weit weg von hier). Eines Tages wird die Gute ein Buch daraus machen. (19. 2.)

Wer kann etwas dafür?
Zehn Stunden lang kein Tagebuch: fast schon anomal. Chr ging (spazieren); der Gießdienst kam (ein aufmerksames Gesicht den Anweisungen entgegenhaltend); drei Kerle aus dem Dorf defilierten, halb verlegen, halb belustigt Präsenz auf der Veranda zur Kenntnis nehmend (da ist die Weiße, wir wollen sie ein bißchen ärgern); ein Kretin kam von der Klinik hergehumpelt, Arm in der Schlinge, konnte nicht sagen, was er wollte; im Glaskrug auf dem roten Bord schwimmen drei Blüten, zwei weiße, eine rote; aus dem Tiefland brachte der Fahrer eine gut sitzende dunkelblaue Schneiderhose, auch Orangen, aber keine Zwiebeln; Chr kam verschwitzt von nächsten Dorf zurück, es gibt kein Abendessen, weil keiner sich bemüßigt fühlt, den Tisch zu decken. Es ist ja Sonnabend und kein Koch in der Küche. – Strähniges Haar um einen Flachschädel gelegt, ist das eine; das andere ist Erinnerung an ein Dahinwelken vor dreißig Jahren, in einer Baracke mit einer gelbbraunen Pferdedecke statt einer Tür zwischen zwei Stuben. Nun ist es wieder so weit, eine Generation später. Was vor einem Jahr noch gespannter Wunsch war und möglich schien, ist abgeschlafft ins Gleichgültige. Keine Verständigungsmöglichkeit mit Chr. Er macht sich lustig. Vielleicht aus Verlegenheit. Was hat Rechtfertigung mit ‚Sehnsucht' zu tun? Ach, Mignon. ‚Der mich liebt und kennt' ist so nahe, daß man einander nicht mehr sieht. ‚Gut Nacht. Du kannst auch nichts dafür.' (20. 2.)

Hunger und Durst dieser Art werden nicht gestillt bei der allmonatlichen Massenabfütterung mit einem Bissen Brot und einem Schluck kaltem Tee. *My heart remained stubborn and unrepentant.* Schwarz-weiß-silber in der Form von Kettlein-Blusenvolants-Abendrock: außer ein wenig Ästhetik nichts. Weigerung als praktische Lektion. Chr nimmt es kommentarlos hin, lädt ein zum Campari danach. Der Soror

Hundemeute kläfft wieder die Gegend voll. Schlafen. Danach: ein im Warten verharrendes und sich vertröpfelndes Leben. Daß Ehe zu bloßer Institution wird – Schuld? Verhängnis? Lauf der Welt? Das Ideal und das Erbarmen machen sie zur ‚Siechenanstalt'. Die Abhängigkeiten sind ganz unterschiedlicher Art. Was man hat, das kann man nicht mehr haben wollen – das ist das Verhängnis des *cor inquietum*. – Es ist nur der Wind. In den himmlischen Büchern steht nichts geschrieben von dem, was mich umtreibt, Richtung Grasland. Was ist alles schon zerfallen an Inspiration; an Elektronenwolken, flirrend um einen spaltbaren Kern, abgestrahlt ins Unverbindliche – Jg, Kg, und jetzt? Wird nichts bleiben – außer diesen Bleistiftnotizen? Es bleibt nichts anderes übrig als zu schreiben. Schreiben als Maß aller Dinge, der geschriebenen, daß sie sind, der nicht geschriebenen, daß sie nicht sind. Der Wunsch, etwas ‚fühlen' zu wollen und ‚glücklich zu sein' – wie lieschenhaft, wie peinlich. So etwas müßte später retuschiert werden.

Sonntagsgrillen fangen.
Die Ungeduld macht alles kaputt. Langsamkeit wäre eine Gnadengabe. Wenn der hellgrüne Keimling eines kleinen Glücks aus der schwarzen Erde guckt, stürzt Erwartung sich darauf wie ausgehungert, packt zu, will es ans Licht zerren und zerstört es. Kann man einem Gesicht ein schlechtes Gewissen ansehen? Wenn es sich beobachtet, ‚angesehen', fühlt, dann vergeht offenbar das unbefangene Lachen. Einen Blick zu fangen wäre verfänglich. Und was fängt der Sonntag sonst so mit sich an? Welche Grillen ließen sich noch fangen? Die Seltenheit, daß sonntags eine Gießkanne umgeht. Daß ein Stück Thesis ins leere Kabinett gelegt wird. Daß ein zaghaftes Klopfen an der Tür des Gästezimmers, in dem es sich geruhsamer schreibt, um einen Termin für die nächste Sitzung und um ‚some small money' nachsucht. Daß sich über den Lärm, den die Kinder der Nachbarn vor dem Hause vollführen, vorübergehend eine dämpfende Hülle legt, etwas wie ein silbriges Sylphidengewand, mit kleinen Pfauenaugen bestickt, deren Dunkelblicke sich verflechten mit einem Lächeln, das um Rettiche, aus dem Unkraut des Gartens gerettet, spielt. Es entlastet vorübergehend

von der Sonntagsschwermut, war indes zu sehr Gespinst der Einbildung, als daß es ein Machtwort dem Kinderlärm gegenüber hätte verhindern können. – Die abendliche Sonntagssitzung: eine weitere Grille und ein Privileg. Die Lehrerin gibt sich streng und belehrend, wie es sich gehört. Das elektrische Licht ist hart. Ein enger Holzsessel im rechten Winkel zu einer schmalen, bretternen Liege und Ablage ist auch hart. In dem Sessel sitzt man nicht gut. Er ist zu eng für manche Breiten. Aber der rechte Winkel ist für eine Sitzung angemessen. Draußen ist Nacht und Meer. In kleinen Wellen schwappt es gegen die geschlossene Tür. An der Tür innen – siehst du sie nicht? - sitzt eine Art Schildkröte, recht dekorativ und gut gepanzert, und mit faltigem Hals. (21.2.)

Ausgefallene Fragen schwappen an den Lehrsitz. Ob es im Himmel dermaleinst auch Schwarz und Weiß geben werde. Hätte Chr es gewagt, witzig zu sein und zu sagen: milchkaffee? Oder: wie heilig ist der Altar? Vom Übernachten neben einem solchen war die Rede, ‚when we visited Pastor Kg'. Wozu? Um die Reise nach Lah einzuebnen, Verdachtsmomente von *favouritism* etwas breiter streuend zu verdünnen. ‚We did not have – ': ist wirklich gesagt worden, was sich dem Schreiben widersetzt? Das Wagnis der Sachlichkeit, das Glas Wasser, das man hinabstürzt. In der Pause zuvor ein Lachen aus bruchsicherem Porzellan; nicht das übliche krampfhaft zersprungene Huste-Lachen. Ein ungezwungen volltönendes, beherrscht abgerundetes Verlautbaren von Unbefangenheit und Selbstbewußtsein rollte ins ertaubende Ohr wie eine weiße Billardkugel.

Die Blindheit einer Fledermaus. Das Erwachen aus dem Nachmittagsschlaf taumelt einem Farbton entgegen, der inmitten des gilbenden Grases wie lindengrüne Frühlingsluft über das Fußballfeld und die niedere Hekke aus dem Jenseits weht. Der Maikäfer kann zwar nicht fliegen, aber zum Postkabuff gehen und einen Brief bringen, der an immer noch nicht gänzlich abgehalfterte Wissenschaft erinnert. Dazu Paprikaschoten. Nur das höfliche Oh-so-Lachen war nicht schön, es kippte um in eine Grimasse. Das sind die ausgelaugten Geistesbeschäftigungen am Nachmittag: dem Tagebuch zu sagen, daß es einen bestimmten Ton der Farbe Grün gibt, der vor dunklem Hintergrund nicht auf den Begriff zu bringen ist. Wie kühles Wasser mit Nixenflossen, wie kristalline Strukturen unter Lichteinfall. – Gegen Abend kommt ein Mensch, der Feuerholz verkaufen will, ist verärgert, daß Chr nicht da ist und die Frau des Hauses nicht verhandeln will. Sie ist auf der vorderen Veranda mit Papieren und einem Grünbekittelten beschäftigt. Das kann jeder sehen. Was niemand sehen kann, ist die Blindheit einer Fledermaus, die nicht sehen kann, wogegen sie fliegt, aber sehr wohl spürt, daß da etwas ist, dem sie ausweichen muß. Warum flattert sie so? Fürchtet sie sich? Wovor? Es geht da nicht weiter. Daher alles immer hastig getan und gesagt ist, darauf bedacht, schnell abzuschütteln, um nicht in die Nähe von etwas zu geraten, das bei verminderter Beschleunigung einen Sog ausüben könnte, der – je nun, die Gesetze der Gravitation könnten auch im Bereiche der organisierten und hoch ins Geistige hinauf differenzierten Materie gelten. Einseitiges Wiedererkennen eines Augenblicks, mehr als drei Jahre zurück, als der Tulpenbaum blühte. Zurückweichen vor der Möglichkeit dessen, was nicht einmal einen Namen hat, denn ‚Glück' ist aussortiert. Es glänzt auf und erlischt wieder. Aber könnte nicht etwas übrigbleiben, und sei es ein Fetzen Stoff, als Zeichen dessen, daß es war, eine Art Reliquie? (*Leave me* – es ist schon im Loslassen begriffen – *that piece of* – was ist es? Rückfall in Fetischismus? – *what do you call* it? ' ‚For what?' ‚I will use it to perform magic.') (22. 2.)

Trockengewitter.
Rituale jeden Morgen in der Kapelle. Es hat sich eingespielt; schließlich muß jeder irgendwo sitzen. – Ein fast trockenes Abendgewitter. Im Dunkeln auf der Verandatreppe sitzend unter dem himmlischen Feuerwerk, dem hellen Schein der Flächenblitze, die wie ein Lächeln über die Düsternis der Wolkenwände hinhuschen, die Spinnenblitze lang- und dünnbeinig quer über das Gewölbe zucken sehen, die Kratzer und Splitter, die von verschiedenen Entladungszentren hin- und hergewittern, begleitet von sanftem Grollen. *Ego de mona kathizo.* (23. 2.)

Das suspekte Glück und drei Kohlköpfe.
Mühsam ernährt sich... Das Sammeln, das Zusammenscharren, die tägliche, ärmliche Handvoll Körnlein: was kann ich dafür, daß mehr und Nahrhafteres nicht zu haben ist? Dankbar, daß aus dem Wenigen überhaupt ein Anstoß zum Schreiben steigt. – Lila als Farbe der Fastenzeit. Wie Gnade und Reue einander bedingen. Mühsamer ist es bei den Alten, die aufgefrischt werden sollen; da ist nur einer aufgewacht und kommt aus der Gegend, wo man bestens Bescheid weiß darüber, was seit sechs Jahren alles möglich ist und zu um so größerer Vorsicht rät. Clownerien beim Volleyball. Was läßt sich daraus machen? Es ist die Handvoll Körnlein, davon die Tage sich fristen lassen; ein paar Tropfen Tau am Rande eines atmenden Blattes. Es ist mehr nicht zu haben in der kleinen Welt dieses Campus. Chr ist wie in einer sicheren Burg, seine Wissenschaft umwallt ihn; er hätte nicht viel anderes vor, wäre es nach ihm gegangen und in letzter Minute der Frau im Haus noch die Daseinsbeschäftigung verschafft worden, die alle Welt und besonders diese hier für das Normale hält. Nun, da die Wissenschaft trotz des Nicht-Normalen nicht weiter verfolgt wird, statt dessen ein romantisch verschwommenes Warten auf die Muse die Zeit hinzieht, hinauf ins Grasland, bleibt in den verbleibenden Wochen nur der vorweggenommene Abschied und das Festhalten des Wenigen, das zu haben ist. Festhalten und in Sprache verwandeln. Szenen, Zeitfragmente, Spannungen in der Arena des Geistes. Wenn etwa eine Frage auf Antwort wartet und zwischen den sich dehnenden Sekunden Blickkorridore sich auftun, durch die es naht, lang-langsam, unverwandt, ein dunkler Glanz wie aus einer anderen Welt – aus jener Ferne, in der Begriffe und Worte sich auflösen, keine begrenzenden Ränder mehr haben und ineinanderfließen. Das suspekte ‚Glück' etwa, vermischt mit einer besonderen Art von schwerem und trübem Gemüt ergäbe dann ein ‚schwarzgalliges Glück', und was ist das? Warten auf eine Antwort. Die Aufmerksamkeit der übrigen kontrolliert den Blickkorridor. Anderes an Transaktionen und Gekrümel läßt sich beiseiteschieben samt drei Kohlköpfen, deren glänzend elfenbeinweiße Rundungen freilich im Überreichen von flüchtigem ästhetischem Reiz sein können. Das Gemüse muß in die

Küche und in den Kühlschrank, das Glänzende wird stumpf und geht vorbei. Der Mann läuft durch die Landschaft, das Weib hütet das Haus. – Am Abend in der Kapelle wird wieder einmal in ‚temptation' herumgepult mit linkischer Gestik, rhetorisch gerecktem Hals und Wortgestoppel. Ach, ein gutes Gewissen kann großzügig dunkelblau-weiß gestreift sein oder grau-kleinkariert; ich liebe es pastellen verziert mit ‚kleinen Blüten, kleinen Blättern'. (24. 2.)

Lilafarbene Tristesse.
Kühl ist poetischer als kalt, berühren flüchtiger als anstoßen, flüchtig ein Gedanke, der von ‚unrasiert' zu ‚fern der Heimat' schweift und nebenbei weiß, daß lange Hosen, Pferdeschwanz, Brille und Lehrautorität für die aufzufrischenden Alten der Zunft ein ungewohntes Stück Realität darstellen. Es dozierte an einen von ihnen hin. Ach, wie unschön ist ein Biedermann-Bauch, der einsam in der Bücherei zwischen Stuhllehne und Tischkante hängt. Wer würde es wagen, solch ein Alleinsein zu stören? Es wäre ungehörig. Es würde in eine selbstgegrabene Grube fallen. Der Verzicht braucht nicht heilig zu sein, er ist nichts als vernünftig. Die Soror nebenan verzichtet anders. Ich aber dämmere dahin in lilafarbener Tristesse. (25.2.)

Irgendwann ist eine Grenze erreicht. Die Sprache macht nicht mehr mit, weil sie sich gegen Wiederholungen sträubt. Es ist als wollte man jeden Tag Atmen und Herzschlag notieren. Hinzu noch sprachliche Tappsigkeiten. Was etwa will ‚Traumaugen' besagen? Daß Augen träumen oder träumen machen? Und was heißt in solchem Falle ‚träumen'? Eine Bewußtseinstrübung, die den Blick nach innen zieht? Eine besonders lebhafte Einbildungskraft, die ihn groß, dunkel, warm und weich wie Plüsch erscheinen läßt? Eine grimmige Moralistenmiene ist jedenfalls einfacher zu beschreiben. Des weiteren: Was heißt: mein, dein, sein, unser Stern sinkt? Daß etwas zu Ende geht. Keinen Einfluß mehr hat, keine Lebenskraft. Es könnte sich auch um Retardierungen handeln, um Zweifel, Schwanken, Müdigkeit oder Befangenheit, bisweilen von Gleichgültigkeit kaum zu unterscheiden. (26. 2.)

Bettelsuppe, Blind- und Feinheiten.
Eine solche Schreibmanie hat es seit den Tagen von Bethabara nicht mehr gegeben. Neue Blätter eingeklebt. Und nun die dünne Bettelsuppe darüber gekleckert, von der ich lebe. Zerknittert und verstört vom Nachmittagsschlaf, gänzlich selbstentfremdet und mit dunklem Schleier vor den Augen, so gut wie blind also oder als sei Vorhandenes schon nicht mehr vorhanden; als sei der Tod der Trennung von diesem Campus und seinem begrenzten Vorrat an möglichen Begegnungen, diesmal in blauem Hemd, die Papiere in Händen, umgeben von drei Kindern als Begleitschutz – als sei das Unabwendbare schon dazwischengetreten: in dieser daseinsverminderten Verfassung also griff es nach dem dargebotenen Fragment wie nach einem Strohhalm, fragte Beliebiges und sah zu, wie es sich wieder entfernte, umwandte und zurück kam nach ‚some little money', das bereitwillig, wenn schon verwundert, gar nicht wenig, ausgehändigt wurde. Welche Notwendigkeit überquerte das Fußballfeld? In der Höhle der Unbeweibten war das ausgeliehene Buch nicht zu finden. Alles, was zu sehen war, war die Einsicht: daß sehende Augen blind sein können. Wenn nicht die Sehkraft, so doch die Wahrnehmung wird gehemmt durch Kräfte, die aus der moralisch überformten Gedankenabteilung des Gehirns kommen: physiologisch-psychologische Feinheiten, die immerhin dem gedanklich bearbeiteten Schatze der Erfahrung hinzugefügt werden können. Zwei übergroße Fotos (Selbstporträts mit Trommel und je einem *big man*) zu Häupten in der Ekke, neben einer der beiden Fensterhöhlen, waren erkennbar. Sonst nichts. So stehen die Dinge: sie zerfallen. Sie scheitern an erprobten und als gut befundenen Grundsätzen. – Auch das Bringen des gesuchten Buches ergab nichts. Ich saß mit Chr beim Kaffee auf der vorderen Veranda. Wieder war alles wie erblindet, tastete nach etwas gegenüber und konnte es nicht finden; alles ist wie Wasser, hingegossen in den Staub zu nackten Füßen in Sandalen. – Starke Windböen haben die hintere Veranda durchwühlt; ein ruhiger Blick, klar und ungestört, geht darüber hin und über entsprechende Bemerkungen der – na who? Der Haufrau? Wann die Setzlinge der Fruchtbäumchen auszupflanzen seien? Wenn der Regen kommt.

                                              Im Vorübergehen.
Eine Perspektive wie bei de Chirico, im Vorübergehen, mit Chr
am späten Abend. Auch die Umrisse der Gestalt ließen sich ins
Stilgerechte abstrahieren: hochbeinig, breitschultrig, kleinschä-
delig und von hinten, daher ohne Bauch: nicht auf einer ge-
spenstisch menschenleeren Piazza aufgestellt, sondern in einem
von innen erleuchteten Türrahmen. Knechtsgestalt und Häuptlingsschaft, wie sehr sind sie doch abhängig von Gewändern.
Daher ‚Bekleidung' mit einem neuen Leib. (27. 2.)

                                  Differenziertheit der Gefühle.
Auch starke Gefühle zerbröckeln mit der Zeit; auch ein Affekt
wie etwa Eifersucht liegt eines Tages im Staub wie eine abge-
streifte Schlangenhaut. Eine andere, wesentlichere Dimension
des gemeinsamen Lebens ist zwar nicht verlorengegangen, aber
doch abgetaucht ins eben noch Verträgliche. Es fehlen die Vo-
kabeln dafür. Ich habe sie nicht gelernt. – Eine morbide
Empfindlichkeit kann alles komplizieren, auch die korrekteste
Korrektheit. Vor einer Woche etwa ging ein Brief, pflichtschul-
digst geschrieben, ab nach Europa. Gründlich verdrängt. Manches bleibt unbegreiflich, weil es sich gegen das Begreifen
sträubt. Sachlichkeit und Distanz: alles andere wäre unendlich
peinlich. Eine solche Differenziertheit der Gefühle ist in diesen
Gegenden hier nicht vorauszusetzen. Vor der Klinik drüben
wieder ein Auflauf plus Landrover, und ein Bauch schiebt sich
da auch entlang. Ein Sturm treibt Nebelwolken herbei. Es wird
kühl und dunkel. Das leichte Fledermausgewand ist zu leicht. –
Höflichkeit in ein freundlich-leises Lächeln gleitend. (‚Sie leuchten einander ins Gesicht mit ihrem Lächeln' – ist das nicht Rilke? Von weit her.)
         Wieder eine so lange Sonntagssitzung
in unbequemen Holzsesseln und grellem Lampenlicht. Eine
‚dark passion' saß auch dabei und kontemplierte desultorisch
und so weit es möglich war den hervorragendsten Absto-
ßungspunkt zwischen dem fühlenden Herz in der Brust und
allem übrigen unterhalb. Es ließ sich ohne weiteres aufheben in
geduldige Belehrung. Es ist spät geworden. Chr kam eben nach
mir sehen. Ich schreibe beim Licht der Taschenlampe. (28. 2.)

In einem Nebel durcheinander...
(März)

Ein verschrobener Begriff. Kann es nicht Illusion und Wirklichkeit zugleich sein: der religiöse Glaube und das Chimärische aus den Wurzelgründen der Evolution? ‚Liebe' im Kontext von Religion ist ein verschobener und verschrobener Begriff, weil überwiegend ein Gemeinschaftsethos gemeint ist und ein Gebot: Du sollst. Es gibt aber auch einen *amor Dei* und nicht unbedingt nur *intellectualis*, der dem Urtrieb nahekommt, wohl auch von ihm herkommt, aber eben verschoben, abgelenkt vom ursprünglichen Ziel. Darin hat das konfuse Buch von Schubart recht. Es regnet. Was wird bleiben von so einem Lehrvortrag über Augustin? Die Bekenntnisse und das *Sero te amavi*. Man wollte aber nur wissen, ob er sich kastriert habe. Und was Origenes denn davon gehabt habe. ‚Freedom from physical temptation' – wofern es keine bloße Behauptung ist. Von ‚desires like straying animals' war in der Kapelle die Rede gewesen. Daß Unverheiratete mehr über die Ehe nachdächten als Verheiratete, wurde als Behauptung aufgestellt, und daß Ehe von außen etwas anderes sei als von innen. Einer der Ehelichen nickte bedeutsam. Der Unehelichen einer versenkte sich in ein Lächeln. Die meisten blieben ernst. Keiner grinste. Aber so wie ein Mann kann eine Frau natürlich nicht mit dem Thema vor Männern umgehen. Eine sachlich-kühles Behandlung soll ein quasi wissenschaftlich-neutrales Stehen über den Dingen andeuten und ablenken von dem, was unterhalb der Geistesebene auf zwei Beinen umgeht. Glaube keiner, hier lasse sich jemand in Verlegenheit bringen nur weil er eine Sie ist. In schwarzer Hemdbluse und hellen Hosen sitzt sie aufrecht, stoisch-streng, *docendo*.

Der große Regen, der da wieder kommt, von ihm darf ich sagen: Ich liebe ihn. Er ist kühl und sanft wie nougatfarbener Plüsch, nicht so eisig weiß und hart wie der Glanz einer Satinbluse. Er ist heftig, aber nicht bedrohlich. Er fällt auf das dürre Gras, das gelbe, das graue, das dürstende...

Abend ward es wieder.
Die eine Lah-Matte auf der schmalen Liege, die andere auf dem Bretterboden und darüber ein Antilopenfell: es verleiht dem Kabinett ein exotisches Flair. Ein Spannungsfeld baut sich auf durch Bewegung, wie bei Elektromagnetismus, in diesem Falle durch Kommen, Nahen; mit dem Da-Sein bricht es zusammen. Gelassen und artig ist alles im Ruhezustand; gelassen und geradeaus geht die Rede zur Sache, mit keiner Winkelsekunde Abweichung, allenfalls mit einer leichten Unterströmung Verwunderung. Eine schreibende Hand und dem Schreiben zugewandte Aufmerksamkeit im Profil füllen (absehend von einigen Bogenminuten Leibesumfang) den begrenzten Horizont. Sei es aus Augenwinkeln wahrgenommen, sei es aus reinem Gefühl: der Blick darf sich ausruhen. Es ging um den *African sense of reality: to see is to touch,* und als Beispiel: das Handauflegen beim Ritual der Ordination. Letztes Jahr im Tiefland, drei Monate vor anderweitiger Handauflegung. Ein Bleistift ging hin und her, wie zum Zeichen der Furchtlosigkeit eines guten Gewissens. Weißlich-graue Isolierwatte von ausgesuchter Qualität. Traurig das Hinweggehen. Als lägen in fernen Legenden Erstorbene einander in abgehackten Armen. (1. 3.)

Wie unerbittlich vergeht die Zeit! Morgen für Morgen die Suche nach einem Tropfen lebendigen Wassers, um die Seele vor dem Verdorren zu bewahren. Aber da ist nichts. Das Leben, von Alltagsärgerlichkeiten abgesehen, ist friedlich, ohne Katastrophen; die großen Daseinsängste sind vergangen und alle Hoffnung auch. Es hängt alles in einem tristen Dazwischen; nichts, das den Herzschlag um eine glückhafte Frequenz beschleunigen könnte. Es ist als ob immer etwas geopfert werden müßte, damit alles seinen gewohnten und für gut erachteten Gang gehen kann. – Es ist entwürdigend, wenn ein Mensch vor Bedürftigkeit unter sein Niveau sinkt. Vor Hunger etwa sich erniedrigen und betteln muß, wie mir als Kind geschah, oder aus liebender Sorge sich ausbeuten und demütigen läßt, wie es dem *Père Goriot* widerfährt und auch meiner Mutter widerfuhr. Am tiefsten erniedrigen kann der größte unter den *daimones*...

Im Dunkel der Nacht.
Manches läßt sich nur zerhackt wiedergegeben. Das Hacken ist hörbar, es hackt mit halbhohen Absätzen über Zement, drüben unter dem Vordach. Es wird zur imaginären Apostrophe, Sag doch, ist es Absicht oder Zufall? Die Zeit ist immer die gleiche: später Abend. Nur wenn eine Tür sich öffnet, dringt ein Schwall Licht hervor in die Dunkelheit, die das Begegnen umgibt. Außer bewegter Masse aus kompaktem Schwarz ist nichts zu erkennen. Es naht. Es verharrt in doppeltem Schweigen. Wie-ja wissen-ja, grußlos, daß wie-ja es sind. Im Licht zwischen den Bücherregalen ergibt sich ein Hier und Da, beziehungslos, ein Blättern, ein Suchen, ein je-anderes. Im Sichentfernen erst wirft es sich in die Diagonale zurück und trifft auf lesend oder schreibend Ab- oder Zugewandtes. Durch die Nacht, die ein schmaler Mond erhellt, streift die Erinnerung zurück zum Nachmittag – wie da eine Hand am Verandageländer entlang einen langen Blick nach sich zog. Alles bleibt offen auf sentimentalische Selbsttäuschung hin. (2.3.)

Den Nachmittag zubringen als Zuschauer am Rande des Fußballfeldes? Wäre es schicklicher, hinter den Gardinen zu stehen und über die Hecke hinweg Halbnackten zuzusehen, darunter einigen von nicht gerade ephebischem Reiz? Manchmal – manchmal was? Es blitzte und donnerte schon, als ich mit Chr hinüberging. Außer einer Abwesenheit war da nichts. Die Beschirmung vor dem Regen war ungenügend, wie üblich; der Arm um die Hüfte gefiel mir auch nicht; die Lust, loszurennen war groß, also rannte ich durch den Regen mit nackten Füßen in Sandalen. Der kurze Sprint trieb mit dem beschleunigten Blutkreislauf eine Vision ins Gehirn von einem Wettrennen und einander in die Arme fallen. Kaffee mit Chr, der Puls heftig, *life must be spent.* Und was wird aus Energien, die sich nicht verausgaben lassen? Sie möchten sich in dunkle Brunnen stürzen, aber da sind Gitter vor. Sie ändern die Wellenlänge von hochfrequentem Kurz-Blau zu lang-sehn-sam-süchtig-gewelltem Purpurrot, verwandeln sich in reinweiße Baumwolle und nougatbraunen Plüsch: Hüllen als Ersatz für alles übrige . (3. 3.)

Nein, kein Erbarmen mit dieser Art von Bedürftigkeit. Mag immerhin die liebe Seele, das armes Hundchen, unter den Tisch kriechen und Krümel auflecken. Oben auf dem Tisch ist auf reinlich weißem Tuch ein Mahl angerichtet, das den Magen füllt und gesund ist; es fehlt nur das Salz an der Suppe. Die Salzdose ist umgekippt und die feinkörnige Zauberchemie liegt verstreut unter dem Tisch. So vielleicht das alte Lied in neuer Fassung. Da-sein, sehen, sitzen, sehen, kommen, gehen, sehen. Ich gehe. Ich gehe immer dann, wenn ich bleiben möchte. Ach, wenn doch. Aber es kann kein Gebet daraus werden. Wenn doch wenigstens ein paar schöne Formulierungen bleiben würden, wenn alles andere zu Staub und Asche wird. Am Ende – zurückgeworfen auf das, was dem Leben seit zwanzig Jahren einen Sinn gibt. Nicht Überdruß, nein; nicht ‚wechseln wollen', wie der Verdacht von Bethabara meinte; sondern das Einerseits und Andrerseits: keine Lebensmöglichkeit ohne, und dennoch zu wenig. So fühlen gewöhnlich Ehemänner nach etlichen Ehejahren, wenn ihnen die eigene Frau zu grau wird. Da hat sich etwas verschoben bei uns und liegt schief; aber was genau?

Wer holt die letzten Kohlköpfe aus dem Garten? Chr nicht. Er war auswärts, einen Mallam besuchen, kam und verscheuchte einen Dienstwilligen. Ein rotes Taschenmesser läßt sich aus- und nach getaner Arbeit wieder einhändigen. Es vermittelt und ermöglicht das Erhaschen eines Hauchs von stiller Freundlichkeit, das wie ein See im Schilfkranz liegt, durch den ein Abendlüftlein weht. – Ein Augenblick am Vormittag, bei voller Amtsausübung, ist wie mit Silberstift ins Hirn gezeichnet, scharf, klar und kühl, eine abwärtsgleitende Linie von Adjektiven, seitlich, schräg geneigt, spiegelbildlich abfallend wie die Höhenlinie des Berges hinter dem Haus nach Süden mit Stirnschräge, Augensenke, Nasenrückengerade – es muß doch aus dem visuellen Grau der Gehirnzellen in den Baukasten einer gebildeten Sprache und von da auf weißes Papier übertragen werden. – In der Abendkapelle ein Schrumpfgefühl Leben und Lehre des nächsten Tages betreffend im Konditionalis einer Abwesenheit. (4. 3.)

Ein Fall von Spaltsinnigkeit.
Vor dem Tagebuch sitzt es, will und weiß nicht, was. Schon steigt etwas wie ein Weinkrampf in die Kehle. Ein Krankenbesuch wäre doch sozusagen Pflicht. Was macht den Entschluß so schwer? – Verräterische Träume der Nacht: Weglaufen vor dem Unerträglichen des Abseitsstehens: immer noch tanzt es, aber anderweitig verhakt. Es grummelt und grimmt in den Grüften. – Man lachte auffallend laut vor Verlegenheit, als ich den Rat gab: Erzählt den Touristen Geschichten von Hexerei. Durchschaut. Eine Weiße weiß, mit welcher Masche man Weiße fängt. Aber das hier: Ein Fall von Spaltsinnigkeit? Von außen gleicht es einer soliden Kiste aus gut gehobelten starken Brettern. Innen wimmelt es von allerlei kleinem Getier: Maikäfer nicht nur, sondern auch Heuschrecken, Grillen und Schlänglein krabbeln, kratzen und winden sich durcheinander. ‚Mein Herz, in diesem Kasten er-ke-hennst du-hu nun dein Bild…' Dann die Vorstellung. Es stellt sich vor: Ein heimliches Rufen von drüben, ein Warten. Eine Beinahe-Gewißheit. Hat es geklopft? Wie peinlich, diese Bemühtheit. Dieses Sofort-angerannt-kommen! Aber wie steht's mit der Verantwortung? Wer soll das woher wissen? Auf und hinüber!
Ein Dankgebet für den Mut, der es wagte, einer Pflicht zu genügen? Um Ruhe ringend, fast unbewußt anbetend gegen die innere Unordnung, durchmaß es den Raum. Sich stemmend gegen gewohnte Hast, langsamen Schrittes von der Tür zum Fenster: und wohin mit dem Blick auf der unendlichen Diagonalen? Es mußte etwas gesagt werden, während anderes zur Kenntnis genommen ward. (Den rechten Arm aufgestützt, der Länge lang ganz an die Wand zurückgezogen, so daß da Platz gewesen wäre, um genommen zu werden. Die Stütze eines Stuhles genügte, dem Entgegensehen standzuhalten.) Eine klare, nicht zu leise Stimme, die das Ohr eben noch erreichte, antwortete auf vorgefertigte, so ruhig wie möglich vorgetragene Redensarten – ‚I feared…' ‚Let us hope…' – und es öffnete sich eine Höhle, wie in Gedichten der Surrealisten. Die Achselträger eines Trikothemdes zeichnen eine Parabel und zwei Hyperbeln an die Wandtafel, die nackt und schwarz woanders steht. Den linken Arm bedeckt ein blaugeblumtes Tuch, das als

Lendentuch im Abseits von Lah erinnerlich ist. Die Vielverwendbarkeit des Wenigen. An der Wand zu Häupten hängt über einem Bügel nougatbraun ein Schutzengel aus Plüsch. Die übrige Kleidung ist über eine Leine geworfen, schräg über der zugewiesenen Matratze darunter, und es entsteht etwas wie ein Alkoven. Ein Gewölbe, eine Nische, wie in den hohen Zimmern von Rokokoschlössern. Dahinein verkriecht es sich. Fieber? ‚No. Head-ache. I took an aspirin.' Auf und davon!

Illusionen als Opium-Ersatz.
Wer sollte hier wem zuliebe krank werden? Das Mißdeuten von Zeichen kann mißliche Folgen haben. Manche Übertragungen, die sich spontan ergeben, können verrutschen. Voilevorhänge etwa vor Fensterhöhlen mit Durchzug, wenn sie schwellen wie das Herze schwillt. Da fängt der billige Roman an. Wenn man sich aber nun den ganzen Tag über sagen müßte: wäre ich doch gegangen, würde es zum Durchdrehen knapp hinreichen. Nachdenken über das Leiden, hin zu Gott oder weg von ihm angesichts eines tiefsinnigen Schreibfehlers im Diplomkonzept des zweiten meiner drei Kandidaten: ‚Suffering as a result of love can stem from many angels' – statt ‚angles'. Engel, wie im Gedicht. ‚Da gab es böse Engel, die hielten mir zu den Mund / Und ach – ' es kommt bekannt vor. Gespräch beim Mittagessen, ‚Und dann – ' ‚Dann fing er an zu spinnen.' Chr kennt die Geschichte vom Februar letzten Jahres, bis auf zwei Sekunden und eine Handbewegung. Das hohe Fieber, die schlaflosen Nächte und dann bei finstrer Nacht über den Campus, um sich eine Handvoll Mitleid und Geld zu holen. Wer wird jetzt Ananas und Biskuits hinüberbringen? – Die Abendkapelle hatte alle wieder vollzählig beisammen. ‚Are you better? Be careful.' Vorsicht und Zurückhaltung. Oh, sorgen Sie sich nicht zu sehr um mich, Madame. Ein empfindliches Gewissen registriert Bruchteile von Millimetern, Gramm und Volt. Man kann sich entschließen, wieder gesund zu sein aus Furcht vor Ananas und Biskuits. – Eine Sitzung mit dem Zweiten. Er knabbert am Leiden unerwiderter Liebe herum und ist doch grad mal glücklich verheiratet. Woher kommt das Gefühl des Weggeworfenseins, quer durch Campus und Mondschein? (5. 3.)

Allein am Frühstückstisch.
Es scheint, daß der erste Lah-Gockel sein Leben lassen muß. Der Koch ist hinter ihm her. Ich sitze am Frühstückstisch mit dem Tagebuch, denn Chr ist schon wieder ab ins Feld der Forschung und ich habe ihm eine Rose nachgeworfen. Mir blüht eine letzte Lilie und die Bekümmernis von gestern abend ob einer Zurückhaltung, die frösteln machte. Ein Nachttraum ist zu notieren: ein teurer Opernplatz entpuppte sich als Eckplatz hinter einem Taxusbusch, der da im Kübel und als Dekoration stand; ich konnte fast nichts sehen von dem Spiel auf der Bühne, stand auf und ging über Galerien und Terrassen, um einen Stehplatz mit besserer Sicht zu suchen. Sie spielten ‚Cosi fan tutte'. Ich wußte, daß ich störe, und wirklich kam eine in Rokoko drapierte Dame mit einem Verweis. Ich ging davon, verzichtend, und erzählte im Davongehen von der Enttäuschung: da habe ich mich im afrikanischen Busch auf einen Kulturgenuß gefreut, und nun bietet man mir einen schäbigen Eckplatz an. – Eine afrikanische Variante zu Bethabara ist dieses Hin und Her hier nur sehr bedingt. Einerseits ist alles beherrschter und weniger labil, andererseits sind die Ungleichheiten so offenkundig, und die Einseitigkeit ist so kompliziert, daß sie in kein hiesiges Gehirn paßt. Daher Tagebuch. Daher der Versuch, ein Mittel zum Zweck daraus zu machen. Möge die Muse mir eines Tages hold sein. Während ich schreibe, hat eine Hetzjagd auf das weiße Federvieh mit lächerlich großem Aufgebot begonnen; einer der Alten von Auffrischlerkurs fing es und es schrie so jämmerlich, als es in den Korb gesteckt wurde. Behold, the white fowl of Lah which the white man is going to eat: war das der Gedanke, der da stand und auf das gefangene Tier hinabsah? Die ihn sah, den Blick, wandte sich ab und griff ins Wortlose, ins dürre Geäst des Thujabaums.

Lieblingstagtraum Lah.
Das unterirdische Beben der Reise ins Abseits; die zerfasernde Wirklichkeit des Dortgewesenseins, in den Bergen, im Dorf, im Haus, im Bett unter offenem Gebälk, und der Wunsch, zurückzukehren inmitten der Wirrnis der überschrittenen Lebensmitte: was für ein Spiel wird da gespielt? Ich bin ja nicht allein, ich bin zwei. Zu Mittag bei Tisch ein Herumwischen im Gesicht, es

kommt ‚einfach so'. Chr, zurück von kurzer Expedition, sah es, fragte, wie es gehe (wem?) und ich solle ein Thomapyrin nehmen. Das Dualistische an der Sache, das Zerreißen-wollen einer Einheit in Sinnen- und Ideenwelt, in Körper und Seele, es hat bisweilen doch geholfen. Ein breiter Traditionsstrom ergießt sich von Platon bis in die Gegenwart, wo er freilich ausdünnt, weil Anschauungen und Paragraphen sich lockern. Chr ist gegen den ‚Manichäismus'. Er ist eins mit sich. Ich bin zwiespältiger konstruiert, nicht in der Horizontalen, aber in der Vertikalen. Es rankt nach etwas, nicht obwohl, sondern weil es unerreichbar ist und bleiben soll. Dafür soll Mögliches sich materialisieren auf meine Kosten. Denn ohne Materialien und Geld geht nichts. Die Muse muß sozusagen erkauft werden. Denn ich erwarte sie in Lah. Dort will ich eine Weile wohnen und ‚mein' Buch schreiben. Das ist mein Lieblingstagtraum. Das do-ut-des-Prinzip ist ein Schutzwall gegen das Chaos der Gefühle, sollte es einzubrechen drohen. Die guten Werke sind nur ein Vorwand. Wollte der Mensch in Werken, Gaben, Opfern nicht sein schlechtes Gewissen beruhigen (der Gottheit Zorn besänftigen, Gott versöhnen) oder seiner Bedürftigkeit nach Segen, vielleicht auch Gier nach guten Gaben Ausdruck geben, sondern einer brennenden Liebe zu Gott: es wäre das, was die wenigsten wollen oder können, weil es kreatürlichem Egoismus widerstrebt. Wo Trieb zu Geist wird, da geschieht Menschwerdung. Der Geist erst weiß zu unterscheiden zwischen Gut und Böse, auch wenn es keine Einheitsmeinung darüber geben kann, was es denn nun eigentlich ist, das Gute. Hier oder heut ist es dies und dort oder gestern war oder ist es etwas anderes.

Tourismus. Einübung im Verzicht.
Derweilen wird offenbar der Versuch gemacht, den Kinderlärm vor dem Haus am Sonnabendnachmittag zu institutionalisieren. Da werden wieder die Türen knallen. Kinderlärm ist heilig, das weiß ich. Der Tourismus aus der Schweiz ist angekommen und wird drüben im Refektorium verköstigt. Zwar nur eine von angekündigten vier Damen sei gekommen; ich bin trotzdem sauer. Ich fühle, wie alt ich bin, und die Tomaten gießen sich nicht von selber. Mit welchen Gedankenspielen ließe sich die

Zeit vertreiben, während sie drüben beisammensitzen? Das Etalieren von Emotionen gehört doch eigentlich in die Oper, ‚Lache Bajazzo' und dergleichen. Eine Qual, die offenbar nie bis zur Neige genossen werden kann, immer ist da noch ein Tropfen auf dem Grunde. Man kann den anderen umbringen oder sich selber ‚in Schwermut verzehren'. Der Wahn- und Schwachsinn fängt da an, wo der treu Geliebte für eine andere das zu sein sich sehnt, was er für die ihn Liebende ist. Das Kreiselspiel à la Shakespeare. Oder ein Mann würde nichts anderes wünschen, als daß die Frau, der er gehört, ihn beschütze vor anderen, freundlicheren Frauen. Warum ist er selber nicht imstande, solchen Schutz zu bieten? Nützt alles nichts; der Abend und das Alleinsein weinen in sich hinein. Halluzinationen von Trommelrhythmen. Gestern nacht schon. Vollmond. Chr war ‚drüben'. Die Touristen müssen unterhalten werden. Ich unterhalte mich selbst mit vorgestellten Tanzekstasen und verinnerlichten Weinkrämpfen. – Später Abend. Sie sitzen noch immer auf der Veranda drüben. Wer – alle? Wen oder was ich für mich haben und verstecken möchte vor aller Welt; was später einmal völlig unbegreiflich sein wird: daß man jemandes Freundlichkeit keinem anderen gönnt. Ich beneide Chr um seine Autarkie. Was macht so abhängig? Wer sich so krampfhaft im Verzicht übt, dem kann davon übel werden. (6. 3.)

Angsttrieb und Interferenzen. Wird der Tag mit Hoffen vergehen und der Abend Enttäuschung sein? Alles ist irgendwie und wie nicht vorhanden. Ein mattes Gefühl der Vergeblichkeit, drapiert in große Garderobe, dieselbe, die einen halben Sonntag in Lah verbrachte, wird unter vielen Leuten sitzen, Gott wird die Zeit vergehen lassen, und was noch an Zukunft vorhanden ist, wird sich an ein ungeschriebenes Buch klammern. Denn die eine Qual, das, was den Namen verdient, ist vorbei; es rinnt nur noch spärlich zwei Tage lang, wird schlaff und legt sich in Falten. Die andere Qual, das *Heauton-* oder *Heautentimoreisthai* (wie die Etymologie Sinn saugt aus der Wurzel, *timé* und *timoreo*!), das *kai pothéo kai maomai*, es ist vielleicht ein Angsttrieb in voller letzter Blüte und kann bis zur Verzweiflung gehen (die Tanzekstasen, die Weinkrämpfe). Wenn introvertiert Sprödes auf ähnlich Sprödes stößt, können Gedichte entstehen; was aber, wenn altertümlich eingeborene Tugend mit sentimental reflektierter Tugend zu interferieren beginnt? Kann etwas Allgemeingültiges daraus entstehen? Bleibt es bei therapeutischem Wortgetöse im Tagebuch oder kann etwas Überindividuelles daraus werden? Es müßte sich eines Tages auch vor demjenigen rechtfertigen können, dessen Dasein und Zuwendung bei allem Ungenügen Grund und Boden unter den Füßen bleiben. Was soll der Sinn eines Afrikabuches sein? Etwas, das auch überall woanders stattfinden könnte (und in Bethabara auf höchster Ebene stattgefunden hat). Afrika ist nur Kulisse. Das, was begegnet, die *aventiure*, ist so innerlich, bedarf so geringer äußerer Anstöße, daß es sich schon auf die Grenze von Wahn- und Wunschvorstellungen zu bewegt. Das exotische Abenteuer von Typ Mireille oder gar Selinée ist nicht nur außer Reichweite, es ist auch nicht im Bereich des Gewollten. Gewollt ist ‚Inspiration' für etwas, das der Kategorie Kulturleistung durch Triebverzicht zuzuordnen wäre, über das hinaus, was hier de facto und öffentlich geleistet wird. Genügt ein Tagebuch? Nein. Genügen Lehrbuch-*Notes*? Sie sind ein vorläufiges *faute de mieux*. Es müßte, außer einem Buch, etwas den Graswurzeln Näheres entstehen. Etwas aus Schotter, aus Stein, Backstein und Zement.

Fledermaus kopfunter.
Wieder das Zeitverwarten. Vergegenwärtigung von sackförmigen Umrissen, schlafwandelnden Bewegungsabläufen und eine Aura von Grillenzirpen und Mondschein. Alles übrige kommt einem Zeittotschlagen gleich, hockt tratschend auf einem Haufen, trinkt scharfen Schnaps und wo sind die selbstgebackenen Biskuits? Es quasselt sich was zusammen, Chr ist ganz bei der Sache, aber wo bin ich? Es ist des Tagebuchs nicht wert; bis auf zwei Touristinnen, lange Nase und rotblondes Haar, die mit in das Dorf gefahren sind, wo einer, der vorgestern noch krank war, die Hauptrolle zu spielen hat. Es beißt in die Seele, zu denken, daß Zutraulichkeit sich auch an andere verschenkt. Ich denke mir Ansprachen aus, Vorhaltungen, eine Diplomarbeit betreffend, deren Vernachlässigung auch dem angerechnet

wird, der sie zu beaufsichtigen hat. Große Erwartungen und Bemühungen, und was herauskommt, ist ein *ridiculus mus*. Das ist das Packpapier. Chr, wollte ich ihm das Eingewickelte klagen, würde, wenn keinen vollen Eimer, so doch ein scharfes Schnapsglas Ironie darübergießen. So desinfiziert man Wunden; aber es brennt eben ‚schrecklich'. Es japst nach Luft, als ginge es ums Überleben; er verschlägt den Appetit auf eine Lauchcremesuppe. Drei Tage ohne Gießen im Garten, es macht elend auf elende Weise, samt dem vorweggenommenen traurigen Ende von allem: Hinwerfen und Weglaufen. Die Hoffnung klammert sich, wie eine Fledermaus kopfunter, an den ‚Roman', ‚das Buch'. Es wird nicht sein ohne die Tagebücher. Aus Müll und Gewölle soll dermaleinst etwas Lesbares werden. Alles Hier und Jetzt verkommt und verdorrt in vergeblichem Warten. Ich hätte Lust, krank zu werden. So angespannt, daß fast das Atmen aufhört. Machtlosigkeit ist, nicht zu wissen, was andere wissen.

Der Abend besinnt sich eines Besseren. Die Lust, krank zu werden, ist vergangen. Der weiße Hahn, der morgen geschlachtet werden soll, ist gefüttert. Das weiße Huhn, das den Kopf hängen ließ, hat ein Körnlein zum Überleben bekommen. Vor dem Gästezimmer lief es unfreundlich in eine Begrüßung der Rotblonden hinein, hellte indes auf mit der Möglichkeit, sich mit einer Bemerkung an den Begrüßenden zu wenden, während die soeben Begrüßte eine Lilie fotografierte, ‚You see how these lilies are admired?' ‚Yes, Na'any.' Ansprechen ist ein Beanspruchen, ein Für-sich-haben-wollen. How do you feel? Dizzy. Zu niederen Blutdruck habe man festgestellt. Das macht wohl die angeborene Schwerfälligkeit. Während auf der anderen Seite beim Stellen solcher Fragen eine derartige Pulsbeschleunigung spürbar wird, daß der Rhythmus eines vom Willen nicht beherrschbaren Muskels hinter einem dünnen Polohemdchen sichtbar werden müßte, wenn ein Gefühl für Schicklichkeit und erprobte Geistesgegenwart durch schnelles Vorbeugen und Abbiegen es nicht aus dem Gesichtsfeld ziehen würden. Das Hinstreuen einer Handvoll Fragen dient nichts anderem als dem Füttern der eigenen Bedürftigkeit und einer Absprache für den späteren Abend.

                                                              Dankbar und fromm.
Es war wieder ein indolentes Hin- und Her mit beliebigen Fragen, um die Zeit hinzuzögern, und dann wieder die Bitte um ‚some small money'. Die Bedürftigkeiten sind so verschieden. Aber ein Zitat mit ‚Engelsarmen', darinnen ein ‚Aufruhen' stattfände, hat hier nichts zu suchen. Es würde den purpurnen Ball hyperbolisch über jedes Ziel hinauswerfen. Dennoch – sich in der Nähe von Gelassenheit, nüchtern umrandetem Blick und einem Fluidum von Unschuld zu fühlen tut gut; es macht dankbar und fromm. (7. 3.)

                                                     Gebilde der Einbildung.
Es lag am Schrillen der Grillen, daß der Schlaf nicht kam. Heut morgen saß es breit und blendend weiß behemdet in der Kapelle, nahe und mit seltsam starrem Blick vor sich hin (Bin ich's?), daß danach der Sinn nicht nach Vorführung einer gelungenen Stunde stand. Es ist mühsam, Glaube und Werke mit einander zu kopulieren; die Klasse gab sich zwar Mühe, sogar das Schlußlicht meldete sich; aber ich – ich produziere mich nicht vor hospitierenden Touristen. Danach, grad eben, der geschlachtete weiße Hahn und wenige Sekunden zu früh. Vergeblich der Versuch, dem Anblick auszuweichen. Eines Tages werde ich es wagen, die Kuppen nicht von Hügeln unter dem Harmattan oder hinter Nadelstreifen zu beschreiben, sondern von dem, was sich aus der Klaue der Wiederkäuer entwickelt hat – flach wie Fischschuppen, helles Perlmutt, sauber umrandet, ein filigranes Gebilde – der Einbildung?

                                                           Gerüchte. Einstiges.
Was so heraufdringt aus den Städten: schon unten in der Provinzstadt fängt nachts in der Bar das wahre Leben an für abenteuerlüsterne Entwicklungshelferinnen aus den blonden Niederlanden. Sie finden, was sie suchen: Bewunderung und Zudringlichkeit, und sie meinen, Vorurteilslosigkeit beweisen zu müssen durch Freizügigkeit in sexualibus. Musik, Alkohol, Tanzekstase; alles das, was hier, in der dünnen Luft einer Höhenlage, als ‚immorality' angeprangert wird. Hier oben ging es einst komplizierter zu, da wo jetzt die brave Soror mit ihren Hunden haust. Eine Frühere ihrer Zunft fing sich da beim Tee

einen schon Gebundenen. Sie war die erste, zwei andere folgten. Es endete ehrbar und öffentlich. Nicht so die Geschichte anderwärts, die in mancher Hinsicht verwechselungsfähig wäre. Was bleibt mir an Besonderem? Das Abenteuer der Tugend, der Innerlichkeit und der Graslandmuse. Ein Austauschen ungleicher Gaben zwischen einem verfeinerten Bewußtsein und einem Nichtwissen (oder allenfalls halber Ahnung).

Den Nachmittag überstanden. Wie am hellen Nachmittag angesichts eines Höflichkeitsbesuchs von drüben im Gästezimmer ein bestimmtes Gefühl das vernunftbegabte System, zu dem es gehört, derart derangieren kann. Wie Fieber im Gebein, Herzschläge zählend, die Luft anhaltend; es fehlen nur noch Magenkrämpfe. Was für ein Urinstinkt ist das? Alles Wünschenswerte soll allein von *einer* Seite kommen. Daraus ist Monotheismus entstanden. – Es soll langsam verebben. Wissenschaft, Tagbuch und das Lesezeichen mit den gelben Anemonen lagen auf dem Schreibtisch und ein Bildchen, halb verdeckt, auf dem ‚Lah' lesbar ist. Die angemahnten Bücher wurden gebracht und danebengelegt; das Kabinett stand offen und war leer. Welche Last an dunkler Ahnung oder an Unbegriffenem mag das Hinweggehen danach so zeitlupenhaft verlangsamt haben? Wohlwollen wäre durchaus willkommen. Aus welcher Gegend kommt es? ‚Darker depth', ‚calm courage', ‚quiet strength to carry that burden': alles abgeschrieben. Schade.

Den Abend verbracht mit zweien von den Touristen. Das hier einquartierte Mägdelein hat sehr wohl Notiz genommen von gewissen einnehmenden Höflichkeiten. Kann, kurioser Nebengedanke, Herrschaft des Mannes nicht etwas recht Angenehmes sein? Der Patriarch. Der Häuptling. Der Hohepriester. Weibische Wollust der Unterwerfung? Gibt es sicher auch. Und Geschichten aus der Schweiz. Es bedarf keiner Ausreise nach Afrika, um einem Afrikaner ‚anheimzufallen'. Frau kann das viel bequemer samt Zwillingen und Amtswürden am Zürcher See haben. ‚Das wird dir gefallen', sagte Chr. Gefällt es mir? – Mondscheinspaziergang zu zweit durch den Elefantenpfad. Sprachlos. (8. 3.)

Wie Visionen entstehen.
Das Sitzmuster in der Morgenkapelle war empfindlich gestört durch eine Touristin. Das Gefühl: ‚Ich bin der weggeworfene Leprose, der mit der Klapper umgeht vor der Stadt.' Es treibt um. Es bringt aber auch auf Gedanken zu einer Leidenstheologie. – Ein Schlußpunkt unter die Wissenschaft: das Kurz-Manuskript ist fertig. Wäre das ganze heilige Eifersuchtstheater nur bald gedruckt und damit erledigt. – Schweigen bei Tisch eines seit Wochen verdreckten Waschbeckens wegen und das Ungenügen im Ehegehäuse riefen eine Vision hervor von idyllischem Hausen unter offenem Gebälk, in der Dämmerung der Erwartung, wenn der Vollmond steigt und Schatten wirft, fließende, ineinanderdriftende Seelensubstanz, im kühlen Sand, *dearer and deeper never…*

Im Gegenlicht. Komplizenschaft.
Auf der hinteren Veranda, wer wird da die Wahrheit verraten angesichts eines Gegenübers, das auch nichts preisgibt. ‚I am uprooting myself gradually': Antwort auf die nahezu grimmige Frage, ob der Garten verunkrauten solle. Ach – ‚Let it turn to bush again', mit arabesker Handbewegung, anzudeuten: es ist alles viel zu verschnörkelt. Man kann immerhin gehen und sich die Sache besehen. Wenn Gedanken und Gefühle sichtbar wären wie Laternen und Taschenlampen bei Nacht, wo blieben dann das Geheimnis und sein Reiz? Etwas, das des Verlangens danach wert erscheint; ein Spannungspol zu vordergründiger Wirklichkeit. Es genügt eine Gegenwart im Gegenlicht der hinteren Veranda. – Morgen ist der Touristen-Spuk vorbei. Heut ging es, nach eifersuchtsähnlichen Anwandlungen, knapp vorbei an einem Lachanfall, als der Benjamin den Damen die Hexereifrage stellte, die ich eingeflüstert hatte. Er grinste denn auch unbefangen zu mir herüber. Als die aus dem Gästezimmer anfing, das bunte Bildertuch an der Wand zu deuten, war es pathetisch und peinlich. Fast, als würde mir ein Spiegel vorgehalten. Es sollte mir öfter widerfahren zur Selbstkontrolle. Etwas anderes tangiert meine Integrität: ich lese Bücher für einen, der, mit allerlei gemeinnützigen Allotria beschäftigt, keine Zeit dazu hat. Brisant würde es freilich erst, wenn ich anfangen würde, ihm einzuflüstern, was er zu schreiben hat. (9. 3.)

Minimalia.
Kaum ist der Touristenspuk vorbei, kommen da drüben die Kopfschmerzen wieder, veranlassen zum Verlassen der hinteren linken Ecke und drehen damit dem Lehrvortrag die Inspiration ab. – Womit das karge Leben sich bescheidet, wofür es dankbar ist, für welche Minimalia an Molekularbewegung (ein feucht-warmer Duft wie unter der Dusche hervor) und Sitzabständen in der Vierdimensionalität einer Morgenandacht, wenn als fünfte Dimension hinzukommt des Geistes abgehobene und sich versprachlichende Bewegung hinter dem Pult. Es verdunstet schnell, aber es war da und kriecht in die ersten Zeilen des Tages und des Buches, das alles frißt.

Ungewöhnliche Perspektive.
Kann Fußball nicht ebensogut wie Nescafé den Blutdruck auf höhere Werte bringen? Am Fuße eines Mangobaums saß ich im gelben Gras eine ganze Stunde lang in Gesellschaft erst des einen, dann eines anderen Sportuntauglichen und guckte in das Gerenne und Gekicke aus ungewöhnlicher Perspektive. Ganz in der Nähe Kastenförmiges halb über dem Horizont mit Landschaft zwischen den Streichholzbeinen. Das Kugelsegment vorne wollte sich nicht wegdenken lassen. Diese Komposition rannte, schwitzte, kickte, sah mich sitzen, schoß zwei Eckbälle vor die Füße der wenigen Zuschauer, diesmal nicht so lahm und linkisch wie sonst. Bisweilen eher mit Gesten und Worten in der Tonart eines Befehlshabers. Gewandtheit, Mut und Stärke, wo kann ein Mann sie in Friedenszeiten noch zeigen? Kann man sich Jesus als Tänzer oder Fußballspieler vorstellen? Oder als Reserveoffizier? Nur die geschwungene Geißel im Tempel ist überliefert. Es sind völlig andere Dimensionen. Den Sport haben die Griechen erfunden. Aus zehn Metern Abstand kam die Frage nach der Zeit. Da war das Spiel zu Ende.

Wie ein Fieber. Verfremdung.
In welche Irrgärten der Wunschvorstellung ein ursprunghaftes Leiden sich versteigen kann und die Art und Weise, wie es zu Worte und zu Papiere kommt: es dürfte nur wie ein Fieber beurteilt werden, das entweder von selber abklingen wird oder behandelt werden muß. Hier soll es behandelt werden mit Wor-

ten. Es muß doch einen inneren Sinn gehabt haben, daß die zwei Zentimeter, die sich zwischen ‚Lipp' und Kelches Rand' befanden, als Entfernung von der dunklen Erde bis zu einem anderen Stern empfunden wurden, einst und nun im Konditionalis. Es schwebte dazwischen nicht ‚dunkler Mächte Hand', sondern der gute Engel einer angeborenen inneren Hemmung. Um Himmels willen! Wie ausgeprägt müßte die apotropäische Geste, wie beschwörend müßten die Worte sein, die eine starke Klammer um all das legten, was sich auf dem Papiere abreagieren wollen würde: ein Roman wird konzipiert. Die Muse schusselt noch ein bißchen herum, weiß nicht recht, auf welchem Podium der Rhetorik, auf welcher Bühne der Pathetik oder des Manierismus sie sich aufstellen soll zum Deklamieren oder Dunkel-Munkeln. Der Ort ist die Abendkapelle. Wer zuletzt kommt, muß sehen, wo noch ein Platz frei ist. Das ist am ehesten ganz vorne der Fall. Dann beginnt das Kreuzworträtsel. Sieben Buchstaben für geistliche Besinnung, vier für das höchste Wesen im Vokativ, neun für *pothos*, sechs für ein Demonstrativpronomen und wieder vier für den Karyotyp 46xy. Fünf für eine Negation, acht für *kateudo*, und so fort. Oder, schlichter: Es ist da ein großes Gut, heilig und gerecht: in äußerer Treue und Tugend voll bewußt. Es hilft nichts. Es gibt daneben das Wenige, das Ungewisse, die Potentialitäten im Umkreis träumender Unschuld: all das würde scharfzüngige Ironie mit moralischer Überlegenheit zerfetzen, würde es preisgegeben. Es läßt sich nichts dagegen tun; es ist ja gewollt. Es bleibt nur die Gewißheit langsamen Daraufzu- und Darüberhinsterbens in narzißtischer Tristesse. (10. 3.)

Nähe. Warten. Gereiztheit.
Geschmack von Wermut und Honig auf dem Grund einer großen Tasse schwarzen Kaffees. Was ist es, das zu solch konstanter Nähe gerinnt? Beteuerung von Unschuld? Unschuld ohne Beteuerung? Abendglück, Morgenglück aus dünnem, weißem Baumwollflor, so fein gesponnen, daß es nicht ans Licht der Sonnen kommen könnte, selbst wenn es wollte. Es flimmert freundlich durchs Gehirn; es verklumpt zu Peinlichkeitsgerinnseln nur bei dem Gedanken, es könnte schnöde Berechnung

sein mit der Absicht – es gibt häßliche Ausdrücke, gebildet aus so schönen Grundwörtern wie ‚Frieden', die nicht einmal auf metaphorischer Ebene ihre Unschuld wiedererlangen. – Statt zufrieden zu sein mit dem Tropfen am Eimer, Gereiztheit, wenn nicht alles nach Wunsch und Erwartung geht, wenn ein Kätzlein, statt sich streicheln zu lassen, zu fauchen anfängt, ein braves Hundchen ungehorsam wird, ein zu Dankbarkeit und Dienst Verpflichteter eigenen Willen bekundet oder Faulheit. Der Mensch, sogar eine Frau, ist offenbar imstande, sich übermenschliche Machtvollkommenheiten anzumaßen. Bis es fast dunkel war dauerte das Warten; dann mußten die Tomaten eigenhändig gegossen werden. Die Tomaten! – Es ist schon spät, vor vier Stunden ging die Sonne unter; ich bin in der Stimmung, auf eine Palme zu klettern, und der Vollmond grinst sich eins. Bei Chr in der Abendübung gab es offenbar keine Kopfschmerzen, und am Sonntag wird man wieder auf den Beinen sein, um an einer Rallye teilzunehmen: das ist es, was mich so agaciert. Wie ein lila Luftballon, dem die Luft entweicht – so fühle ich mich, wenn der Campus an einer einzigen Stelle ein Loch hat. (11. 3.)

                                                    Es hüpfelt, es brettelt, etc.
Unglaublich schier! Es wird wieder krank gespielt. Aber diesmal – nein, diesmal sicher nicht. Durchhalten. Keiner sonst nimmt Notiz, aber mir nimmt es alle Kraft und Lust zum Tagewerk. Gegen Morgen sei ein heftiges Gewitter niedergegangen, sagt Chr; ich habe nichts gemerkt, Landschaften geträumt und jetzt suche ich öffentlich vertretbare Gründe, grimmig zu sein: wegen der Vernachlässigung einer Diplomarbeit. Die Lilien blühen alle zumal. Vor einer Woche um diese Zeit – es darf sich nicht wiederholen. Aber hier auf dem Papier möchte es inzwischen rhetorisch durchdrehen. ‚Es hüpfelt mit dünnen Federfüßchen unverkrüppelt durchs nasse Gras. Es bettelt am Glas, am Wasser, es brettelt ungetrunken zurück. Es quengelt und quält sich dazwischen, es höfelt gewickelt und hoppelt im trockenen Mund. Es schlägt zum Ermüden langsam, steigt, träufelt und herzelt sich ab. Es ist, denn es darf nicht; es ri-rarennt sich selber davon, mit dem Strick der Ver-, der Ver-der-

Vernunft gebunden an einen Marterpfahl. Der gedrehte Strick verhindert ein Durchdrehen.' So etwas und eine Tasse Schwarztee haben geholfen, der Versuchung zu widerstehen. Aber jetzt, wo die Pflicht ruft, jetzt werden die Knie weich wie überreife Guaven, und das Zittern kriecht bis uns oberste Knopfloch. Die Fensterhöhle im Jenseits steht offen.

Schwarze Lilie.

Erschöpfung wie nach einem Fieberanfall; die restliche Kraft zusammengeknetet zu einem Klumpen zäher Melasse, nicht größer als ein geschorener Schädel, hier eingesetzt, um bei der Sache zu bleiben, Vorprüfung zur Klausur. Der Bärbeißige, aufgefordert, ‚Law and love' zu erklären, begann unverblümt geradeaus an Beispielen entlanghangelnd: ‚If I love you and you love me' (dann wären monetäre Probleme gelöst) – eine Unbefangenheit, die im hintersten Eck, verhüllt in zwei Pullover, nicht mehr möglich ist. Noch vier Wochen; dann stürzt alles rapide dem Ende zu. Weiter geht die Suche nach Sinn. Wie erkenne ich Zeichen der Liebe Gottes in meinem Leben? Davongekommen aus dem Kriegschaos als Kind. Chrs Dasein für mich. Der gleiche Gott-Schöpfer und Gesetzgeber rumort aber auch in dieser Krise der Lebensmitte. ‚Mit Anstand über die Runden kommen' – will ich, fest entschlossen. Aber es blüht eine schwarze Lilie am Weg.

Nach allen Seiten gereizt.

Zum einen wegen der daumendicken grünen Würste auf der hinteren Veranda (spukt eine Schlange unterm Dach? Es muß nachgeprüft werden); zum anderen wegen dem indigenen Nachbarn, der Guaven von ‚meinem' Bäumchen holt für seine Kinder; zum dritten wegen der Allotria des einen meiner drei Kandidaten, der seine Pflichten vernachlässigt. Und weswegen noch? Es platzte fast aus dem beigen Oxfordhemd; die Predigt war zur Hälfte abgeschrieben, das ergab eine Nachprüfung, die der Kollege, der sie mit ‚gut' benotete, sich natürlich erspart hat. Was es soll? Ich erwarte für meine Bemühungen gute akademische Leistungen, und man hockt, statt über Diplomarbeiten, drüben in der Jugendgruppe herum. Ich möchte so etwas bei irgendwem verklagen, aber Chr ist nicht die richtige Adresse. Ach, das schöne, das organgenfarbene Abendlaternenlicht aus den jenseitigen Höhlen, die leichter Voile verhängt, so hingegossen in die Nacht und ins Vorübergehen. *God without arms, you hold us closer to your heart than anybody could hold us. God without eyes, you look kindly upon us, inspiring dreams that wake into eternal life.* Unendliches Glück des Angeschautwerdens, freilich nur im Traum und dicht neben dem Abgrund der Unmöglichkeiten (13. 3.)

Der ganze öffentliche Rummel da drüben ist kaum erträglich; aber man hielt aus bis zur Spendenprozession. Da sah sich Chr veranlaßt, eine Bemerkung über platzende Nähte in langärmeligem Oxfordbeige zu machen. Ja, schrecklich, sagte ich, man kann fast nicht hinsehen. ‚Hoffentlich werden ihn seine Schäfchen bald so sehr ärgern, daß er wieder schlank wird.' Man schafft sich *kabod* an, sagte ich. Man strebt nach dem Status eines *big man*. Eheliches Einverständnis tut gut in Zeiten, wo es seltener wird. – Eine Rastlosigkeit, die einzig von der Frage nach einem *whereabout* motiviert ist, treibt über den Campus und sogar zur Fete beim Häuptlingspalast, Hals verrenkend, Augen ausguckend nach einer Unauffindbarkeit. Und im Finden sich als dünne Luft behandelt finden – je nun. – ‚This is not a toilet!' Am fehlenden Gatter neben dem Zementpfosten zur Straße hin stand einer und pinkelte, sah aus wie ein Lehrer von jenseits des Elefantenpfades. Da rauschte die *fraternal* mißbilligend vorbei und hinüber zur Bücherei – wo soll sie denn sonst hin?

Ärgerliches Zeitverplempern. Sobald der Verdacht aufkommt, es werde etwas zu Gefallen getan, ergrimmt es in mir. Träumende Unschuld suche ich, die nicht weiß, wie sie wirkt. Der Roman braucht etwas äußerlich Unansehnliches, einen Kohlkopf auf kurzem Stumpf über einem Sack brauner Bohnen, in groteskem Gegensatz zu dem Wenigen an *redeeming grace*, das sich Aug-in-Auge auftut, aber bitte kein ‚Abgrund, in den zu stürzen Seligkeit wäre'. Dann wieder Verärgerung: so ein Zeitperplempern! Hier müßten einem die Leviten gelesen werden. Statt dessen treten Halluzinationen auf, und ich gieße die Tomaten wieder einmal selber. Wäre nicht das Tagebuch und die Möglichkeit, was da brodelt und gärt, aufs Papier zu spucken, nicht ich, aber *es* würde

durchdrehen. Nun aber kann es immer noch denken, nachdenken. Die Physiologie eines *blackout* etwa würde mich interessieren. Es müßte eher *dusk-out* heißen, denn es wird nicht völlig Nacht, sondern Dämmerung, ganz eigenartig. Ein abgedunkeltes Wahrnehmungsvermögen durchdringt Dasein und Nähe, Denk-, Sprach- und Sehkraft indes versagen, nicht völlig, aber fast. Die gute Sapph hat es anders beschrieben; aber es muß sich um etwas der ‚toerischen' Art handeln.
                Pothos – Pathos.
Warten, wieder gegen alle Vernunft und Wahrscheinlichkeit. Chr kommt vom Abendspaziergang. Wann kommt der Zusammenbruch? Jeder umsonst verhoffte Tag und Abend ist ein kleiner Tod. Vielleicht war ein einziger Satz, der Tanz-Danke-Satz vom November, wenngleich leicht und innerlich überlegen hingeworfen, so quietschend schief, daß seitdem alles dem Verdacht einer Schieflage unterliegt. Nie mehr tanzen – es ist schon der halbe Tod. Wieder leuchtet es trüborangen durch die Dunkelheit, es lockt einen Mottenpothos an, der müde über den Campus taumelt. Dieses nutzlose Leiden: ein höherer Luxus? Das banale Altern einer Europäerin im Clinch mit afrikanischem Realismus. Das schöne Einverständnis, auf gleicher Ebene, mit Chr ist nicht mehr. Was also bleibt? Vielleicht ein Zitat aus einem Roman, ich weiß nicht, welchem, der stumme Schrei: ‚Ich sterbe, und du merkst es nicht.' Wo hört die Qual auf, wo fängt das Vegetieren an? Pothos, Pathos und Rhetorik aus Leidensdruck. (13. 3.)
            Warten. Wieder nichts als die Wahrnehmung einer Abwesenheit. Es hampelte rhetorisch herum und sang zum Schluß eine Arie. Ein schmächtiges Jüngelchen, weißer Medizinmann mit schwarzer Frau und Kind, hat Chr sich eingeladen und ich mußte anstandshalber dabeisitzen. Hatte auch nichts Besseres vor als zu warten, warten… Was würde aus dem ganzen Midlife-crisis-Ringelreihn samt Phantom der Muse und Grasland werden, wenn Chr ernsthaft krank würde? Die Keule eines schlechten Gewissens besetzt mit den spitzen Nägeln der Sorge und der Pflichten. Die Spannung der Sonntage und alles übrigen, seit Oktober 78, es möge erhalten bleiben, bis das Buch geschrieben ist. Und dann?

Dann alles zum alten Eisen? Es ist doch eine Infamie: jemandem das Gefühl zu geben, man schätze ihn um seiner Person willen, wenn er in Wirklichkeit nur Mittel zum Zweck ist. Das hat Kant ganz richtig erspürt. Trotzdem kann keine Gesellschaft ohne Mitmenschen als Mittel-zum-Zweck funktionieren. Etwas anderes ist der Mächtige oder Starke und das Bedürfnis, geliebt zu werden über die bloße Nutzung von Geschlechtseigenschaften hinaus. Die Liebe entwaffnet ihn und dann beutet man ihn aus oder bringt ihn gar um. *Eyeless in Gaza*. Der eine liebt, die andere betrügt. Das mißbrauchte Vertrauen.

Pflichtschuldiges Erscheinen.
Außen ein Eisenpanzer und innen verblutet eine schöne Seele, wenn schon kein herkömmliches Herz. Zudem sitze ich seit gestern wieder an einer der unmöglichen Morgenansprachen, in welchen alles so gesagt werden sollte, daß nur der Eingeweihte es versteht. Diese Sonntagnachmittage, und da drunten bei der Rallye tanzen sie. – So, und was war's? *Waes merefixas mood uphrered* – es wurde ganz hübsch konfus, weil Chr auch noch dazwischenkam. Pflichtschuldiges Erscheinen nach drei Tagen, was soll man da für ein Gesicht machen? Ich wußte es auch nicht. Es schien, als sei man, wo nicht auf ein Gewitter, so doch auf dumpfes Donnergrollen gefaßt gewesen. So *apprehensive*. Aber siehe da, es säuselte nur milde. Und nun werde ich noch einmal über den dunklen Campus rauschen, um den Wind im Fledermausgewand zu fangen. (14. 3.)

Pfeiler im Fließen der Zeit.
Was ist dem allmorgendlichen Notieren von variierenden Kleinigkeiten, fixierbar durch Präpositionen des Ortes, durch Farbadjektive und physiognomische Besonderheiten, vergleichbar? Rituale. Warum zerbröseln sie nicht in der täglichen Wiederkehr des Gleichen? Sie stehen wie Pfeiler im Fließen der Zeit; es lagern sich Seelenteilchen und Sprachpartikel daran ab. Die ersteren bleiben unsichtbar (und vergehen auch bald, zerschmelzen wie Schneeflocken an Metall); die letzteren sind das Problem, denn sie bleiben auf dem Papier kleben. Sie täuschen Dauer vor von etwas, das vielleicht schon, wenn es niederge-

schrieben wird, nicht mehr ist. Flüchtiges (ein bekümmert ausweichender Blick auf ein rosélila Oxfordhemd etwa) einerseits; auf der anderen Seite, weit schwieriger zu zergliedern, Anwandlungen aus verschiedenen Gegenden des Subjektiven, von welchen noch im Niederschreiben bewußt wird, daß sie gleichfalls flüchtig sind und dazuhin sprachlich fragwürdig. (‚Ein dünnmaschiges, weißes Gewebe, durchtränkt mit den Schweiß der Träume. Nachts schlafe ich damit. Ich habe sonst nichts. Laß mich die – ' die was? Da beginnen die abwegigen Apostrophen und das Stottern im nachhinein).

Kleiner Sitzungs-Eklat.
Es ist vorbei. Eine grasgrüne Gottesanbeterin sitzt im Kelch einer Lilie, die sich schon neigt, dem Welken und Verrotten entgegen. Die Wirklichkeiten messerscharf zu trennen ist die einzige Möglichkeit, im Zusammenhang mit Amtsbefugnissen korrekt zu bleiben. Läßt sich Schutz gewähren durch Kritik und Preisgabe? Geheimsitzung des Kollegiums um unseren Eßtisch, um vor Lauschern sicher zu sein. Wer soll wohin? Es rieselte; des Messers kalte Schneide war spürbar: ich darf dem Schicksal keinen Wink geben. Dann ein kleiner Eklat, als Chr mein Versetzungsgesuch erwähnte. Der Kollegen einer kapierte, daß er einer der Gründe ist. Während meiner Erläuterungen danach, drüben unter halbfreiem Himmel, nahte sehr langsam, sehr bewölkt und leise grüßend im Vorübergehen der, den Chr kurz zuvor eine ‚Tranfunzel' genannt hatte. – Abendandacht verpaßt. Den ganzen Tag darauf gewartet und nun verschusselt. Auch dieser Tropfen war der dürstenden Seele nicht gegönnt. Und das für morgen früh – Irrsinn. Mystisch-toerische Esoterik. Vielleicht versteht Chr etwas. (15. 3.)

Ein müdes Ach ums andere.
Chr ist immer schnell durch mit den Klausuren; sieht auf einen Blick, was etwas taugt und was nicht. Da verausgabt sich einer in Ethik, erreicht die höchste Punktzahl und wird vermutlich anderes schleifen lassen. Ein müdes Ach hängt sich ans andere, und die Provokationen der defilierenden jungen Kerle sind nebenher auch noch zu verkraften. Das, was ablenken und friedlich stimmen könnte, ist nicht zu haben. Es sitzt zwar in

der Nähe und fingert an sich herum, blickt indes vorbei und zu Boden und verweigert jeglichen Kontakt. Immerhin hat die Muse sich mit dunklem Munkeln ins Meditative gemischt und Energien verbraucht, die sonst vermutlich im Tagebuch durch dämmergrünes Unterholz gestolpert wären, schnuppernd an exotischen Schmarotzern auf faulenden Baumstümpfen. Es war ein wenig literarische Anstrengung. (16. 3.)

Von der Peinlichkeit der Gleichnisse.
Das war's. Zu lang, zu schnell gesprochen. Die lyrischen Passagen zerbröckelten vielsagend ins – Nichtssagende? ‚The prince must stoop to conquer' – wer versteht denn solche literarischen Anspielungen? In einer Grenzsituation ist das Gottesverhältnis ein anderes, ernster, härter, brüchiger, als in Zeiten ästhetischtoerischer Selbstbespiegelung. – Das Tagebuch während drei Stunden Klausur. Einst entstanden in solcher Situation die ersten Gesänge eines unvollendeten lyrischen Epos. Jetzt, in schwarzer Bluse und da, wo einst Kg saß (den Tisch ans Fenster gerückt), kann ich mir schriftlich Gedanken machen über das, was ich angerichtet habe. Chr hatte nichts anzumerken. Vermutlich hörte er nur poetisches Gesäusel, schlimmer: ‚Geschwätz'. Aber man lachte. Wer hat da was begriffen? Das Wort kann dem Chaos rufen, und es kommt. So lange etwas im Schweigen verborgen bleibt, ist es ungefährlich. Aber etwas zu sagen, das der Auslegung fähig ist: das Gleichnis kann gefährlicher sein als das unverblümte Wort. Es läßt der Phantasie zu viel Spielraum. Wenn zweimal und ohne ersichtlichen Grund die gleiche Nicht-Farbe getragen wird: ist das nur etwas für eine überempfindliche Selbstwahrnehmung und Syneidesis? Die *mami-wata*, wer soll damit gemeint sein? ‚She sits and listens patiently and looks at him quietly and kindly, and as she smiles at him, his soul is restored, soothed and comforted. He knows that she loves him; she also taught him secret knowledge and the meaning of life.' ‚And red bush-berries grow all around in abundance.' Zu leise gesprochen, ‚Clothe us with the soft warm garment of your love. Let your loving care be like a cool hand on a feverish brow.' Ein Geheimnis auszuplaudern – das ist Sakrileg und wurde einst gerichtlich verfolgt. Arkandiszi-

plin. Nein, es war kein gutes Gefühl bei der Sache. Kann erst solcher Unsinn zur Vernunft bringen? Die poetische Inspiration hinter Soyinka zu verstecken – war das gut genug versteckt? Es bleibt die Frage: Warum wurde gerade diese Geschichte ausgesucht und vorgetragen? Ich meinte den Benjamin grinsen zu sehen, als hätte er etwas verstanden. Warum versteht Chr nichts? Man kann sich in den eigenen Netzen fangen. Das vergröbernde, das peinliche Danebenverstehen von Gleichnisrede. Da hat mir die Muse wohl einen schlechten Dienst erwiesen. Oder, falls sie es gut meinte, dann war ich nicht ganz bei Troste, so etwas vorzutragen.

Pflichtvergessenheit. Tod in Nd. Viele reife Tomaten hängen an den Stöcken. Der sie einsammeln sollte, hängt auch und überreif herum. Chr nach dem Pflichtvergessenen schicken, der sein Geld vorweg hat und nichts mehr tut dafür? – Er kam, erntete einen Vorwurf von geziemender Strenge und beeilt sich, während der Rotstift durch die Klausuren rauscht und die Pulsfrequenz sich ändert. – Wie nahe geht es? Es kam Besuch aus der Vergangenheit, Kg mit Frau, und es kam, in der Dunkelheit vor der Kapelle, die Nachricht von einem Tod in Nd. Einer aus einem Ausnahme-Jahrgang von Eigensinnigen. Einer der Besten. ‚Bestürzung' nennt man das. Ich spüre, wie nahe es Chr geht. Er hat den Individualisten, der auf ‚identity' bestand, geschätzt. Mehr geht jetzt nicht ins Tagebuch. Die Klausuren müssen benotet werden, und sollte es Mitternacht werden. (17. 3.)

Es wurde Mitternacht und darüber hinaus. Der tote Ng geht mir näher als der lebende Kg samt Frau. Dreiunddreißig ist er geworden. Die Einzelheiten, die herumerzählt werden. Gestern abend, alleine noch bei Tisch, Fotos eines extravaganten Eigenheims aus der Heimat betrachtend, ein Klopfen an der Tür, ein Erkennen erst auf den zweiten Blick in der Dämmerung; das Exaltierte, der Diensteifer, endlich einmal eigene Gäste, für die das Gästezimmer zubereitet werden kann samt einem Abendessen. Geschäftigkeit und Lebhaftigkeit: peinlich deutlich empfunden als Ausdruck der Verlegenheit, daß nach wenigen Jahren nichts mehr übrig ist von der großen Magie des Sokratischen. Einfach weg, von dannen, fort. Die Erinnerung nur noch kognitiv, ohne Gefühlswerte. Das Aufwärmen einer Mumie. Alles, was da einmal war, samt den riskanten Reisen 76 und 77 – allenfalls noch Rohmaterial im Tagebuch neben ein paar unfertigen Gedichten in Englisch. Die Mühsamkeit der Unterhaltung – worüber denn? Herkunft und Familie, das übliche. Es gab noch Sachen zu verschenken, einen Rock, einen Anorak, und ein Foto von Chr und mir auf der Treppe von 1977. Zu viert in meinem Kabinett, bestritt Chr die Unterhaltung und ich sah ein Gesicht, das noch immer und trotz beginnender Verfettung ausdrucksvoll ist: felsig, mit fliehenden Jochbögen, scharf im Schnitt und mandeläugig. Noch vor dem Mittagessen heut war der Besuch zu Ende. Zurückgeblieben ist eine große Müdigkeit.

In einem Nebel durcheinander.

Wieder Defilier-Ärger; es sind immer die gleichen drei Kerle. Mit einem Hund an der Kette müßte man den Weg verlegen. Werde ich mit einem Eklat hier abgehen? Chr's Achselzucken ist vernünftiger. Er läßt sich auf keinen Machtkampf ein. Wo ist eine Ablenkung? Im Garten beim Unkrautjäten? Beim Tomatengießen? Sicher nicht drüben bei einem hustenden Lachen. Alles da drüben bewegt sich wie in einem Nebel durcheinander – der tote Ng, der unerwartete Kg, und einer, der seine Arbeit vernachlässigt und allerlei Allotria treibt. – In der Abendkapelle das ermüdend Immer-Gleiche. (18. 3.)

Das Maß ist nahezu voll.

Da wagt es einer, das Abschreiben aus einem Kommentar zu rechtfertigen! Und steht als Übersetzer nicht zur Verfügung, denn da ist wieder eine anderweitige Verpflichtung. Das mußte geschluckt werden, obwohl es ein dicker Brocken ist. Die ungute Spannung, die Enttäuschung steigt. Wieder zu Chr, mich zu beklagen und mir Vernünftiges sagen zu lassen. Es macht mich grimmig, einen meiner Kandidaten derart träge zu sehen, so gleichgültig einem akademischen Leistungsanspruch gegenüber. Drückt sich. Setzt andere Prioritäten. Das alles auf englisch und als Strafpredigt konzipiert. Daß es, wie im Falle Kg, unzulängliche Endspurtleistungen sind, die so peinlich berühren, ist ein Indiz dafür, worum es letztlich geht: um Erwartungen im Bereich von Geist und Charakter. (19. 3.)

Traumfragmente ans Ufer des Tages und des Sagbaren retten. Das eine war das Dorf der Kindheit, Park und Schloß, der große Teich hinter einer Ziegelmauer. Meine Großmutter saß auf einem Mäuerchen, ich umarmte sie, weinend. Dann, am Steuer eines Landrovers einer, dessen Pullover mir bekannt vorkam, weit herübergeneigt, um erst die Scheibe klarzuwischen, dann fürsorglich mir ein weißes Wolltuch über Kopf und Schultern zu legen. Ein wohliges Gefühl, denn es war kalt. Das individuell Geistige und das sozial Gebilligte bestimmen die Wertigkeit ‚toerischer' Stimmungen und Empfindungen.

Auf der Suche nach Ersatz, für die Übersetzung fand sich das Schlitzohr N'go, für die Liturgie der Benjamin, und dann stand da einer vor den Schlafbaracken gebückt über einem Eimer, wusch seine Wäsche und richtete sich langsam auf, als ich wortlos vorüberging – was, noch da?! Morgen erst auswärts? Bei Tisch zu Chr: ich ärgere mich mächtig. Was ist es? Ein Sich-Losstrampeln? Argwohn? Bockigkeit? Sehen, wie weit die Geduld reicht? Verwundert und verwundet, gekränkt in empfindlichen Bereichen der Eigenliebe, die Dankbarkeit erwartet. Hinwiederum: ist Eigenwilligkeit nicht auch etwas Schätzenswertes?

Über das Patriarchale. Ohne Gähnen oder gänzliche Geistesabwesenheit zwei Stunden kultisches Geleier des Weibervereins auszuhalten (oder in einem Harem zu leben) wäre nur möglich, wenn ersehnte Nähe ein Gefühl von Geborgenheit vermitteln könnte in Abhängigkeit von etwas, das der Bewunderung würdig wäre. Das soll es doch geben und ist beinahe erfühlbar: wie es wäre, im Schatten eines persönlichkeitsstarken Mannes zu leben, ihn zwar teilen zu müssen mit anderen, aber ohne ein Gefühl von Demütigung oder Eifersucht, lebend im sicheren Schutz eines Harems und eines Patriarchen, edel, groß und bewundernswürdig: eine schönere Rolle als der blutrünstige Krieger. Herrscherlichkeit kann auch ihre Reize und sogar eine gewisse Heiligkeit haben; Jahrhunderte und die meisten bekannten Kulturen haben es bewiesen. Erst in einer degenerierten Form ist Königs- und Häuptlingstum wert, von den ‚clercs' angezweifelt und von der Plebs in den Dreck getreten zu werden im Kreislauf der Herrschaftsformen. In derlei gefühlsverwurzelte Gedanken versunken, sitzt es sich zwei Stunden lang ohne mit der Wimper zu zucken. Die Eukalyptusbäume draußen ragten in einen sehr hohen Himmel, blau mit weißem Gewölk befiedert, empor. Die Rinde ist rötlich-beige und grobholzig; sie schiefert ab fast wie bei der Kiefer. Es gibt hier auch Bäume mit dunkler, fast schwarzer Rinde, glatt und feinporig, und das Auge leitet die Wahrnehmung bisweilen weiter zu tastenden Fingerspitzen oder anderen schmal umrandeten Bereichen der Epidermis. Die Vorstellung davon ist schön. Die Gedanken wanderten weiter ins Allgemeine. Macht einbüßen kann gleichbedeutend sein mit: der Gleichgültigkeit anheimfallen. Wer liebt oder haßt, räumt dem Geliebten oder Gehaßten Macht ein. Gleichgültigkeit bedeutet dann Freiheit. Wissen über andere ist auch Macht. Gott ist gnädig und läßt den Menschen manches, was er gern wüßte, nicht wissen.

Freudlose Pflichterfüllung. Die Hoffnung, daß ein Rest Pflichtbewußtsein doch noch ein Erscheinen zum Zwecke des Tomatenbewässerns zeitigen könnte, erlosch erst mit dem letzten Abendlicht. Vielleicht war Ursache des Fernbleibens Furcht, mit Schweigen bedroht oder mit Vorwürfen angefallen zu werden. Chr liest abends noch immer Musil, Mann ohne Eigenschaften. Das Verfassen der Pflichtansprache für morgen hat keine Freude bereitet. Was heißt *Abide in Him*? Der Sehnsucht nach dem Absoluten nicht verlustig gehen? Dafür kann man doch nichts tun. Es ist der Machbarkeit und dem Willen entzogen. *Gratia gratis data*. Ich nehme es dem Phantom der Muse übel, daß es keine und sei es eine vorläufige Inspiration mehr bereithält. (20. 3.)

Eheliche Querelen.
Wieder ein strahlender Morgen und innen grauer Trübsinn. Das schwere Schwarz der Amtstracht liegt mir wie eine Heuchelei um die Schultern. Ließe sich doch ein Hauch Fata morgana über dieser inneren Wüste sehen, ein Wehen wie heller Rosenrankenvoile in einer Fensterhöhle! Chr ist da, bisweilen freundlich vertraut, durchgehend unvertraut mit den inneren Irrsalen dicht neben ihm. Möge dieser Vormittag vorübergehen. Möge aus dem irgendwie schief gelagerten Leiden ein wenig Musensirup fließen. Anders als gestern abend von der Spiegelablage im Bad ein medizinisches Schmiermittel aus unverschraubtem Fläschchen floß, als es umkippte. Ärger und Genugtuung sahen es fließen: Chr schraubt Verschlüsse nie zu. Diesen ehelichen Querelen könnte ein weiteres Jahr Eheferien gut tun. Die Irritation flüchtet in Gegenden, wo das Tagtägliche der Abhängigkeit sich in genießbare Portionen teilen läßt. Dazwischen soll es *Dogo Notes*, einen Roman und Kartoffelsuppe geben. Das Leben hier ist belastet mit einer moralischen Hypothek. *Count your blessings one by one*: es herrscht Frieden im Lande (die Ärgerlichkeiten im Campus bedrohen kein Leben); ich habe einen Beruf, dessen ich noch immer nicht überdrüssig bin; außerdem viel Freizeit, satt zu essen, erfreue mich guten Schlafes und einer guten Gesundheit; vor allem habe ich Chr – und bin trotzdem unzufrieden. Daraus müßte, wenn schon kein schlechtes Gewissen, so doch der Roman einer *Midlife crisis* werden. Chr schreibt volkskundliche Rundbriefe; er profiliert sich nach außen für die zu Hause, das ist immer noch der eine Teil Deutschlands. Er bereitet sich den Weg zurück. Ich flüchte nach innen und ins Grasland, hoffend, daß mir dort die Muse erscheinen wird, deren Phantom und Vexierbild hier seit dem Oktober 78 umgeht. Daß die Rückkehr nach Europa vor der übernächsten Tür steht, ist noch unwirklich.

Für wen? *Je est un autre.*
Nachmittags. Es regnet. Es ging vorüber. Für wen hätte die Selbstdarstellung stattfinden sollen? Die Jugend sang ‚Lay down your burden, down by the riverside...' Über der Menge stand oder schwebte – wer? *Je est une autre* –, sah nichts und niemanden, und es rauschte vorüber. Chr meinte nachher, bei-

fälliges Gemurmel gehört zu haben. Er weiß immer etwas Freundliches zu sagen, wenn ihm Zerknautschtes begegnet. Er liegt so schmal und hell auf seinem Lotterbett, eingewickelt in die grüne Decke, die ich ihm irgendwann einmal geschenkt habe. Der Regen plinkert auf die Blechziegel. Es ist kühl. Appetit auf eine Lauchsuppe. – Kurze Aufregung durch die Nachricht, der Benjamin sei wieder krank. Hin mit Chr und Geld für die Heimfahrt gegeben. Seit drei Wochen keinen Brief nach Hause geschrieben. Warum kommt meine Mutter im Tagebuch so gut wie nicht vor? Vielleicht weil so viel kaputte Familie an ihr klebt und all das, vor dem ich nach Afrika entwichen bin.

Fazit eines Ehelebens.
Kann es in der Einsicht bestehen: Frau soll den Mann nicht heiraten, den sie liebt? Es geht nach und nach alles in Scherben, man erwürgt einander langsam. Chrs Phlegma (oder seine Besonnenheit) und meine Aufgeregtheit (oder mein schnelles Reagieren) kommen einander in die Quere. Und trotzdem ein gemeinsames Schlafzimmer – irre. So irre wie das Umherirren im Campus auf der Suche nach – nun eben: wonach? Es ist doch da nichts. – Den Abend vertan mit Blättern im Tagebuch auf der Suche nach einem Datum. Dieses Tagebuch: eine papierene Außenseele? Eine Mülldeponie zu Hygienezwecken? Eine Rumpelkammer, in der es spukt. (22. 3.)

Osterferien. Malen? Schreiben?
Morgenstimmung im dunkelgrünen Urwaldpelz des Berges. Chr ‚steckt sich Musik in die Ohren', zu laut, es stört mehr als das Gegacker der Hühner. Es verscheucht die Gedanken. Was ist jetzt dran: das Lilien- oder das Rosenbild oder *Dogo Notes*? Oder zum Zwecke der Verdauung des vergangenen Trimesters ein Gang in den Garten? – Eine halbe Stunde im Garten gewurstelt, summend gesungen (‚Sie sangen von Lenz und Liebe…'), Unkraut gejätet und ein bißchen geschwitzt im grauen Kittel, der noch immer an den Ausflug in die Vogesen erinnert, damals, von Bethabara aus. Dann, nach Abfertigung des Dandy-Kandidaten, zog es ans Fenster des Wohnzimmers, driftete über die Hecke ins Jenseits und es schien, als würde drüben ein Vor-

hang beiseitegeschoben. Ein hellgrüner Schimmer flog herüber und zwischen den Bäumen hindurch, ein buntgefiederter Pfeil aus Phantasie und gespannter Erwartung. Heut ist der Tag, an welchem entschieden wird, wer wo ab Oktober sein wird. Ich werde im Grasland sein; aber wie weit entfernt von Lah und der Muse von dorten? Außerdem wurde vorhin zusammengepackt, um es der Soror ins Fluggepäck mitzugeben, was mit zehn Jahren Verspätung doch noch zustande kam und nun gedruckt werden soll. Ein seltsam unwirkliches Gefühl, in diesem Busch mit einem akademischen Titel herumzulaufen. Dieses Abseits war, abgesehen von den Ärgerlichkeiten der beiden letzten Jahre, ein friedliches Idyll. Wenn nicht noch etwas Schlimmes passiert. Man sollte noch nicht in der Vergangenheitsform denken.

Da hackt es wieder einmal nachmittäglich an den Tomatenstöcken herum und guckt so erschreckt und entgeistert zur Veranda empor, als sei von da ein großes Unheil zu erwarten. Nur das *Dogo*-Heft des letzten Jahres wird verlangt, aber der Blick des also Belangten ist so starr, als gehe Schreckliches in ihm vor, als sei da schon wieder eine entsetzliche Entdeckung gemacht worden. Dann lebhafte Unterhaltung mit der Soror auf deutsch; aber auf englisch in Hörweite fiel das wort *staffing committee*. Dann: die heut gesäten Radieschen sind zu gießen; eine Sitzung wäre morgen um 9 Uhr möglich. Mit Chr spazieren gehen? Keine Zeit.

Motive zum Malen. Schwarzer Kaffee, still in sich ruhend in uralt-weißlichem ‚mission china', regt an. Eine pastellrosa Rose dicht daneben welkt darüber hin – ein Motiv zum Malen. Buschlampenlicht durch weiße Vorhänge, ein süßlich-lyrischer Ton, dünn wie Orangenlimonade, lockte hinüber, nach dem Schlüssel zur Bücherei zu fahnden – der Dandy saß allein und hörte Radio, der Benjamin, kränkelnd, setzte sich auf die Bettkante und nichts hinderte, sich danebenzusetzen, um Fragen zu stellen; draußen kam der Bärbeißige entgegen und entschuldigte sich wegen seiner Schulden. Der Gesuchte war nirgends zu finden. Was werde ich morgen sagen, was nicht?

Nichts wird zu sagen sein. Es ist alles schon heute gesagt worden. Kurz nach 8 p.m. wurde der Büchereischlüssel gebracht. Der ihn brachte stand in der halbgeöffneten Tür; nahe am Schrankungetüm. Das Gesicht im Schatten, lehnte, die da sagte, was zu sagen war. Alle Fragen, sorgfältig vorherbedacht, eine nach der anderen, wurden abgefragt, und so verflossen zwei Liter Zeit, leicht gesalzen mit Zweifeln hinsichtlich einer Diplomarbeit und des Zubringens von Freizeit mit abwechselnd Kopfschmerzen und Wochenend-Rallyes. ‚Well, I don't remember.' ‚But I remember.' Nüchtern, völlig glanzlos, ohne Verlegenheit oder Verfänglichkeit, ward in Zwielicht zwischen Türrahmen und Urväterschrank die gerade Linie des Dienstweges eingehalten. Es ergab sich, daß dem Davongehenden noch ein paar Fragen nachgingen, einholten und bis zur Abzweigung begleiteten durch die vom Lehrgebäude her elektrisch erhellte Nacht. Dann allein in der Bücherei, die Beine auf dem Tisch, die Encyclopaedia Britannica durchstöbernd nach Chaka, dem Zuluhäuptling, Zeit zubringend. Warum war, zurück im Haus, die Stimmung so unfreundlich? Die eine wollte von einem Krankheitsfall erzählen, der andere wollte Wahlergebnisse aus Niedersachsen hören. So laufen die Interessen auseinander. Und übermorgen wird die Zwillingszahl Vierundvierzig abfallen wie ein welkes Blatt – ‚vom Baum des Lebens... Blatt um Blatt...' (22. 3.)

Die Palmenkronen glänzen in der Morgensonne, ‚wie lauter Edelstein'. Die Leute hier können sich nur schwer oder überhaupt nicht an Pünktlichkeit gewöhnen. Aber vielleicht bedarf der Benjamin Hilfe bei der Suche nach einem Taxi. Seit gestern ist im Campus der Verlobte der ‚armen Sue' und mit ihr zusammen bei uns zum Abendessen eingeladen. Der erschreckte Blick zur Veranda empor, gestern, könnte sich von diesem plötzlichen Besuch her erklären: so von Unglück und Verdächten verfolgt zu sein und dazuhin von einer Chimaira aus Löwin (quaerens quem devoret), Schlange (listenreich) und Haushuhn (nach Körnlein scharrend). Rücksichten nehmend auf das ‚Imitsch' – so quält man sich durch. Vor der Klinik großer Auflauf mit Landrover. Es bedeutet selten etwas Gutes. Die Sitzung ist im Eimer, da ist sie gut aufgehoben. ‚Geh halt hin und frag', sagt Chr. Neugier und Feigheit halten sich die Waage. – Kurz vor Mittag: es stellt sich heraus, daß die Zeitangabe nicht ernst genommen worden war. Die Tutorin auch nicht. Ha! Nicht wahr? Das gefällt mir. Was nützen Grimm und Ironie. Nachmittags also.

Rückblick auf ein Lebensjahr.
Eine Zwei Stunden-Sitzung. Der Kandidat begreift etwas, hat indes Schwierigkeiten, es zu Papier zu bringen. Über die Zulukriege in Natal und wie es zur Rassendiskriminierung kam, das war ihm unbekannt, und die es vordozierte weiß es auch erst seit gestern abend. Ganz brav und sachlich saß man da, Grau-in-Grau, klein gemustert und schmal gestreift, jeder Blick gestählt im Stahlbad des Gedankens, ohne Einlaßbegehren, ohne Nachgiebigkeit. Eine Sitzung ist nichts für zerklüftete Gefühle. – Man saß zu Tisch mit den Gästen weitere zwei Stunden lang, redete über dies und das und zuletzt über den Tod des Landsmannes Ng. Es paßt nicht in den Roman. – Mit diesem Abend geht das Lebensjahr zu Ende. Es hat ein Wiedersehen, vielleicht ein letztes, mit Jg gebracht und den ersten Besuch in Lah. Was noch? Die Wissenschaft ist zur Druckreife gebracht worden. Das Phantom der Muse verwandelte sich in einen Kandidaten, der enttäuscht. Im übrigen werde ich Odysseus bleiben, festgebunden am Mast herkömmlichen Anstands und der Ehe, Sirenengesängen lauschend, denen nachzugeben Schwachsinn wäre. Nicht nur würden vier Wochen genügen, jede romantische Illusion zu zerstören; es ist selbst der Konditionalis irreal: es gibt gar keine Möglichkeit. Aber etwas aus Lehm und Blech herzustellen, das wäre möglich. (23. 3.)

‚Application approved.'
Bedeckt und kühl; der Frühstückstisch geschmückt mit Zweiglein von Bougainvillea und blauen Winden. Dazu ein frommes Sprüchlein zum Nachdenken (zu Gott-in-uns kann man nicht mehr beten; wie tragisch ist die Entzweiung zwischen Eros und Agape?) Der Kollege Prinzipal kam, und mit gewohnt leiser Stimme verkündete er: ‚Na'any's application is approved'. Das wäre ja nun in hübsches Geburtstagsgeschenk. Es ward zur

Kenntnis genommen mit müder Genugtuung. Es betrifft keine von jenen *fraternals* weiblichen Geschlechts, die in den erstaunten Augen und Ansichten der Autochthonen ein Schreckensregiment aufrichten. Wenn sie in weißem Kittel einherrauschen, rührt der Schrecken vielleicht nur daher, daß sie ungewöhnlich großen Wert auf Hygiene und Pünktlichkeit legen. Vor drei Jahren sah und hörte ich, geistesabwesend, eine solche im Heimaturlaub, an einem Ort, wo das Gerücht umging von einer Ehe, die ich glücklich wähnte und sie war es nicht mehr. – Die Nachbarn, menschenfreundliche Menschen, kamen mit Blumen, und Chr ist auch geburtstagslieb. Man verträgt sich wieder einmal. Was ist, das ist; es bedarf keiner Worte oder es findet keine. Was *nicht* ist, das bedarf der Worte, um ins Sein gerufen zu werden, wenn der bedürftigen Seele Sinn danach steht. Scheinwelten, aus dem Schaum toerischer Sehnsüchte steigend, dieses Anadyomenische, es füllt den Horizont eines jeden Tages. Es kann sogar auf gewisse *Loci* abfärben, so lange noch kein Buch daraus wird. So weit das Schreiben. Jetzt ein Entschluß; denn es fehlt etwas. Wenigstens über den Campus. Denn einzuladen für heut abend – nein, ist nicht möglich.

          Ein Mutter-Brief, ein Witz, ein Wunsch.
Aus dem Postsack kam ein Brief hervor. Die unzertrennbare Nabelschnur: etwas aus einer anderen Welt, dem endgültig zu entkommen es keine Möglichkeit gib. So wenig wie dem Tod. Ich lese allerlei und vor allem Mißbilligendes Richtung Grasland. Befürchtungen welcher Art? Hinsichtlich des Ehegefüges? Chr, dem ich es sage, packt zu, verdreht ‚ins Grasland gehen' makaber zu ‚ins Gras beißen'. Es wäre wohl gut, ein bißchen Testament zu machen, vor allem im Hinblick auf die Tagebücher und das mögliche Mißverständnis, das bei Chr entstehen und überleben würde. Er würde so wenig begreifen wie damals in Bethabara. Chr also, der nicht abergläubisch ist, sondern Gott vertraut, kann makabre Witze machen. Es gefällt mir nicht. Aber man muß alle Möglichkeiten in Betracht ziehen. Aus der Ehe breche ich nicht aus, aber aus den sicheren, engen Grenzen dieses Campus und zunehmender Ärgerlichkeiten. Ich möchte nach Lah, in das Häuschen, in dem ich zwei Nächte

genächtigt habe. Das Gastrecht müßte erkauft werden. Ich hätte was Aparts für mich und meine Ersparnisse. Das andere ist der Plüschpullover. Mu meint, es sei schade, daß ich den verschenkt habe, ‚er war sehr schön'. Ich kann ihr doch nicht schreiben: noch viel schöner steht er dem, der ihn geschenkt bekam. Aber es ist wahr: ich hätte das schöne Stück bisweilen gern zurück. Es ist das einzige, was ich je verschenkt habe (an Chr ausgenommen), obwohl ich daran hing. Wenn ein solches Beschenktwerden sich dann als undankbar erweist...

      Wird der Tag vergehen ohne – ?
Chr setzte sich brav mit an den Kaffeetisch, obwohl die gute Soror ihm auf die Nerven geht. Sie ist die einzige all derer aus dem Bungalow, mit der er nichts anzufangen weiß. Meine frisierte Wissenschaft wird mit ihr fliegen, um gedruckt zu werden. Viertausend Deutsche Mark sind eine ganze Menge. Ein Fünfzehntel von allem, was ich hab. Es kam ein großer Regen, es wurde kühl. Auf dem Markt heut vormittag hat Chr einen blau-orange gemusterten Stoff gekauft, Avocados und Zwiebeln. Damit es eingeordnet ist. Zudem blüht allhier ein Röslein klein, kurzstielig, zerfusselt, ‚ruffled', lauter fingernagelkleine Blütenblättchen, hellrosé, verkrüppelt, als hätte ein Käfer an der Knospe geknabbert, dennoch erblüht zu kindlich verwirrter Hübschheit. Ein aparter Kontrast zu Ebenholz und schwarzem Kaffee. Bislang ein friedlicher Tag, es fehlt nur – wenn es nicht von selber kommt, muß ich gehen, es zu fangen.

      Mehr will ich ja nicht.
Es wurstelte ein wenig in der Bücherei herum, die schwarze Bluse offen über dem neuen weißen Tee-Hemd mit schwarzem Anker, der und das ein bißchen zu eng anliegt. Es ist kühlt, es regnet; ein Plüschpullover würde wohliger und lockerer umhüllen, aber der steht in apartem Farbkontrast auf Abstand gegenüber. Fragen hin und her, der Anker offenbar ein Blickfang; ab in den Nebenraum, mit anderen anderes zu reden; hinaus in die Halbfinsternis zu den Familienhäuschen; da steht es wieder im Wege und muß angeredet werden. Eine dunkle Gegenwart, erkennbar nur an den hellen Blenden eines fürstlich

schönen Kleidungsstückes, das, wäre es noch in ursprünglichem Besitz, bewahrt hätte vor der Erkältung, die eine offene schwarze Bluse über weißem Trikot bereits spürbar an sich gezogen hat. Es kratzt im Hals. – ‚Da geh ich alleine spazieren; geh du zu deinem Tagebuch.' Das tu ich, während Chr eben noch in die Nacht hinausläuft, um besser zu schlafen.

Es wackelt mit dem Kopfe...
Der Tag ist ‚ausgeklungen' wie er anfing: resignativ. Ich kann mich Chr nicht verständlich machen; er versteht nichts, er hat für alles seine frommen Vernunftrezepte. Und am Ende ist der Körper immer stärker als der Geist. Das, was schließlich auch ins Grab zieht, mag der Geist noch so sehr gegenstrampeln. Eine späte Stunde nebeneinander auf dem acrylblauen Lotterbett, sitzend an die Wand gelehnt, ein Glas Wein, eine Platte Musik – welche soll ich auflegen? Die Tanzmusik. Die ordinäre, die zweimal Einsamkeit in Ekstase gebracht hat. Das eine Mal bis zu solcher Erschöpfung, daß am Tage darauf eine Malaria niederwarf. Diese Tanzmusik also, bei normalem Verstande eine Peinlichkeit, wie kann man nur: hier will ich in ein verheultes Gesicht sehen und Selbstbespiegelung treiben. Ich weiß, wie ‚man' zu einem Fall für Psychotherapeuten wird, die ja auch leben wollen. Rhythmus setzte ein, lateinamerikanisch, und wieviel Selbstbeherrschung ist vonnöten, stille zu sitzen, brav zu sein, es nicht in die Beine kriechen zu lassen. Es liefen statt dessen die Tränen davon, heimlich und leise im Schatten des Lampenschirms, so daß Chr es nicht sehen konnte. Die Seele würgt sich ab und wringt sich aus, es bleibt im Halse stecken zusammen mit einem großen Kloß Selbstmitleid, leider, denn es gehört sich auch nicht. So wenig wie zur Selbstachtung gehört, sich einen anderen als den Ehemann vorzustellen, der sich von dem gleichen Rhythmus erfassen ließe, so daß ein Tanz entstünde, Einswerden im Rhythmus, weiter nichts und doch schon zu viel. So viel mehr als alles, was gemeinhin ersehnt, gepriesen oder verdammt wird. Ein Zwischen- und Schwebezustand von Körper und Geist, die beide sich im Tanz verleibgeistigen zu einem glückhaften Außersichsein: von fern erfühltes, nie erfülltes Ziel. (Nicht einmal das eine Mal, vor langen

Jahren, beim ‚Vergnügen' irgendeines Gesang- oder Heimatvereins, kurz nach dem Abitur; da, einmal, war ein solcher Zustand nahe, und der Zufallstänzer war ein junger Bauarbeiter, den später ein Bagger erschlug.) Das ist es, was so elend macht, daß das Wenige, das viel wäre, nicht zu haben ist. Das bißchen Gehoppel und Gescharre auf dem rissigen Zement im Refektorium drüben, zweimal in drei Jahren, das war alles - und es soll alles gewesen sein? Der Gedanke bringt an den Abhang, wo der Beinahe-Irrsinn sitzt und mit dem Kopfe wackelt: das Gefühl der Erfüllbarkeit eines harmlosen Wunsches, der in der vorgegebenen Wirklichkeit unerfüllbar bleibt. Es ist etwas anderes als die Schüssel voller Erdbeeren, an der ich in Bethabara verzichtend vorüberging. So saß man da auf dem blauen Lotterbett, auf dem einer, der auch nichts dafür kann, immer dann liegt und liest, wenn er als Begleitschutz am Rande des Sportfeldes erwünscht wäre. Die Platte lief weiter, Tangos, der Rhythmus bisweilen so obszön, daß es mir zuwider war. Stand auf, drehte die Platte um, blieb stehen und hörte zu. Kam Chr, fragte: ‚Träumst du?' war freundlich gemeint, rührte indes an die Wunde. Ob ich diesen Tanz tanzen könne. Nein, log ich, ich habe alle Tänze verlernt. Sie plagen mich nur noch mit ihren Rhythmen. Wieder stumm nebeneinander auf dem Acrylblau, sah Chr meine Verheultheit und sagte nichts mehr. Da sagte ich, es habe keinen Sinn, es gebe keine Verständigungsmöglichkeit, ich wolle lieber Tagebuch schreiben. ‚Willst du mir was erzählen?' Nein. Enttäuschung gibt auf. Zu Mittag hatte es Kaninchenbraten gegeben, zu wenig für mich. Sagte ich etwas von ‚Heißhunger'. ‚Ist recht', entgegnete es gegenüber und nagte ein Keulchen ab. Philosophierte ich stumm vor mich hin. (Was ist ‚recht' daran, wenn ich Heißhunger habe, und zu wenig da ist? Nur eine Mutter würde einem Kinde zuliebe verzichten. Freßegoismus ist so natürlich.) Die strenge Linie des Verzichts geht geradeaus. Es kam also heut abend kein Gespräch mehr zustande. Eingeschlossen. Festgebunden. Wie gelähmt. Und was das Tanzen betrifft – mit dem Ehemanne tanzt man nicht. Mit ihm schläft man. Mit ihm führt man, wenn es sich ergibt, hochgeistige oder resignative Gespräche. Tanz ist ein Zwischen- und

Schwebezustand; ein vollkommener Balanceakt zwischen bewegendem Geist (die abstrakteste aller geistig erfaßbaren Dinge, die Zahl, der Rhythmus, bewegt) und bewegtem Körper aus allem übrigen, vom Knochengerüst bis zum Nervensystem. Was sich drei Jahre lang über diese Lichtung im Regenwald bewegt hat, ist eine traurige Tanzparodie. Ein verkorkster und bisweilen ans Lächerliche grenzender Ringelreihen aus heterogenen Voraussetzungen und Erwartungen. – Chr kommt zurück. Ich bin müde. Was werden, *sub conditione*, die nächsten fünfundzwanzig Jahre bringen? (24. 3.)

Es stürmte in der Nacht, und ein Kratzhals plagte. Chr einsilbig, ich auch nicht glücklich; das Arbeitskabinett wieder regennaß unterm Schreibtisch am Fenster. Was mach ich – malen? Nachdenken über den Austausch ungleicher Güter? Materielles gegen Geistiges. Ein Pullover gegen ein Gedicht, Geld gegen – Glück? Auf der einen Seite krabbelt es mühsam von unten nach oben, auf der anderen fällt es nach den Gesetzen der Schwerkraft und des vergehenden Lebens abwärts von Stufe zu Stufe. Es wäre nicht gut, sich aufzuregen über ‚Ausbeutung'. Es ergibt sich als kurioser Gewinn dieses Tagebuch. Chr versteht nichts, außer daß ich ihn anklage. Die Türen des Landrovers schlagen zu; die Soror fährt mit meiner Schrumpfwissenschaft und einer Ladung Umsonst-Mitfahrer (‚people deh enter like jigger') davon in den Heimaturlaub, und ich vertrödle wieder die Ferienfreizeit, während Chr sitzt und sich rechtfertigt durch Werke der Wissenschaft.

Plüschpullover und *Dogo-Notes*.
Der weggeschenkte Edelplüsch ist dabei, verewigt zu werden in Öl auf Pappe. Heut vormittag ist das mit Rosé verblendete Braun-Violett recht gut gelungen. Chr ist ins Nachbardorf gegangen; wir haben seit gestern abend nicht mehr mit einander geredet. Jetzt *Dogo-Notes*, ehe der Dandy zur Sitzung kommt? Was er schreibt, ist oberflächlich, ist Schaumschlägerei. Die ersten *Dogo-Notes* entstanden, nachdem ich eines Tages das idyllisch abgelegene Häuschen der unbedarften Kollegin betreten und daselbst in den roten Sesseln unter anderen Besuchern

auch Kg beim Mikadospiel angetroffen hatte. Da waren die *Notes* wie ein Rettungsanker. Und während es vor sich hin schrieb und sich um nichts und niemanden kümmerte, ging Chr nachmittags in den Bungalow, um sich mit bunten Schnäpsen trösten zu lassen. Zum Ausgleich für meine Deviationen. – Noch verstecke ich das Gemälde, auch vor Chr. Während ich im Kabinett auf den Dandy einredete, fuhrwerkte es Tomaten gießend und erntend auf der hinteren Veranda herum.

Eichhörnchensprünge und Eulenblick.

Um das *Dogo*heft des Benjamin zu holen, war ein Gang hinüber zu den Schlafbaracken vonnöten. Stand da einer und sah dem Kommen entgegen mit der Miene: Was will sie nun schon wieder? *Mein* Blick, im Nahen, machte seltsame Eichhörnchensprünge zwischen dem Weg vor den Füßen und dahin, wo die stumme Frage stand. Während nach dem Heft gesucht wurde, wieder eine Möglichkeit, sich umzusehen, aber das Eigentliche wurde kaum wahrgenommen. Eine Geistesfinsternis, die starr wie ein Eulenblick am Ziel der Suche vorbeigeht, geradeaus auf eine verhüllte Fensterhöhle zu dicht neben dem, was seitlich naheliegt. Auch das Formulieren von Sätzen fällt schwer; es fällt nichts ein, das dem Verweilen einen tragfähigen Grund unter die Füße breiten könnte. Im Gehen, beinahe Entfliehen, fielen die Ananas ein, zurückgelassen von der Soror und geeignet zum Verschenken. Man möge kommen und sie holen. Ein gewisses Mißtrauen folgte langsam den enteilenden Spuren, nahm in Empfang, eine für sich, eine für dem Genossen: ‚We are very grateful' – Bitte sehr. Die armen Unbeweibten, sie bekochen sich selber. Sollte man ein Brot für sie backen lassen? Wie weit darf die Fürsorge gehen? Sie geht, bis sie über die eigenen Füße stolpert. (25. 3.)

Ferienverstimmung.

Es ist alles vergeblich. Wenn das Glück kommt, ist man schon tot. Im Traum der Nacht ging ein Plüschpullover neben mir eine Straße in Europa entlang, dann aber war der Ort eine Baracke hierzulande, in das ein Irrlicht sich verirrte. Was suchte es da? Es kamen zwei der Inwohner, welchen das Befremdliche erklärt werden mußte. – Chr steht vor mir auf, frühstückt alleine, der Ton ist sachlich-höflich. So lebt man nebeneinander her; das tränenreiche Schweigen am Mittwochabend hat ihn beleidigt. Er weiß, daß sich nichts ändern läßt. Er schreibt mir Brieflein, ich klappere eine Antwort. Ich werde auch wieder *Dogo Notes* schreiben. Erst die nächste Sitzung. – Die saß sich auch ab, unterbrochen von der Sue erst, dann anderweitig und nun wieder Kinderlärm, immer lauter und anhaltender. Es ist kein Mittagsschlaf mehr möglich. Ist es Feigheit oder Angst, zu explodieren? Die Kinder klappern Xylophon in meine Geistesarbeit hinein. Ich gehe zu Chr: ‚Muß man sich das gefallen lassen?' Er fürchtet sich nicht, wie ich mich vor mir selber fürchte. Er geht, der Zierliche, und lächelt freundlich an dem langen Kollegen hoch. – Enttäuschend. Dieser Kandidat hat keine eigene Meinung, antwortet zwar vernünftig auf diverse Fragen, fürchtet sich indes vor jedem Risiko, geht den Weg des geringsten Widerstandes und läßt sich ohne mit der Wimper zu zukken die Konfusion zweier Kapitel ins Übersichtliche diktieren. Es geht an die Grenze lehramtlicher Integrität. Jetzt ist es spät, aber ich müßte noch ... (26. 3.)

Altwerden im afrikanischen Busch.
Gestern abend noch mit Chr geredet. Es gibt keine andere Lösung. Es ist Versöhnungsbereitschaft auf beiden Seiten, aber auf seiner kein Verstehen der Krise des Altwerdens mitten im afrikanischen Busch. Die Dürftigkeit dessen, was zur Verfügung steht oder sitzt läßt sich nicht eindeutig bestimmen: ist's eine Strafe oder ein Almosen, eine Groteske oder eine inverse *éducation sentimentale?* Im Abnehmen begriffen: der Mond und seine Gewichtigkeit. In der Rundung des Gesichts Klarheit und Nüchternheit über Kratern, Narben, Rissen und ach, welche Mühsal, ein Lächeln unterzubringen in einem Satz, der als verhüllende Wolke vorüberzieht. Glatt gespannt und pergamenten trocken, und das Irrlicht der Erinnerung an weit Zurückliegendes flackerte dazwischen, ein Stück Brief, der mir versehentlich in die Hände kam, gerichtet an meine Mutter, als sie so alt war wie ich jetzt bin. Gott der Geheimnisse und des Erbarmens, bewahre es wohl. Im Hinweggehen ging es noch um die ver-

sprochene Schreibmaschine. Ein zähes Hin und Her. Danach ein ritueller Gang über den Campus, hinüber zur Bücherei, der Abendhimmel so klar, der Blick frei bis zu den Bergen im fernen Südwesten. Wie kam es, daß es da wieder zu Seelenerweichung und Tränenaufstieg kam?! Es frißt alle Lebensenergien. Das darf doch nicht sein.

Verriß von Frau zu Frau.
Das Klauen von Guaven und Pitangakirschen geht weiter. Zu blöd, daß man sich ärgert. Ansonsten herrscht eine ‚himmlische Ruhe', heut, wo ich keinen Mittagsschlaf brauche, weil der Vormittag keine Energien verbraucht hat und ich Marmelade koche, die auch Chr schmeckt, ohne daß er sich über klauende Kinder ärgert. Die langtägige Besatzung des Gästezimmers ist endlich abgezogen. Wir haben so viel zu essen, daß zwei von den Unbeweibten abgefüttert werden könnten, aber Chr meint, einer sei genug. Während die Tomaten gegossen wurden, las ich einen Verriß (über Ziebarth, Hexenspeise) in der ‚Zeit' von 1976; die Rezensentin heißt Elke und hat ein böses Mundwerk. So kann nur Frau Frau verreißen. Fortan kann ich mir den Verriß meines eigenen ungeschriebenen Buches vorstellen.

‚When can I come for supper?'
‚I have not yet decided. ‚You will not come to me today.' Einfache Sätze. Vor, während, danach. Abweisend. Sachlich. Stumm. Auf der vorderen Veranda. Zu Tische. Im Arbeitskabinett vor der weißen Schreibmaschine. Gebückt. Sitzend. Stehend. Was gibt es zu reden über eine Stunde lang, zu zweit, zu dritt, zu zweit? Eine mühsame Diplomarbeit. Eine aufgeschobene Verlobung. Ein neues Farbband. Ein Blick von der Seite. Ein Lachen der Verlegenheit. Knappe Anweisungen. Der Hausherr fragt interessiert und verständnisvoll. Der Gast antwortet so knapp, wie Höflichkeit es eben noch gestattet. Die Hausfrau, Vor-, Gegenüber- und Dazwischengesetzte, sie redet von ‚resignation'. Daher das Lachen, das verlegene. Wohin? Nach Ubum, nach Mah oder nach Mbebete. Um was zu machen? Dies oder jenes oder die eigene Liturgie schreiben. Als sei es erst heute ins Bewußtsein gewachsen, das Grasland und das Weggehen zur gleichen Zeit. Morgen, sehr früh, hinab ins Tiefland. (27. 3.)

Lampenstern aus dem Jenseits.
Das Tagebuch muß mit. Drei Tage ohne: unvorstellbar. Der Tag begann mit einem Lampenstern, hell und herausfordernd, als es noch dunkel war. Nie habe ich das Licht aus dem Jenseits so sternhaft, so strahlend gesehen. Vielleicht eine Halluzination quer durch die Büsche? Sie streckte Arme aus und zog durch den Agavenweg bis zur Straße – war in Gedanken ein Vorhang beiseitegezogen worden; bewegte sich etwas? Wo? Da. Da es zu morgengrauen anfing, ging ich schnell zurück, und der Traum der Nacht fällt über mich her. Chr wälzte sich, von Kümmernissen gequält, neben mir, stöhnend, und da ich ihn davon losreißen wollte, sprang es auf mich über und brach in Klagelaute aus, so daß Chr mich wachrütteln mußte. Wir sind beide nicht glücklich; aber was heißt das schon und wer hätte ein verbrieftes Anrecht auf Glück.

*

Im Tiefland. Ein Rückblick.
Begrüßung ringsum. Die Fahrt herab holprig und schweigsam. Zurück blieb, was aus der Smaragdknospe des Triptychons gestiegen war, herbeikam und aus dünnem Gefaser ein Kokon aus Befangenheit spann. Durch die geschlossenen Fenster des Landrovers schien ein Anflug von leiser Abschätzigkeit zu spielen, etwas wie: Was soll das alles? ‚You will not come to me today.' Etwas, dem die ganze Fahrt hinab nachsann. Ja, was soll's. Eine Be-, eine Er-, eine Ver- in die eine und in die Gegenrichtung; eine, die nicht ganz bei Troste zu sein scheint und dennoch imstande, sich selbst zu durchschauen. Das Winken mit beiden Armen unter dem Tulpenbaum schien unbefangen. Mir winkte es ins Grasland.

Mbebete. Eine Vision. Ein Brief.
Hier das Existenzminimum: ein Glas kaltes Wasser, und man fragt nicht: ist es Filterwasser? Ein Sessel, etwas zu essen, und dann ein Bett und eine Tür zum Zumachen. Einquartiert in M'g'ns Haus. – Nach Mbebete also wollen sie mich versetzen. Wird es bedeuten: wochenlange Ferien in Mah, von schwarzem Tee und Quaker Oats leben? Inmitten des Gewimmels hier: ein wohltuendes Gefühl der Unbedeutendheit unten all den *black big men*, und auch unter den *white men*, die hier versammelt sind, einige zu Besuch aus Europapa. Dazwischen eine Vision

dessen, der in zehn, fünfzehn Jahren der Erste dieser Berufenen sein könnte, gekleidet in die Pracht traditioneller Festgewänder, patriarchal, mit undurchdringlichem, alles durchdringendem Blick: *le regard du roi*. Ein Thronender und zu seinen Füßen die Menge der ‚Untertanen', nach Graslandart, denn da gibt es noch Häuptlingsschaft mit sakraler Aura. Die Kunst des Einander-nicht-zu-nahe-Kommens ist eingeübt. Je größer der gehaltene Abstand, um so klebriger streckt die von Ehrfurcht und Sehnsucht versehrte Seele sich aus nach dem nicht Erreichbaren. Und eine Doppelfontäne der Erinnerung stiege auf, unsichtbar, zwei Herzschläge lang: das Einst als das Einzige, dem Wirklichkeit zukäme. Alles andere: eitel, Schau und Schaum. Eine Vision, aus der ein Roman werden könnte. – Statt dessen ein anvertrauter Brief, *yield not to temptation*, und wenn doch? Beschädigung der Selbstachtung, und was hat man davon. Nichts, was Geheimnis wäre. Der Weg ist rauh und ich bin schwach, und es müssen zu Gewissensbissen auch noch Kopfschmerzen hinzugeschwindelt werden. Can love go against the law? Which type of love? Natürlich. Hier spricht sich doch alles herum. Was soll der Sünder Sündern predigen? Ich bin reif für den Rückzug. (28. 3.)

Hanebüchenes wird da verzapft und auch sonst gibt es Ärgerlichkeiten mit dem einen und anderen der Amtsbrüder. Ein grauhaariger Lockenjüngling ist auch wieder auf Besuch und sonstiges vertrocknetes europäisches Gemüse: so werden dermaleinst die Jüngeren über uns reden. Im Gespräch: ‚I am tired and somewhat exhausted'. Morgen wird meine Mutter vierundsiebzig. Chr jagt seinen Flöhen nach. (29. 3.)

*

Zurück seit gestern bei Nacht. Und nun, und hier wieder: Tau in der Morgenfrühe, der schnell vergeht; ein dünnblütiges Gefühl, ein sehr dünner Aufguß von Lindenblüte, grünlich, oder Hibiskus, rötlich; etwas, das ob seiner Wenigkeit in Worten überleben möchte, aber nicht weiß, wo richtige, schöne, suggestive, zu finden sind. Was ist ein ‚sanftes Leuchten'? Was ‚kühle Gegenwart'? Es ist ein Herumstochern in Verbrauchtem. Stimme wieder an, deine unmelodische Klage... Es ist ein Spiel mit Hölzchen und Stöckchen, mit Steinchen, Käferlein, Grashälmchen. Sollte denn hier antike Mythologie bemüht werden, Eos etwa als Platzhalterin einem Morgenlächeln, von kühlgrün-blaßgoldenen Flämmchen umspielt, entgegensehen und nicht standhalten können, ungeduldig, im voraus verzichtend auf etwas, das da vielleicht zu haben wäre und sich so leicht nicht würde abfertigen und wegschicken lassen wollen? Chr: ‚Da ist wer.' Ach ja. So arm und so krank und wie gut tut da eine Stange Weißbrot. Aber es sind auch akademische Pflichtübungen abzuliefern; es wird Zeit. Zeit, die sich unerwartet verlangsamt, mit einer Neigung zur Linken, einem Wölben der Hand über Papier und Tisch, spiegelsymmetrisch. Lindenblüte, landesfremde, dufte; Hibiskus, getrocknet zu Tee, sinke als blaßrote Schliere in ein Glas kühlen Wassers... Religion in verinnerlichter Form kann wohl bisweilen wirken wie solch balsamisch-toerischer Lindenduft oder wie ein Opiat, das unempfindlich macht gegen die Mückenstiche der äußeren Wirklichkeit. Gegen das bürokratische Theater etwa, das jetzt um ein Ausreise- und Wieder-Einreise-Visum anhebt. Ärgerlich und lächerlich zugleich, *the insolence of office...*

     Was da war, gestern und sonst so: kaum wert, notiert zu werden, das Übliche, Staub, Hitze und Hetze in der Stadt, mit Chr auf Flohfang im Vorzimmer eines Bürokraten, auf schnell beendeter Stoffsuche im Marktgewühle, für einen Anzug, dunkelblau, zum Schneider, die übliche Einkauferei, wo ohne fraternale Hilfe alles noch nervenverzehrender wäre: die Überlebensstrukturen, für die kein Tagebuch notwendig ist, nur Geld, Gesundheit und Beziehungen. Und hier ums Haus weiter der Ärger mit den Guaven klauenden Kindern. Chr kümmert weder mein Ärger noch der Anlaß dazu. Ich aber – ich werde sägen.
     Ein Bäumlein wird umgesägt.
Und es sägte. Die Lady, im Roman, sie kommt daher mit dunkelviolett befleckten Händen, murmelnd: Wundere dich nicht, du Langsamer, Stumm-Verwunderter. *I felled a tree in self-defense.* Drei Viertelstunden grimmiges Herumhacken. Ohne

das ermutigend schlechte Vorbild des Nachbarn wäre es nicht möglich gewesen. Denn es ist verrucht, einen Fruchtbaum zu fällen; es möge als Fluch auf alle Diebe fallen. *Single-handed* ward die schnöde Tat vollbracht, erst mit der Handsäge, das ging zu langsam, dann mit dem Buschmesser, das ging besser, trotz lächerlich armseliger Muskelkraft. Mit schlotterichten Altweiberarmen hab ich die säbelschwere Klinge geschwungen, geschwitzt und ingrimmig benommen dreingehauen. Mit diesen schwachen Händen, die zittern, wenn, wofern und jemals ein Spinnlein Unbedacht darüber krabbelte und die jetzt voller Blasen, mit Jodtinktur bekleckert, prangen – tat ich dies. Voller kleiner grüner Früchte ist das Bäumchen, das da liegt. Es ist halb zwei. – Zurück zu der Rückkehr, gestern abend. Es standen in der Dunkelheit welcher herum, bereit, beim Ausladen zu helfen. Ein Bauch, im Buschlampenlicht über die Gürtellinie hängend, stand (das darf man doch: ‚Junger Kropf ist Sattelnase gut') und palaverte mit dem Kollegen Nachbarn. Verhedderungen ergaben sich bei der Begrüßung. Hilfsbereit zurückbleibend, als die anderen gingen, während Chr und ich noch in der Küche herumfuhrwerkten, fragte der Betreffende, ob noch etwas auszupacken sei: Nein, danke. Aber hier ist etwas Mitgebrachtes. Und ein Stangenbrot ward überreicht im Halbdunkel. Wenn alles nur darauf hinausläuft, ist ja alles in Schutenhut und Krinoline und die biedere Muse heißt Meier.

Moralische Kopfschmerzen. Müßte nicht doch noch etwas Realistisches hervorgekratzt werden, damit nicht alles in Stimmungen ersäuft? Kg, sagte Chr, sei kurz aufgetaucht, während ich mit moralischen Kopfschmerzen (der befleckte Brief wurde mit Butterbroterläuterungen abgegeben) die Zeit verschlief. Für das Patenkind im Grasland wurden 10.000 übergeben. Das ist schon alles. Dahinter fangen wieder die Einbildungen an. Etwa, daß die Zurückbleibenden sich rhetorisch an die Tutorin klammern müßten, damit sie sich pathetisch losreißen kann: das Bedürfnis nach Gebraucht-werden. – Abendsitzung bis das Licht ausging. Der Kandidat gab zu Protokoll, daß seine Berufung zu diesem hohen Beruf sich als stetig wachsende Überzeugung kundgetan habe. (31. 3.)

Glücksfall, Sitzungen und Mittelmaß
(April)

Nachholbedarf zu gestern abend. Punkt zehn erlosch die Glühbirne, eine Kerze ward angezündet und die Sitzung beendet. Wer wird im Kerzenschimmer zu zweit allein... Es ist viel geredet worden; ein Wortkarger redete ungewöhnlich viel, über Polygamie und das geistliche Amt. Ganz ernsthaft und sachlich in grauen Socken bis zu den Waden (ein Vorwurf gegen nacktbleiche Füße in Sandalen?) Die Unwirklichkeit dieser Zweisamkeiten, vor allem bei Nacht. Die Welt des Schweigens ist eine Abseits-Welt für sich. Was heißt: ,Nie sollst du mich befragen?' Zwischen Lüge und Wahrheit gibt es nicht nur das interpretierbare Schweigen, sondern auch die Halbwahrheiten, Zweideutigkeiten und Symbolhandlungen. Die Sprache ist uns nicht gegeben, unsere Gedanken auszudrücken – welcher Moralist hat das doch gesagt? Ich weiß im voraus, daß ich ,den Roman' für mich schreiben werde und für niemanden sonst.

Chr macht sich wieder davon, rüstig über die Berge zu Fuß für mehrere Tage. Ich werde meine lahmen Beine, die nur noch die Berge von Lah und die Muse auf Klettertouren bringen könnten, unter dem Schreibtisch ausstrecken und schreiben. Traumrelikte: Nähe ohne Nachgeben; Hochschaukeln durch Abstoßung, Verzicht. Tannenbaumruß als Schminke, ein tiefer, samtener Ton, nur die Schläfe hell. – Wie hab ich die Zeit zugebracht? Abwechselnd ,Zeit'-Feuilleton und Hastings Dictionary 63. gelesen. Dann in die Bücherei, um von oben herab ein paar Bemerkungen fallen zu lassen. Es war da keine Gefahr, in einen Brunnen zu fallen. Das ist gut; aber das Gute ist oft langweilig, und des Menschen Seele oder sein Gehirn will dauernd beschäftigt sein. Wenn nicht, kann eine Art Paralyse eintreten, ein Gefühl der Ermüdung, ,dem Leben halb schon abgewandt', wie Chr zu zitieren pflegt. Chr, der mich voller Gottvertrauen und nicht zu verkneifender Kalauerlust im Grasland ,ins Gras beißen' läßt.

Vertane Zeit, ungenaue Verdächte.
Chili-Konfekt, Griesbrei mit Zimt und Zunder, dieses deutsche Feuilleton der ‚Zeit', ich fresse es weiter in mich hinein und es evaporiert umgehend. Ist das die Kultur daheim, die ich hier verpaßt habe? Wie werde ich mich sehnen nach diesem Afrika, nach diesem Kaff und Campus, von dem ich mich jetzt genervt und verärgert losreiße. Nach Urwald mit schön gebogenem Kraterrand im Morgenlicht, nach all dem Schlendrian samt den streunenden Ziegen. – Vorsichtiges Nachfragen beim Kollegen Nachbarn, den von ihm zu beseelsorgenden Kandidaten betreffend, ergaben unbestimmte Verdächte. Es soll mein Geheimnis bleiben, wie hier einer, von drei Seiten betroffen, sich beunruhigen läßt, Kopfschmerzen bekommt, vielleicht nachts nicht schlafen kann und im Unterricht bisweilen vor sich hindämmert. Wenn man ihn darauf hin anrede, reagiere er ‚ungnädig', hörte ich. Ein hübscher Ausdruck. Die Radieschen im Garten reagieren auch ungnädig, wenn sie nicht gegossen werden. Wer soll sie gießen, wenn der dafür Entlohnte sich nicht sehen läßt? ‚When the gardener comes, carrying two bags of live seeds and a good strong hoe' – *Lawinos Lied*. L' amour est si simple. Nur der Geist und die Moral komplizieren sie. Der Garten verwildert. Wo mag Chr nächtigen, in welchem Ziegenstall als Notunterkunft, droben hinten im tiefsten Busch? Und ich? Sollen mir die Haare zu Berge stehen oder von heut auf morgen ergrauen bei dem Gedanken, daß ich bald fünfzig sein werde und das Leben ohne weiteres vergeht? Ohne weiteres. Denn eher würde der gestirnte Himmel über mir einstürzen als das moralische Gesetz in mir. Die Trägheit der Masse macht's; die Bequemlichkeit; vor allem aber eine Abneigung dagegen, sich lächerlich zu machen. Die *Abiturii* werden umgetrieben von der Frage, wohin ein jeder versetzt werden wird, auf welchen erhofften oder gefürchteten Posten. (1. 4.)

Glücksfall – Zufall?
Wahrlich ein *vendre-di,* dieser erste Freitag im April. Es mutet an wie ein Listengeflecht der von Botticelli in der Muschel auf dem Meer. Zufall? Oder ist da gefädelt worden von Leuten mit hintersinnigen Gedanken? Der Kollege, der kürzlich eine lebendige Ziege auf dem Dach des Landrovers heraufschicken wollte

und es auf Protest hin bleiben ließ, kam und gab kund, wohin wer versetzt worden ist. Blitz und Donner? Diese Nähe war unerwartet. Ein Glücksfall. Die Entfernung ist die richtige. Alles andere ergibt sich daraus. Auch die Feststellung: ‚So we are in one –' Hat je ein Zahlwort plus Personalpronomen so viel umfaßt? Ein Satz wie offene Arme, um hineinzufallen, oder aber wie eine Falle, in die zu stolpern nicht gut wäre. Auf jeden Fall einer in des anderen Reichweite. Ungläubig beglückt zieht der Blick Linien auf der Landkarte nach: hier entlang, eines Tages, und dieser Tag ist nicht fern. Am Jahrestag von Lah vielleicht. Das erste aber war ein heftiges Bedürfnis nach Heftigkeit. Der Wunsch, sich gegen einen Schrank zu werfen oder auf eine Matte, oder aufs Bett, um den aufschäumenden Augenblick Glück kristallisieren zu lassen. Ein Wunsch ist in Erfüllung gegangen; kein Wort hat gewagt, darum zu bitten. Wortlosem ward wunderbare Erfüllung. Alles fügt sich. Denn alles ist artig und ehrenhaft. In heimlichem Harme harmlos. Alles nähert sich aufs schicklichste, ein wenig scheu zwischendurch, sicherlich mit vielen Gedanken belastet, die indes statt Kopfschmerzen eher goldene Möglichkeiten erwägen mögen.

Etwas wie ein Myrtenkränzlein.
Die Bewegungslinie dieses Vormittags, zu Erinnerungszwekken, für später, sorgfältig nachgezogen: Gleichgültiges diskutierend begleitete ich den Kollegen Ziegenhalter aus meinem Kabinett; von der anderen Seite nahte es langsam, abwartend. Auf eine Frage hin kam nach kurzem Zögern die gewohnte Bitte um Geld. Beim Aushändigen da, an das rote Bord gelehnt, neben der Tür zum Kabinett, knüpfte sich sodann der nächste Knoten, lang vorwegbedacht: ‚I may still need your help.' Wegen der *Dogo Notes*. Daraufhin formte sich der Satz mit zwei in eins schließendem Pronomen und Zahlwort, und es rankte sich darum herum das Myrtenkränzlein eines Lächelns, schmalblättrig, kleinblütig, keusch und kühl. Hier ist Halbhöhe und die Luft eine andere als in der Tiefebene, wo Ende Januar eine Schlagermelodie aus Straßenlautsprecher und Männerphantasie dem Durst nachschwankte, *togetherness* insinuierend. Hier ist nicht alles, aber Wesentliches anders.

Sein durch Vermißtwerden. Die Frischinformierten machen ein bißchen Rhetorik und Theater. Tut es nicht gut? Man möchte der Lebensnerv derer sein, von welchen man sich lossagt. Sein durch Vermißtwerden. Auf der anderen Seite: Meidungen. Das Flüchtige der Begegnungen; das Hastige, das Überstürzte aus Furcht, sich durch Verweilen zu verraten. Forsch und burschikos hin, durch und wieder weg. Wie durch eine Nebelwand. Wer liegt hier wem auf dem Gemüte? Wem wird es ungemütlich? Mir nicht. Aber ich weiß nichts Rechtes anzufangen mit dem Glück. Unrast verhindert Weiterarbeit an den *Notes*. Marmelade kochen könnte vielleicht beruhigen. Die Sorge hinsichtlich Chrs Unbehaustheit schleicht auch umher. Stammesheiligtümer ausspionierend, übernachtend, wo nicht in Ziegenställen, dann in verfallenen Kolonialpalästen, Rheuma, ungefiltertes Wasser, Moskitos. (2. 4.)

Was wird hier bleiben, wenn wir und eine höhere Bildungsanstalt nicht mehr sein werden? Der Campus und dieses denkwürdige Haus werden verlottern. Knapp hundert Jahre samt unseren zehn werden eine Episode gewesen sein. – Von drüben leuchtet ein heller Farbton herüber. Jetzt sind es hundert Meter; dann werden es zwanzig Kilometer sein. – Ein Vorwand und hin. Der eine, grünbekittelt, wäscht Wäsche, ein anderer fläzt in einem Autoreifen. Konversation. Versuch, jegliche Anmutung von Befangenheit in Fetzen zu reißen durch Flucht nach vorne: ‚I am in the same district …‘ – es wird zur Kurzschlußtaktik. Wer insinuiert hinten herum wem was? ‚I tell you, this is no mere accidence.‘ Kopfschmerzen, Ratlosigkeit; nach so vielen Tagen wieder einmal gießen? Es hat nur noch ein paar Radieschen.

Rote Rose, weiße Sternblume in einem Glaskrug auf dem Bord vor dem Kabinett. Der Mensch greift nach Symbolen, wo die Sprache versagt. Symbole saugen das Plasma aus Gefühlselektronen, -ionen und -photonen an sich, das sich zu keiner Wort-Atom- und Satz-Molekülstruktur verbinden kann. ‚Sternblume‘: Ersatz für etwas Untropisches: Dichternarzissen. Sie bedürfen eines kühlen Klimas und der Fähigkeit zur Abstraktion. Die Rose hingegen, die rote, muß kein Widerspruch sein. Eher ist sie Voraussetzung. Ohne das pralle Lebensrot wäre das Weiß der Abstraktion zur Höhe der Idee nicht denkbar. Statt einer Rose könnten es auch Pitangakirschen (oder Tomaten) sein, wie auf dem rechten Flügel des Triptychons. Was nützt das tiefsinnige Arrangement. Es gibt weiterhin Probleme mit dem rechtzeitigen Einreichen einer Diplomarbeit. Was ist schuld daran? Kopfschmerzen? Kümmernisse? Vorwürfe, Verlegenheiten, ‚ungnädiges' Mienenspiel, Andeutung von Enttäuschung. Das Verandagatter schlug hart zu. Eine rauhe Straße, ein Gefühl der Schwäche, ein Geschmack von Zartbitter und kein Gefühl für Zeit. Vielleicht daher eine leise Lust am Verlottern, das Ritual des Haarewaschens beiseiteschiebend, vor dem Spiegel Falten zählend, kleine, steile über der Oberlippe; mehr als zwei, scharf und tief eingegrabene Runen vergangener oscula; Krähenfüße in den Augenwinkeln, erschlaffende Lider und alles übrige, auch das Übliche. Daß er einmal jung war, merkt der Mensch erst, wenn er alt wird. (3. 4.)

Offenes Haar und ein offenes Fenster in der Morgenkühle, hüben und drüben und dazwischen die Gedanken, die beides verknüpfen in der Sprache des Vorwurfs und der Rechtfertigung. ‚Why do you talk to me like this?' ‚I am your superior and your senior.' Schwachheit ist hier niemandes Name. Schwarzer Tee ist lebenswichtig. Nachts im Traum und durch eine geräumige Wohnung gingen Leute, die da nichts zu suchen hatten. Meine Mutter war da und hielt an sich. Jg war auch da, bartlos im Profil und fremd. Es war sonst nichts mehr. Oder nur so schattenhaft wenig, wie ich es für Chr bin, wenn er auf Buschtour ist. Währenddessen und im Zusammenhang mit den *Dogo Notes* tauchen wie bemooste Karpfen aus einem Mondscheinteich Vorstellungen von öffentlicher Anerkennung auf, ganz wie vor zwei Jahren, als ich dem Koloß auf tönernen Füßen ein vermeintlich goldenes Haupt aufsetzte. Es verkündet da etwa einer der autochthonen Wortführer: ‚We have only one thing in common with the Kimbanguists: our most outstanding theologian.' Als bloßer Gedanke fesselnd; niedergeschrieben, selbst als Aposiopese eines Namens im geheimsten Tagebuch, ist es nichts als peinlich. Vielleicht aber macht es nicht nur Chrs Aspirationen verständlicher, sondern auch diejenigen derer, die hier ihre vier Jahre durchsitzen. Es geht ihnen nicht um Theologie und auch nicht nur um ein festes Gehalt. Es geht darum, eine Rolle zu spielen, Macht und Anerkennung zu genießen. Haupt und Häuptling zu sein, jeder ein kleiner Zaunkönig in seinem Busch und Nest: es ist so unendlich viel mehr als - wie wäre es, ein Buchstabenrätsel daraus zu machen, nur die Vokale und Diphthonge, <ie ei-i-e ie-e ei-e ei-e au> etwa; denn Konsonanten, das wußten die Erfinder der Schrift, sind das Skelett, das notfalls auch alleine umgehen kann, und das wäre in diesem Falle nicht gut. Hier soll nichts umgehen, sondern zerfließen wie Nebel in der Morgenfrühe.

                                        Palmsonntagsgedanken.
Apostrophen – Ausdruck wovon? Monologe sind reflexiv, sie rückbeziehen sich, die Welt und sich selbst betrachtend. Solches Kreisen um sich selbst kann sich offenbar immer wieder einmal erschöpfen. Aus einer egozentrischen Bewegung wird Gefühlsplasma abgesaugt durch die Gravitationskraft einer anderen Massenansammlung, vor einer Kirchentür etwa oder sonstwo. Das ist hübsch grotesk und so kommen Apostrophen zustande, rhetorische Weg- und Hinwendungen rein tagebüchlicher Art. Die Rede von oben herab ging über den Tod; es ist ja Palmsonntag und Karfreitag ist nahe. ‚Die deh come when life i deh sweetest.' Was bedeutet für die Leute hier ‚sweetest'? Gemeint ist wohl, dann ist der Tod am bittersten. Er brauche nicht gefürchtet zu werden; denn – und dann eine Lehr- und Leerformel statt einer Beschreibung der Seelenverfassung, die den Tod statt bitter süß machen kann. Von Tristanchromatik weiß hier niemand nichts. Es muß aber nicht nur der erotische Rausch sein, der den Tod zu einer lachenden Wasserkunst macht. Es kann auch weniger rauschhaft zugehen. ‚Ich folge dir in das schwarze Loch, denn du bist vorausgegangen und rufst mich.' Das *trahe me post te* und das *Nearer my God to thee* setzt freilich ein starkes Band, auch des Vertrauens, voraus. Das Sehnen muß stärker sein als die Angst. Und bei den Stoikern –

Wie Gerüchte entstehen.
Wäre Chr da, er hätte mich vermutlich zurückgehalten. Ein Gang hinüber zum Kollegen Ziegenhalter enthüllte, daß der gestern aus einem Guavenbaum gescheuchte Bengel des Nachbarn Schweinehalter heulend heimkam und Anlaß zu dem Gerücht gab, ich hätte zugehauen. Die Mama sei zum Prinzipal gegangen, sich zu beschweren. Was nützt ein Lachen in solche Verdächtigung hinein. Alles wird zunehmend prekärer. Der Kinderhaufe jaulte mir nach, da ist nichts zu machen. Die Eltern sind nicht zu Hause, sonst hätte ich sie gleich zur Rede gestellt. Ich brauchte jetzt nur zu sagen: ‚I will send a snake to bite you', und die Katastrophe wäre da. – Mit dem Wissen, daß man drüben über Büchern sitzt und arbeitet, kann ich hier, umgeben von gleichfalls Büchern, beruhigt Zehen manikүren; alles übrige, alle bösen Gerüchte, kümmern nicht so sehr. Wenngleich meine soziale Haut im allgemeinen recht dünn ist. Wieviel Verlaß wäre im Ernstfall auf Chr? Die Meinung der Leute wäre ihm vermutlich wichtiger. Ich verstehe langsam die Mentalität von Hexern. If you accuse me wrongly, I will do things worse than of what you me accuse me.

Mini-Szene mit lila Rosenvase.
Es muß sofort Tagebuch daraus werden. Vernehmlich klappt das Verandagatter in eine ‚verhüllte' Richtung, in welcher ich mich befinde; in Lah war es ein Palmblatthüttchen. Im Kabinett ist niemand, die Tür steht offen; im Bad läuft der Wasserhahn länger. Bei der Tomatenpflanze, die statt Blumen in einem der Verandakästen wurzelt, ist wartend der Früchte eine gepflückt worden; auf dem Schreibtisch liegt die Frucht vorabendlicher Bemühungen in der Bücherei. Darüber zu reden wird Zeit am Abend sein. Hier und jetzt steht in der Nähe eine lila Vase, zwei langstielige Rosen blühen gegen das Welken an, und das reine Weiß eine Sternenblume hebt sich erhaben davon ab. Es ist Mittagszeit. Zeit zu Tisch zu gehen und eine kleine Bemerkung dazu. Jeder kocht sein eigenes Süppchen. Es ist ja Sonntag. Jeder ißt für sich allein. Flüchtig das Lächeln, flüchtig das Überlesen des Geschriebenen, in Gedanken rückwärtsgewandt. Das Sichentfernen mutete an wie eine Flucht.

Rechts und links verschränkt.
Später Abend, und es ist immer noch Sonntag. Kühler, roter, zartsaurer Wein durchspülte das Warten. Einst war es ‚Never on Sunday'; jetzt ist es anders, und das elektrische Licht schneidet scharfe Schatten in die Enge des Arbeitskabinetts; vorsagendes Reden und nachschreibendes Schweigen lösen in längeren Intervallen einander ab. Dunkelbraunes Fledermausgewand und graugemustertes Polohemd, Alltag und Festlichkeit im Chiasmus. Während schweigenden Schreibens vergeht die Zeit, gekoppelt an und gequantelt in Augenblicke – hin, weg, hin und wieder weg, lauter diskrete Neuronenblitze, aber es knistern keine Lyrismen dazwischen. Es redet. Es schreibt. Es denkt. ‚April, cruellest of months, mingling memory and desire'? Später vielleicht. Dann sind zwei Stunden verflossen, die besprochenen Papiere zurückgegeben, ‚Now you go and sleep.' Jetzt ist es möglich, sich in den Sessel zu rekeln und nachzudenken. Über rührend Anmutendes. Wie wenn ein Kind den Arm hinter dem Rücken versteckt, weil es die ‚falsche' Hand gegeben hat. Normalerweise nimmt man auch hier etwas mit der Rechten entgegen, Geld, eine Ananas, oder ein Buch. Wer wird so linkisch sein, mit der Linken Papiere entgegenzunehmen, die mit der Rechten hingereicht werden. Übermüdung allenfalls könnte sich in solche Gedankenlosigkeit verlieren und verschränken, flüchtig und bei abgedunkeltem Bewußtsein; aber es würde Spuren entlang der Nervenbahnen hinterlassen, beidseitig, doppelpolig. Wer sich als erster zurückzieht aus solcher Verschränkung, macht dem anderen dieselbe erst bewußt. Chr ist heut nicht zurückgekommen. Wer oder was sitzt in diesem nächtlichen Sessel? Betrachtungen über das Ich als wunderlichem Gemisch werden immer zurück zu den Eltern führen. Wer bin ‚ich selbst'? Was muß an ‚Nicht-eigentlich-Ich' miterduldet, mitverantwortet werden? Auch das Ausweichen in eine andere Sprache? To cover that prolonged moment of interlacing beneath... Ich trinke Wein des Alleinseins, liegend in dem Sessel, in dem rechtwinklig der Abend saß. So mit einem langsam welkenden rosarot mit Lila verschränkten Gefühl. Die kaum verhüllte Schadenfreude des Kollegen Ziegenhalter will mir nachgehen. Ich aber gehe anderem nach. (4. 4.)

Zerlutschende Reflexionen.

Was hab ich anderes, die Tage zuzubringen, als die Willensübung, die sich in *Dogo Notes* verbeißt, und das Herumlutschen an Tagträumen, so einem Salbei- und Sanddorn-Bonbon wie dem gesternabendlichen. Es zerlutscht sich in Reflexionen. Über als Zufall Empfundenes etwa, das einem Wunsche zufällt: was unterscheidet es von der Gnade? Eine ethische Zwischenbestimmung, die locker oder rigoros ausfallen kann. Gott-Schöpfer, in gewissen seiner Aspekte Deus-sive-Natura, ist *vor* allem Sittengesetz, zugänglich durch Mathematik und Ästhetik. Sobald der Mensch ins Spiel kommt, bleibt nur die reine Mathematik moralfrei. (Und vielleicht nicht einmal die; wenn ein gesellschaftlich ausgegrenzter, ein mißliebiger Mensch eine große Entdeckung macht, dann gerät sie erst einmal in den Schatten der Ausgrenzung.) Weit abgeschweift vom Zufall, der, wo nicht als ‚Gnade', so doch als Erfüllung eines Wunsches und als ‚etwas Schönes' empfunden werden kann. Vielleicht entspricht es dem bunten Schnaps, dem freundlichen Lächeln und Verständnis, dessen Chr bedürftig war, als die ersten *Dogo Notes* entstanden und die große Krise schwelte, unterschwellig. Jetzt lagert Bedürftigkeit auf der breiten Stolperschwelle der Lebensmitte, und ich versuche, das Beste daraus zu machen. Ein langsames, leises und zurückgelehntes Atmen ist nur möglich, so lange eine Hand geduldig und dankbar schreibt, was im Rahmen übergewissenhafter, schon beinahe aus den Geleisen des Zulässigen kippender Betreuung im vordergründigen Medium bescheidener akademischer Anforderungen eingeflüstert wird. Die Zeit verrinnt spürbar, als rieselte Sand oder Wasser über die nackten Arme unter dem Faltengewand. Die Zeit, die da gibt, sie nimmt auch wieder. Kronos-Chronos verschlingt, was er selbst erzeugt hat. Am Ende ein dünnes Lob zu ein paar Sätzlein über Geistlichkeit und Staat, vermutlich abgeschrieben aus dem Merkvorrat dessen, was der Kollege ins Ethikheft diktiert hat. Mehr ist nicht ‚drin'. Und dann das Zurückgeben der Papiere. Die Wiederholung, das Sich-Einwickeln in das Wenige hilft, das Theater wegen dem Kinderhaufen des Nachbarn Schweinehalter zu verdrängen. Hängt etwa Sein von sozialen Relationen ab? Heute könnte Chr zurückkommen.

Das Netz, in dem es hängenblieb.
Kierkegaard läßt sich wörtlich in Tillich wiederentdecken. ‚Träumende Unschuld' vor dem Fall ist genau das, was der Fall war, vor bald vier Jahren. Es läßt sich so leicht übertragen und hineindeuten in das, woraus dieser Ringelreihn auf einer Lichtung im Regenwald sich ergeben hat. Ein Vor-Bewußtsein; ein Sich-Nähern der Gefahr ohne ein Wissen darum, ohne Angst, ohne Absicht, ohne Berechnung. Einst, vor fast dreißig Jahren, mochte es sich von Chrs Seite her ähnlich angefühlt haben; aber es blieb auf meiner Seite unverstanden. Es war, von der angegangenen Seite her erinnert, viel zu hellgeistig, tiefsinnig und witzig, zu kameradschaftlich; bis zu dem Tag, da es umschlug in Verlegenheit und Ratlosigkeit. Jetzt erst, im Übergange begriffen, wird es begreifbar, umgeben von einer Aura trauervoller Schönheit, einer Nänie würdig. Unwiederholbar. In diesem Netz ist Chr einst hängengeblieben. Ich bin anders dahin geraten, wo ich die Absicht habe, auszuharren bis ans Ende meiner Tage. Eine ‚sich ängstigende Freiheit' indes ist ein hölzernes Eisen; denn was sich ängstigt, ist nicht frei. Es ist die formale Freiheit der Möglichkeit, die verzichtet, weil sie um unerwünschte, gar fürchterliche Folgen weiß.

Es gibt eine Art von Geistlosigkeit, von totaler ‚Bekloppheit', die ansteckend wirkt. Wie kann einer nur so bedeppert in der Gegend stehen. Was ist los? Wieder alles falsch gemacht? Wäre es nicht ergötzlich, wenn Chr, verschwitzt und verdreckt wie üblich, heute abend ankäme und ich säße mit den dreien bei Tisch, um den zweiten Lah-Gockel zu verzehren? Ein inneres Widerstreben, als könnte die Einladung als Aufdringlichkeit empfunden werden, wollte warnen. Aber – le dessein en fut pris, und es stiefelte los. Der alte Nk'op saß vor dem oberen Holzschuppen und schnitzte an einem Mörser herum. Ich lud ihn von unten her ein. Der Bärbeißige zeigte sich eine Weile unschlüssig, ehe er zusagte. Der dritte stand in der Gegend mit völlig ausdruckslosem Gesicht, sich zurücknehmend bis ins Nicht-mehr-Vorhandensein. Bis dahin, wo ein Traumzustand ins Totsein übergehen müßte. Die Einleitung der Einladung muß sich freilich kurios angehört haben, nämlich so, als werde der Hausherr heut abend zurückerwartet. War der starre Blick Ausdruck einer Suche nach Sinn? Er bewirkte fluchtartigen Rückzug. Flucht in eine idyllische Stimmung, der Berg im Abendlicht, Wolkenschals um die Schultern drapiert, sanft überblaut, sanft umzirpt, kein Kindergeschrei, nur ein wenig Holzhacken – es lenkt ein wenig ab. Denn Prolegomena sind zäh wie Ziegenleder. Trotzdem muß ich dran bleiben. Die *Notes* sind der Strickstrumpf, aus dem ein Seil werden soll, an dem einige Kilo, vielleicht sogar Zentner Sinn des Jahres im Grasland festgemacht werden sollen.

‚Tired and worn out.'
Unfähig, irgendeine Gelegenheit wahrzunehmen. Fast so paralysiert wie einer der drei Geladenen. Zu viert ward das Geflügel aus den Bergen von Lah verspeist. Der Bärbeißige, im Grunde und trotz gelegentlicher Rüpeleien nicht unsympathisch, offen, unbefangen, erzählte, wie unglücklich man sei. Das ist immer schmeichelhaft, andere so anhänglich betrübt zu sehen, auch wenn es nicht halb so ernst gemeint ist, wie es sich den Anschein gibt. Was der Grund meines vorzeitigen Weggehens sei. Nun – ‚I am tired and worn out.' Aber, vor Gott und meinem Gewissen, was ist der wahre Grund? Gewinnt der Roman Macht über mein Leben? ‚Dann geht Denis. Dann gehe auch ich.' Eine Symbolhandlung? Abbrechen. Eine Schwelle setzen in eigener Verantwortung. Chr hat mich in den Regenwald geschleppt. Jetzt ziehe ich weiter ins Grasland. Ich nehme mir ein zweites Freijahr nach meinen Bedürfnissen und Träumen. Das alles geht, außer Chr, niemanden etwas an. Ausweichen auf die Frage, was ich im Grasland zu tun gedächte. Es wäre doch einfach gewesen, die Wahrheit zu sagen. ‚I want to write a book.' Mit dem einen also war Unterhaltung möglich. Nk'op sagte: ‚I am an old man' und ging davon ohne Dank, während die beiden anderen das Geschirr in die Küche trugen. Man saß noch kurz zu dritt bei einer Flasche Bier und kaltem Tee. Dann vergaß einer seine Taschenlampe, kam alleine zurück und – ‚Okay'. Das war's. Sonst nichts. Keine freundliche Floskel. Eine doppelte Beklopptheit? Peinlich. – Kommt Chr in der Nacht angewandert? Kommt er morgen? (5. 4.)

                          Völlig glanzloses Mittelmaß.
Viel zu früh am Tage, zittrige Knie, winzig in sich verkrümelte
Schrift hier im Tagebuch, verwaschen weinerliche Stimmung.
Da ist das Opus nun eingereicht und abgeliefert. Völlig glanzlo-
ses Mittelmaß. Das – ? Ja, das. Nichts als brav und bieder, und
zur Hälfte eingeflüstert. Nichts Eigenes von Bedeutung. Wieder
ist viel Mühe aufgewandt worden und eine große Erwartung
zusammengesackt. Es hängt mir im Arm, gar am Halse wie
etwas Lebloses. Ich sinke in mich zusammen. *(Bury me in a re-
mote corner. Pour a libation of pure water once a year.)*

                         Nachdenken über Afrika und Europa.
Chr ist zurück, schmal, sonnverbrannt und ganz munter. Wer
sollte sich da ‚wie weggeschubst' fühlen? Doch wohl eher erleichtert. Aber ich – bin ich krank? Warum stört das Wildern
der Kinder in den Mangobäumen so heftig? Das Geräusch des
Dreinschlagens ins Geäst wirkt wie kleine Gehirnschläge. Chr
weicht aus. Wir sind zu weit weg vom ordinären Leben. Selbst
die noch Unverheirateten drüben sind näher am sich forthä-
kelnden Ende der ‚golden chain of being'. Manch einer wäre
dazuhin vorstellbar als Polygamist in der primordialen Glorie
des Patriarchen in der Nähe Gottes des Schöpfers und Gesetz-
gebers. Erst mit dem Sohn beginnt Verfeinerung, Trauer, Abstieg... Es ist wieder Passionswoche. Acht Jahre hat es gedauert,
bis ich einen wesentlichen Unterschied zwischen Afrika und
Europa verstanden habe. Die Weltkriege waren ein letztes Aufbegehren gegen den überfeinerten friedlichen Untergang, die
Selbstaufgabe des Abendlandes. Das macht die großen Bösen,
Hitler und Stalin, zu erratischen Phänomenen. Hier in Afrika
herrscht das Ideal des herrscherlichen Mannes auch unter der
Geistlichkeit; der Hirt der Herde soll ein ‚Reverend' sein, ein zu
Verehrender.

                              Geistreiche Wortspiele.
Chr liegt auf dem Lotterbett und liest, wie üblich. Aber er
nimmt auch Umgebung wahr. Die äußeren Ränder, die Spitzen
und Zipfel der Verstrickung entgehen ihm nicht; er nimmt Be-
zug darauf, selten, aber wenn, dann in geistreichen Wortspie-
len. Es weiß um jedwede Unmöglichkeit so gut wie ich. – Drüben in der Dämmerung der Schlafbaracke ein mit Büchern voll-

beladener Tisch. Dazwischen ein Spiegel: zur Selbstkontrolle? Vor der Abendsitzung Begrüßung des zurückgekehrten Hausherrn. Es gehört sich. Das Wegwischen von Fusseln an Kragen oder Knie gehört sich hierzulande auch. Es ergab sich als man sich setzte. ‚Thank you.' Sonst ist da nur das traurige Wissen darum, daß alles nun bald zu Ende geht. (6. 4.)

Ein Grün wie Maiglöckchenduft – wenn schon sonst nichts. Bittersüße in geringer Dichte molekularer Verteilung auf dem Kubikmeter. ‚Es ist nur eine Vorwölbung der Luft gegen das Hirn' oder so ähnlich. Der Regenwald ist anders grün, dumpfer, sumpfiger, eintöniger. Duft und Wellenlänge eines Maiglöckchengrüns sind frisch und kühl wie nordischer Frühling und immer auch leise abweisend. So etwas ist hier in den Tropen ungewöhnlich. Einst reizte es Netzhaut und Nervensystem; ein Abglanz davon prangt als Edelsteinknospe in der Mitte des Triptychons. Wenn aber Auge und Seele ermüden, die Spannkraft der Erwartung nachläßt und die Vorwölbung nur noch Bauch ist? Wenn das Dasein ohne Wahrnehmung bleibt? Ein Innehalten beim Fegen vor den Schlafbaracken, ein leises, ein beinahe bittendes ‚Yes, Na'any?' – Mal eben vom Schreibtisch weg auf den Markt. Ein Dorfhäuptling, Erdnüsse, Fische, Palaver als gesellschaftliches Ereignis. Seit zwei Tagen fest in der Denk-Zange, De revelatione, weg vom Tagebuch. Der Bärbeißige, verständnisvoll und hilfsbereit, jagt mir die lärmenden und klauenden Kinder aus dem Gesichtskreis. Ein anderer hackt sich mit dem Buschmesser beim Grasschlagen mal eben in den Fuß. (7./8. 4.)

Karfreitag und Kulturphilosophie. Chr meditiert dem Amida-Buddha von Kamakura nach. Er hat ihn ja gesehen. Es ist knapp sieben Monate her. Und nun ein langer Abschied von Afrika? Gedankengrasfeuerchen und tagträumende Wunschvorstellungen entzünden sich an der Verschiedenheit zweier Lebenswelten. Herkömmlicherweise ist es das ‚männliche Prinzip', das durch Akademie statt Thermopylen, (‚Verfeinerung'), durch resignative Einsicht in die letztendliche Sinnlosigkeit einer ewigen Wiederkehr des Gleichen

(‚Trauer') den ‚Abstieg' und Ausstieg aus der Geschichte vorbereitet. Wenn das aufgrund von Gleichberechtigung auf die Frauen übergreift, dann geht es mit dem Abstieg noch schneller. Auf einer Kante sitzend, ganz in Schwarz und Silber, ganz ästhetische Apperzeption (Rosmarinduft im Haar, im Nervensystem ein Flirren wie ein Sperlingsschwarm), Wissenschaft als Blitzableiter – auf solcher Kante konstruiert sich im nachhinein nicht ein Konflikt der Kulturen, sondern das Untergehen der einen in Nebenströmungen der anderen. Vielleicht ist das Leben auf weite Strecken hin wie eine Kamera ohne Film. Man möchte die schönsten Bilder (vielleicht auch schlimme, um des Gleichgewichts der Wahrheit willen) festhalten, knipst und knipst und stellt am Ende fest, daß gar kein Film drin war. Ergo. Wenn nicht alles, so doch vieles wird dem Vergessen anheimfallen. Was Worte hier festhalten, ist ein Schatten des gelebten Lebens. Aber was ist (im ontologischen Sinne von Sein) ein häuptlingshaftes Auftreten oder ein Pharaonenblick ohne ein Bewußtsein, das es rezipiert und hier zu Papier bringt? Nichts. Und was liegt daran? Auch nichts. Die meisten Teilchen-Antiteilchen dieser Welt vernichten einander, zerstrahlen in ein Anderssein. ‚Es ist alles eitel.' Auch dieses Tagebuch. Trotzdem muß geschrieben werden, *faute de mieux*.

Unglücksrabe. Ärger. Enttäuschung.
Chr kam kommentarlos mit, den Unglücksraben zu besuchen, der sich gestern in die Zehen des linken Fußes gehackt hat. Sie haben' s ihm schön verbunden. Der Patient lag angekleidet auf dem Bett, schien zu schlafen, setzte sich aber schließlich auf und beantwortete Fragen. Chr hielt sich zurück, sagte nur die landläufige Formel des Bedauerns. Zurück, ein Campari und wieder das Tagebuch. Die Wirklichkeiten durchkreuzen einander. Einerseits ist heute Karfreitag; aber es läßt sich keine Lust verspüren zu Besinnung diesbezüglich und jenseits des dünnen Aufgusses von der Kanzel herab. Andererseits gibt es den üblichen Ärger. Der Kinderhaufe des aufs Achtfache vermehrten Nachbarn Schweinehalter frißt alle Fruchtbäume kahl. Mit der Kamera erscheinen hilft nicht mehr. Die nächste Stufe der Eskalation ist Schimpfen. Drittens muß Enttäuschung auf der

Ebene akademischer Bemühungen verarbeitet werden, ähnlich wie vor sieben Jahren im Falle Kg. So viel Mühe, so hohe Erwartungen und ein so ärmliches Ergebnis. Viertens und wie eine Flucht vor alledem die rein ästhetische Beunruhigung, in welchem Aufzuge es sich gebührt, ‚drüben' zu erscheinen. Ganz in Schwarz ist zu ungemütlich bei der Hitze. Ein dunkelbraunes Flattergewand erscheint zu leger. Es ist ja kein Krankenbesuch; es soll, der Abmachung gemäß, eine Sitzung sein.

Das Verflattern der Zeit. Schon erledigt. Denn meistens kommt es anders... Wer hält sich denn hier an Vereinbarungen? Man schläft sanft und selig oder tut jedenfalls so, wenn es klopft, jemand eintritt und dasteht, beinahe wie eine Hohepriesterin. Ein ganzer Haufe saß beieinander um den Benjamin, nackt in Badehose, vor kurzem zurückgekommen, und die Stimme, die ich hörte, war erstaunlich tief: die eigene. Sie fragte den Jüngling aus nach allerlei, und einem kurzen Blick flüchtig zur Verfügung lag im Hintergrunde der Mann auf dem Bett lang ausgestreckt auf dem Rücken, das Gesicht seitlich zur Wand hin. Einer erklärte: ‚He did not sleep last night.' Achso. Ja dann. Natürlich. Falls er laufen könne, solle er heut abend kommen. Ende der Episode. Ein Rauschen hin, ein Rauschen zurück; der Wind im weiten Gewand wie das Flügelschlagen einer großen, veredelten Fledermaus mit Flügeln aus kaffeedunkler Kunstseide statt schwarzem Fell zwischen zierlich gespreizten Fingern und Rippen. So verflattert die Zeit. Und Vorstellungsfetzen möglicher Beunruhigungen flattern über die Mattscheibe des Gehirnhintergrundes.

Pflichtübung an der Kopfschmerzgrenze. Jetzt ist es dunkel draußen. Was bleibt? Wer hat etwas davon? Zweieinhalb Stunden. Es nähert sich der Kopfschmerzgrenze. Es kam angehumpelt; man saß, im abnehmenden Tageslicht, erst im Kabinett, dann auf der dunkelnden vorderen Veranda, dann im giftgelben elektrischen Licht. Die Frage, ob das Verfertigen dieser Diplomarbeit nicht ermüdend sei und wenig Vergnügen bereite, stieß auf die Behauptung: ‚I do not understand what you mean'. Und: ‚You are my director – my directress of thesis.' Es wird eine Pflichtübung absolviert. Diplomatie besteht in geschickter Anpassung. Hier will einer weder ‚outstanding' noch gar genial sein. Hier bringt man dem Heros akademos keine Opfer. Es geht nicht um sechzig oder achtzig Seiten, sondern um einen bestimmten ‚sense of reality', der sich von einem anderen ‚sense' seitlich davon spezifisch unterscheidet. Wieder Possessivpronomen und eine Sensibilität, die sich dem Tastsinn des Auges verdankt. Es ist schon reichlich verrückt.

Schiefe Metaphorik. Vor einem Jahr...
Beim verspäteten Abendessen kollegiales Gespräch über des einen Kandidaten rhetorische Schaumschlägerei und des anderen biedere Dickschädeligkeit. Chr verfiel hinsichtlich des akademischen Verfahrens, nach welchem ein ‚Papierkind' zustande kommt, wieder auf eine Metaphorik, die zwischen Männern möglich und sinnvoll sein mag, ansonsten aber mißappliziert und geschmacklos erscheint. Die Überschneidung von Sach- und Bildebene ist schief und knirscht. Ein gefühswidriger Manierismus. *Mein* ‚Papierkind' jedenfalls hat rein parthenogenetisch das Licht der akademischen Welt erblickt. Des bin ich froh, trotz der spärlichen Lorbeeren. – Das war Karfreitag. Vor einem Jahr, zurück aus dem Grasland, war Chr feldforschend unterwegs, und auf der vorderen Veranda... *Das Glück war rund und funkelte;* und aus der Inspiration jenes späten Nachmittags entstand der linke Flügel des Triptychons. Heute, diese vorletzte Sitzung, war eine Verausgabung. Ich bin erschöpft von der Anstrengung, geradeauszudenken mit geschlossenen Augen und steilen Stirn- und Gehirnfalten. (9. 4.)

Neuerliche Befürchtungen.
Was nützt das Hin- und Herschieben auf dem Papier, zwischen zwei Orten im Grasland, angesichts neuerlicher Befürchtungen und der Hoffnung, daß der Zufall Wurzeln schlagen und zu grünen beginnen möge. An dem einen wie an dem anderen Ort mit koedukativ höherer Schule wird die Schicksalsfalle zuschnappen. Die Vorstellung, als reines Amts-, Berufs- und Geistwesen und daher als Neutrum gelten zu können, ist wohl naiv, wo nicht gar kokett verheuchelt. Zu der sprachlichen Identifizierung des vorigen Jahres, *You are a woman,* ist gestern

eine weitere hinzugekommen: ‚You are my directress.' Da versagt selbst die sonst so wohltuend neutrale Sprache der Angeln und Sachsen. Also, es wird geschehen, die Auswahl ist groß an beiden Orten, und eine Marschallin in grauer Perücke wird danebenstehen und Arien ins Tagebuch singen.

Halluzination. Winzige Kritzelschrift. Die belletristische Prosa auf hellgrünem *foolscap* ist durchaus lesbar; nur die dritte Person Singular stört. Nun wieder das Zerren am zähen Leder der *Dogo Notes,* und dazwischen kam es angehumpelt, legte Papiere auf den Tisch und sagte: ‚I will like that you read this' – auf der Grenze zwischen Bitte und Befehl. Diesmal gelang Langsamkeit, zog sich hin und wurde abgebrochen. Humpelte davon, wurde in der Tür aufgehalten von einer nachgetragenen Erkundung nach dem Ergehen, wandte sich wieder und dem Gras schlagenden Mj zu im souveränen Tonfall eines Häuptlings. Stand da eine Weile, wie um zu zeigen, daß einer wie er ein Recht habe, zu verweilen. Dann, mit der Hand am Verandageländer entlangstreifend, den Blick im Rücken wohl spürend, langsam ab und hinüber. – Was war das? Die winzige Kritzelschrift am unteren Rande der Tagebuchseite sagt fast schon genug. Das Gestrüpp am Wegesrand ist szenische Zutat; der herniederströmende Regen ist jahreszeitlich bedingt, aber kaum unterscheidbar vom Kaminfeuer des Marschalls von Bassompierre. Feuer verzehrt; das Holzscheit ist danach nur noch Asche. Regen kann zwar aus Staub Schlamm machen, aber auch aus dürrem Gras grünes; auf Gestrüpp am Wegesrand kann er fallen und auf eine plötzliche Wendung, eine Art Eigendrehung in der Horizontalen und Verkehrung des ursprünglich Beabsichtigten, und es gefriert ins Reglose. Eine halbe Ewigkeit lang. ‚Und die Welt vergeht in einer Sintflut'– ? Vielleicht doch nicht ganz. Denn die Sprache hat es nicht verschlagen; sie erhebt sich und Ansprüche und stellt die Welt aus Verfall und Zweifeln wieder her. Etwa: ‚Have we - ?' ‚No. We never will.' Die Muse, mit triefendem Haar und trotzigem Blick, duckt sich, als warte ihrer eine Züchtigung. Und sie hat sich doch Mühe gegeben, aus dem halluzinatorischen Anfall einen Einfall und drumherum Worte zu machen.

Jünglingsgrazie und Ostermond.
Der Feldforscher ist wieder im Irgendwo, um die Maskentänze eines Geheimbundes zu belauern. Hier ergab sich ein kollegiales Gespräch über den prekären Gesundheitszustand des Benjamin, der kurz darauf kam, seine 80 Seiten vorblätternd mit falschen Fußnoten und fehlenden Überschriften. Welch ein Unterschied, ob Jünglingsgrazie und schnelle Auffassungsgabe aus dem Sessel schnellen oder alters- und kilobedingte Schwerfälligkeit sich daraus hervorstemmt. Was unterscheidet Gelassenheit von Langsamkeit, Zurückhaltung von Begriffsstutzigkeit? – Ostervollmond quillt hinter dem Berg hervor durch Wolkenduft und Nebelschlieren. Genuß einer romantischen Stimmung. Versinken in den Wunsch, eine ähnlich kompakte Kühle möge sich hienieden durch Erscheinen manifestieren. Umsonst. Nicht einmal Chr könnte aus solcher Katalepsie erlösen. Es wird auch kein Gedicht mehr daraus. (10. 4.)

Ostertrübsinn. Totengedenken. Vorsicht.
Tired of married life: ich darf's nicht einmal denken. So empfindlich ist das Gewissen. Aber es ist, wie es ist. Ausgeleiert und gereizt zugleich. Mitten in freundlich gesonnenem Entgegenkommen schnappt es zurück. Vermutlich steht es in allen Büchlein zu lesen, aber jeder muß es selber durchmachen. Wie das einst so sehnlich Ersehnte nun ein Anlaß zu Verlegenheit und Langeweile wird. Das erbetene Zusammenaltwerden kommt langsam aber sicher herbei. Es fühlt sich anders an als erwartet; es soll in weiser Bescheidung entgegengenommen werden. Der leibhaftige Teil der eigenen Identität, stets als etwas Fremdes empfunden und behandelt, entfremdet sich nun von selbst in den langsamen Verfall hinein. – Drüben allein. Es genügte, eine Abwesenheit festzustellen. Das kultische Drumherum war diesmal nicht nur Ramsch; der Kollege Prinzipal predigte über Tod statt Auferstehung; denn es kann das eine nicht ohne das andere sein. Der Tod seines Landsmannes sei ihm nahegegangen; mir auch, aber es gehört nicht hierher. – Hat der Tag wenigstens einen Nachmittagssinn und kann sich einer von gewissen Bakterien völlig desinfizierten Atmosphäre sozusagen rühmen. Einer Vorsicht im Umgang, im Tonfall eines jeden Satzes, und

vor allem im Aufsetzen des verletzten Fußes beim Aufstehen aus dem Sessel, als es klopfte und das ‚Yes' nicht aus dem Munde einer vorzeitig den Hörsinn Einbüßenden kam. Vor der Tür stand ein Anliegen, das schnell erledigt war. Was bleibt ist der Eindruck von beinahe mühsamen Bewegungen wie in einem Element von zäher Konsistenz, in einem Brei oder gar in Sirup. Vom geistlichen Führerprinzip geht man hier nicht ab. Wer diese Anstalt verläßt, fühlt sich zum Häuptling berufen. Das wurde mit sanftem Nachdruck und nackten Füßen auf dem Antilopenfell vorgetragen. (11. 4.)

Leere Blätter.
Tage, an welchen die Prolegomena vorankommen, sind leere Blätter im Tagebuch. Allenfalls ein heftiger Regen kann eine Zeile füllen. -- Für den Benjamin ist ‚Heil' Gesundheit. Was bedeutet es hier, eine Verlobte zu haben? Auf die Frage, ob die Liebe einer solchen nicht ein Trost im Leiden sein könne, sah der Knabe starr vor sich hin und sagte ‚Yes' als könnte es ebensogut ‚No' bedeuten. (12. 4.)

Zu zweit. Zu dritt. Ein Lachen.
Es kann vorkommen, daß einige Zeit vergeht, ehe das Tagebuch etwas erfährt, dann nämlich, wenn die Erschöpfung so groß ist, daß sie erst einmal aufs Bett und in den Schlaf wirft. Was also war's? Erst eine Sitzung auf Mittag zu. Polo mit Nadelstreifen hier, mit grau-weißen Kleinkaros da, man hat doch Augen im Kopf. Der Blick, größer und glänzender, irrt zwischendurch zu einem Silberkettchen im offenen weißen Kragen. Ungewöhnlich lebhaft die Verteidigung dessen, was von Seiten der ‚directress' kritisch in Frage gestellt wird; erst im Nachgeben dann ein Lächeln der Entlarvung, wie bei Gefechten, wenn am Ende die Maske abgelegt und offenbar wird, daß es nur Vorwand war – wofür? Zwischendurch freilich auch Anmutungen von Fremdheit, an welchen das Wenige an scheinbarem Einverständnis zurückprallt, und die ernüchternde Gewißheit: bei herkömmlichen Machtverhältnissen gäbe es nur Über- und Unterordnung, keine gleichgeordnete Freundschaft, keine eigenen Meinungen oder Entscheidungen auf *beiden* Seiten. Ist es ein fieser Trick der Schwächeren, zu widerstehen nur um des Nachgebens willen?

Zurückhaltung kann als Spiel, als Sichzieren mißverstanden werden und verworrene Folgen haben. Das sind Gedanken im nachhinein. Es war um die Mittagszeit. Die Tür des Arbeitskabinetts stand weit auf. Der dunkelblaue Anzug wurde gebracht, dann eine Bibliographie; es störte nicht weiter. Aber die Zeit und ihr Vergehen während der Sitzung... Sie kroch über nahe geneigtes Schweigen und Schreiben hinaus, hinters Haus und ins Elefantengras, verschwand und kam wieder, im Maul eine kleine, fast kreisrunde Ohrmuschel, verweilte unschlüssig, verging sich handkantenschmal und ansatzweise in der Erinnerung an den Februar vor einem Jahr, schlüpfte wieder hinweg und kam zurück auf Echsenbeinchen, Stirn und Wimpern stark gebogen und gewölbt, wandte sich ins Profil, schnitt mit schmal beschwingten Dunkelmondlippen einen Schnutenmund, fast einem Entenschnabel gleich; stoppelte über ein breites Kinn und kroch über einen Nasenrücken wieder davon, sehr merkwürdig, und am Fuß war nur noch ein Pflaster...

Dann stand von ferne Chr in der Tür der Küche (es ist kein Koch im Haus), sah die Sitzung sitzen, kam und fragte auf deutsch, ob er den Tisch für drei decken solle. Die Umsetzung der Frage in eine Einladung auf englisch stieß auf ein unbegreiflich langes Zögern, ehe klar war, daß es eine Unhöflichkeit gewesen wäre, abzulehnen. Also saß man zu dritt bei Tisch und sagte wenig, da der Herr des Hauses sich kaum um Konversation bemüht zeigte. Der Gast, ganz gegen Teller vollschaufelnde Landessitte, nahm wenig, nahm nach, sichtlich gesittet von Besuchserfahrungen in Europa. Auf dem Rand des dritten Tellers saß als Bläuling die Frage, wer hier wen durchschaute. Um Reste zu vermeiden, wollte die Frau des Hauses die letzten Nudeln dem Gast zuschieben, aber auch der Herr des Hauses langte danach und sie wurden *ihm* zugeschoben. Er nahm sich die Hälfte, schüttete die andre dem anderen auf den Teller und sagte etwas, das den Gast zum Lachen brachte. Er lachte und lachte, durchaus gedämpft, aber doch so, wie man hierzulande lacht vor Verlegenheit. (‚Let me share what I have.') Was macht man, wenn einem etwas zuteil wird, das man gar nicht will? Das ist hier die Frage. Man hatte danach ein Thema, nämlich ‚imposing' – aufdrängen. Sitten und Gebräuche. Der Hausherr mußte sich einem Neuankömmling auf der Veranda widmen, entfernte sich, und das Vakuum beim Nachtisch wurde mühsam aufgefüllt mit Nachrichten von des Feldforschers kürzlichen Reise ins Feld der Forschung. Danach höfliche Mithilfe beim Tischabräumen, die Veranda entlang in die Küche. Dann kam die große Müdigkeit und warf aufs Bett. Jetzt, nach einem Kaffee, geht es weiter an den Prolegomena. *De fide.* (13. 4.)

Fußnote in der Küchentür.
Es regnet dünn. Der Campus ist eingehüllt in ein laulich helles Grau aus feuchter Luft, feingestreift und wie zum Streicheln. Wie ein Vließ aus seidig kühlen Härchen, Maulwurfsfell oder Amselgefieder, denn nackte Haut würde die Nervenenden vom Ellenbogen bis zur kleinen Fingerkuppe nicht reizen. Die Stimmung in der Morgenkapelle war besinnlich und ohne Bedürftigkeit; ohne Würfeln mit Prä-, Post- oder Juxtapositionen; es war genug zu haben gewesen in alle den Tagen während dieser Osterferien. Es wäre also nicht nötig gewesen. Wir mußten uns um das Frühstück selber kümmern; der Koch ist noch nicht zurück. Da kam es angehumpelt; ein ‚Jetzt doch nicht!' stellte sich abweisend entgegen. Aber es ging nur um eine Fußnote. Eine Handvoll akademischer Pflichtübung ward hingehalten, in Augenschein genommen, erklärt und die Lücke ausgefüllt, im Stehen und mit Kugelschreiber zwischen Tür und Angel, vor der Küche. Das war alles, während Chr ein- und ausging mit Frühstückstablett und Teekanne. Und nun, mein Hermeneut, deute mir dies im Spiegel der Selbsterkenntnis, im Spannungsfeld zwischen Es und Über-Ich. Und du, meine Muse, mach etwas daraus! Für den Hermeneuten ist alles ganz einfach: Ein gutes Gewissen geht nackten Fußes über Glasscherben und glühende Kohlen. Der Gedanke an ein Experiment (ein Hauch Julien im Regenwald) erscheint abwegig, (wenngleich die Muse sich als Spinnlein in Erinnerung bringt). Also ist es wieder einmal der wasserklare, reine Zufall, der vom Berge rauscht, weiße Gischt über schwarzen Basalt. Das wäre bereits einer ihrer kleinen Beiträge. Im übrigen windet sie sich. Es fällt ihr in nächster Nähe, auf Armeslänge sozusagen, nichts ein. Die

Kontingenzadjektive (kühl, flüchtig, kaum spürbar) sind verbraucht. Physiologische Symptome (Atembeschwerden etwa, Herzklopfen oder ein sapphisch ‚feines Feuer unter der Haut') stehen auch nicht zur Verfügung. Wie soll die Abstraktion eines vollkommenen Parallelismus, *side by side,* aus der Nüchternheit verweigerter Kenntnisnahme und bei sich versagender Sprache auf eine poetische Ebene gehoben werden? Da ist wohl diesmal nichts zu machen. Die Spur einer Schnecke am trockenen Holz eines Verandageländers entlang.

Briefe, ihrer sieben, darunter zwei Erstmaligkeiten: eine Verlagsrechnung und eine Honorarüberweisung. Peinlich berührt ein vornehm-kühles Bedauern bezüglich Wissenschaft als ‚Allotria', wenngleich ‚aus afrikanischer Perspektive' zugleich verständlich. ‚Hohe Wellen' in der Zunft schlage der Honorar-Essay. (‚Du wirst publik', bemerkt Chr.) Es läßt sich beiseiteschieben. Mehr berührt meiner Mutter wiederholte Ermahnung, nicht ‚davonzulaufen' und ihr Bedauern, daß der Plüschpullover verschenkt wurde.

Dreigeteilter Tag.
Das Zittern kam von der Abendkälte in der Kapelle und weil der neue dunkelblaue Anzug kurze Ärmel hat. Das Taubenblau eines langärmeligen Fonsgewandes hätte wärmer umhüllt. Die Stehordnung ergab sich aus der Sitzordnung: ein Zuspätkommender hatte sich neben Chr gesetzt, der wie üblich hinter mir saß. Er stand daher arglos zwischen uns, die Hände fromm vor dem Bauch gefaltet, und neben seiner rechten Schulter, die Arme verschränkt, grimmte ein unfrommer Sarkasmus: Nun denkt euch endlich was, ihr Schafsköpfe! Der amtierende Kollege führte den hölzernen Becher von Mund zu Munde, eine Bevormundung für jeden, der lieber trinkt als sich tränken läßt. Zudem war der kalte Tee wirklich kalter Tee. Ich lief schnell davon. Der heutige Tag, ein Triptychon. In der Mitte akademisch prunkende Leere: für kurze Weile ein kleiner Jemand zu sein im fernen Europa. Linker Hand ein toerisch-kühler Morgen, grau mit Raupenfüßchen und Fußnote, *side by side;* und ein kultisch-kühler Abend zu Rechten, ebenfalls *side by side,* mit kaltem Tee im gemeinsamen Kelch. (15. 4.)

Pferdeschwanz und Ehe-Essig.
Was ist denn nun schon wieder? Wieder krank? Es dreht mir die Inspiration ab. Hinzu kommen ganz ungewohnte Belehrungen am Frühstückstisch: wer eine Pferdeschwanzfrisur trägt, solle sich reglos verhalten und nicht einem dahinter Sitzenden ins Gesicht wedeln. Es ward freundlich und ruhig gesagt, aber. Wie verschnürt sich die Kehle! Wie krallt sich im nächsten Augenblick ein plötzlicher Abscheu in den Bart, der ohne eheliche Genehmigung wuchs! In welch wildes Gestrüpp galoppiert die Phantasie auf der Suche nach einer Empfindsamkeit, die, wo nicht ewige Seligkeit, so doch drei Pfund eines guten Gewissens darum gäbe, auch nur am Rande einer derart mißachteten Quelle von Selbstgefühl sich aufhalten zu dürfen. Narzißtischer Selbstgenuß auf der einen Seite, auf der anderen Belästigung. So verschieden kann ein und dasselbe empfunden werden. Das ist nun der Ehe-Essig, der aus dem Wein all dessen entsteht, was einmal schön und liebenswert war. Die Bakterien des Alltags und der Jahre; ein organisch-natürlicher Vorgang, nicht weiter zu beklagen. Aber es muß möglich sein, sich dem auf Zeit zu entziehen. Das letzte Trimester beginnt.

Morgenerfolg, Abendmißmut.
Überraschend lebhaft war die erste Stunde, hüpfend auf Hölzchen und Stöckchen über Gesetz und Gnade und was ein autochthoner Promovierter dazu geschrieben hat. Es hüpfte zu der Behauptung, der Betreffende sei ein Individualist und nur seinesgleichen würde eine Weiße heiraten. Da zuckte ein Blitz aus der hinteren linken Ecke. Schmal und gespannt, ein Lidschlag wie elektrische Entladung zwischen dunklen Wolkenbänken. Die Spannung baute sich von neuem auf anläßlich der Erwähnung eines Aufsatzes, der ‚much discussed' einer leibhaftig Vorhandenen ein gewisses Maß an Aura verleihen mag. Es extravertierte. Es fühlte sich wohl. Es vergaß den Essig am Frühstückstisch. – Das war kein Erfolgserlebnis. Gereizt, warum, wodurch? Die Hunde und die Kerle aus dem Dorf, die vor der Kapelle im Dunkeln herumlungerten, störten. Ungeduld rasselte Wohlbedachtes hastig herunter Es hätte wieder etwas Besonderes werden sollen. Es wurde wie weggewischt. Das

Geheimnis soll doch gewahrt bleiben. Es läßt sich nur drumherumreden. Ein Zögern danach wurde kaum zur Kenntnis genommen. Eine rasche Frage, nebensächlich, und ab durch die Mitte. Chr kam mit einem Glas Bier und der Bemerkung: ‚Du hast uns also gesagt, warum du gehst.' *I will arise and go now* - es wurde zitiert. Das Grasland, ein Innisfree? Das Dorf in den Bergen, im Abseits, eine Insel? Der Traum vom seligen Verschollensein, wie wird er enden? (16. 4.)

Ärger. Verjährter Traum. Verzicht. Gestern mitten im Geschrei der Schulkinder und des Steinewerfens in den Mangobaum durch die Bo-Bengel, unterbrochen von gereiztem Türenknallen und lautem Schimpfen: weiter und zu Ende mit den Prolegomena. Dazwischen Marmeladekochen und nicht zurückgezahlte Schulden: ein unerfreulicher Mischmasch. Nachts ein Traum, vielleicht aufgetaucht aus dem Verzicht des gestrigen Abends; ein Traum von weither, bald wird es dreißig Jahre tief im Kratersee der Zeit liegen. In einer Menschenmenge vor einem großen Gebäude irrte ich umher und sah *Ihn* plötzlich stehen: verunstaltet durch ein altes, faltiges Gesicht, aber die Augen waren jung geblieben und ich erkannte ihn wieder. Der Erkannte sagte nichts, sah mich nur erwartungsvoll an über fast dreißig Jahre hinweg, und der Funke sprang über; ein nie genannter Vorname redete an, umfaßte in Höhe der Hüften, die Gestalt war weit hinaufgewachsen oder aber ich war geschrumpft. So bleibt das also aufbewahrt in den Tiefen. Es ist etwas anderes als sich sonnen zu wollen im Lichte öffentlicher Anerkennung. Ich habe es nicht nötig, die Leiter höher hinaufzukrabbeln, geschoben vom Zeitgeist, der die Benachteiligung der Frauen entdeckt. Ich brauche keine Weiberfasnacht mehr. Ich habe das Glück, mit wenigem glücklich zu sein – sofern es mir je und dann zuteil wird. Andere wollen anderes, und es ist begreiflich. Man will gedeihen, vorwärtskommen durch die Gunst, die einem zuteil wird. Wenn offenbar würde, woraus solche Gunst bisweilen entspringt: noch ist es nicht zu Ende gefühlt. Es wäre vermutlich wie wenn ein Fels losbricht, unter dem man Schutz gesucht hat. Wie wenn ein morscher Baum umfällt, den man für gesund und fest verwurzelt gehalten hat. Wenn jemand, der Amt und Autorität darstellen soll, plötzlich persönlich wird, gar Schwäche zeigt wie eine offene Wunde, dann bewirkt so etwas statt Mitleid Peinlichkeit, Verachtung, Abscheu. Gut miaut, Kätzchen. Steck es dir hinter den Spiegel. (17. 4.)

Ein Sonntag im April.
Die Prolegomena sind fertig, Chr hat sie gelesen und, wie erwartet, einiges auszusetzen. Ich nähere mich nach rückwärts dem Kulturprotestantismus wieder an; Tillich liest sich gut, ‚ekstatische Vernunft', Denken als Leidenschaft sagt mir zu. Und nun wieder ein Tag der Festgewänder; ein wenig wird vielleicht zu haben sein, wenn auch gewiß nicht volles Genüge. (Wenn wieder in weiten Gewändern / Erwartung sich wohlig in Wunschträumen wiegt...) – Chr's Ansprache war lang und so langweilig korrekt, daß es mühsam war, sitzen zu bleiben statt durch das nächste Lamellenfenster in einen Eukalyptusbaum zu klettern, um daselbst – nun? Den Bo-Bengeln beim Herunterschlagen von Avocados und Mangos zuzugucken? Nachzusinnen über die Etymologie von ‚dusky'? Oder über den Unterschied zwischen dem Profil eines Idioten und eines Säuglings? Letzterer ist etwas, das noch nicht entwickelt ist, ersterer ist etwas Zurückgebliebenes, das sich nie mehr einholen wird. Möglich auch, mit spitzen Fingern und verkniffenen Lippen eine Silberborte zu sticken in taubenblauen Stoff, tiefgebeugt über einen Nacken, der unartikuliert in die Höhlenwölbung einer Schädelkapsel, klein und rund und von hinten, übergeht. Danach beim Campari auf der vorderen Veranda eine kleine Unterbrechung, stehend gebeugt über sitzend gebeugt, beschriebenes Papier und Rosmarinhaar in Etagen übereinandergeschichtet in angemessenem Abstand. – Das Wetter ist blauweißgrün, zum Vertrödeln, zum Meditieren, zum Kaffeetrinken. Chr liest, ich schreibe. Etwa: daß ich mich um zu viel Peripheres kümmere, weil ich keine Mitte habe. Das Gieren und Geifern nach den Früchten auf Bäumen und in Büschen rings um das Haus wäre Ersatz für etwas, das nicht zu haben ist. Wo ist der glückliche Einfall, der über den Abschied von diesem Campus hinaus verhindert, daß plötzlich und völlig aus den

Augen gerät, was noch Hoffnung auf Inspiration verheißt? Daß es ein Abschied in erträglichen Etappen wird. Das erste war der Abschied vom Garten. Das zweite wird der Abschied vom Lehrbetrieb sein. Das dritte der Abschied auf Zeit, noch einmal, von Chr.

Gefühlsluxus. Der Höchstwerte einer ist hier gutnachbarliches Zusammenleben, Hilfsbereitschaft oder wenigstens das Bemühen, einander nichts Böses zu tun. Das ist der Leute tägliche Sorge über das tägliche Brot hinaus. Ich lebe ein Ausnahmeleben und kann mir den Luxus differenzierter Begriffsbestimmungen mit höheren und tieferen Bedeutsamkeiten samt den dazu gehörigen Empfindungen leisten. Fast wie in den wenigen Wochen Bethabara. So etwas ist hier fremd. Und doch hätte ich gern eine Ahnung davon angedeutet und mitgeteilt. Verfeinertes Empfindungsvermögen bei einem so ärmlichen Leben als etwas Wünschbares darstellen zu wollen: kommt es nicht einer Beleidigung gleich? Welches Risiko gehe ich ein? Nur das eine: ausgebeutet zu werden. Verachtung und Mitleid würden sich nicht lohnen.

Es muß nicht sein. Der Verzicht ist eingeübt. Hinüberrauschen in weiten Sonntagsgewändern: es darf sein. Aber störend irgendwo eindringen und sich aufdrängen: nein. Chr, mit Stifters *Nachsommer* beschäftigt, hat keine Lust, mich zu begleiten. Es muß nicht sein. Kommt Inspiration aus dem Verzicht? Die acht Seiten Prosa während der Weihnachtsferien kamen aus dem Nicht-Verzicht. Sie kamen aus der Erfüllung, schmerzhaft freilich, eines zähe festgehaltenen Wunsches. Noch einmal nach Lah: ein Fixpunkt. Auf welchen Zwischenetappen? Es ergeht sich in Tristesse. Es verzichtet, um, auf hohem Kothurn gesprochen, ein Heiliges unentweiht zu erhalten. (Und weiß sehr wohl, daß es gar keine Möglichkeit zur Entweihung gibt.) – Chr kam mit zur ‚Stund'. Da wir auf dem Rückweg wieder in heftigen Meinungsstreit gerieten, bog ich ab und konnte feststellen, daß der Dandy für den langsamsten der Kandidaten an der Schreibmaschine sitzt und ihm hilft, fertig zu werden. Belobte ihn und ging wieder. Ich wollte nur wahrgenommen werden. (18. 4.)

Was wird es gewesen sein? Werde ich einst sagen können: Es war schön? Die neueren Ärgerlichkeiten rings ums Haus sollten doch das einstige Idyll und das Licht über dem Berg nicht verdrängen. Es gab ein Außen und ein Innen und beides stimmte meist nicht überein. – Günstlingswirtschaft nach oben: Chr hat dem Prinzipal eine der Schreibmaschinen geschenkt. – Abendliche Beruhigung, Vigilie ohne traumselig und Mond durchs Land, Verzicht auf mögliche Nähe und wieder leise verschämtes Staunen hintenherum über das Ausmaß an Raumverdrängung: das Kastenförmige, das Kartoffelsackähnliche. (19. 4.)

Morgenandacht und Traumfabrik.
Es kommt angekrochen, um zwei Ecken herum von vorgestern her und will auch ein Plätzchen auf diesen Blättern besetzen. Auch, denn es verschränkt sich mit dem Platzbeanspruchen in der Morgenkapelle und dem, was im Sichsetzen nicht nur Raum, sondern auch die darin wie stillestehende Luft verdrängt. Molekularbewegungen, Wärmewellen, vermischt mit Duschduftgekräusel können bisweilen recht dicht bescheidenen Zwischenraum ausfüllen, evaporierend herbeischleichen und selbst das Gewebe einer langärmeligen Bluse durchdringen, ehe es ins Reglose versinkt. Reglos saßen vorgestern Nacht die arme Sue und der, den sie nicht haben kann, drüben hinten beieinander, das Mädchen sehr dekolletiert; es bekam einen nackten Arm um die Schultern gelegt, erschrak, fing an zu weinen und knöpfte hastig das Kleid zu, nicht ohne zuvor schnell noch den Busen gänzlich zu enthüllen. Was da zu sehen war, paßte gar nicht zu den jungen Jahren der Armen. Perfekten Synkretismus, eine Kontamination, eine Verschränkung hat die Traumfabrik fabriziert.

Schulden und Schale mit welker Rose.
Wie das Geldzählen durch eine Unterbrechung in lyrische Apostrophen abdrehen kann; in Betrachtungen dessen, was ‚wirklich' zählt. Aber diese wirklich zählende Wirklichkeit ist eine platonisch abgehobene. Die Frage wäre, ob es der schnöde Mammon ist, der den Luxus erlesener Gefühle erlaubt. Der Traum neulich, der einen Vornamen nannte, sagt nein; denn er

geht zurück in eine Zeit, da Nachkriegsarmut in beengten Sozialwohnungen hauste und dennoch Luxus der Gefühle möglich war, zusammen mit Leistungswillen und Selbstbewußtsein. Hier nun und heute würde ich den Mammon gerne hingeben; es dürfen indes allenfalls Schulden erlassen werden. Das wird sogar erwartet. Wie weit indes darf das Almosengeben gehen ohne unschicklich zu erscheinen und Verdächte zu erregen? Das Glück blickt ohne mit der Wimper zu zucken geradeaus an allem vorbei. Es kann mit welkenden Rosen nichts anfangen. Aber so erschöpft dazustehen und zu hören, zu fühlen fast, wie tief und ruhig, wie abgeklärt die eigene Stimme auf weniger als Armeslänge Nähe sein kann, tut gut. Es stirbt schmerzlos dahin aus blättrigem Pastellrosé in ein blaßlila Ermüden. Des Tages Mühsal, das Gehechel hin und her mit dem Besuch von jenseits des Berges, vier Kollegen frankophon und das hausfrauliche Bestehen auf Englisch bei Tisch, die Müdigkeit danach und zu wenig Mittagsschlaf und dann auch das Gästezimmer wieder belegt, zu viert, mit Kindern – es zerbröselt ins Unwesentliche. Das Wesentliche fließt in eine flache Schale, hingehalten aus nächster Nähe, mit ungefragten Fragen und Schweigen und es schwimmt darauf eine welke Rose. Es sammelt sich in sich selbst inmitten so vieler Anlässe, aus der Haut zu fahren. Es hüllt ein, es schützt, es macht ruhig und müde. Unter dem Gefieder der Müdigkeit regen sich kaum geschlüpfte Graslandträume, Fieberperlen reihen sich zu Schnüren in den kühlen Rundungen mitleidvoller Unbegreiflichkeiten. Wie lange, ehe es verbraucht sein wird und der Alltag wieder zu knirschen und zu fauchen anfängt. – Es fängt schon an, noch ehe der Tag vergeht: Chr nennt mich mild-sarkastisch eine ‚geniale Epigonautin', da ich so dumm war, laut zu sagen, daß ich bei Tillich den Grundgedanken meiner Conclusio entdeckt habe. Die ‚Ewige Mutter', die bleibt, ‚von der wir kamen'. (20. 4.)

Dogo Notes und ein Gedanke. Diese Notes sind keine Dankesgabe für Sternstunden ekstatischer Vernunft; sie sind ein Werk nachträglicher Selbsterbauung aus der Erfahrung von Unlust und zähem Brei. Der *amor intellectualis academicus* war meist gelähmt und lau. Nur selten einmal, wie heut etwa, rührte ein leichterer, ein Schäkergeist mit Libellenflügeln kleine Luftwirbel an, machte ernsthaften Spaß, stolpernd über schwierige Termini aus Anlaß eines nicht vorhandenen Stuhles für die Lehrmeisterin. Diese *Notes* sind ein Nachklapp. Um die nächste Ecke aber kommt der Gedanke, daß einer der noch und bald nicht mehr zu Belehrenden sie zu Vervielfältigungszwecken auf Matrizen schreiben könnte.

Das Später vorwegbedacht.
‚Sie beschließen einen neuen Himmel und eine neue Erde' bemerkt Chr sarkastisch. Eine Ära geht zu Ende, und ich kann sagen: ich bin dabeigewesen, so lange sie herrschte. Später. Später ist man alt und ausgefranst und wird sich nur noch an weniges erinnern. An hinuntergewürgte Tränen vielleicht und stille Verzweiflung aus Gründen, die *flimsy* und *fluffy* erscheinen werden, wie Schlagsahne auf Kirschkuchen. Sie hat alles gehabt, Frieden, Gesundheit, tägliches Brot, einen angesehenen Beruf, einen herzensguten treuen Mann, und was war's, das ihr so in Kehle und Seele würgte? Daß es keine Gelegenheit gab zu tanzen! Muttererbe. Die Klage wird herüberwehen aus den zwanziger Jahren in die achtziger eines Jahrhunderts mit zwei Weltkriegen. Da wird ein verwunderter und beschämter Blick über Zeilen gleiten, die beklagen, an einen, als wär's ein Bär aus wendischen Wäldern, ‚gekettet' zu sein, der nicht tanzen kann, dem ‚der Geist die Beine lähmt' und der ‚nicht einmal einen Rhythmus mitklatschen kann, immer eine halbe Sekunde zu spät'. Weibisches Greinen über ‚ungelebtes Leben', kindischer Grimm über ‚verfluchte bürgerliche Anständigkeit und die eigene Feigheit'. Und der Entschluß, eigene Wege zu gehen – innerhalb der Grenzen eines aus Selbstachtung ernstgenommen altmodischen Gelöbnisses. (22. 4.)

Es ist Abend, es regnet in Strömen, es ist aprilig kalt, Plüsch und Pullover reimen sich wieder breit zwei Bänke weiter vorn in der Kapelle mit einem Familienthema. Die morgendliche Klage über das Entgehen von wenigem, als ob es ein Anrecht darauf gebe, fließt hinüber ins schmerzlich Besinnliche. Gibt es eine Einsamkeit zu zweit? In

Zeiten des Krieges klammerten sich die Frauen an die Kinder, und es ging alles weiter, auch unter großen Leiden, wie bei meiner Mutter. In Zeiten des Friedens scheint ein Leben ohne Kinder leichter. Es fächert sich freilich auf in eine Vielfalt von Motiven, oszillierend zwischen Egoismus und Verzicht. Für den Mann ist das meiste sowieso anders. War der Glaube, der biologische Unterschied sei auf der Ebene des Geistes auszugleichen, eine Illusion? Eine kleine Weile vielleicht nicht; aber nun, nach eine längeren Weile und zumal hier in Afrika, eben doch. Da also meditierte Eb' an Selbstverständlichkeiten entlang, ohne auf mögliche Ausnahmen oder Individualrechte einzugehen. (‚It's a privilege to have children, not a duty', wurde ihm danach bedeutet.) Die Gedanken schweiften ab, hierhin, dahin, auch zurück nach Lah und was sich eines Tages an Allgemeinem ergeben wird. Eine rechte Hand umfaßte einen linken Ellenbogen, öffnete und schloß sich, fingerte bedächtig herum im Blickfeld: Signal, Symbol, wofür, für wen? Alles ist möglich und das meiste unwahrscheinlich. Ein Käfig und eine Ehe sind Sicherheitsgewahrsam. So lange man sich stille verhält, stößt man nicht an die Gitterstäbe. Erst mit einem gewissen Maß an Bewegungsdrang (Tanzen etwa oder Reisen) erregt sich auch der Geist und es kann zu Atemnot und Erstickungsanfällen kommen. Vielleicht weiß ich nur nicht, über welchem Abgrund ich schwebe bei der Suche nach etwas Absolutem, losgelöst von allem, was ich habe. Etwas Unmögliches, das nur vorstellbar ist. Etwas, das real-möglich wäre und zugleich unmöglich ist: die unmögliche Möglichkeit. Die monogame Ehe heute, unter Gebildeten, ist ein explosives Gemisch aus herkömmlichen und neuen Elementen; man verlangt zu viel von einander. Daher das Abbiegen und Ausweichen.. Chr weicht aus in Feldforschung und Wissenschaft. Das würde er auch, wenn Kinder vorhanden wären, und daran würde alles scheitern. Die andere Ausweichrichtung ist das, was andeutungsweise in Bethabara war und hier nicht zu haben ist. Als ein Wenigstens vom Wenigen ist da immerhin: ein Tugendethos für den Hausgebrauch, eng verknüpft mit materiellen Berechnungen, aber auch mit inspirativen Momenten. Eine Leidenschaft, die ins Geistige zerstäubt, ist die eitel und umsonst? (23. 4.)

Ein rotes Taschenmesser.
Die Traumreste der Nacht blieben auf Abstand. Aus einigem Abstand führt da drüben einer seinen Bauch spazieren, und derweil hat Chr sich von einem Halbwüchsigen aus dem Dorf das rote Schweizer Taschenmesser stehlen lassen. Er nimmt es hin, und ich nehme es zum Anlaß, auf den Gedanken zu kommen, mein eignes zum Abschied zu verschenken. – Wieder das sonnabendliche Ritual des Haarewaschens; bald alles vorbei, Lavendel und Rosmarin. Morgen nachmittag (abgesprochen nach der Abendandacht in der Bücherei, Karteikarten überprüfend; das Kanariengelb der Polobluse ein verwunderliches Trompetensignal ins Begriffsjenseitige, der Wunsch, wahrgenommen zu werden, so sehend-blind, so brav, so feig, so Weib, so eher-als-alles-andere) eine letzte Sitzung, noch einmal in Festtagsgewändern, *et sous le pont Mirabeau coule la Seine,* und das wird dann alles gewesen sein. ‚Siehe, da weinen die Götter, es weinen die Göttinnen alle, daß das Schöne vergeht…' Das Dumme ist nur, daß es hier weder Schönes noch Vollkommenes gibt. Selbst die Grenzwerte sind reine Einbildung. Ach, wie ärmlich ist alles. (25. 4.)

Sonntagsunrast.
Es läßt sich nicht fangen und in ein Schraubglas sperren, das Flattern, die Ruhelosigkeit, die Irritation über Chrs nahezu notorisches Trödeln; er blieb in der letzten Bank sitzen, mich zog es weiter nach vorn, wo auch nichts weiter zu haben war. Das Hin und Her, weg vom Campari, hinüber ins Jenseits: es unterläuft alle Sprache und alles nachträgliche Gekritzel, das bißchen Hoffnung mit evasivem Ziel, eine Prise Flugasche auf reinem Weiß, ein Vorwand, ein Hinausschieben, noch einmal dunkles Faltenwehen um das strenge Einherschreiten und die Blässe der Knöchel. Weiß ist die Blüte im weißen Plastikkettchen über weißen Volants inmitten eines Rattenstalls mit Rosenrankengardinen vor den Fensterhöhlen, ‚I am tired, I have to rest.' Und während es über Papiere gebeugt blättert, noch einmal ein freischweifender Blick, Einzelheiten an sich reißend, die sich in einem Gemälde mit expressionistisch zerstücktem Interieur in Grau-, Braun- und Beigetönen wiederfinden könnten im Verein mit vergrößerten Fotografien an der Wand aus Zement. Aus

Plüsch und Rosenholz der Wächterengel zu Häupten, Abglanz eines Angesichts, das da leuchtet und gnädig ist, war gegenwärtig; verborgen blieb die zu erbittende Gegengabe aus lyrischer Inspiration (‚*musazeengrün auf melanidem Grunde*') und dem Schweiß von Garten- und Lohnarbeit.

Eigenmächtigkeit und Mondsichel.

Das Abtippen der *Notes* lenkt ein wenig ab von unterschwelliger Abschiedshysterie. Nichts mehr erwarten. – Wieder eigenwilliges Setzen von Prioritäten, die sich den Machtbefugnissen einer ‚directress' entziehen. Wieder zwei Tage für eine Rallye, und die nachhinkende Arbeit bleibt einfach liegen. Daraufhin angesprochen, ist die Antwort eine schweigend abweisende Miene. – Wunderbar leicht schwebt die schmale Gondel des neuen Mondes im filigranen Eukalyptuslaub. In sanftem Lagunenblau zwischen dem schweren Dunkelgrau der Regenwolken schwimmt sie. Eine zarte Umklammerung, ein gekrümmtes Nichts, ein gläsernes Gehörn.

Ein Elaborat als Vorwand.

Das ist Zement, überklebt mit einer dünnen Lyrik-Tapete, verziert mit einem Muster aus kleinen Blüten, kleinen Blättern: ein gewisses Kandidaten-Elaborat. Je länger die Fertigstellung sich hinauszögert, um so eher ergibt sich noch einmal eine Sonntagssitzung, nicht wahr? Das Geistesprodukt ist zweifellos ein Zwitter, gelenkt nicht nur, auch mitgedacht und mitgewebt in beschränktem Begriffshorizont und auf dem Papier. Ein Text als Prätext und Kotangens, Kehrwert in einem Dreieck, das rechtwinklig ist und bleibt. So sollte man das Gesetz erfüllen, daß im Erfüllen die Erfüllung liegt. Es geht nicht nur um einen Zweck, auch das Mittel soll ‚etwas Ordentliches' werden. Wenn es aber nichts Ordentliches wird, auf dem Papier, so bleibt doch vielleicht eine Erinnerung an den Kehrwert dieser sonntäglichen Nachhilfestunden, an dozierendes, examinierendes, insistierendes Herumhäkeln am Vorgegebenen, an Begriffsstutzigkeit, Eigensinn, Zögern, Ausweichen, Einhaken. Und das seltene Ereignis eines Lächelns, vorbei an allgemeiner Bekümmernis und dem Eingeständnis: ‚I may fall to the same temptation': wie ernst gemeint? Wie nur so dahingesagt? Eine Begriffsbestimmung von Tugend sollte man nicht verlangen. Es könnte zu peinlichen Beispielen führen. Einer Versuchung nicht nachgeben aus Prinzip und Überzeugung und nicht nur, weil sich keine Gelegenheit ergibt. Am Handgelenk ein zersprungener Ebenholzreif. Das war auch ein Sonntag. (25. 4.)

Müdigkeit, keine Kraft mehr, sich irgendwo anzuklammern. Nur noch nach Impressionen haschen, schwarze Bluse, weißes Hemd und die Präpositionen in der Morgenkapelle. Es wurde dann trotzdem lebhaft, als es um den Heiligen Geist ging. Es diskutierte noch hinter mir her, holte ein, ging weiter, ging über in aufmerksames Zuhören und Dank für das Erwirken von vier Tagen Aufschub. – Nachdenken über die Unschärfe des Satzes: ‚Und zerfloß in ein Lächeln hinein.' In wessen Lächeln zerfließt es, in das eigene oder in ein anderes?

Das Banale mit numinoser Aura. Lautstark angeben, um Unsicherheit zu überspielen und Verdächte zu zerstreuen? Wie lenke ich mich ab von etwas, das in einiger Entfernung und ganz normal auf einer kleinen Anhöhe im Schatten naher Zukunft steht und ein Gefühl des Erschauerns hervorruft? Es ist als ob etwas Vernichtendes sich zusammenballte, und das Schauen sieht dieser Vernichtung entgegen. Wie ist es möglich, daß das Allgemeine, das Banale in solch numinoser Aura erscheinen kann? Es hängt alles am betrachtenden Subjekt. Das gegenüberstehende Leben wird, mit neu und fremd entstehendem Bewußtsein, weitergehen; der selbsteigene Geist, der sich überlebensfähig glaubt, verdampft. Das Schöne wiederum kann nicht nur des Schrecklichen, es kann auch der Langeweile und der Gleichgültigkeit Anfang sein. Was sich zu ‚Kostbarkeiten' aufbläht, zu einem ‚Gewähren'; was sich als ‚Hunger und Durst' empfindet in nächster Nähe des Unerreichbaren – nur im Englischen hat Tantalos eine Verbalspur hinterlassen – das kann sich selber nicht ernstnehmen; es will sich nur auf dem Papier abreagieren. Es entwirft Utopien der Gemeinsamkeit: Arbeit, geistig, körperlich, immer auf Abstand. Aber einmal im Jahr ein Fest, eine Ekstasis. Etwas, das in einer Ehe nicht möglich ist. (26. 4.)

Der drohende Papierkrieg mit den Behörden. Chr macht keinen Finger für mich krumm. Vermutlich ist es für ihn eine Genugtuung zu sehen, wie ich anfange, mich abzuzappeln mit meiner Selbständigkeit. Den *fraternal* aus dem Gästezimmer, der mit Weib und Kindern an meinem Frühstückstisch saß, zu bitten, das wüste Zeug für mich zu erledigen, hindert angeborene Hemmung. So etwas ist die beste Medizin gegen das Träumen von Utopien. Aber es verhindert nicht das Halsverdrehen nach der Ursache des wieder freigehauenen Heckendurchblicks zwischen dem Diesseits und dem Jenseits. (Ein grüner Kittel hatte da herumgehackt. Kein anderer hat da je gehackt.) Es weht herüber, es bläht sich, ein weißes Segel, es tanzt einen langsamen Walzer. Einen langsamen, traurigen Walzer...

Abendkühle und milde Gabe. Ein langärmelig weißes Musselinhemd kam, um eine milde Gabe zu bitten für die Rallye am Wochenende, da mich gerade ein Fall von Guavendiebstahl beschäftigte und der Soror Hunde dazwischenbellten. Das war erledigt, und Kleinigkeiten, eine Handvoll, fünf Minuten füllend, Gegenwart hinzögernd, gruppierten sich wie Eisenspäne im Magnetfeld. 5'000 wechseln? Willig, beinahe hörig, ward das letzte Kleingeld aus- und eingehändigt. Wie viele Tasten umfaßt eine Tonleiter auf dem Klavier? Das sind so Sachen, die erst im nachhinein durchschaubar werden. Chr hätte den milde Gaben Sammelnden zur Klinik geschickt, das Geld zu wechseln. Dieser *fellow* ist vielleicht ein *filou*. Er ahnt inzwischen nicht nur; er weiß. Er weiß zu viel. Er steht davor nicht in stummer Andacht – er nützt bedenkenlos aus. Such a golden opportunity. Wohlwollen, Abhängigkeit, Nähe. Aber auch umgekehrt wird es zupacken. ‚I am writing *Dogo Notes*' – damit das auch schon mal zur Kenntnis genommen wird.

In der Abendkapelle schon wieder die ominöse Mantelgeschichte des tugendlichen Orientalen Jussuf. (Chr saß neben mir in der letzten Bank. Sein Rheuma beunruhigt. Kann es Herzschmerzen verursachen? Das ist eine Dimension des Daseins, und es gibt deren zwei oder drei, die nicht in ein Tagebuch wie dieses gehören.) (27. 4.)

Mondscheinwandeln. Wieder wurde es lebhaft, und der Lebhaften einer diskutierte mich fast an die Wand, merkte es und lenkte ab. – Warum spült zufälliges Begegnen eine Welle des Vergessens über alles, was sich sagen oder fragen ließe? Woher kommt das Zögern, das forschende Hinhalten auf der einen, das ratlos Beherrschte auf der anderen Seite, ehe man grüßt, wie es sich gehört? Aus der einen Tür kam es von der Abendmühsal mit den Weibsen, nebenan aus der Bücherei. Mondscheinwandeln im Mondlosen, im Sprachlosen. Im Nachsehen auf dem Weg zurück. Wie kühl fühlt sich ein langärmeliges weißes Musselinhemd von weitem an. Wie leicht hingeschüttelt das Haar im Nacken...

Da ist ein Ratgeber-Büchlein, US-made, in Dialogform für ‚persons in high position' zu katalogisieren. Vermutlich von einem Kollegen für das Fach Pastoralia besorgt. Verfasser sind ein methodistisches Missionarsehepaar mit einerseits sehr hohen, andererseits merkwürdig ermäßigten Idealen. In der afrikanischen Wirklichkeit scheinen sie sich nicht auszukennen. Folgende Passage ist abschreibenswert. Da fragt ein Mann: ‚What will I do if a married woman falls in love with me?' Die Antwort: ‚You will remain a virtuous man and that woman will love you all the more.' ‚And what if I fall in love with a married woman?' ‚You will learn what love means by suffering, without hope.' ‚And if there is response?' ‚It will depend on what level.' ‚Explain.' ‚If she responds to sexual desires, both of you will be on the vulgar way of adultery; it will destroy your self-esteem, apart from creating trouble on a legal level. If the response remains on a spiritual level, both of you will suffer and such suffering will make love deep and precious.' ‚Is there no adultery in this type of love, in the case of a married woman?' ‚No. It is love purified by suffering due to refusal of committing adultery.' ‚But she will be faithless in her heart towards her husband.' ‚Her heart will be divided and she will suffer from it.' ‚Will she also love her husband?' ‚Probably, but with a different type of love.' ‚How? Will her body be for her husband, and her heart for me?' ‚No. Her heart will be for her husband as well, but without suffering from non-fulfilment. It is suffering that makes love special.' ‚Will she dream of embracing me?' ‚She may; or rather may not, knowing from experience that fulfilment kills desire.' ‚In case she does, is it not essentially adultery, committed in her heart?' ‚It is, in a certain sense, and she will suffer for it as well.' ‚How can I avoid falling in a trap and temptation of that type?' ‚You cannot. Except, you get married before it can happen. A certain type of married women will fall in love with virtuous and virgin men only.' Mit so etwas konnte Flaubert im vorigen Jahrhundert etwas anfangen; was aber sollen solche Büchlein hier, in dieser Weltgegend?

O Mann, O Weib! O Eifer-Leidenssucht und Grausamkeit, mythisch verdichtet in einem Gestirn, das ‚bald-Mann-bald-Weib' mit achtzackiger Stachelkrone am Abendhimmel flimmert und erbarmungslos herniederpiekst – so läßt es sich vielleicht vor beleidigender Banalität retten. Im Gras lagen Guaven zum Aufklauben, in die Ohren zweier Mitaufklaubender träufelten überflüssige Fragen, die Zeit hinziehend, um einen Wartenden warten zu lassen. Schließlich, im Kabinett, dies und das und wegen der Geldwechselei von gestern. Da ging in Rufweite ein Anlaß vorbei, sich schnell zu verabschieden und nachzulaufen; ein Anlaß mit einem Namen, den hierzulande viele Mädchen tragen. Das Nachrufen, es klang fast wie ein vorweggenommener Nachruf. Der Anlaß mag willkommen gewesen sein, deutlich zu machen, daß hier alles mit rechten Dingen und auf öffentlich genehmigten Wegen zugeht. Man hat es hier und da versucht und nun ist eben noch diese Grazie dran.

Am Rande der Legalität.
Ein wolkiges Gemisch aus seufzender Enttäuschung und gewissenloser Selbstzufriedenheit umhüllt ein Verfahren hart am Rande der Legalität: das Neuschreiben der *Conclusio* einer Diplomarbeit, deren vom Urheber zu verantwortende Gestalt so erbärmlich daherhinkt, daß des Kopfschüttelns kein Ende wäre, wenn nicht mit sicherer Hand festgestellt würde, was hier zu stehen hat. Chr, dem solches zu verheimlichen kein Anlaß besteht, mokiert sich: ‚His Mistress Voice'.

Ein weiterer Fall vergeblichen Wartens. War nicht halb acht ausgemacht für eine letzt-letzte Sitzung? (‚When can I come?' ‚Seven thirty.') Es ist acht; es fuhrwerkt in der Küche herum, die Mausefalle steht offen, aber das Mäuslein geht nicht, wie abgemacht, hinein. Hinüber zur Bücherei, nichts; ins Refektorium, nichts. In die Schlafbaracke -- nein. Es ginge einen Schritt zu weit. Es würde den Anschein von Abhängigkeit erwecken. Die Modi des Seins. Von den Atomen bis zum leeren Raum. Außer Distanz, Feldlinien und gelegentlichen Dipol-Kontakten gibt es nichts, das wünschenswert wäre. Alles andere wäre *multiplying misunderstandings and confusion*. Unter dem Stimmungsgerümpel der letzten Monate, das seinen Weg über die Spitze des Bleistifts in dieses Tagebuch gefunden hat, muß es mehrere Fälle von vergeblichem Warten geben; sie sind der Erinnerung bereits entfallen. Brocken poröser Zeit- und Gefühlszustände, die ins Amorphe zerbröckelt sind. Die Absicht, hier jemanden auf die Probe zu stellen, wäre *foolhardy*. So wie es ist, ist es nichts als *too funny*. Gespannt auf die Lösung des Rätsels. – Erst noch tiefere Verrätselung und nahezu Übelkeit vor so etwas wie gekränktem Selbstgefühl? In der Abendkapelle: keine Entschuldigung, keine Erklärung. Leere Luft, die vorbeiweht. Und warum wurde eine Erklärung nicht eingefordert? Das wüßte ich gern. (28. 4.)

Das also ist des Rätsels Lösung: Über der Schreibmaschine Zeit und Vereinbarung vergessen. Und dann sei es zu spät gewesen. Offenbar auch für eine Erklärung in der Abendkapelle. Das ist der afrikanische Schlendrian, der auch diejenigen korrodieren und bekleckern kann, die sich am weitesten westlichen Gewohnheiten angepaßt haben. Denn der Gedanke, hier werde bewußt Wohlwollen ausgenützt, darf nicht ins Spiel kommen. Kommt dann am hellen Morgen an und meint wohl, er würde mit offenen Armen empfangen. Mitnichten. Wer Vorwürfe macht, gibt zu, daß er gewartet hat. Wer keine macht, deutet an, daß er Besseres zu tun hat als auf einer Abmachung zu bestehen. Es hält sich die Waage. Wie gut Pigmente Narben verdecken. Solche Abschattung hat manche Vorteile gegenüber weißer Nacktheit. Sogleich rutscht es wieder ab in den reinen Augenschein der Kontraste, ins lyrisch Impressionistische, in einem Stil freilich, mit Oh-Apostrophe und Personalpronomen, der im nachhinein anmutet, als würde aus einer dicken Tube eine fette Made Mayonnaise gequetscht. - Chr soll wissen, wie eine Direktrice mitgeschrieben hat an dem Geschreibsel, um es zu retten aus allzu nackter Ärmlichkeit. (Der Kandidat bevorzugt seit geraumer Zeit Langärmlichkeit.) Er soll ruhig weiter sich mokieren über den akademischen Bastard. Ich bevorzuge andere Metaphern, und sie kommen, vom vielen Englischreden, auf englisch angekrochen: We were labouring like a caterpillar on a potta-potta road.

Der Geistesgegenwart bedürftig, der Schlagfertigkeit; es ist mir weniger davon gegeben als Chr. Die Situation ist ‚funny': acht Männer, eine Frau und kanonische Gewissens- und Ehebruchslyrik. So tiefe Zerknirschung, solch ein bis in den leiblichen Ursprung zurückbohrendes Sündenbewußtsein konnte man sich offenbar nur im affektiven Bereiche der Sexualität vorstellen, nicht im Umkreis der Schlächtereien auf dem Schlachtfelde. Der Dandy redete ohne Hemmungen (über ‚ejaculation' zum Beispiel), andere reagierten verlegen, und die Tutorin mußte Überlegenheit zur Schau stellen. Schnell war man bei Lukas 1,26ff und wußte auch, wer der Ehebrecher war: der Verkündigungsengel höchstpersönlich. Einer wußte etwas von ‚genes', legte die Gedanken zwischendurch wie ermüdet auf den Tisch, war dann wieder munter und jubilierte über den Heiligen Geist in Zeile 11. Was zwischendurch einen Augenblick lang nach träumender Unschuld aussah, lief von der hintersten Ecke geradeaus nach vorn durch den Blickkorridor und verfing sich. Lachen und Lebhaftigkeit. Inmitten einer großen Menschenmenge müßte es sich anhäufen, um Unmögliches zu ermöglichen in aller Öffentlichkeit.

Aus dem Lachen fiel ich in tiefen Schlaf, bis das Geschrei der Kinder mich weckte. Das Weiterlachen war verursacht durch eine *Conclusio* und ein pünktliches Erscheinen um 13 Uhr, und ich war noch aufgekratzt und erschöpft zugleich. Die Worte rollten mir weg wie Quecksilber, das sprachlose Lachen war auf die letzten zwei

Seiten des doppelt verbrochenen Machwerks gerichtet, es muß nach ‚incredible' geklungen haben. Nach ‚so etwas ist mir noch nicht vorgekommen'. Sarkasmus der Enttäuschung über solches Mittelmaß? Es muß einschüchternd und verwirrend gewirkt haben. Was sollte der wohlformulierte milde Vorwurf wegen des gestrigen Versäumnisses? ‚How can a conscientious student...' Er sah mich nur an, unbewegt, mit einer Miene wie gemeißelt. Die Erklärung war doch schon gegeben worden. Was sollte das also. Was sollten die Definitionsfragen nach *sincerity* im Gegensatz zu *politeness* und *flattering*. Fragen ohne Antwort. Dem Predigen von Idealen ward entgegengehalten: ‚Come down to reality!' Was soll denn die miese Wirklichkeit? Hier gibt es keinen Mut, der über das Predigen von Idealen hinaus Mißstände beim Wickel packen und Gefahr laufen würde, isoliert zu werden. Vorbild sein, das allenfalls und selten genug. Etwas dergleichen ist es doch, was hier seit vier Jahren Zeit hinbringt und als Thema mit Leidensaura und Variationen Seite um Seite füllt. ‚Love' bedeutet hier, sich überall Liebkind zu machen, selbst bei einem Fiesling. Chr hat Beziehungen zu bedeutenden Leuten ringsum geknüpft, persönliche Beziehungen auf pragmatisch-diplomatischer Basis. Ich kann das nicht. Ich suche in der persönlichen Beziehung etwas anderes, etwas zwecklos Selbstbezogenes. Ich würde politisch-soziales Interesse vorgeben, um etwa wieder nach Lah zu gelangen und die Graslandmuse zu fangen. (29. 4.)

Lärm. Marmelade. *Dogo Notes*.
Verdrießlich, wo nicht gar unglücklich, am letzten Tage im April. Das Lachen gestern im Blick auf die letzten Seiten einer mühsam zusammengeschusterten Diplomarbeit hat nicht nur eingeschüchtert, es hat vergrault. Es hatte Schmollen und Grollen im Unterricht zur Folge. Wirres muß die Traumfabrik daraus gemacht haben; beim Erwachen sank es schlierenhaft hinweg. Der Vortrag eines *fraternal* in Schlüsselposition (an sich simpfatisch, hält mit Weib und Kind, gerade noch verkraftbar, das Gästezimmer besetzt) gestern abend, erwähnte ‚misappropriation of cars', und promptement appropriiert der Kollege Fiesling heute den Landrover. Und sonst so? Nicht nur im Dorf, auch im Campus wird die Jugendkriminalität zunehmen. Mit

dem Stehlen von Guaven und Pitangakirschen fängt es harmlos, aber schon einigermaßen frech an. Noch rennen sie davon vor dem Schimpfen der Weißen, Halbstarke aus dem Dorf. Wer schimpfend die Stimme erhebt, büßt Autorität ein. Warum schrumpft alles zusammen auf Alltägliches und Elementares? Was ist das Marmeladekochen für ein verdächtiges Symptom? Es geht nicht um die Pitangakirschen für die Marmelade; es geht um Freiraum und Privatsphäre rings ums Haus. – Weiterbasteln an den *Dogo Notes*, weil Mittagsschlaf nicht möglich ist wegen des Lärms der vorbeiziehenden Schulkinder. Chr behauptet, er höre nichts. Woher kommt meine Überempfindlichkeit trotz nachlassendem Gehör? Wenn da etwas wäre, die Einbildung abzulenken, und sei es auch nur die Echohaltung einer Hand, dort wie hier. Aber nein, statt dessen steht ein Kleinkind aus dem Gästezimmer auf der vorderen Veranda herum und plärrt; die Eltern sind nicht da. Der Nachbar kam und nahm sich des Problems an. Chr ist gut versteckt zwischen seinen Büchern. Ihn geht so etwas nichts an.

Nun also doch noch eine Kleinigkeit; vielleicht läßt sich zwei Tage davon leben. Ein Zusammenklang von Dunkelblau und Hellgrün ist etwas zum Malen in Öl. Die Abendkapelle war nur zur Hälfte besetzt, der Stammplatz auch und das Zögern absichtlich. In der endlich erwählten Diagonalen eine sich dehnende halbe Stunde lang ein Sein-im-Wahrgenommen-werden zu genießen hat gut getan. Da konnten im Vorblick auf das nahe Ende die kleinen schwarzen Ameislein der Erinnerung an drei Jahren und den langen weißen Ärmeln einer Satinbluse auf- und abkriechen. Ihrer zwei krochen aus Rissen im Zement, über den zweimal vier Füße scharrten in der Meinung, man tanze – wann war das? O, schon so lange her. Zwei Bänke sind dazwischen, und es könnte alles auch ganz anders gewesen sein. Aber der Garten war wirklich. Der Besuch in Lah auch. Mit Aussicht auf weitere Benefizien in vorsichtigem Balancieren zwischen prunkender Jugend und schrumpelnder Weisheit. Höflich und freundlich muß man sein und ein wenig Mitleid haben. Und so wickelte das Dasitzen sich in Gedankengespinste. (30. 4.)

Mißstimmung und Pfingstmuse
(Mai)

‚Seid nett zu einander.'
‚There is no love' heißt es in Afrika: wenn einer den anderen als völlig überflüssige Erscheinung im Campus empfindet und sogar zu gratulieren vergißt, wenn er sich wieder vermehrt hat. Es geht um nichts weiter als um ein Seid-nett-zu-einander. Es erfordert gewisse Formen der Höflichkeit, und mit solch einem Minimum läßt sich offenbar leben. Man kommt an einander vorbei, ohne zu rempeln. Höflichkeiten zu mißachten macht böses Blut. Also muß das auch noch erledigt werden. Chr geht mit und voran. Ein heftiger Regensturm. Sonst nichts. Bei einer Rallye auswärts ist ein Zehntausender und kommt gewechselt vor morgen abend nicht zurück. (1. 5.)

Niederfrequente Glitzerwellen.
Gegen Abend. Sie sind zurück, die Rallye-Scharen; Chr und ich nahmen eine Parade mit Leerstelle ab und spendeten. Der Duft von Eukalyptusöl nach einer Duschzeremonie und die Erwartung werfen sich aufs Tagebuch und in die Vorstellung von Raffinement, andere vorzuschicken und das eigene kostbare Selbst samt dem Wechselgeld zurückzuhalten. Dämmerung der Illusionen; Versuche, sich einzufühlen und Gedanken aus der Gegenrichtung von ‚Komm, aber ohne Idiotenkappe' zu denken. Etwa: rechtschaffen müde, gesättigt vom Erfolg einer gelungener Veranstaltung, hält es sich fern von mißlichen Erinnerungen an ein so mühsam auf zwei krumme Beine gestelltes Geisteserzeugnis und die, welche mitverantwortlich zeichnet. Da ist nun noch eine Abendveranstaltung, die Präsenz erfordert. – Mancher Zauber wirkt nur auf Entfernung und ohne ablenkenden Ehrenvorsitz. Mit mühsam zusammengeraffter Geistesgegenwart ließ sich die Ehre an den Kollegen abschieben; aber vom Podium der Jury gab es kein Entkommen. Und siehe: in der Diagonalen schräg nach unten wäre es stundenlang auszuhalten gewesen. Ein gewisses Grün ist immer wie eine Oase in grauer Steppe. Zudem gelang es, das ‚Imitsch' zu

retten durch ein frommes Schlußwort mit Pfeffer. Dann die sozusagen Klimax: ein Entgegenkommen und das Überreichen eines Briefes (mit den Visaformularen) auf offener Bühne. Es fühlte sich an wie ein lang hinausgezögertes Geschenk und Geheimnis. Wo nichts ist, muß man etwas daraus machen. Wie etwa so eine Diagonale, an der entlang es turnt und tröpfelt auf und ab und ein Glitzern sich in Wellenform ausbreitet im angeblich leeren Raum zwischen zwei Spiegeln. Das Ereignis bestand in nichts weiterem als im Hin- und Herlaufen solch niederfrequenter Glitzerwellen. Es genügte. Nach einigem Händeschütteln und Gratulieren ringsum rauschte es sapphisch in goldbraunem Sonntagsgewande davon, um sich ins Tagebuch zu ergießen. (2. 5.)

Die Morgenschlange ist noch nicht bis ins Tagebuch gekrochen. Nach dem Trommelsignal kommt sie von der Anhöhe herab, schwarz und weiß oder beige und weiß geschuppt seit schuluniformen Kolonialzeiten. Aus dem Diesseits der Bougainvillea kommen nur Einzelheiten; unter dem Tulpenbaum biegen beide Bewegungen ab in die Kapelle. Manchmal züngelt es von ferne, die Pupille steht schmal und starr; es kann Einbildung sein; aber es ist eines jeden Wochentages erste Begegnung. In der Kapelle löst sich die Bewegung auf und verteilt sich zu Ruhepunkten auf die Bänke. Heut war die Bewegung ein Ausweichen, fast Blindheit. *En classe* dann ein herrischer Ton aus der hinteren Ecke. Erinnernd an den Ton, in dem man hierzulande Weib und Kinder anfaßt. Es setzt eine bestimmte Art von Abhängigkeit voraus, die zu Machtmißbrauch verführt.

Anknüpfungspunkt für Oktober?
Im Arbeitskabinett klebt ein Stich der Stadt, in der sieben sinnlose Jahre dahingingen; ein Roman müßte sie als ästhetisches Stadium plus Krise beschreiben: Studium, Theater, Episoden, auch die von Sils-Maria. Dann der Bruch ab 1960. *Bethabara* dauerte nur drei Monate. Lyrische Gesänge. Der Afrikaroman: zehn Jahre. Wann wird die Zeit kommen, ein Buch, drei Bücher daraus zu machen? Und wo bleibt das Wechselgeld? Es wird langsam klar, daß hier keine *Notes* mehr auf Matrizen gelangen werden. Ein Anknüpfungspunkt für Oktober?

Illusionen, die aufschäumen und wie Schaum vergehen. Wie ein Trompetenstoß, der den Puls aufjagt und sich dann in einem Gewimmer verliert. Schlimmer: ohne Dankeschön und ohne Gruß macht es sich davon. Keine Miene verzieht sich. Da wurde also das fertige Produkt abgeliefert, die erste und die letzten Seiten wurden begutachtet, die stereotypen Danksagungen, die gar nichts besagen. Sonst war nichts mehr. Der Park mit den zahmen Großkatzen ist geschlossen; an den Toren stehen Wächter, die jeden Versuch, einzudringen, selbst die vorsichtigen Annäherungen besorgter Freundlichkeit sanft und traurig abweisen. Vielleicht läuft an den Gittern entlang eine elektrische Spannung? Man wird sich hüten, Befindlichkeiten in der Form von Tentakeln irgendwelcher Art auszustrecken. So ist es in Ordnung. Der aufrechte Gang ist mit einem Gleichgewichtssinn begabt, der auf die Neigung einer schiefen Ebene empfindlich reagiert.

Hangeln nach Avocados. Sind Großkatzen selbst in gezähmtem Zustande nicht zum Spielen geeignet, soll wenigstens der Genuß von Avocados eingefordert werden, und zwar von eigenhändig herabgeangelten, sozusagen geklauten. Mit einer langen Stange war ein halbes Dutzend zu erreichen. Die Nachbarkinder durften Guaven holen; aus geringer Ferne kam das Jaulen der Bo-Bengel, drei Silben in monotoner Wiederholung, die letzte verballhornt, denn Liquide sind auch hier verwechselbar. Drei Silben, die hier eine Weile überleben und allerlei Krauses an Gerüchten evozieren werden. Die Ablenkung hin zu Guaven und Avocados war notwendig. Denn der innere Aufruhr – ist merkwürdig. Wegen einem Davongehen ohne Dank und Gruß? Die Geheimnisse der Trinität jedenfalls sind plötzlich ohne denkerischen Reiz. Das Wesen von Illusionen zu ergründen reizt viel mehr. Mit diesem Anreiz und der langen Stange angelte es im Avocadobaum herum, während ein neuer Gast *(auch eine,* eine Hängengebliebene) in das Gästezimmer einzog. Sie kommen alle, diese Ungeladenen, um eine dieses Treibens Müde vollends zu vertreiben. Noch ein paar Wochen Stammplatzspiele, morgens und abends, dann ist das Spiel zu Ende. (3. 5.)

Traumfabrik. Überdruß. Nachdenken.
Aus dem Gefühl der Vergeblichkeit macht die Traumfabrik ein Häuschen, an dessen Fenster ein Bauch mit Blumenkasten davor erscheint. Eine ironische Bemerkung verwandelt sich in einen kleinen Würfel, der aus Hand in Hand rollt. Das ist alles. – Heut ist offizielle Avocado-Ernte, nach dem gestrigen Anfall von illegaler Selbsthilfe. Woher kommt die Freßgier? Man brachte mir zehn Stück, die werden alle auf einmal reif sein und müssen gegessen werden und dann hat man's über. Fast wie – nun ja. Keine Ökonomie. Alles auf einmal und dann Überdruß. Lustlos würgt es sich durch eine Meditation; das Sage-Verbot erzeugt ein Fieber in der Seele. Gegen gute Sitten, die Hemmungen zur Folge haben, ist nichts zu sagen und nichts zu machen. Es ist etwas zum darüber Nachzudenken beim Marmeladekochen oder Tagebuchschreiben.

Tröpfelspur.
Es war Buschkino drüben im Refektorium; danach ergab sich die Notwendigkeit einer Anrede, die offenbar so einschüchternd wirkte, daß nichts als Furchtsamkeit den Türrahmen füllte. So, daß es, den Mantel über die Schulter geworfen, denn es ist kalt, über den Campus und durch den zunehmenden Mond taumelte, ratlos, Was hat man dir, du armes Kind, getan? Die Anrede hatte die beste Ausrede gehabt; aber irgend etwas lag oder stand schief. – Mehr war nicht zu erwarten gewesen, an diesem späten Abend. Daher das Unerwartete, der Gegenzug in einem Schachspiel, das keiner beherrscht. Osterhäschen, Weihnachtsmann kommt und legt dem armen Kind ein Geschenk in die leeren Hände, Kling-Glöckchen. Das arme Kind darf nicht zeigen, wie beschenkt es sich fühlt, es muß der beglückten Seele einen Mantel überwerfen, damit man das Zittern nicht sieht. Damit es nicht durch offene Poren dunstet – Verwunderung, Nicht-Wissen, Doch-Wissen, und wenn, woher? Sitzend am Schreibtisch, milde gestimmt durch das nochmalige Vorzeigen des armseligen Produktes, hellblau gebunden statt grün. Was vor einer Woche endgültig zu Ende schien, zieht eine lange Tröpfelspur aus Kelchgründen der Ungewißheit im Staub der Bedürftigkeit hinter sich her. So verkünstelt sich das vielfach Gefaltete und im Grunde so Einfache. (4. 5.)

Nachdenken über Nachholbedarf.
Erwartung ist immer das Beste, wenn es sich um etwas Schönes oder Besonderes handelt. Aber heut wird keine *mami-wata* aus unergründlich grünen Teichen tauchen. Es ist die vorletzte Mini-Meditation. Gut versteckt wieder das, was mich allein angeht: ‚Behold, the gods are weeping, and all the goddesses cry / To see perfect things perish and the beautiful die.' Dann den ganzen Vormittag Berieselung mit Gastvorträgen, auszuhalten nur im langsamen Kreisen um einen Strudel, auf dem Floß der Tagträume, mit einem Anker, der auf sicherem Grunde in geziemendem Abstande mitschleift gegen die Zentripetalkraft. Wenn es eine Droge gäbe, die bestimmte Illusionen der Selbstwahrnehmung hervorzurufen imstande wäre, auch solche etwa, die den Anker abhaken und das Floß auf die Strudelmitte zutreiben ließen – sie wäre willkommen. Einzig die Vorstellung, der Strudel strudle nicht unbewußt, wie es sich für ein solches Phänomen gehört, sondern er könnte durch Metamorphose zu Bewußtsein gelangen, sich anbiedern oder gar Meergötterarme ausstrecken – würde ernüchtern bis zum Verzicht. Ist das nicht typisch *Dorian Gray* und ein Rückfall in das ästhetische Stadium? Von Interesse ist nur, was sich unbewußt darbringt oder verweigert. Die tägliche Wiederkehr des Gleichen, das Klappen des Verandagatters, das Erwählen eines Sitzplatzes, ein nahes Gewölbe unter dem lockeren Gewebe von Baumwolle, dunkelblaubehoste Zugeneigtheit und sich überlegen gebärdende Weiß-heit, es wird nicht langweilig, weil es so wenig ist, daß die Fingerspitze nach jedem Krümelchen stippt. Es macht sich viel Unschönes, Abstoßendes, Unästhetisches breit. Mag sein. Das einzige, was an Schönem sich verschenken könnte; was von Anbeginn war, schmal umrandet von einem Reigen betörender Carmina, hinabziehend in dunkle Traum- und toerische Seelentiefen, das verweigert sich. Was liegt hier vor? Was steht in Frage? Was ist der Fall? Da ist nach außen hin, im öffentlichen Bereich, etwas für eine Frau und *fraternal* Ungewöhnliches erreicht, aber die innere Verfassung ist schon darüber hinaus. Hier werden an fremdem, freilich nicht gänzlich beliebigem Objekt Dinge nachgeholt, für die vor zwanzig Jahren keine Gelegenheit war, weil es damals um schieres

Überleben in einem Strudel von Sinnlosigkeiten ging. Aus der Tiefe gezogen durch schicksals- teils und teils naturbedingte Anhänglichkeit, durch Vertrauen und endlose Gespräche war eine Gerettete dankbar über die Maßen und bereit bis zu dahin Undenkbarem. Und nun: ein Rückfall? Nachholbedarf? Ein Stolpern an der Schwelle zum Altwerden? Da hilft keine Hinwendung zu höheren Mächten, die etwas gönnen könnten. Man meint zu wissen, was man möchte und was nicht: Feldspannung am Rande von Möglichkeiten ohne Kurzschluß. Nach innen gewandte Absolutheitserlebnisse ästhetischer Art, ein Schwindelgefühl auf schmalem Grat ohne Absturz. Ist das nun wieder ein schauderhafter Manichäismus? Es ist ethisch bedenklich. Es geht um etwas, das in einer Ehe nicht möglich ist, weil es da legal und beinahe pflichtmäßig den breiten Graben überwindet. Ich will balancieren. Ich will tanzen. Und weiß, daß es nicht möglich ist. (5. 5.)

Das ist der große Regensturm in der Morgenfrühe, der Bäume entwurzeln und Herkömmlichkeiten über den Haufen blasen könnte. Der alles dahin treibt, wohin es schon von selber strebt. *Diese* Addition von Vektoren, die Lust des Mitgewirbeltwerdens in einer Ode an den Westwind oder, moderner, im D-Zug, eine Halt suchende Müdigkeit im Nacken, ,*Diese* Stummheiten. Dies Getriebenwerden.' Eine Hilflosigkeit, die sich bei klarem Verstand vor Lächerlich- oder Peinlichkeit ins eigene Fleisch beißt, weil ihr weder Verständnis noch Erbarmen zuteil wird. Es ist kein erhebender Anblick, wenn Angst und Begehren einander umklammern und darüber noch ein Netz geworfen wird, ein starkes, in dem man Haie oder das Gelächter der Götter fangen könnte. Benn-Gedichte fangen solche Atmosphäre unbefangener ein, deuten alles so genau ungenau an und scheuen sogar das Wort Sehnsucht nicht, freilich geschärft und verbogen durch Sichelmetaphorik. Jedenfalls soll es hier und in diesem Falle nicht Dekadenz und Verruchtheit sein, die zu Stolperstein und Fangnetz werden, sondern – Oh, what is the meaning of it? *Gentleness. A man of good manners, most virtuous and prudent.* Ein Plüschpullover hält wärmer warm als ein Netz.

Das Gehen über heiße Kohlen ist nicht mehr so einfach wie einst. ‚Adultery and fornication' gehören ins Fach Ethik und NT Exegese. Für beide bin ich nicht zuständig und muß trotzdem auf Fragen antworten. Also, was ist gemeint, wenn vom Begehren die Rede ist? Actual sin is not in the desire, as long as there is self-control. There is no virtue without temptation. Temptation is a test to character. Adultery committed in the heart means that no human being is essentially free from sin. Original sin is the disposition to sin. So, und jetzt laßt mich in Ruhe. J'ai d'autres chats à fouetter. Es geht nicht um Sünde; es geht um das Unglück im Freiraum der Innerlichkeit. Da breiten sich Wüsten nicht, aber Steppen der Bedürftigkeit, seit zwölf Jahren schon. Seit Tiliapolis. Ist Chr nicht noch schlimmer dran in dieser Gegend und Hinsicht? Wenn die Anstalt koedukativ wäre...

Beschreiung des Unsagbaren. Zielloses Umherirren im Campus, innere Ruhelosigkeit, Umwege, und schließlich das Eindringen, fast wider Willen, in die Privatsphäre der Schlafbaracken, Cherubim zur Rechten, Seraphim zur Linken, ein ausgeliehenes Büchlein als ad hoc hergestelltem Vorwand. Sonst war da niemand und nichts außer einem Blick, der schwindlig machte im Daraufzugehen. Das Wunder war, daß sich Worte fanden und Sätze bildeten und sogar eine Hand sich ausstreckte, um in einem hellblau gebundenen Exemplar zu blättern. Verweile doch? Ach nein. Die Cherubim und Seraphim blicken strenge. *Temptation is a test to character.* Wer weiß, was hier auf der Lauer liegt. Vorsicht und Wißbegier verbinden sich in keinem Adjektiv. Statt Verwirrung zu kultivieren sollte besser ein Wörterbuch konsultiert werden. *Defiant, openly disobedient* ist es nicht. *Mefiant* schon eher; an ehesten aber *wary* oder *demure*. Standhaltend, den Blick geradeaus auf den Eindringling richten, verhüllt von Furcht, verschleiert von Fas-, fast -zination, von stummer Beschreiung des Unsagbaren. Das Reden ist ruhig, nur die Stimmlage etwas tief. Alles klingt sachlich und selbstbeherrscht, ohne Verbindlichkeit, allein darum bemüht, nicht zu erschrecken. Es hüllt sich in das kühl abweisende Gefieder von Cherubim und Seraphim.

Ablenkung zu einem nicht ganz Beliebigen hin (der Mensch kommt aus der Nähe eines Skandals; er weiß, was möglich ist) drüben im Refektorium, einer Pflicht zu genügen. In der Abendkapelle steht dann der Mann, der Tugend predigt. Die Hände machen langsame, wohlausgewogne Bewegungen; die Sätze und Gedanken sind sauber, klar, ohne Rhetorik, ohne Erratik, ohne allen Reiz. Nichts als eine breite ehrliche Brust, gegen die sich keine Verwirrung werfen wird. Was hätte sie da zu suchen. Man sang das abgesungene ‚Yield not to temptation'. Beim Hinausgehen Vergeßlichkeit, ein Lachen aller, ein Warten, eine Frage nach dem Benjamin. Ein Good night, wie nebenbei. (6. 5.)

Maschen zählen im Rücken. Rückzug – um in den Rücken zu fallen? Die inspirativen Augen der Geliebten der Dichter und das geheimnisvolle Lächeln der Angebeteten. Es muß nicht immer eine Beatrice sein. Was machen sie, die Affizierten, wenn diese besonders lokalisierten Quellen der Inspiration versiegen? Wenn das Mienenspiel aussetzt, Märchenaugen und Nixenlächeln abtauchen? Sie klammern sich an Farbnuancen, an Kleidungsstücke, an Strumpfbänder, rosa Rokokoschleifchen, lila Schlipse. Ein Rücken kann angeblich auch entzücken. In unmittelbarer Nähe könnte er stören, die Sicht versperren, Bewegungsfreiheit einengen. Wenn er aber nun einmal in solcher Nähe installiert ist, was macht man dann? Aus lauter Langeweile Maschen zählen? (Wenn es die Wirkware eines Pullovers wäre.) Oder ermüden und anlehnungsbedürftig werden? Einnicken, vornüberkippen, mit erschlaffenden Armen Halt suchend einer Unbeweglichkeit – in den Rücken fallen? Es nimmt sich zusammen und zurück. Aber da drüben, sieh mal, im blauen Jenseits, fließen Nebelseelen, Regenbindfäden, Traumschlieren, die vom Monde tropfen, ineinander. Es nimmt sich sonderbar aus. Es lebt, webt und ist nach eigenen Gesetzen in sich verflochten. Gewisse Zentralbegriffe werden anders definiert, um den Kosmos im Gleichgewicht zu halten. Die Dichter lügen zu viel. Gewiß. Sie reimen sich ihre eigene Wahrheit zusammen. Bisweilen rein aus Langeweile. Man nimmt sich, was zu haben ist.

,Because you are a woman!'
Zum vierten oder fünften Male in drei Jahren schleudert einer aus seiner Ecke nach vorn eine Behauptung, die nahezu konsterniert. Diesmal nach Bemerkungen zu ‚male trinity' und Mariologie. Wenn Jesus in einer matriarchalen Gesellschaf gelebt hätte, so die Lehr-Behauptung, dann hätte er zu seiner Mutter im Himmel gebetet. (Wie Äneas und die Julier zur Aeneadum genetrix, hominum divumque voluptas, alma Venus.) Ein paar schöne Augenblicke auch in Griechisch, das Geplänkel ging fast zu weit, wich aber immer beizeiten aus und versagte sich Koketterien. Dann ein Zurückschnappen und nun Lustlosigkeit den ganzen Nachmittag lang.

Abendgeselligkeiten.
Erst drüben in der Kapelle mit Bier und Biskuits. Chr predigte gegen die Bäuche; der Menschenkenner griff indes diesmal daneben; die er zum Mitmachen ausersehen hatte, waren mit Magenbeschwerden absent. Ein dritter nahm die Herausforderung an, half den Korb mit den Gläsern ins Haus zurücktragen und sinnierte laut vor sich hin, ‚I don't know. When I was a teacher I had a beer every evening and no stomach. Now that I do not drink beer...' Dicht daneben sinnierte es gleichfalls vor sich hin. ‚I don't know. The invitation over there is for men only. I always took myself for a tutor; but today in class I was told that I am a woman...' Die Reaktion blieb verschwommen. Dann saß man versammelt drüben auf der Hochveranda des Kollegen, um zu feiern. Der Erdnuß-, Bier- und Tonic-Teil duldete auch eine Frau, eine einzige, im Kreise der Männer. Diagonal gegenüber saß eine Mischung aus Müdigkeit und Melancholie, den Arm auf die Brüstung gestützt, den Kopf in die Hand. Im Netz flüchtigen Rundumschweifens fing sich nur ein einziger ungewisser Augenblick – kein anakreontischer Ball aus Purpurwolle, nur ein blaßvioletter Schatten davon, traurig und verträumt aus schmalen Lidern, wie es einst und nur ein einziges Mal eine Achtzehnjährige angeträumt hatte, für die dergleichen neu war. Etwas, das nicht bei sich selbst ist; das absinkt und auf dem Strom des Unterbewußtseins von hinnen treibt *through caverns measureless to man down to a sunless sea...* Dann

mußte das weibliche Element sich eliminieren. Man deutete es diskret, aber unmißverständlich an. Und nun tanzen sie, die Männer unter sich, ihre Männertänze, bei welchen etwas, das noch nicht zum Neutrum geschrumpelt ist, stören würde. Es regnet geduldig und eintönig. Der fröhliche Lärm des Tanzens dringt durch den Regenvorhang herüber. Auf der dunklen Veranda im Sessel war kein Einschlafen möglich. Daher Tagebuchschreiben. Es ersetzt keine Tanzekstasen; es rätselt am Ende ein wenig am Sinn der merkwürdigen Feststellung ‚You are a woman.' Wollte vielleicht, daß es so wäre. (7. 5.)

Die Überreichungszeremonie. Einen Tag zu früh. Sie hätte sich, verziert mit allerlei besinnlichen Sprüchen, sonntäglich lockig statt sonnabendlich strähnig, ereignen können. Es klopfte, ward eingelassen, herangelassen bis an den Schreibtisch und stand da feierlich langgewandet in Taubenblau und mit bedecktem Haupt als wär's Sonntag. Überreichte zwei Exemplare, sah dem Blättern zu und bekam nichts weiter zu hören als die blumige Frage: ‚Has this burden been lifted from your soul?' Was hat eine akademische Pflichtübung mit Seele zu tun? Aber da öffnete sich der Kelch eines Lächelns wie am Anfang der Tage, als der Garten noch arglos grünte ohne Unkraut und verholzende Rettiche. Danksagung für ‚spiritual and material care' – so etwas kommt öfters vor am Ende solcher Exerzitien. Der Schleier der Höflichkeit legt sich darüber. Hinausbegleiten ist nicht nachgehen. Im Vorübergehen nach einer Tomate greifen und sie wieder hinlegen besagt auch nichts. Aber eine Frage muß dem Begleiten ein Ende setzen. Wann der Essay zu erwarten sei. Am Donnerstag. Geh hin in Frieden. Es fällt weiter nichts ein. Von wegen ‚eine Gelegenheit wahrnehmen'. Die Verandatomaten fallen ins Gras. Von dort liest man sie auf. (8. 5.)

Als Sonntagsecho ein Petrolblau im Prinzeßschnitt. Es riecht schon etwas angegammelt; aber es ist gesäumt von Silberbortensymbolik. Die Sonne scheint auch wieder. Was hätte nicht alles gesagt und gefragt werden können, gestern. Was it tough? Was it tedious? Es war eine Pflichtübung. Wie das Dasitzen unter Leuten in der

Leere, die ein Verschwinden hinterläßt. Das Verschwinden war eben noch wahrnehmbar. Und dann das innere Zusammensinken. Und dann das Umherrennen im Campus in der Mittagshitze. Auf der Suche wonach wohl? Richtig: nach den Weibsen, die natürlich nicht da waren. Pas une chatte. Hier ist alles *tentative*. Vor allem *time is tentative* und die *fraternal* ist gereizt ob solcher Schlamperei.

                                           Wie ein Sonntag sich hinzieht.
Kaffee mit Chr auf der vorderen Veranda. Als das Wünschen noch half, erschien auf bloßen Wimpernwink hin des Herzens Wunsch aus jedem Busch, stand lässig an jedes Geländer gelehnt, und in der warmen Luft hing frei und ohne Umrandung, wie bei der Katze aus Alice im Wunderland, ein Lächeln mit gezähmten Märchenaugen. Es hilft aber nicht mehr. Also geht der Sonntag drauf mit verbiesterter Weitermache an den *Dogo Notes*. – Chr riß mich los, wir spazierten zum Wasserauffangbecken, saßen auf einem Stein und überdachten die Lage. Ich sagte: Ich will mir eine Zuflucht in Afrika schaffen. Ich will nicht zu Europa verdammt sein. – Der Abend streute noch Mondlicht und Stimmungskonfetti über den Campus, das hier aufs Papier geklebt werden soll. Zum einen die verschiedenen Arten von Licht – über allem der Mond, der wieder aufgeht, lautlos und vergeblich ein mystisches Licht verströmend. Nun noch die erbauliche Stunde drüben.

                                   Trommelrhythmen und Mondschein.
Drüben erst Neon, kalt und hart; als es ausging und ehe die grellen Gaslampen gebracht wurden, verbreitete eine Buschlampe apfelsinenfarbenen Halbschatten und Warteschweigen. Dahinein stieg der perlend leichte Rhythmus einer Trommel, so hingegeben und hinnehmend, so champagnerhaft ins Blut steigend, daß es eine Weile dauerte, bis bewußt wurde, unter wessen Händen der Zauber entsprang. Chopin auf der Trommel, so mühelos, so präzis, wie mit feiner Nadel gestickt, so unaufdringlich, daß sich alles, was an Seele gerade verfügbar war, hingab. Im Spiel der Finger löste sich alles Körper- und Kilohafte, alles disproportional Übergewichtige auf. Ist das noch Musik? Es ist Nichts-als-Rhythmus, höchste Abstraktion, reine

Zahl, umgesetzt in dichtgepackte Schallwellen und gespannte Intervalle. Später dann, während man weiterredete, spielte halbe Geistesabwesenheit mit einer doppelreihigen silbernen Halskette. Wie, wenn sich in einiger Entfernung, aufsteigend aus tiefem Unterbewußtsein, eine Echogeste ohne Silberkettchen ergeben hätte? Draußen war inzwischen der Mond aufgegangen, es waren nur wenige helle Sterne zu sehen. Im Hibiskuswinkel auf der Seitentreppe, nahe der offenen Tür des Arbeitskabinetts, saß eine bedenklich naive Art von Gottvertrauen mit nur einem kleinen, harmlosen, einem sozusagen nougatfarbenen Plüschwunsch auf den Knien des Herzens. Es wurde drinnen sogar eine Kerze angezündet; aber wer schließlich kam, war, zweifelsohne ein Fingerzeig Gottes, der ebenfalls einsame Ehegespons. Da saß man zu zweit auf den Steinstufen und plänkelte müde über den Mond und seine Widerspiegelung in den Gehirnwindungen, über Sein und Bewußtsein, und es formulierte sich die Einsicht: Einsamer werde ich im Grasland mit meinem Tagebuch auch nicht sein. (9. 5.)

Letzte Erklärung für den Fall...

Es ist nichts zu haben. Es träumt mit starrem Blick geradeaus. ,Spannung' kann nur spürbar werden, wenn sich beidseitig etwas staut. Im Schweigen. Im Nicht-Wissen, im Argwohn, in Verlegenheiten. Es weicht aus, wehrt sich mit trockenen Bemerkungen, kämpft mit sich selbst mehr als mit irgendwelchen Tücken der Objekte und fügt in Notwehr verbale Verletzungen zu. Es kann auch zu merkwürdigen Blindheiten kommen. Zu einem Sehen, das nichts sieht, optisch, weil offenbar irgendwelche Synapsen aus gegensteuernden Gründen nicht funktionieren, kam es heute in der Bücherei. Die Sehrichtung kehrte sich um – das Sehen sah eine Sehende, die nichts sah, aus Angst, zu sehen, was der Seh-Sucht ersehntes Ziel war. – Dieses abendliche *jumping-up-and-down*, den Weibsen nach mit letzten Instruktionen, und morgen um halb fünf aus dem Bett, einer vorletzten Pflichtübung zu genügen, die das Einerlei mit Ungewißheiten unterbricht. Es näherte sich, *in fact*, es näherte sich hauptsächlich ein Bauch, und von dannen ging es in Gedanken, die um allerlei Ecken herum den Gründen möglichen Grollens nachgingen. Wer einem rechtschaffenen Menschen den Seelenfrieden stört, braucht sich nicht zu wundern. Um so schlimmer, wofern dergleichen gar als erwünscht und *wonderfoolish* empfunden würde. Und im übrigen – wenn morgen etwas passiert und diese Tagebücher, in Chrs Hände übergehend, eines Tages gelesen würden: was verstünde er von der kathartischen Wirkung der Tagträume einer Übergangskrise, unverdaut aufs Papier gespuckt? Das Fest hat ja nicht stattgefunden. Es waren nur die inneren Spiegelsäle des Palastes erleuchtet. Tanz als Selbsterlebnis, ein geistreich-melancholischer Flirt – wo wäre das hier zu finden gewesen? Lah hat inspiriert; dort ein paar Monate lang leben, in dem Häuschen unter offenem Gebälk, in einer offenen Beziehung, um mehr zu erfahren, ernüchtert und weise zu werden. Es würde alles mittelmäßig bleiben. Zu etwas Ordinärem wäre weder Veranlagung noch Gelegenheit vorhanden. So macht man kein Testament; aber es wäre eine letzte Erklärung für den Fall... Der morgige Tag möge vergehen. Am Mittwoch möge alles wieder beim alten sein. (10. 5.)

In aller Frühe. Ich gehe. Wär' ich zurück. (11. 5.)

White woman's burden unbelobt. Wie nach gutem Überstehen einer solch strapaziösen Tagesfahrt, mit aller Verantwortung auf eigenen Schultern, als erstes Kinderlärm und der Ärger über eine neuerliche Besetzung des Gästezimmers notiert werden können, ist nicht leicht zu verstehen. Um so etwas zu verhindern, hilft Dankbarkeit offenbar nicht. Es müßte etwas Schönes sich zeigen, etwas Hellgrünes, um noch ein wenig Geheimnis zu verbreiten. Gestern, als man zurückkam, war der ganze Campus schwarz, ohne Elektrizität und ohne Mond. Die kindlich naive Erwartung, erwartet zu werden, wurde enttäuscht. Nur die Männer der mir anvertrauten Weibsen waren da, als der Landrover drüben auf der Anhöhe (und nicht etwa vor ‚meinem' Hause) hielt. Hier zählte die Mehrheit, nicht der Status. Auf der Seite der Unbeweibten war alles schwarz und still. Nichts regte sich. Da schleppte sich über den Campus eine sonderbare Enttäuschung herüber in dieses Haus, wo der Ehemann überrascht tat. Ach, wie unbelohnt und unbelobt blieb alles nach des Tages Anspannung. *White woman's burden: through all the thankless years.* Der Magen flau, das Hemd verschwitzt, das Haar verstaubt, aber alle Knochen heil: es gab immerhin schwarzen Tee und guten Käse, während Chr ausnahmsweise einen Eimer lauwarmes Wasser ins Bad trug und an die Decke hängte. Danach ein hellgrünes Nachthemd und Schlaf, der die Enttäuschung hinwegspülte.

Nun also – nein, der gestrige Tag ist nicht wert, aufgeschrieben zu werden. Der ganze Kartoffelsack Verantwortung, den ich einen langen Tag mit mir herumgeschleppt habe, das Organisieren, Besichtigen, Reden und Entscheiden – wie ist es möglich, alles richtig zu machen, ohne bei der Sache zu sein? Wie in einem Zustand des Schlafwandelns ging alles vorüber. Ich spielte Präsenz, aber wo war ich? Wirklich war nur der Kraftverschleiß, daher heute kein Unterricht. Ich erhole mich hinter zugezogenen Vorhängen, liegend, schlafend, schreibend auf dem Bett. Stelle mir vor, es könnte gegen Abend jemand kommen. Chr erzählte eine Episode aus dem Unterricht: Was würden Sie tun, wenn Sie erfahren würden, daß Sie in fünf Minuten sterben müssen? Einer habe ihn angesehen und gesagt: ‚Well, I would accept it.'

Chr sitzt über seiner Wissenschaft. Er kommt nicht nach mir gucken. Ich bin ja nicht krank. Es kränkelt nur so vor sich hin. – Er ist irgendwohin gegangen. Der Regen kommt. Sonst niemand. Der Regen rauscht dick herab, ganz ohne Sturm. Ganz ohne Tagtraumsequenzen. Chr hat sich den ganzen Tag nicht um mich gekümmert. Er kam zwischendurch und holte sich ein Hemd aus dem Schrank, ohne Notiz von meinem Vorhandensein zu nehmen. Es ist auch sonst bisher niemand gekommen. Es geht auf Abend zu. Eine weiße Kerze brennt in der Regendämmerung. Es ist ein traurig und tranig dahinfließendes Stück Leben. Eine dünne Sinnspur hinterläßt nur das Gekritzel hier auf dem Papier. Ich denke an Lah; ich denke an eine Wiederholung, schwebend auf sandfarbenen Wolken. Mir fällt aber auch die Farce von gestern mittag ein, im Pfarrhaus, in irgendeinem Viertel der Großstadt, bei

Reis und Fischsoße: wie es einem akademisch gänzlich Unterbelichteten, aber praktisch und rhetorisch Einfallsreichen gelungen ist, sich ein Stipendium für die USA aus Spenden zu erschwatzen. Witz und Gerissenheit kriegen so etwas hin. Begabte wie Kg hingegen gehen leer aus; sie werden nur fett und mit der Zeit träge. Wozu hab ich ihm die vielen Bücher geschenkt. Bargeld zum Häuschenbau wäre ihn lieber gewesen. – Jetzt ist es bald dunkel und ich kann die Hoffnung, die ich gar nicht hatte, aufgeben. – Es ist doch traurig. Es klopfte an der Tür zum Kabinett. Niemand wird erwarten, daß jemand im Nachthemd kommt und öffnet. Ich ging in Chrs Arbeitszimmer: ‚Es hat jemand bei mir geklopft.' ‚So what?' ‚Nothing.' Und ging wieder. Es war da einmal ein höflicher und freundlicher Mensch. Aber es verbraucht sich alles, der Reis, das Kerosin, die Rosinen und die Freundlichkeit. Die Unfreundlichkeit redet Englisch. Ich verfluche Chr's Wissenschaft nur mit halbem Herzen, denn diese Dame ist mir lieber als alle ‚Freundinnen', selbst wenn sie ebenso brav und harmlos wären wie mein Phantom der Muse.

        Das Erscheinen eines Abgesandten.
Regressionen, Infantilismen, ein instinktives Kindchen-Händchenfalten. ‚Lieber Gott, nu haste mir doch noch'n Wunsch erfüllt; nu will ich auch artig sein.' Es ist das Zurückschnappen einer lang ausgehaltenen Spannung, die zu solchem Fassonverlust führt. Chr saß zu Tisch allein; in der Küche huschte ein hellgrünes Nachthemd umher, suchend nach einem Rest Eßbarem in der Dämmerung. Die Tür zum Kabinett stand auf, eine Kerze war am Ausbrennen. Jemand, unerkennbar, ging langsam auf die offene Tür zu und kam langsam wieder zurück. An dem Zögern, nachzusehen, wer, waren Nachthemd, aufgelöstes Haar und ein Gefühl der Unschicklichkeit schuld. Wer wird in solchem Negligé jemandem begegnen wollen? Aber was da gekommen war und im Hinweggehen sich umwandte, als der Türrahmen sich wie von selbst mit Hellgrün füllte und der Stahl eines Messers das restliche Tageslicht sammelte, es war kein Irgendwer. Es war ein Abgesandter der Studentenschaft. Kaum erkennbar, denn die Dämmerung war schon dick geworden; es schimmerten nur die hellen Blenden um Schultern,

Hals und Handgelenke. Das Kommen ward begründet: ‚Because we did not see you the whole day.' Mit dem Messer in der Hand ward Dank gesagt der Nachfrage, das ‚we' in kleine Fetzen geschnitten, ein einziges Stück davon behalten, und auch vom gestrigen Tage schnitt das handliche Werkzeug ein paar Streifen ab und erzählte ‚how tiring it was'. Mut ward da bewiesen und weniger Verlegenheit als gegenüber, denn ein Messer in der Hand ist etwas, woran man sich klammern kann. Danach das Zurückschnappen. Es warf sich aufs Tagebuch, es regredierte, es wurde sich seiner Bedürftigkeit bewußt und wie wenig vonnöten ist oder wäre, um dieses Leben etwas heller und erträglicher zu machen. (12. 5.)

Ein Gemälde mit dem Original vergleichen. Chrs Verhalten ist weiterhin abweisend. Warum? Er hat mich gestern den ganzen Tag allein gelassen. Wäre in der Dämmerung der Abgesandte nicht erschienen, die Seele wäre mir gänzlich zerknittert, verbittert und ergraut. So dämmert sie lila dahin, sanft umrandet von rosenholzfarbenen Blenden und einem Schimmer Hellgrün. – Das war der Tag: vier Stunden Unterricht, eine Tablette Thomapyrin, eine Handvoll Kleinigkeiten, ein Essay, eingereicht mit charmantem Lächeln, das in eine düstere Höhle hineinleuchtete, in der eine Fledermaus sich nicht aufstören lassen wollte. Zutraulichkeit? Es ist wie beim Tango: ein Schritt voran auf der einen Seite erfordert Schritte zurück auf der anderen. Und dann gibt es die plötzlichen Wendungen, ‚Wait! Stand in the light!' Das Gemälde vom März wird herbeigeholt und vergleichend vor den Plüsch gehalten – hm, der Farbton auf dem Karton geht einen Schritt zu weit in Richtung auf überzüchteten Flieder. Das Original zeigt ein sanfteres Antilopen- oder Nougatbraun. Steht hier etwas in Frage? Bedarf es einer Erklärung? ‚It fits your skin better than mine' Heißt: eigentlich hätte ich das schöne Stück gern behalten. Aber. Das Lachen klingt verlegen, kurz und rauh. ‚You want to send it to your mother?' Eingewickelt. Noch ein Bonbon, eingewickelt in rosa Staniolpapier. Es knistert. Dann wieder Chr. Ißt mit dem besten Gewissen den Käse, den ich mitgebracht habe; läßt sich die Guaven schmecken, die ich vom Baume hole;

wenn ich jedoch sage, er möge Kerzen für mich kaufen im Dorflädchen, meint er, die könnte ich ebensogut selber holen. Ein naiver Egoismus, gegen den man sich nur mit gleichem Egoismus zu Wehr setzen kann. Dann aber kommt es doch wieder vor, daß er bereit ist, sich um Dinge zu kümmern, die er sonst der ‚Hausfrau' zuschiebt. Dabei ist er doch ein ganzes Jahr lang ohne ausgekommen und wird eine weiteres Jahr ohne auskommen müssen. (13. 5.)

Was will der Kinderhaufe auf meiner Veranda? Wer hat die hergeschickt? Das Bübchen Chris immerhin ist ein hübsches Kind, schmal und zart und mit gänzlich unnegriden Zügen. Es ließ sich sogar auf einen Flirt ein. Nichts von Babyschädel und Doppelkinn, Schrumpfstirn und Entenschnabel, die jenseits der Bougainvillea als Silhouette in einem toerischen Abendrot stehen – manchmal ist es zum Lachen. Kurz und rauh. Schatz in irdenem Gefäß. *O love who bewailest the frailty of all things here...*

Irdenes Gefäß. Herrische Pädagogik. Eine neue Art von Unwirklichkeitserlebnis. Der heut abend in der Kapelle zu amten hat, kam, sich Anschauungsmaterial auszuleihen, ‚It appears my mother gave you an earthen bowl' – und beschrieb die Größe mit den Händen. Stand da in einem weißen kurzärmeligen Pulli und verbreitete das Gefühl, es sei reine Einbildung, die da etwas stehen sah. Immerhin, ein weißes T-shirt mit schwarzem Anker erhob sich, holte das halbkugelige Gefäß und gab die Zerbrechlichkeit vorsichtig mit beiden Händen in hingehaltene Hände, von deren Vorhandensein das Aus- und Einhändigen sich nun freilich überzeugen mußte; es war anders gar nicht möglich. – Neues, Ungewohntes war zu entdecken an diesem Abend: der schmale, herrische Blick des Pädagogen, der um seine Autorität weiß. Knapp, befehlend, einer, der das Zeug zum *big man* hat. Und mit einem Pathos, das bisweilen, für empfindliche Ohren, die Grenze zur Lächerlichkeit streift. Es lohnt sich höchst selten, zwei- bis dreimal im Jahre, zu notieren, was da meditiert wird. Heute: ein typisches Mißverständnis und ein Befremden. Die Schätze des Lebens:

akademische Erfolge, Farmen, Geschäfte, Geld; seltsamerweise kamen weder Kinder noch Ehegatten, noch ‚a beloved one' vor. Aus dem Pott wurden verschiedene Gegenstände hervorgezogen, eine Kochbanane, eine Armbanduhr, ein rosa Plastiksparschweinchen. Daß es der Glaube ist, der sich in dem irdenen Gefäß Mensch befindet, war offenbar nicht kapiert worden. Wie auch hätte man den Glauben und andere Gaben des Geistes aus einem irdenen Pott ziehen sollen? Und was, war dann die Frage, wenn ich den Pott fallen lasse? Seht ihr, so zerbrechlich sind wir. Nur der Glaube bewahrt uns davor, zu Bruch zu gehen. Richtig. Befremden erregte das herrische Auftreten, wenngleich die Grenze zwischen Autorität und autoritärem Wesen schmal sein mag. Es imponierte mir nicht. Es klopfte dann schnell und heftig und offenbar aufgedreht an die Tür, kam herein und stellte das Gefäß auf den Schreibtisch. Keine Wiederholung. Dafür eine knappe Belobung. (14. 5.)

Eheliche Mißstimmung. Die alten Römer mit ihren Numina waren doch realistisch. Sie wußten, wie heftig das menschliche Gemüt sich von irrationalen Momenten und Fragmenten der widerfahrenden Wirklichkeit affizieren läßt. ‚Gott' ist für die Möglichkeit, sich auf ein Tagebuch zu werfen, zu anthropomorph und zu dogmatisch, der Umweg über den Heiligen Geist zu langwierig. Etwas, das emotionale Kraftströme auf sich zieht, fordert offenbar zur Anrede heraus. ‚Gott des Tagebuchs, bei dir ist ja noch Trost' – heißt, das Tagebuchschreiben wird zum Ersatz für das Nur-in-sich-hinein-Beten. Man saß am Frühstückstisch und fauchte einander an. Einer, den kein Kinderlärm zur Mittagszeit, keine Schafe, Ziegen, Guavendiebe, keine durchziehenden Schülerscharen und keine Andrer-Leute-Gäste im Bereich der eigenen Veranda stören, ihn störte die Musik, für mich unterhalb der Hörbarkeitsgrenze, aus einem Transistorradio. ‚Your radio is too loud.' Es wurde sofort abgeschaltet. Mit leisen, spitzen Stimmen fauchten wir einander an, denn der lohnarbeitende Student auf der Veranda mit seiner unliebsamen Störsendung sollte davon nichts hören. So wuchs da wieder Wüste zwischen uns. Mit Natronseen. Welche Mühsal, böse zu bleiben und nicht in Tränen zu zerfließen. Draußen hackte es in den Tomatenkästen herum. Das Wenige, Besänftigende, nur aus Raumkoordinaten und schwachen Kraftfeldern Bestehende zerfiel wie zartes Gewebe in der scharfen Lauge ehelichen Zwistes. Es ließ sich notdürftig wiederherstellen mit ein bißchen *small talk*, ‚You are going home?' ‚My mother is not quite well.' ‚Oh.' Ernsthaft und verschlossen. Es soll hier nichts ins Räderwerk einer vorübergehend (hoffentlich) mit Sand im Getriebe dahinknirschenden Ehe geraten. Es soll vorsichtig an einander vorbeilavieren, ein verwaschenes Hellgrün und ein müdes Altrosé. Trockneten da etwa noch Spuren von Verheultheit in den Augenwinkeln?

Das Wortgefecht mit Chr war wie ein Alptraum. Wir scheinen auseinanderzutreiben, jeder auf seiner Eisscholle. Er nimmt Anstoß an Dingen, über die er früher mit Humor und Überlegenheit hinweggegangen ist. Ich solle ihn nicht schulmeistern. Er hat kein Verständnis für das, was mich umtreibt, ärgert und kribbelig macht. Er möchte mich auf das Niveau seiner eigenen – was ist es? Gelassenheit? Bequemlichkeit? Trägheit, Weisheit? hinauf- oder herabholen. ‚Dann werden wir sehen, wer den dickeren Schädel hat.' Ich fühle mich im Recht und ins Unrecht gesetzt. Jeder glaubt, er leide allein. Chr pflegte wortlos eine Nierenkolik, als ich wortlos Erwartungen an einen liebevollen Ehemann pflegte, am Mittwoch. Dann sitzt man einander gegenüber, guckt sich giftig an und jeder ringt um die eigene Fassung. Wie hilflos ist der Mensch den Leidenschaften ausgeliefert, dem Stolz und der Selbstbehauptung. Momente in einem Prozeß, der mit einer gewissen naturhaften Notwendigkeit abzulaufen scheint: der Zerfall von etwas, das einst beglückend schön und Sinn des Lebens war. Wenngleich der Geist, das Gewissen, die Vernunft doch die Möglichkeit hätte, sich dagegen zu wehren. Durchhalten. Mit Anstand über die Runden kommen. Vielleicht ist uns noch ein Nachsommer beschieden. Fürs erste hilft nur das Tagebuch. Und es half ein Ausweichen in ruhigere Gewässer, die Veranda entlang, und die Bitte um ein Stück der ausgehauenen Strelitzie. Es wurde auch höflich von unten heraufgereicht; aber dann, im Davongehen, ergab sich eine Kopfwendung hinüber zum verhüllten Fenster des Wohnzimmers, hinter dem Chr saß; dieselbe mutete herausfordernd an, und der Blick war finster-mißtrauisch. So schien es mir jedenfalls. Die vier Adjektive mögen ihre Wurzeln gut und gerne in der Einbildung einer ehelich Enttäuschten und Gekränkten haben. Ehe das Tagebuch die übliche Zuflucht bot, flüchtete ich im Geiste nach Mbebete, 200 Kilometer von diesem Campus entfernt und nur 20 Kilometer vom Bitu-Berg, wo *Tyche agathe* eine Spindel mit goldenen Fäden und ein Spinnrad hingestellt hat. I AM WORN OUT.

Der Garten und anderes.
Den letzten Lauch geerntet. Der Garten wächst zu, jedes Pflänzlein kämpft ums Überleben, die Steckzwiebeln sind weggefault, das Elefantengras schießt hoch, die Korbblütlerhecke verfilzt mit Kletterpflanzen. Kommt aus dieser Wildnis der verwilderte Einfall, den Auftrag zu geben, einen Elfenbeinring zu kaufen? Der Garten hat seine Schuldigkeit getan. Der Garten darf wieder verwildern. Die guten Sitten müssen weiterhin gepflegt werden. – Der Benjamin ist derweilen zu Chr gegangen, ihm zu sagen, wo er sich am wohlsten fühlen würde mit seiner Krankheit: in seiner Heimat. Da kann noch einiges in Bewegung geraten und ich hätte mich der *Tyche agathe* zu früh gefreut. – Was heut morgen längs der Küchenveranda umgehauen wurde, war liegengeblieben. Als ich beim Zusammenrechen war, in der Abenddämmerung, kamen ihrer zwei herbeigeschlendert; der fürs Aufräumen Verantwortliche wollte auch gleich die Sache erledigen, wurde indes abgewehrt mit dem Hinweis, es handle sich um Erholung nach vielen Stunden am Schreibtisch. Chr trug Abendessen auf, hatte auch helfen wollen, war auch abgewehrt worden. Hier wollte jemand bei ‚richtigem' Arbeiten gesehen werden. Im Hinweggehen wurde mit höflichem Lächeln eine Bemerkung zurückgeworfen, die dem ertaubenden Ohr entging. Es lachte unbekümmert zurück. – Chr und ich haben zu einem höflichen Umgangston zurückgefunden. Die Traurigkeit bleibt. – Unnötig hart und sachlich war der Ton gegenüber der Kirchentouristin, die im Bungalow der abwesenden Soror haust und wegen der Bettwäsche vorsprach. Das gehe mich nichts an. Aber morgen vormittag könne sie zum Kaffee kommen.

Als wir beim Abendsessen saßen, kam der Kollege Nachbar und äußerte Bedenken, daß die Dame im Bungalow untergebracht sei. Ich sagte, es sei auf meine Veranlassung hin geschehen. Ich sei es leid, morgens mit dem vollen Nachttopf in einen vom WC kommenden Gast hineinzulaufen. Aber es sei doch peinlich, in jemandes Bett schlafen zu müssen. Ich hätte beinahe gelacht und gesagt, in wessen Bett *ich* geschlafen habe. (15. 5.)

Traditionswidrige Rollenverteilung.
Die Dame aus dem spendenfreudigen Mitteleuropa kam zum Kaffee und fing an zu rauchen. Ich sagte, *eine* Zigarette sei gestattet und wunderte mich über so viel Mut. Dann das übliche kultische Zeitabsitzen ohne irgendein *moment of grace*; aber auch das Gegenteilige, das sich sonst mit überzähligen Kilos am falschen Platz breitmacht, hielt sich im Hintergrunde. Nur ein knallrotes Halstuch wimpelte irgendwo durch die Gegend. Was beim Hinausgehen im Eingang an die Wand gedrückt stand, wich aus. Wollte nicht. Die Rollen sind freilich so traditionswidrig verteilt, daß Verunsicherung kein Wunder ist. Das Ganze samt seinen Teilen geht gegen den Strich der Überlieferung. Und wo es in dem Bündel divergierender Geraden eine Parallele zu geben scheint, da ist es schließlich doch keine. Auch der Hohentwiel steht hier schief. (16. 5.)

Surrealistische Traumfragmente.
Natürlich ist so etwas ‚revealing'. Es fing damit an, daß ich eine Treppe hinauf und durch eine Tür wollte. Man sagte mir, das sei verboten. Es saß da ein kleiner Junge, ein Kind, harfenspielend, zynisch, frühreif – doch nicht Chr? – und machte Bemerkungen über gewisse Beziehungen und kannte meinen Vornamen. Sein Bruder sei in der Klasse über mir gewesen: also doch Chr und seine spitze Zunge. Das andere Fragment: ich wollte alleine durch den Urwald spazieren (es war eher eine Art Gummiplantage). Einer der Alten vom Auffrischlerkurs rannte einer Ziege nach, und es tauchten ältere Damen mit Fahrrad auf: ehemalige Missionarinnen. In einer Lichtung baute man an einer Siedlung, irgendein Entwicklungsprojekt. Da ‚tanzte' ich plötzlich mit dem Benjamin, halb europäisch mit Hand- und

Schulterberührung, halb nur so dahinwiegend inmitten anderer Paare. Das Gefühl war deutlich ‚Sohn', Stolz und Zärtlichkeit. Die Unterhaltung ging über seine Verlobte, deren Vorhandensein gleichgültig war. Plötzlich merkte ich, daß die Musik aufgehört hatte und wir alleine ins Gespräch und in die rituelle Tanzumarmung versunken standen. Das war peinlich. Entweder tanzt man oder man führt ein Gespräch. Beides miteinander darf offenbar nicht sein.

Fönwetter.

Der Berg ganz nahe, die Kraterinnenwände deutlich gezeichnet. Der Wind ist warm. Kein Grund, sich in einen Pullover zu hüllen. Es sei denn, es friere hier einer innerlich. Die Projekt-Dame erzählte noch etwas, wohltuend unpathetisch; es gab Fragen und mit den Fragen spielende Hände, aber sonst nichts. Unter den Briefen ein Verlobungsfoto, er hübscher als seine Holde; einer, dessen Charme und Witz einst trübe Zeiten erhellt haben und der nun meint, er müsse dafür ein Stipendium bekommen. – Zwei Abendstunden, um mit dem Stoff durchzukommen. Glaube und Werke und die große Müdigkeit; am besten, man schläft ein bißchen ein. Ist es nicht absurd, wenn eine Tutorin sich bei Studenten bedankt? Aber bisweilen war sogar diese stumpfe Klasse ein Wetzstein, den eigenen Geist ein wenig daran zu schärfen. (17. 5.)

Spiel der Zufälligkeiten.

Was ist der Sinn der kultischen Übung am Morgen? Er materialisiert sich im abwechslungsreichen Spiel der Prä-, Post- oder Juxtapositionen. In der Verschränkung zweier Sphären, die angeblich nichts miteinander zu tun haben, die eine die andere sogar auszuschließen versucht. Warum können sie für mich friedlich ko-existieren? Weil sie einander ergänzen. Chr hat seinen Stammplatz behauptet. Meiner hat sich aufgelöst ins undurchsichtige Spiel der Zufälligkeiten. – Diesmal sollen sie den Staatsfeiertag ohne mich feiern. Der linke untere Backenzahn eitert weiter. Chr hat meine Attributenlehre gelesen, fand sie ‚interessant eingefädelt', hatte aber sonst weiter nichts dazu zu sagen. Ich gehe. Das Spiel ist ausgespielt. Dieser Abschied ist das Sinnvollste inmitten anderer Vorstellbarkeiten.

Rückzahlung des Kompliments von neulich abend (das mit dem irdenen Gefäß), und zwar mit einem ungewohnten Hauch von Galanterie, der an Reiz verlor nur dadurch, daß ein undeutlich gesprochenes Sätzchen wiederholt werden mußte: ‚It's a nice piece of work you did'; aber gewiß doch. Auf diese Weise gewinnt ein Journal, für das ein rundum mit Ämtchen Betrauter auch noch verantwortlich ist, an Profil und Qualität. Aber was gewinnt eine Belobte? Vielleicht den Eindruck, daß sich so etwas eigentlich nicht gehört und daher umgehend ins Allgemeine abgeschoben werden muß. Ja, die Leser werden sicher etwas davon haben. Was sie nicht haben und nicht brauchen, ist ein Blick hinter die Kulissen: wie ein solcher Essay zustande kam.

Nachmittag einer Sammlerin von Fetzen und Krümeln des vergehenden Lebens. Der älteren, zu belehrenden Amtsbrüder einer, auf wackeliger Leiter hangelnd, nagelt das Regenschutzblech über dem Schreibtischfenster an; vor der Küchenveranda wird der Laubhaufen von vorgestern weggeräumt, und dazwischen sitzt es und kritzelt und hadert mit dem Rätsel Zeit. Warum muß alles so schnell vergehen, kaum daß es da ist? Kaum daß ein Abglanz einstiger Frühlingsgrünfrequenzen die Netzhaut berührt, ist der Zauber schon wieder erloschen. Vielmehr: er hat sich davongemacht auf zwei Beinen, um unversehens unter dem Fenster wieder aufzutauchen. Wie kann akademisches Denken stattfinden, so lange bei den Tomaten herumgehackt wird? Wo denkt es hin? An Kuriositäten zwischen dem Oktober vor vier Jahren und morgen, wenn es noch nicht vorbei sein wird? Es spinnt sich ein Verbindungsfaden, Vorwände weben sich wie von selbst, Brücken entwerfen sich über den Fluß zurück nach Lah. – Ein großer Regen ist wie eine Festung, in der man eingeschlossen ist. Erst bei den Auffrischungs-Kollegen, dann in der Bücherei. Daselbst verdichtete sich wieder einmal Ferne und Fremdheit, und der Regen rauschte. Noch ein halbes Stündlein Bier und Buddhismus. Chr machte Seminar im Wohnzimmer mit denen, die mir angeblich schon im voraus nachweinen, und dem Inder. Abendliche Müdigkeit ist etwas Schönes. (18. 5.)

Sils-Maria-Stimmung.
An einem Nachmittag wie diesem, heiß und hellgrün, kommt auf einmal das Verlangen abhanden, zum Fußballfeld hinüberzugehen. Durch die Mullgardinen des Wohnzimmerfensters sind Einzelheiten genausogut zu sehen. Wie es da herumrennt und Mühe hat, sich auf dünnen Beinen fortzubewegen. Ein ausgestreckter Arm gibt Befehle. Bin ich ein Sportreporter? Ich bin jemand, der sein Tagewerk am Vormittag pflichtbewußt und ganz bei der Sache getan hat und nun nicht weiß, was anfangen mit der zur Verfügung stehenden Zeit. – Chr brachte mir Kaffee. Er will mit mir ‚Fußball gucken' gehen. Ich weiß warum und habe keine Meinung dazu. Nur ein Gefühl: ich muß brav sein. Vor vielen schrecklichen Dingen bin ich bislang verschont geblieben. Auf viele schöne Dinge habe ich verzichten müssen. Ich sitze wie in einer windstillen Mitte, aber innerlich flirrt und kribbelt es. – Ich saß im Schatten eines Mangobaums, Chr in der Sonne, um sich das frisch gewaschene Haar trocknen zu lassen. Er ging dann früher. Die Wissenschaft ist wichtiger. Das Mitkommen war nur eine Vorgabe guten Willens. In der Nähe blieb der Berg. Er und alles darüber war noch einmal von tiefgründiger Klarheit, theophanes Blau und lichtes Grün, umtönt von Wolkensymphonien, verklärt von einem durchdringenden Nachmittagslicht von untropischer Durchsichtigkeit, kristallen, sils-mariahaft. Fühllose Natur? Im Menschen hat sie sich doch ein neuropathologisches Echo geschaffen. Krone oder abgebrochener Zacken und verirrter Funken eines ‚höheren Wesens'? Die letzte Pflicht-Ansprache wird an Pfingsten stattfinden. Der Geist ist ein Phantasma. (19. 5.)

Tag vertan mit nichts und Tagebuch. Von Politik sind wir all die Jahre so gut wie verschont geblieben. In der Morgenkapelle saß ein Rest, alle anderen sind hinunter, um zu feiern. Beim Hinausgehen beeindruckte eine finstere Miene. Alle haben sie es satt und wollen weg von hier. Ich auch. Mit der letzten Fuhre sind auch die letzten weg. Zwei Grazien und eine Beinahe-Graie hatten das Nachsehen. – Wieder ist ein großer Ast vom Lyrabaum mit dumpfen Krachen abgebrochen. Es ist als ob der Campus sich ebenfalls aufgibt.

Das ist auch Hermeneutik: die Fäden der Bedeutungen festgemacht zwischen einem Subjekt und der sprachjenseitigen Welt – einem Ast, der abkracht, einem finsteren Blick, einer An- oder einer Abwesenheit *and the rest of it*. – Siehe da, meine Lieblinge sind schon zurück. Der Regen hat ihnen wohl die patriotischen Gefühle hinweggeschwemmt. Es wird so manches andere, das eigentlich versöhnlich und schön sein sollte, auch hinweggeschwemmt. Man ist schon zufrieden, wenn es friedlich dahinrieselt, geistesabwesend. Es ist ein altes Lied, dem ich keine neue Strophe hinzusingen werde. – ‚Da kommt es wieder!' Nicht das Gespenst von Helsingör, aber ein ähnliches, der Alltagsvernunft sich entziehendes Phänomen; ein Hin und Her, dessen Spuren in alle von Schreibtisch oder Veranda aus zugänglichen Winkel des Campus ein Argusblick – nachkriecht. Es veranlaßt die müßige Hand zum Nachkritzeln. Hinüber zur Bücherei, auch wenn sie heut geschlossen ist, damit nicht etwa jemand in die Versuchung kommen könnte, ein Buch zu lesen. Ob ein Fenster auf ist oder zu, darein investiert sich auch ein halbes Pfund Wißbegier. Über den Campus gackelt ein verhungerndes Huhn, das nach ein paar Körnlein scharrt. Einer der Junioren bringt deliziös zarte Paprikaschoten an. Aber ich will doch – das ist der Reiz des Sich-Rar-Machens. – Später Abend. Chr hat Nachrichten gehört. Ob ich blitzen oder donnern wolle, fragte er: eben sei für morgen ein zusätzlicher Feiertag angesagt worden. Chr denkt ans Hungertuch, an dem wir nagen werden, denn der Koch hat dann natürlich auch frei. Ich denke an drei verlorene Unterrichtsstunden und daß ich nichts von dem, davon ich täglich lebe, bekommen werde. (20. 5.)

Noch ein vertaner Tag. Der Zorn, die Konfusion und die Frustriertheit während der Dienstbesprechung kam allein daher, daß heute der Unterricht ausfällt und ich meine Weisheit nicht ‚an den Mann' bringen kann. Dann weiter die Plage mit dem Corpus xx und den *Dogo Notes*, in die ich alle vorhandenen Energien verkneten will. Es rieselt noch ein wenig Hoffnung an der Mattscheibe dieses Tages entlang. – Es ist Abend, es ist dunkel, ein diffuses Leiden affiziert so Leib wie Seele. Chr hat einen anderen Rhythmus.

Er sitzt am Schreibtisch, geht spazieren, hört Musik, trinkt Bier und ist wohlauf. Zwischendurch gähnt er. In der Abendkapelle saß er vor mir, und ich versuchte, ein Fragment, ein Fetzchen, ein Stäubchen von einem Blick auf die erste Bank zu erhaschen. Die Aussicht war fast völlig verdeckt und es war nachgerade zum Heulen. Hinter dem Pult kasperte der Dandy herum mit einer Pappkrone auf dem Kopf. Ein Schaumschläger. Ein Springinsfeld und Hupfindieluft. Da lieb ich mir doch Langsamkeit, Würde, Gewichtigkeit. Was ist nun schlimmer: alleine zu leiden oder sich einzubilden, es leide einer auf irgendeiner Wellenlänge mit? Es endet bei einer schwarz-weiß-gestreiften Unentschiedenheit. Nun sitze ich also wieder und schreibe und müßte noch in die Bücherei gehen, um den Beinen Bewegung und der Seele Luft zu schaffen. Sie verkrümmt und verkümmert sonst. Sie könnte sich sonst hinquälen zu kläglich-pathetischen Seufzern auf dem Papier (‚Gott, wirst du noch ein Wunder für mich tun, ehe ich sterbe?') Was hätte die liebe, arme Seele denn gern? Eine kleine unglückliche Romanze aus dünnem Seidenpapier, dunkelblau mit rosa Schleifchen? Ein bißchen *goût de l'absolu* wie in Bethabara?

          Stummer Dämon dunkelblau.
Im Dunkel der Nacht zur gleichen Zeit aus zwei verschiedenen Richtungen in spitzem Winkel zur Anhöhe hinaufgehen und dann vor der Frage zu sitzen, warum außer der Erwiderung eines Grußes im Weitergehen keine kleinste Bemerkung, nicht das Mindeste an *small talk* einfällt: es grenzt doch an Schwachsinn. Als ob ein Krater sich auftut, der allen Geist und alle Gegenwart hinabsaugt. Nicht wie in einem brausenden Wirbel, sondern wie in Watte, dunkelblaue Baumwollwatte, in die man Preziosen aus dünnem Glas legt, einen kleinen Elefanten etwa oder eine Schildkröte, Dingelchen, die zu zweit in die Höhlung einer Hand passen, aber sonst nicht viel miteinander zu tun haben, außer vielleicht in der indischen Mythologie. Was so im nachhinein einfällt, beim Grübeln über das quälende Widerfahrnis, auf den Kopf sowohl als auf den Mund gefallen zu sein. Es ist lange her, daß ein stummer Dämon mit dunkelblauem Gefieder in einem Roten Salon stand, an einem Fenster mit

Blick über den Silser See. Vierundzwanzig Jahre. Es steigt mühelos wieder auf. Ein paar harmlose Worte wären imstande gewesen, den Bann zu brechen. Diese Worte aber waren nicht zuhanden. So verrennt man sich in ein selbstgebasteltes Unglück, das, von außen betrachtet, lächerlich ist. Zu solcher Außensicht verhilft allein das Tagebuch. Offen bleibt die Frage, wie es zu solcher Abhängigkeit kommen kann. (21. 5.)

Am Abend ein Jaulen nebenan. Ein ganzer Tag *Dogo Notes*, die ins Romanhafte zerfließen, und nichts von dem, wovon ich sonst lebe. Der Abend ist milde und voller Vogelzwitschern. Zwischendurch war da auch wieder Kindergeschrei. Man lebt hier von *social relations*. Chr kann wochenlang nur von Büchern leben. Das kann ich nicht mehr. Was vereinsamt den Einzelnen hier so sehr? Nach und nach müssen alle Kostbarkeiten des Lebens hergegeben werden. Ischtars Abstieg in die Unterwelt. – Es wird spät, und nebenan herrscht Lärm. Die Nachbarn haben Studenten eingeladen; die Veranda auf und ab schwappt ein Jaulen, das sich anhört wie eine akustische Halluzination. Der Sternenhimmel ist klar. Chr hat Beethoven aufgelegt – ‚Fuzzi?' Darf man das Mitjaulen nebenan wenigstens einem Einzigen verargen? Sie machen offenbar Gesellschaftsspiele, das erübrigt theologische Gespräche. Klatschen, Jauchzen, keiner, der stille in einer Ecke säße? Ich möchte ein solches Stille-in-der-Ecke-Sitzen ganz für mich, ich gönne es niemandem, auch nicht der jaulenden Menge. – Es wird immer später und nicht leiser. Chr sagt, es seien nur die *Abiturii*, er erkenne die Stimmen. Und ein bestimmtes Gelächter. Damit habe ich genug gehört. Es ist nicht gut, sich an die Objekte pädagogischer Bemühungen zu klammern wie andere sich an ihre Kinder. Wollte ich da drüben mit dabei sein? Wäre es nicht besser, sich in Autarkie zu üben? (22. 5.)

Fischlein und Sonntags- Monster. Wo ist die Quelle lebendigen Wassers? Doch nicht in diesem Sonntagvormittagsgeplätscher! Ich schnappe nach Luft wie ein Fisch auf dem Trockenen, wie mit Kiemen statt mit Lungen. Warum bekomme ich das Wenige nicht, dessen ich bedürftig bin, um am Leben zu bleiben! Keine Badewanne voll, schon eine Suppenschüssel würde genügen; das Fischlein ist ja so klein. Auf der Sonntagsveranda hätte ich zu dieser spätvormittäglichen Stunde gern ein Teekränzchen mit Chr, Butterbiskuits und Studenten, nicht die ganze jaulende Horde, nur zwei oder drei der stilleren. Den Benjamin etwa und wegen mir auch eine blaue Idiotenkappe. In der großen Begrüßungsszene vor der Tür drüben war nur Flüchtiges zu haben. Es ergab sich dann die Möglichkeit, wieder einmal (etwa im Dienste von *Dogo Notes?*) nachzudenken über Shakespeares ‚grünäugiges Monster' und die schrecklichen Symptome, die sein Biß hervorrufen kann. Vernichtungsgefühle, als ob das Herz von einer Faust umklammert und erdrückt würde. Oder wie aus dem Leib gerissen und zertreten. Oder das Dasein fühlt sich an wie faulendes Gras, das unter jedem Tritt zu Matsch wird. Ein fatales Gefühl. Ein tödliches. Merkwürdig also, daß ein solcher Affekt auf Gott übertragen werden konnte. Vielleicht, weil solche Zustände oft nur so lange dauern, wie die jeweilige Abkehr und Fremdzuwendung dauert. Es würde erklären, warum die Propheten immer wieder zur ‚Umkehr' aufrufen. Sobald Untreue sich besinnt und dem erwünschten Ziel zuwendet, ist alles wieder gut. Die Faust um das Herz löst sich; das Vernichtungsgefühl vergeht und der Mensch atmet auf ‚wie erlöst': so stellt er sich die Vergebungsbereitschaft Gottes vor. Es kommt alles auf die Übertragbarkeit von Erfahrungen an. Heut vormittag, ein paar Bänke weiter vorn, drängelte sich, obwohl rechter Hand noch viel Platz frei war, an eine Schulter (wem sie gehörte, war nicht zu sehen, es waren zu viele Köpfe dazwischen) eine Frau, der üble Nachrede wegen ungehörigen Betragens nachgeht. Da saß nun neben mir die ‚arme Sue', und aus ihrem starren Blick, kurz erhascht, war zu erraten, wem die bedrängte Schulter gehörte. Sofort war Einfühlung vorhanden. Was der Benjamin zu sagen hatte, zu leise; entging mir. Ich war woanders; sah Seen überfließen wie übervolle Seelen, und ganze Ebenen überschwemmen. Da war eine Schulter wie eine rettende Insel. Danach ein wenig Begrüßung und dann nachspürend hinüber zur Bücherei – gleichfalls eine rettende Insel. Wer wird denn am Sonntag sich ins Klassenzimmer zurückziehen, einsam und alleine, und arbeiten? Es könnte ja sein, daß eine besorgte

Tutorin angerauscht kommt, um sich zu vergewissern. (Es rauschen immer die langen Sonntagsgewänder; Beinkleider rauschen nicht.) Wenn da ein Braver in seiner Ecke säße, würde er ernsthaft blicken, wenn die Tür sich öffnete. Erst wenn eine Frage, zum Glück parat, gestellt würde, könnte sich ein Lächeln hinzuwagen. Der Mensch lebt nicht von Cocoyams allein.

Letztes Fußballspiel und eine *vice chair*. Ein verlorenes Spiel gegen die von jenseits des Elefantenpfades. Ein undurchsichtiges Hin und Her. Als einer der Spieler stürzte und am Boden lag, war es als käme ein anderer, wie an einem Seil gezogen, quer über das Feld auf die Zuschauer zu, ein raumverdrängend schweißglänzender Schwarzkörper mit Ausstrahlung. Die Erscheinung ging nahe vorbei und verschwand. Vielleicht hätte sie angeredet werden wollen, wie der Geist auf den Rampen von Helsingör. Aber es war ja heller Nachmittag. Was kann man dem eigenen Herzen nicht alles vorlügen, mit einem weißen Taschentuch in der Hand sich einbilden, drei Zuschauer weiter befände sich ebenfalls ein weißes Taschentuch in einer Hand. Chr stand die ganze Zeit über abseits mit dem Inder im Gespräch. Es war das letzte Fußballspiel. Das erste, vor vier Jahren, fand im Januar statt, und danach war Empfang im Refektorium auf der Anhöhe drüben gewesen, mit Reden, Tische rücken, Grammophon mit Musikgekräche zum Tanz. Das war das erste Mal. Wer hat damals wem was eingebrockt? Wer löffelt die Suppe aus? Wie Longitudinalwellen, so verdichtet und verdünnt sich das Gefühl der Bedürftigkeit durch die Zeit, die hier abläuft. Es gab noch Pflichtpräsenz bei den Weibsen abzusitzen als ‚vice chair' mit einer improvisierten Rede, die zum Lachen brachte, was immer gut ist. ‚I don't know whether I am a man or a woman' – unter den lachenden Gesichtern war plötzlich dasjenige desjenigen, der schon mehrmals mit dem Zuruf ‚You are a woman' Verwirrung zu stiften versucht hat. Er tauchte in der Türöffnung auf und verschwand wieder, als habe er nur die Rede der ‚vice chair' hören wollen. Jetzt kommt der Regen. Drei Kleinigkeiten, und der Tag geht nicht gänzlich leer in den Orkus hinab.

Noch eine vierte Kleinigkeit zu wünschen, war töricht.. Sie sind alle rechtschaffen müde. Von denen, die nicht Fußball gespielt haben, waren einige da. Nach Konzept wurde geredet über die Toten, die Auferstehung und das ewige Leben; das ist der Stoff für Eschatologie. Als ich fertig war, kamen sie mit ihren Geistergeschichten an. Mir ist nicht wohl bei solchem Zeug. Der Glaube oder die Liebe müssen stärker sein. Im übrigen aber: wo kommen Resignation und Gereiztheit her? Jetzt, wo mir die Augen aufgetan sind und ich mich im Spiegel sehe. Chr sieht schon lange nichts mehr. Schlafen. Wenn wenigstens noch Träume kämen auf Taubenfüßen, auf Goldstaubwolken... Oder Fragen, Warum dies, warum das? Warum etwa und zum Beispiel – ach, was soll's? (23. 5.)

Sprache und Wirklichkeit.
Was sich hier und heute leicht und naiv niederschreiben läßt, könnte dermaleinst oder schon morgen beim Lesen Schwierigkeiten bereiten. Es geht um das ‚größte Glück' und die Möglichkeiten der Sprache. ‚Wirklichkeit' ist immer eine geschichtete Sache; Sprache ist nur eine Schicht zwischen der Sprachlosigkeit des Unbewußten, der Nacht- und Tagträume auf der einen Seite und sprachlosem Handeln oder Leiden auf der anderen. Ein Satz kann Handlungsersatz sein. Ein Fluchwort etwa statt eines Totschlags. Er ist zugleich Offenbarung einer inneren Verfassung, einer Stimmung, eines Affekts. Das Gegenteil wäre ein Segenswort oder die Ankündigung der Erfüllung eines sehnlichen Wunsches nach Leben, Liebe, Freiheit und dergleichen. Damit wäre noch nichts gesagt über die ethische Berechtigung von Fluch, Segen oder Wunscherfüllung. Das ist der Zwiespalt aller Geschichtsschreibung, aber auch aller Ehebruchs- und Eifersuchtsdramen, daraus ein gewisser Prophet Theologie gemacht hat, der mittelalterliche Sänger ein Epos und die Moderne eine große Oper. Es käme da etwa ein Unbescholtener starren Blicks und sagt: ‚Es ist etwas Schreckliches passiert.' Das ‚Schreckliche' aber wäre das größte Glück in der bedürftigen Daseinsverfassung der also Angesprochenen. Der eine würde, um das Gewissen zu erleichtern, aus Herzens Reinheit und eingeborener Unschuld heraus Ungehöriges als

Widerfahrnis bekennen. Solches Bekenntnis käme einem milden Regenschauer auf versteppendes Land gleich, auf dem nur Dornbüsche mit roten Bitterbeeren gedeihen und zwischen den Steinen Eidechsen huschen mit merkwürdig hellgrüner Färbung in der Dämmerung.

Einladung auf die Veranda.
An die Wand gelehnt, die Hände hinter dem Rücken, der Blick abgeblendet, ausweichend. Mißtrauisch? Welche Absicht verbirg sich hinter der Einladung dieser drei zu Kaffee und Limonade? Sie kamen. Die beiden Junioren, C'h und Kj, erzählten unbefangen geradeaus. Der Dritte blieb in sich gekehrt. Träumende Unschuld wird durch Verdächte zerstört. Das ist der betrübliche Zustand nach der Vertreibung aus dem Paradies, auch dann, wenn nur ein vager Verdacht das ‚Erkennen' ausmacht und sich sonst nichts auf gar nichts reimt.

Lusterfahrung im Streitgespräch.
Abenddogmatik. Im Gestöber und Gestrüpp der Metaphern ist alles möglich, es müssen nur die richtigen Kontrahenten aufeinandertreffen. Genesis Zwei-Drei ist Glatteis, Hochmoor und Parkett in einem. Anderthalb Stunden lang lief es als Vorlesung, abgehakt Punkt um Punkt, Erkenntnis, Freiheit und Gesetz, alles gründlich vorbereitet. Da kam, aus der hintersten Ecke, beim Stichwort ‚Baum der Erkenntnis', als erstes die Bemerkung, ‚People say that it means sex', und sodann die besinnlicher Betrachtung: ‚If you look at the body (der Blick ging, die Beine ausgestreckt, unter den Tisch in Richtung Geschlecht) you see that the sexual organs are in the middle'. Aber gewiß doch. Mutig entgegen aufs Glatteis, schwungvoll wie über Parkett; keine Unsicherheit zeigen trotz Überraschung ob solcher Parrhesie. Eine Deutemöglichkeit unter anderen ward zugestanden. Das Volkstümliche. Aber auf einer höheren, auf der theologischen Ebene – eben. Da sinkt es nicht ein in die Hochmoore der Geschlechtlichkeit. Da gleitet es über Spiegelflächen des Geistes. Weiter. Die Sage vom verschleierten Bild von Sais ward erzählt. Wenig später, auf die Feststellung hin ‚God created the possibility of death' (eine Möglichkeit, die der Mensch erst schuldhaft verwirklicht) fuhr es in der selben Ecke

auf, wurde heftig und laut und verteidigte die Überzeugung ‚God created death'. Man sekundierte. Der logische Anschluß an das Fallenlassen von einem Stück Kreide, das in Stücke zerbrach, und die Frage: ‚Who created gravity'? ist im nachhinein nicht mehr klar. Einprägte sich, daß Blicke quer durch den Raum einander maßen, streng und hart, bis – es muß offen bleiben. Ob Höflichkeit den Blick von selber senkte oder autoritärer Frauenblick Männerblick beugte. Solch extraordinäre Explosion mag notwendig gewesen sein zur Befreiung von allerlei dumpf rumorenden Verdächten, hervorgerufen durch insinuierende Gnomik, die sich nicht ohne weiteres widerlegen läßt. ‚The virtue of a virtuous man can only be seen when he is tempted.' In der hintersten Ecke wehrte es sich wacker gegen die Umklammerung auf den Sturmhöhen des Geistes. Solche adrenalingesättigten Kampfspiele haben sich höchst selten ergeben mit dieser Mannschaft. Mit einem Mehr an solchem Erlebnis an Lustgewinn und Selbsterfahrung wäre manches erträglicher gewesen. Als ich aus der Klasse kam, stand in der Tür zur Bücherei einer der Alt-Amtsbrüder und lachte: ‚You had it very hot this evening.' In das Lachen einzustimmen tat gut. Das ganze theoretische Theater wäre noch vergnüglicher, gäbe es als praktisches Exempel eine Konstellation gegenseitiger Versuchbarkeit samt der edlen Pflicht, zu widerstehen. (24. 5.)

Können Rituale entstehen um ein Tabu? Ortsbestimmungen, Gesten, Bewegungen, Lieder, die es umsingen, umgehen, umsitzen? Es dauerte atemanhaltend lange, bis die Gewißheit, daß alles so war wie es sein sollte, sich ergab als Stimme und Nähe. Die einzige Nähe, die Magnet sein kann, ohne sich in eine Scylla zu verwandeln. Das war nun wieder ‚mystic sweet communion', auch in der Kleidung: weiße Hemdbluse zu dunklen Hosen als vorgeschriebene Uniform für die einen, für die andere symbolische Angleichung. Auf der Hochebene des Geistes kann manches sehr viel reizvoller sein als in den Niederungen kreatürlicher Bedürftigkeiten. Das ist selbstangerührte morgendliche Andacht, wert, daß ihrer gedacht werde. Ein reines Herz und ein gutes Gewissen soll niemand bevormunden wollen. Auch mir soll niemand ein schlechtes Gewissen machen. Niemand soll mir meine Illusionen nehmen. Ich kann nämlich noch beten zu dem Schöpfer, qui demain me fera mourir, der mir eine schlimme Krankheit schicken kann oder sonst einen Schicksalsschlag, mir aber zwischendurch auch Augenblicke des Glücks gönnt – von anderer Textur als das feste Fundament das Daseins, das Chr ist und bleiben möge. Das Glück ist *fluffy* – flockig, flimmernd, ohne Bodenberührung, bisweilen nadelspitze Eiskristalle in tiefere Gewebeschichten piecksend. Es gehört dem Bereich der Ästhetik an, der Sphäre des Wahrgenommenwerdens; ein weißer Spitzenkragen statt einer Ägis, das Haar unbehelmt wehend in einem warmen Wind, der Fuß hinschweifend wie über eine mecklenburgische Sommerwiese im Juni, über langhinseufzende Graswellenberge und Wolkenschattentäler, duftend nach Federnelken, Ehrenpreis und Rilke. Es braucht nicht angestarrt zu werden, es bedarf keines Abwehrzaubers, es hat nichts zu tun mit der liturgischen Bitte ‚Keep my eyes from looking at vanities'. Es ist da und nahe, es genügt und die Gedanken schweifen zurück zu offiziellen Verlautbarungen, formelhaften Höflichkeiten und was sich in sie hineingeheimnissen ließe. Unter der Oberfläche der Sprache liegen die gestaffelten Tiefen der erfahrbaren Wirklichkeit bis hinab ins schiere Nichts.

Eine große Genugtuung bereitet das Gefühl, den *kairos* erwischt zu haben mit dem Entschluß, diesen Campus vorzeitig zu verlassen. Eine große symbolische Geste für das, was beim Namen zu nennen nicht möglich ist, weil es keinen dafür gibt. Es läßt sich nur umschreiben. Ein Band hat sich gewoben wie von selbst. Das Mißliche ist nur, daß die Wörter, mit welchen die Fäden hin und her bezeichnet werden, so ausgefranst sind. Im Tagebuch sind sie nur ein Notbehelf, weil die Muse noch nicht erschienen ist, um schönere Umschreibungen zu erfinden. (In europäischen Museen stehen Pharaonenstatuen aus dem Alten Reich, deren Blick eine ferne Ähnlichkeit heraufbeschwören könnte; die alten Griechen waren imstande, ein Lächeln in Stein zu meißeln und auf Vasen zu zeichnen; Langsamkeit und Bedachtsamkeit wären übertragbar in Musik, in Adagios einer Molltonart, in ein *Andante cantabile*.

Tugend aber oder Rechtschaffenheit müßte sich in altertümliche Schleppgewänder kleiden oder in eine Mönchskutte. Bei allem bliebe offen die Frage nach letzten Beweggründen.)

Was bedeutet es, wenn Beschreibung in Anrede übergeht? Warum versteigt es sich in Übertreibungen hinein, die vom Boden der Tatsachen abheben wie rosa Luftballons, gefüllt mit dem Helium der Illusionen? Es glaubt zu schaukeln auf dem Canale grande, auf den Wellen seelenzehrender Musik einer Barcarole, ‚Schöne Nacht, o – '. Es sitzt auf einer harten Holzbank, wie jeden Abend, unter dem offenen Gebälk der Kapelle, und bastelt sich ein Traumboot, leicht, aus Papyrus, aus Raffiabast und streckt Arme aus, den Mond zu umfangen, den fernen, nahen, entgleitenden. Am Himmel hängt eine große flache Schale aus schwarzem Silber mit schmalem Goldrand, ein dunkelglänzendes Glück, unerreichbar. Eine Schulter lehnt an der Wand zur Rechten, spielende Finger berühren leere Luft, das Phantom der Erinnerung streift eine längst nicht mehr fiebernde Stirn. Wo ist das Du, dem solches angetan ward? Es ist im Spiegel der Sprache und nirgendwo sonst, das Du, von dem es heißt: Du weißt es, weißt es, weinst es vor dich hin, und man – man, wer? Der eine, der andere, der Einzige? Man wird den Aufenthalt im Irrenhaus oder in einer Nervenklinik bezahlen. Es darf nicht sein, eben darum ist es so schauerlich schön. (Es fehlt noch ein Kapitel über das Suchen nach Beziehungen, Echohaltungen, Parallelbewegungen, Anpassung, Selbstaufgabe, Eins-Sein.) (25. 5.)

Wer wird sich denn verwirren lassen von einem himbeerlila Schlips zu schwarzem Anzug mitten in der Woche? Wer bringt so etwas fertig? Da in der Morgenkapelle eine Leerstelle auffiel, sank das Interesse an drei Stunden Unterricht auf Null. In diese Null-Erwartung sprang wie ein diabolisches Eichhörnchen die Farbe Himbeerlila aus der hintersten Ecke nach vorn an die Wandtafel. Da stand eine Lehrverpflichtete, sah vor sich hin auf den Tisch und sagte: Wir haben jetzt Exegese. Und dachte bei sich selbst: Was ist denn los? Wo hat es ausgeklickt? Zu fragen: ‚For what occasion have you dressed?' hätte bedeutet, dem Ungewöhnlichen Bedeutung zuzumessen. Das wäre zu viel an Aufmerksamkeit gewesen. Die Lehrveranstaltung erreichte wieder pathetische Höhepunkte: ‚I want to have a sign for what I feel.' Es war als müßte Aufgestautes sich auf Nebenwegen eine Möglichkeit schaffen, ans Licht der Sagbarkeit zu gelangen. Man stand und diskutierte weiter in der Pause. Ein Artikel für die Zeitung wurde vorgeblättert. Wer es darauf abgesehen hatte, ein paar Zeilen zu erhaschen, mußte hinter eine linke Schulter treten und darüber hinweg lesen. Was da flatterte, waren die Blätter. Beim Mittagstisch war Gelegenheit, den Vorfall mit lila Schlips mitzuteilen. Der Gemahl, um eine Mutmaßung nicht verlegen: ‚Vielleicht hat er eine Frau gefunden.' ‚Aber er hat doch eine in Aussicht in Lah!' ‚Die ist ihm nicht gebildet genug. Das hast du ihm ja selber unter die Nase gerieben.' Wirklich? Es ist zwei Wochen her, daß es in der Dämmerung auf der Küchenveranda umging – batisten und hellgrün bis zu den Knöcheln. Es regnet. Kein Wetter für Volleyball. Wo ist Inspiration für einen Pfingstsermon zu finden? Ich lese lieber Lyrik, Rilke-Imitate z.B. über ‚schweigende Nähe' als ‚Musik all der Jahre' und ‚Deines Lächelns Wellen branden / An mein altersgraues Herz' – das sind waschechte Trochäen, wie Herders ‚Rückwärts, rückwärts, Don Rodrigo / Rückwärts, rückwärts, stolzer Cid.'

Wie unvorsichtig, solche zu wirren Worten geronnenen Gefühlseruptionen offen auf dem Schreibtisch liegenzulassen, um in die Abendkapelle zu entweichen auf der Suche nach etwas, das außer Sichtweite blieb, nur als Stimme nahekam. (Versuche, zu formulieren, was öffentlich sagbar wäre, wenn in der gleichgültigen Menge jemand säße, der es verstünde: *wishful thinking* nicht nur, sondern außerdem so verrückt und verstiegen, so blindlings bedürftig auf der Suche nach einer Wiederholung nicht, aber doch wenigstens einem Abglanz der unglück-seligen Tage von Bethabara, daß im nachhinein selbst eine Paraphrase nicht mehr möglich ist. Die Schlüsselworte der Apostrophen erscheinen so hohl, so aufgeblasen, so großspurig trivial und opernhaft. Das Gegenteil von stummem Eins- und Einsam-Sein im Verzicht.)

Chr stand vor meinem Schreibtisch, als ich, ein Lied, eine Stimme im Ohr, durch den Regen zurückkam. ‚I heard the voice of Jesus say, come unto me and rest', leicht verweint, müde und nicht ganz frei von der Furcht vor Mißverständnissen. Es geht darum, Unschuld vor Verdächten zu schützen. Erst wenn daraus ein Roman geworden ist, der eine ungewisse Mischung aus allgemein wahrnehmbarer Wirklichkeit und dem Wirrwarr möglicher Deutungen sorgsam nachwebt zu einem übersichtlichen Muster, sollte Chr urteilen dürfen. Er stand da also, sagte ‚Ich denke – ' und suchte ein bestimmtes Buch. Was er denkt, hat mit Verstehen vermutlich wenig zu tun; es wäre, wie üblich, überdacht von sanfter Arroganz, unterfüttert von moralischem Überlegenheitsgefühl. Dahin ist es gekommen. Möge es eines Tages wieder vergangen sein. (26. 5.)

Brückenkopf- Idee *DogoNotes*. Aus Angst vor Verschiebungen in den Stellenbesetzungen stand ich in Schweigen erstarrt während des Stehkonvents, soeben, vor der Kapelle; denn wer dürfte hier zum eigenen Vorteil reden? Chr rettete die Situation für mich und vorläufig mit einer psychologischen Hypothese. Der, um welchen die Befürchtungen kreisten, war auf mich zugekommen, vernebelt, stumpf und ohne Gruß. Saß nahe und bewirkte ein Schrumpfen ins Gehäuse. Hier sitze ich, bebrillt mit strengem Blick, abgeschottet gegen jegliches Versinken. Gott, gib mir eine gute Idee, die der Wahrheit nahekommt – *Dogo Notes!* Es ist Verläßlichkeit vonnöten, um sie auf Matrizen zu schreiben. Ich brauche jemanden in der Nähe, der damit beauftragt werden kann. Es eignet sich dafür nur *einer*.

Le dessin en fut pris. Ein Augenblick der Spannung und der Mystifikation, anknüpfend an die Diskussion vom Montag; eine direkte Anrede ins hintere Eck, und dann ward der Betreffende vor den Ohren der gesamten Mannschaft für den Nachmittag ins Arbeitskabinett bestellt, unter Hinzufügung der Erwägung: als nächster käme der Dandy infrage. Ich denke, das war ein guter Schachzug. Es soll um die Sache gehen, nicht um die Person. Es soll so aussehen, als ob – nicht wahr?

Erfolgreiche Kabinettspolitik.

Das Angebot wurde akzeptiert. Schließlich steht Bezahlung in Aussicht. Die naive Vorstellung von reinem Interesse an reiner Geistestätigkeit wich glücklicherweise schnell der Einsicht in die merkantilen Aspekte auch der ehrenvollsten Tätigkeit. In einer halben Stunde war die Sache trotz allen Hinauszögerns erledigt. Das war also ein Stück erfolgreicher Kabinettspolitik. Und es ging so. Da war zunächst gegen 4 p. m. die vordere Veranda voller Kinder von drüben. Warum die sich auf einmal hertrauen, ist teils rätselhaft, teils peinlich. Aber warum sollten zu bereits vorhandenen falschen Eindrücken nicht noch ein paar mehr hinzuerweckt werden. Vielleicht war da anfangs die Hoffnung gewesen, das Anlocken durch Verteilen von Würfelzucker würde als eine Art Anziehung wirken; diese Menge der Leptonen würde auf schwerere Elementarteilchen, wenigstens auf ein einziges Hadron wirken. Es wimmelte also, bekam auf Wunsch Wasser zu trinken und verführte zu drei Schluck des gleichen Wassers aus dem Wasserhahn – schadet es den Kleinen nichts, wird es mir auch nichts schaden. Diesen Haufen verscheuchte pünktliches Erscheinen. Nach rätselhaft rhetorischer Einleitung (‚I will continue to depend on you') und einigem Zögern (der Büroangestellte könnte das doch machen) und der Zusage einer Schreibmaschine (meiner eigenen) sowie entsprechender Bezahlung (mit der Einleitung ‚I was tempted – it was unreasonable') ward eingewilligt. Die Höhe des ‚Honorars' wurde nicht festgelegt. Es hat sich noch immer als das Profitablere erwiesen, sich auf die Großzügigkeit der Weißen zu verlassen. Vor allem von so einer wie dieser, die aus Gründen, die vielleicht nur vorgespiegelt sind, vorzeitig den Campus verläßt. Es ist fortan also klar, daß es ein Hin und Her zwischen Mbebete und dem Bitu-Berg geben wird, mit nur zwanzig Kilometern dazwischen. Ausgetauscht wurden auch Termine: wer zu Ende des akademischen Jahres wann wohin fährt. Es wurde auf der einen Seite wieder zuviel und zu schnell geredet. Auf der anderen Seite saß die übliche Langsamkeit und Zurückhaltung, auf den Knien die so weit vorhandenen *Dogo Notes*, um sich herum eine kühle Freundlichkeit, vor deren Nüchternheit alle törichten Sprüche vergehen. Über die Augen legt sich ein lichtgrauer Nylonschleier, bedruckt mit zarten Rosenranken: die beiden Vorhänge wurden zurückerwünscht; sie könnten vor den Fenstern des Stübchens wehen, das ich mir im Grasland suchen muß. Was noch? Übersetzungshilfe für den Sermon ward erbeten von der einen Seite, von der anderen die letzten 5'000. Sie wurden bei Chr aus einem neuen, sauberen Schein in fünf schmutzige kleinere gewechselt. Lachen. Ja, so ist es. *Non olet*. Es begründet die Freiheit des Marktes und des Umgangs mit einander. Für ein weiteres Jahr verpflichtet, verwöhnt im voraus. Ging zu Chr, erschien noch einmal an der offenen Tür des Kabinetts, legte die Hände zusammen wie ein Japaner oder Grasländer und bedankte sich mit Lächeln und leiser Verbeugung. Es war wie ein Vorhang davor. Ein lichtgrauer mit Rosenranken.

Ein düsteres Standbild.

Es kam der Fotofritze mit den Fotos vom Sonntag. Da war und ist zu sehen, was in besinnlichen Augenblicken sich verrät: eine Seele, die *gloomy* guckt aus einem Gesicht, das säuerlich wirkt, zerknittert und nahe am Salzwasser angesiedelt. Nur die Festgewänder, das Haar und das filigrane Gebüsch im Hintergrunde sind schön. – Nun hilft alles nichts mehr. Es ist ein Sermon zu schreiben, und die einzige Geistesart, die mich bewegt, ist pfingstlich nur insofern, als sie ihre eigene Sprache spricht, die niemand versteht. Alles Verstehen wäre vermeintlich und ein Mißverstehen. Auch Chr würde mißverstehen. Ist der Heilige Geist ein Geist der Hermeneutik? Ein Geist gelegentlicher Durchblicke auf das Wahre, Gute und Schöne? Dionysisch, voll süßen Weins, oder von apollinischer Strenge? (27. 5.)

Reden über den Eros.

Wie kommt es, daß so oft in liturgischem Rahmen, morgens und abends, auf den harten Bänken in meiner Nähe sich ansammelt, was am ehesten begabt ist, mitmacht im Unterricht und bis auf einen einzigen (den stillen S'n) aus dem Grasland kommt? Liegt es in der Mentalität dieser Gegend, sich um einen Mittelpunkt zu sammeln, um Einfluß zu gewinnen? – Nun, da es aufs Ende zugeht, erreicht der Unterricht mit der Exegese von Genesis 2 noch Höhepunkte, die nicht zu erwarten waren.

Da stopft eine von sich selbst Hingerissene im Endspurt alles in diese Mannschaft hinein, was nur möglich ist und wundert sich über die Erschöpfung danach. In der hintersten Ecke beteiligt es sich mit glänzenden Augen und dem Lächeln eines Auguren, als würden im Paragraphen *De homine* Geheimnisse ausgeplauscht. ‚Eve stands for erotical attraction, in her nakedness and beauty. Her power is in her silence.' ‚He falls in love with so many words.' Aus der Ecke: ‚A girl can also move up to a boy and tell him – ' ‚She challenges him?' ‚Yes.' ‚A man has an equally strong attraction – ' Und immer wieder: ‚Eros is not sex.' Semper aliquid – ? Vielleicht bleibt von diesen Reden über den Eros doch etwas hängen. Es könnte manches möglicher machen; beruhigen – für den Fall, daß da irgend etwas an Beunruhigendem wäre.

Ein lebendiges Beispiel für *kabod*: Gewichtigkeit würdig bewegt in einem Zebrakittel, dessen Längsstreifen kein einziges Kilo hinwegtäuschen, aber im Wahrgenommenwerden innewohnende Hilfsbereitschaft zeigten, als ein anderer sich in der Abendkapelle mit illustrativen Plakaten abplagte. Dann, abstrahlend von ermahnender Zuwendung zu einem der zappelnden Kinder, der flüchtige Gedanke: so etwas nennt man Väterlichkeit: Güte harmonisierend mit Strenge. Das Kabinett war heut nachmittag vorübergehend wieder voller Kinder. Das Gefühl ist bestimmt von drei Vektoren: Peinlichkeit, Gleichgültigkeit, Vorspiegelung. Ich kann mit Kindern so wenig anfangen wie Chr, der gelegentlich sein Zwinkerspielchen macht, aber sonst noch hilfloser ist als ich. Man (Chr vor allem) hätte wohl bisweilen gern etwas (gehabt), was alle oder die meisten haben, aber ohne Verzicht auf Beruf und Afrika. Also auf herkömmliche Weise einseitig. Das war von Anfang an nicht vorgesehen, und die Quälerei drei Jahre lang war weithin auch einseitig. (28. 5.)

Die Gartenarbeit geht zu Ende mit ein bißchen Herumhacken in den verdorrenden Verandatomaten. Der Garten ist längst verwildert. Rosélila Oxfordhemd wünscht grünem Kittel Guten Morgen. Das Grün ist auch nicht mehr so grün wie er einst war. Chr hat von Goethe im afrikanischen Busch geträumt. Meine Träume sind weg und tot; der einzige lebendige Traum geht bei Tage um. Es ist zwei Wochen her, daß Chr sich von einem Radio gestört fühlte und ein böser Geist zwischen uns fuhr, ein Fauchen, ein giftiges, und eine unbegreifliche Klotzköpfigkeit, eng und bedrängend. Wie viel mehr Raum und Freiheit ist unter einem Schleier aus dehnbarem Phantasiegespinst. In dieser frühen Morgenstunde, in dieser Nähe und allem übrigen ist ein ‚Vorbei'. Es wird nie wieder sein. Acht Jahre habe ich in diesem Haus gelebt und die Schwelle von Mitte Dreißig zu Mitte Vierzig überschritten. Die Muse macht Annäherungsversuche; sie hat sich etwas ausgedacht. Sie kommt indes so bieder und sentimental kleinkariert daher, sie laviert so nahe am Rande honorabler Möglichkeiten entlang, daß es schlicht zum Weinen ist. Das Überreichen eines Silberkettleins könnte wohl im verkleckerten Seekisteneck von Chrs Arbeitszimmer und unter seinen Augen stattfinden, nicht aber in einem verwilderten Garten und als Nachtrag zur Exegese sozusagen. Geh mir mit Genesis 2, du Mucker-Muse. Mit Gefälligkeiten und der Fallsucht des Fallens in welche Falle auch immer, in diesem besonderen Falle.

Eine Ansprache wird diktiert.
Fehler? Unvorsichtigkeit? Chr meinte, der Bärbeißige sei als Liturg geeignet; ich aber wollte den, der mir den Sermon ins Pidgin diktierte, Satz für Satz. Das war am frühen Nachmittag. Auf der schmalen Liege, auf der Bastmatte von Lah, saß in einem weißen Hemd mit schwarzen Nadelstreifen eine Leibesfülle, die beim bloßen Anschauen erdrückte; saß, die nackten Füße in Sandalen auf dem Antilopenfell, vor sich Blätter bedeckt mit gutem Englisch. Da wurde mit energisch sparsamen Gesten zwischen Brust und Papier eine elegant gedrechselte Syntax zerbrochen in holprige Hölzchen, weh pipu dem deh fi fo hia. Am Schreibtisch schrieb es eifrig und fast unleserlich mit; zwei-, dreimal geschah es, daß im Eifer des Übersetzens und Überprüfens Befehle ergingen: ‚Read!' ‚Write!' ohne ‚Please' oder höflichen Tonfall und ohne sich damit einen befremdeten Blick oder ein Stirnrunzeln einzuhandeln. Es war hier einer gänzlich bei der Sache, ging auf im gewohnten Rol-

lenspiel des Lehrers. Eine Lehrerin nahm wahr und hin. Gleich zu Anfang, auf der ersten Seite, fehlte ein Wort. Die versuchsweise Übersetzung stolperte; das Blatt ward hingehalten zur Überprüfung, der Fehler mündlich verbessert – ‚Okay, let me write it', der hingehaltene Kugelschreiber aus der Hand genommen und zurückgegeben. Das Schreibutensil hätte sich auch etwas weiter oben anfassen lassen. Die Schlange sich rundender vier Jahre biß sich in den Schwanz. Da es eine Wiederholung nach Kierkegaard nicht gibt, muß Wesentliches anders sein, ohne daß ‚träumende Unschuld' nun freilich und gänzlich ins Berechnende umgeschlagen sein müßte. Da der Mensch keine zwei rechten Hände hat, läßt sich so etwas alleine nicht ‚nachstellen', nur in der Erinnerung vorstellen; dabei entsteht eine Doppelung wie durch Parallelprojektion. Das Einfache wird nur durch das Arrangement der Worte kompliziert. Wenn man die Subjekte eliminiert, ergibt sich ein Sichergeben. Es ergab sich auch eine Diskussion über *servant-master mentality* und ob der entsprechende Passus besser gestrichen würde. ‚I will think about it and see what the Holy Spirit tells me.' Der Heilige Geist geistert schon seit geraumer Zeit durch den Campus. Die Pneumatologie muß noch durchgezogen werden. Das also soll eine Pfingstpredigt sein. Auf Pidgin, das ich nicht so gut beherrsche wie Chr und das ich mir deshalb von jemandem diktieren lassen mußte. Schließlich noch die Frage nach einem Liturgen. Das Zögern; das vorauseilende ‚I am afraid to exploit you', ein Schweigen, das mit geradem Blick antwortet und dann mit knappen Worten akzeptiert.

      Grüne Wolle und wie man mit wem redet.
Abendeinladung der *Abiturii* samt Frauen. Von den Unbeweibten blieben zwei weg, der Dritte, ohne Furcht und Tadel, kam und half den Kuchen in Stücke schneiden, während die Frauen zu viert sich auf der langen Bank niederließen. Es begann mit einer heuchlerischen Rede der Frauenbeauftragten, daß sie sich, ach, so wenig persönlich gekümmert und statt dessen Wolle in rauhen Mengen beschafft habe; ja, es sei auch versucht worden, den Herrn des Hauses am Bildungsprogramm für die Frauen zu beteiligen, aber leider –. Chrs Gemurmel verlief in den

Ritzen des Bretterbodens. Ja, schwierig. Was sie denn gerne gelernt hätten, als baldige Hirtinnen ihrer Hirten – Schweigen. Einer der Ehemänner ergriff das Wort, von Hölzchen auf Stöckchen, bis der Unbeweibte unterbrach ‚I need some green wool to mend something' und sich an eine der Ehefrauen wandte. Da die verschwommen schwieg, nahm der andere sein Thema wieder auf, ‚If you catch an animal – ' und wurde unterbrochen: ‚You will bind it with green wool.' Die Stimmung der Gastgeberin war sichtlich angekratzt. Der Hausherr schwieg. Die grüne Wolle war wie ein geisterhafter Ball, der hin- und herflog, ohne daß klar wurde, was das für ein Spiel sein sollte. Dann war man bei den Kriterien der Beurteilung von Examenspapieren, und der, welcher ein paar Stunden zuvor eine Ansprache ins Pidgin diktiert hatte, sagte, er reagiere auf Leute unterschiedlich. Als Beispiel führte er den Hausherrn an. Er sei ‚challenging' und entsprechend reagiere er. Mit der Gastgeberin aber ‚I speak differently'. Das war kryptisch genug. Gegen Ende noch ein Sprung in die Bresche, die das Schweigen schlug: ‚I have not yet told you –' wer wollte es wissen? Das Weggehen ward begründet erst mit Offiziellem, dann aber: ‚This last dry season has worn me out.' Tired, weary, exhausted – drei Mitleid heischende Adjektive stiegen zur dunklen Balkendecke wie lampiongroße Seufzer, ein düsteres Orangerot, ein welkes Fliederlila, ein Traumblau. ‚Sometimes I was unable to control myself. I have to rest, to meditate, to write –' und die beschworene Müdigkeit lehnte den Kopf zurück an die Kommode, spielte Elegie für wer weiß wen, und eine weiße Häkelstola bildete dekorativen Hintergrund. Ich gehe, weil dieser Campus mir zu viel Lebensenergie verbrannt hat und zu einem schwarzen Loch Sinnlosigkeit kollabieren würde, wenn ich bliebe. (29. 5.)

Pfingsten. Erst müssen alle Pflichten erfüllt werden. Erst muß die Fassade stehen, ehe ich mich dahinter zurückziehen kann. Ehe das vergehende Leben in allerlei sanftbewölkte Tagträume hineinsterben kann. Eine Handvoll, keinen Armvoll, hab ich bekommen, gestern, und heut werde ich zum letzten Male ob den Häuptern der vielen und anderen stehen und ein Pidgin reden, das ich mir diktieren ließ.

Danach. Im Zustande der Erschöpfung.
Chr sagte, der Liturg habe in seiner weißen Uniform ‚ganz appetitlich' ausgesehen. Ja, es war gut gewesen, auf den Verzicht zu verzichten. Eine tiefe und ruhige Stimme schwebte im Raum, eine Wohltat wie ein warmer Harmattan, in dessen Umarmung man wie unter Palmen in einer Hängematte schaukelte. Die Menge sitzt da, döst oder denkt sich was; die Sonne bringt es nicht an den Tag, eher der Mond. Die Bedankung danach, mit hingereichter Hand: unverbindlich. Chr nimmt die Erschöpfung wahr, wärmt Reis auf. Sagt: ‚Du sahst wieder so zerbrechlich aus da oben. Der Wind wehte so kokett durch dein graues Haar.' Wie schön, auch einmal vom eigenen Ehemann wahrgenommen zu werden.

Pfingstbesuch der Muse.
Wie, wenn es sich ergibt aus lärmgestörtem Mittagsschlaf und ganz unerwartet. Ein Besuch der Muse just zu Pfingsten. Das kam so. Aus dem Mittagsschlaf weckte mich der Lärm der Kinder. Die schrillen Stimmen des indigenen Nachbarnachwuchses haben das Unterbewußtsein erreicht. Ich klagte es Chr; selber mutlos. Er ging tatsächlich und schickte den Haufen weg; es sind die Nachbarskinder, die alle übrigen anlocken. Chr hat seine Autorität nicht so vergeudet wie ich meine. Bei dem Versuch wieder einzuschlafen, geschah es. Die Muse schlich herbei und braute einen Tagtraum, rührte so lange bitter-süße Ingredienzien ineinander, bis es überlief aufs Kopfkissen. Es erleichtert die Last des Daseins. Selig sind die Weinenden...

[Eine eckige Klammer muß im nachhinein Gedanken zu zwei Seiten winzigen Bleistiftgekritzels ausgrenzen als etwas, das, als Urtext mühsam entziffert, zurückversetzt in eine Daseinsverfassung, die sich einerseits nicht mehr wahrhaben will, weil das, worum es geht, nicht mehr nachvollziehbar ist. Auf der anderen Seite macht sich antiquarisches Interesse geltend und der Wille, als eigenes anzuerkennen, was einstmals Leben verzehrend zu sprachlichem Ausdruck drängte. Es soll als etwas Abgesondertes *sui generis* gelten, unvermischt mit den nachgetragenen Urteilen einer Graie. Im übrigen freilich ist es, wie fast alles, stilistisch nachgeschönt worden.]

Häuschen im Mondschatten.

Wo sind wir?

Wir sind an erwünschtem und verwunschenem Ort, im Abseits der Berge von Lah. Das Häuschen am Kraterrand ist am Zerkrümeln; das verstaubte Grün der Fensterläden, das ergrauende Gelb des locker gefügten Gemäuers blättern leise ab, wenn ein zögernder Finger darüberfährt. Die unverglasten Windaugen starren dem Angestarrtwerden gleichgültig entgegen; das krumme Gebälk innen, das verrutschte und verrostete Wellblech darüber: alles ist schon mehr als zwanzig Jahre alt und dabei, aus den Fugen zu gehen. Ewig sind nur der Sand vor der flachen Schwelle, der Himmel darüber und die schwarzen Felsen im Hohlweg.

Es ist Nacht mit Sternenhimmel über den Bergen. Es ist die Nacht nach dem großen Fest. Der größere der beiden Räume und das Doppelbett sind diesmal nicht für Gäste bereitet, sondern für *sie* im Dual, den es in manchen archaischen Sprachen noch gibt. Der schmale Verschlag und die Bambuspritsche hingegen sind nicht für den Herrn des Hauses, sondern für *sie* im Singular und als Ehrengast. So ist alles in Ordnung. Das Fest war groß und schön und überfällig. Die Nacht ist gekommen und hat einen Sternenbaldachin ausgespannt. Der Sternlein sind ihrer so viele, aber sie sind nicht richtig zu erkennen. Es blinkt und blinzelt wie verweint, als tröpfelte es heimlich von oben herab. Das macht das Mondlicht.

Eine Mond- und Brautnacht ist es. Im Sand vor dem Haus liegt schmal ein dunkelblaues Tuch. Das hat der gute Mond da hingebreitet, denn er ist noch im Steigen begriffen, rückwärts über das Dach. Wer geistert da allein am Kraterrand entlang mit zwei Armen voll Einsamkeit? Wohin, ach, wohin? Vor der Schwelle läge es sich unbequem; vor verschlossener Tür und so nahe. Es kämen vielleicht auch Leute vorbei, Nachtschwärmer, Ziegen oder Schafe. Nur der Mond, das schmale blaue Tuch auswechselnd gegen ein breites weißes, dürfte da schlafen. Schlafen, ach, schlafen...

Wie enge ist die Kammer zur Linken. Wie enge ist die Höhlung des Windauges, durch das die Nachtkühle dringt. Die Pritsche ist hart; ein noch härteres Gefühl erzeugen eine Bastmatte auf dem Zementboden und ein wenig Batist vom Lindenblütenbaum aus fernen Gegenden. Es schmerzt, es liegt sich blau längs der Rippen und der Hüftknochen, und es tut irgendwie gut. Kasteiten so nicht einstmals den armen Leib die armen Nönnlein, um zu vergehen in Freuden höherer Art? Denn in der Kammer zur Rechten – ach, was heißt da höher oder weniger hoch, was bewußt, was halbbewußt. Es ist, wie Mutter Natur es will, das Schicksal es schickt und alle Welt es für schicklich hält – zur Rechten geht alles mit rechten Dingen zu.

In der Kammer zur Linken übt es sich betrübt im Unüblichen, in unüberbrückbarer Nähe zu endlich unter offenem Gebälk ans Ziel der Wünsche Gelangtem. Etwas hebt sich – hebt sich auf. Das Faszinosum reiner Potentialität hebt sich auf, gibt sich hin und geht zu Grunde. Stirb und werde. Was bleibt dem betrübten Gast in der engen Kammer nebenan? Ein Fetzchen Seele, abgerissen, angeeignet. Es fehlt bei dem schöpferischen Geschäft; aber es stört nicht weiter. Es kommt zu keiner wahlverwandten Verwechslung. Pflicht, Genuß und ganz bei der Sache, was kann es Richtigeres geben. Sechsmalsechs ist sechunddreißig, plus eins ergibt eine Primzahl.

Aber dann, während der üblichen *tristesse post* und ein wenig Schlaf, steigt der Mond ein weiteres Stück abwärts und über das Wellblechdach. Schräg von oben wirft er sich in eleganter und gänzlich naturwidriger Krümmung gegen die geschlossenen Fensterläden und beide Türen. Und die Türen gehen lautlos auf, eine nach der anderen. Die zur Rechten einen schmalen Spalt, die zur Linken angelweit. Und was sieht das übernächtigte Auge? An der getünchten Wand rieselt die Kühle der Nacht herab wie grünliche Limonenlimonade. Was hört das ertaubende Ohr? Aus dem Gebälk flüstern Geisterstimmen im Chor: *Sag es niemand... Fremde Fühlung*? Wo ist die stille Kerze? Leuchtete sie nebenan?

Alles schläft. Das Dorf auf dem Kraterrand im Abseits der Berge liegt auf dem Grund eines Meeres von Kokosmilch. Durch die vollkommene Rundung des Mondes geht langsam ein Mann, der ein Mönch war, ohne Kutte, ohne Kapuze, um die Lenden einen Wolkenschleier, und geht hinein; die Tür steht ja angelweit auf. Steht da, gewappnet mit Schweigen. Da liegt die Bastmatte, handgeflochten, auf dem Boden. Da liegt es, lang ausgestreckt, zugedeckt mit einem blau und orange gemusterten Baumwolltuch. Daneben eine zweite Matte. Die Perspektive von unten nach schräg oben wäre etwa wie bei Caravaggio; nur steht da kein Pferd, das einen rücklings am Boden Liegenden abgeworfen hätte. Hingeworfen hat hier eine andere Macht. Und was da schweigend steht – der Wolkenschleier wäre als irdische Nachtbekleidung erkennbar, reseda. Welche Lichtquelle würde hier Farben offenbaren? Durch die offene Tür könnte Mondlicht sickern. Der Stehende aber setzt, im Partizip Aorist Passiv, *theis ta gonata*, die Knie auf die Matte und dann sich selbst. Streckt nach einer Weile eine langsame Hand aus, verfingert sich in Aufgelöstem, für das nur die Sprache Racines einen mehrsilbig rhythmisierten Namen hat: *chevelure*. Was für ein Bündel Erschöpfung! Es ist der Geist, der sich den Körper baut und abbaut. Wie in diesem Falle, so wie es da liegt. Alles weitere – ferne sei es. Ist es. Es ist – wer weiß, warum? Der Mond ist schuld daran, wie üblich. Er taucht die kleine Welt in das Unterwasserlicht der Unwirklichkeit. In solcher Beleuchtung ist manches möglich, wie in Träumen, die nicht ganz bei Troste sind. Und dann noch die Last der Worte, die es tragen und sagen sollen. Wenn man sich etwa zum Gegenübersitzen entschließen würde, wie die Kleine Seejungfrau auf dem Stein am Hafen von Kopenhagen oder der Prinz Kophetua von Burne-Jones oder sonst eine Zusammenstellung von Sitzenden aus Märchen und Mythos. ‚Das Schweigen ist lang und durchtränkt von *pothos* und *enkrateia*' – das Altgriechische hätte die richtigen Begriffe bereit. Im übrigen geht es um nichts als um das Vergehen der Zeit und des Lebens, vorbei und hinab ins Unwiederbringliche.

[Vielleicht wäre auch anderes vorstellbar, wenn es nicht noch größere Schwierigkeiten machen würde hinsichtlich der zur Verfügung stehenden Ausdrucksmittel einer gebildeten Sprache und einer Geisteshaltung, die dem Naturalismus abhold ist. Alle Elemente, die in späteren literarischen Versuchen komplizierte Umstellungen und Umschreibungen gefunden haben, sind bereits vorhanden. ‚Mond im Mangobaum', ‚Mittagsfinsternis', ‚Trockenzeitfieber' versteifen sich darein, das durch den Geist zerfressene und in Frage gestellte Einfache durch Verkünstelungen der Trivialität zu entheben. Eine beträchtliche Menge Stroh und Spreu muß aufgeschüttet werden, um das dünne Glas einer solchen Menagerie ohne Bruch und Splitter zu lagern und vor Schockeinwirkungen zu schützen. Was die Sprache sich gefallen läßt, kann dem Geschmack durchaus zuwider sein. Hier, in den Bergen von Lah, in einem Mondlicht, von dem man nicht weiß, wie es in die enge Kammer kommt, erheben sich Bedenken und mancherlei anderes, ferne Erinnerungen an morgendliche Begrüßung in einer Mansarde aus Studentenzeiten, wenn die Verlobte kam.

Wie wäre es mit einer Statue, stehend oder liegend, aus Diorit oder Marmor, oder mit einer Hand, einen Bleistift haltend, und einer anderen in Parallelprojektion… Weint es? Nein. Allenfalls vielleicht. Es weiß sich irgendwie zu helfen. Bildet Sätze mit: zerbrechlich, schmal, flach, matt, leblos. Schwer. Langsam, langsam, langsam. Beinahe-nicht-mehr. Es ist kalt. Reglos. Das Äußerliche. Die Geste. Die Stunde der Ewigkeit. Der Sternenhimmel, eine schwarze Projektionsleinwand vortäuschend vor den auseinanderströmenden Tiefen des Kosmos seit dem Urknall. Das Umeinanderwirbeln und Ineinanderstürzen der Sterne und Galaxien, dazuhin Wurmloch, Tunneleffekt *and what not* – eine Singularität würde im Horror der Irreversibilität der Annihilation anheimfallen. Es geht nicht um Physis und Physik; es geht um eine Idee und das Festhalten daran (in gänzlicher Absehung davon, daß in der damaligen Wirklichkeit aus Beruf, Ehe, Ego und Umgebung nichts in der Nähe war, das den Festhaltegriff *nach außen hin* hätte lockern können. Es blieb alles innerlich. Das also ist *nicht* der Urtext.)]

Ich habe das hingekritzelt und es ist mir leicht zumute. Chr würde mißverstehen. Gott versteht. Die Vorstellung des Unerhörten ist notwendig, um bei guter Vernunft zu bleiben. Es geht um einen Versuch der Selbstheilung. (30. 5.)

Nachgetragene Glückwünsche. Während gestern in der fallenden Dämmerung der Halbwachtraum zu Papiere niederkam in einem sozusagen *salto morale*, war ein Glückwunsch unterwegs und kehrte um. Vorhin kam es mir nachgesprungen die Anhöhe herab unter den Eukalyptusbäumen, ‚I came to your house yesterday to congratulate you on your sermon, but you were at table, so I went back.' Woher kam das Gefühl, ich müßte abschütteln, was neben mir ging und Schritt hielt? Es redete weiter im Weitergehen: ‚People really talked about you and your good Pidgin.' Da endlich. Ein großer Korb Glück schüttete sich in kleinen Schnipseln über meinem Haupte aus und benahm fast den Atem. Lob ist freilich immer verdächtig. Ein Lachen und ein Finger wiesen das Lob zwar nicht zurück, teilten es jedoch: ‚Well, the Pidgin was yours.' Dann, das Thema wechselnd in einem Versuch, sich freizuschaufeln von so viel Anerkennung (und dem naheliegenden Verdacht der Schmeichelei): ‚Green wool is available, ask Mrs. E.' Es wurde so schnell nicht erfaßt, bewirkte Verwirrung und im Weitergehen fiel mir das Buch aus der Hand; ich bückte mich schnell, es aufzuklauben aus dem nassen Gras und weiß nicht mehr, wie diese morgendliche Szene zu Ende ging. Das nachgetragene Lob klebt wie dicker dunkler Sirup. Warum fiel zu spät erst ein: ‚If you had come in the evening, you could have shared a cup of tea with us.'

Wenn Nacht daran klebt, wird ein Fenster in einem erleuchteten Raum von innen zum Spiegel. Sie sitzen in der Bücherei, lesen und schreiben, und die für die Bücherei zuständige Lehrkraft macht sich da auch zu schaffen. Vor dem Fenster steht ein kleiner Tisch, darauf liegt ein dickes Buch; ob dessen Weisheit Zeile für Zeile zu dieser Stunde noch die Gehirnwindungen erreicht, ist fraglich. Vermutlich wandern die Gedanken oder sie verschwimmen. Der Spiegel zeigt alles, was hinter dem Rücken sitzt, sich bewegt oder den Blick schweifen läßt. Es ist besser, auszuweichen. Ein Begegnen in der Schwärze der Nacht, die dahinter steht, wäre ein Begegnen im Hintenherum. Es entspräche nicht dem Verhalten eines guten Gewissens. Es ist überhaupt manches recht undurchsichtig, spiegelt nur eigene Vorstellungen zurück und führt zu nichts. Da legt sich vielleicht der Kopf von selber auf das Buch und die Geste gibt zu verstehen: müde bin ich. Sieh doch, wie müde ich bin und wie allein...

Ein solch imaginärer Monolog könnte etwas später in der Nacht noch ein Echo im Tagebuch hervorrufen, nach rückwärts der Abendandacht zugewandt und dem Gewohnheitsspiel leicht fluktuierender Sitzordnungen. Wer zuerst kommt, eröffnet das Spiel mit dem ersten Zug und zeigt damit an, was erwünscht ist und was nicht. Wer später kommt, dem steht es frei, den Wunsch zu ignorieren oder zu honorieren. Einladung, Annahme oder Ablehnung ergeben sich im Wortlosen, vielleicht Bewußtlosen und wie schlafwandelnd. ‚...wenn uns auch mehr nicht vergönnt ist' – Rhythmus aus einem George-Gedicht, ‚vergönnt' ist schöner als ‚beschert', das der Reim zu ‚verwehrt' erfordert. Es sei also ‚vergönnt' einer Unschuld, die keine träumende mehr ist, sondern eine bewußte und gewollte – wann und wie kam erstere abhanden? Ausweichen könnte mißdeutet werden als Ausdruck eines schlechten Gewissens. Das Problem der rhetorischen Apostrophen im Tagebuch bleibt ungelöst. Es sei denn, man verstehe es als schriftliche Ersatzhandlung für die Unmöglichkeit verbaler und anderweitiger Zuwendung.

Aufstieg mit V-Ausschnitt
(Juni)

Morgenandacht von einer sinnlichen Sanftheit, die Steine schmelzen und Sterne herabtropfen läßt. Sollte solch ein Steinerweichender nicht das härteste Selbstbewußtsein weichreden, zum Dahinschmelzen und Davonfließen bringen können? Vielleicht nur eins, das schon mürbe und brüchig ist. Die Mann-hinter-Mann-Schlange von drüben, von hüben ein melancholisch graues Mäuslein, ‚It's the last rose of summer' vor sich hin träumend, trafen vor der Kapelle auf einander. Sehr leise war der Gruß auf Anblick hin, und er galt einem Begleiter, der überraschend freundlich zurückgrüßte, Chr, sonst immer sehr kurz angebunden. Dann richtete sich die Andacht auf einen Andächtigen, aufgebaut hinter dem grünen Tuch. Sie umspielte das Wenige, das linienscharf, schmal und waagerecht kindlich gebliebenen Rundungen Widerstand leistet. Als es unangebracht erschien, den Worten weiter mit geradem Blick zu folgen, neigte sich das Ohr und lauschte einer gedämpften Stimme, die gegen Ende so leise wurde, daß fast nichts mehr zu verstehen war außer dem Dank für ‚fellowship in our community', ein kostbares Gut in der Tat, und die übliche Bitte um Bewahrung vor ‚temptation'– als ob das Schlänglein aus dem Paradies tagtäglich um den Weg sei. Es war ein Dasitzen wie in einem Rieselregen, lauwarm mit fliederlila *tristesse* durchmischt.

Abendandacht, bedrückt von solcher Müdigkeit, daß die Gedanken der Spur dessen, was da gesagt wurde, kaum zu folgen vermochten. Manche Leute haben eine souveräne Art, Kontakt nicht mit dem Blick, sondern mit langsamen Bewegungen der Hände herzustellen, Gedanken formend wie aus Tonerde. Wieder wurde der Heilige Geist als Beistand in Versuchungen angerufen; alles ist so richtig, so langweilig korrekt – mir fielen fast die Augen zu. Güte der Müdigkeit, erlösend von so vielem, womit man sich den ganzen Tag lang abzappelt. Die beiden Exegesestunden am Vormittag waren mühsam, das Sündenfall-Sexpalaver und das Abseits, in das es sich immer wieder verrennt, wenn etwa der Dandy mit großen Augen behauptet, schon ein dreijähriges Kind könne eine Erektion haben, was soll das; die Diskussion hätte straff zum Stehen gebracht und in eine andere Richtung gelenkt werden müssen; bei dem Versuch verhedderten sich die Zügel. Mit einer Verspätung von wenigen Minuten, einem leeren Platz und einer aus solcher Leere hervor sich verbreitenden Lähmung fing es ungut an, fand nicht den richtigen Einstieg und hangelte mühsam an Notizen entlang. Eine lange Dienstbesprechung am Nachmittag laugte letzte Energien aus. Und dann und was bleibt? Wenn ein Blick sich zurückzieht in Furcht und Abwehr, entsteht der Eindruck von Verkniffenheit. Solche Augenblicke bleiben dann übrig von einem langen Tag, und das Tagebuch sammelt sie ein. (1. 6.)

Memoir und Monster.
Will es den Rachen noch einmal aufsperren und Gifthauch verbreiten, das grünäugige Monster? Es lag ein *Memoir* auf dem Schreibtisch, eine Art Poesiealbum, wie es die größeren Mädchen hier anlegen, wenn es ans Abschiednehmen geht. Die schönste Glanzfotokarte, eine Rose rot und Freesien dunkelblau, weiß und orange, findet sich da eingeklebt, wo gegenüber Platz freigelassen ist für einen mit Namen Bezeichneten. Der Klebestreifen war leicht zu lösen und zu lesen waren gute Wünsche zum Examen und Zusage von Fürbitte. Nie gefragt; nie etwas gesagt; nur gelitten, nicht zwei-, nein, dreiseitig. Treu geblieben dem Verlobten, in der Treue bestärkt durch den, der sich im Verzicht übte. Und zwischen den beiden ein Irrlicht von ganz seltener Färbung und Gestalt, bald fliederblau, bald gelbgrün hintanzend über den Campus und innerseelische Steppe. Mit ‚happy memories und bitter thoughts' weist der Kollegen einer auf Verwicklungen hin, in die er als Seelsorger zweifellos eingeweiht war. Und nun wird erwartet, daß eine ungenau Beteiligte und Dazwischengeschobene Weisheit zum besten gibt. Alle im Campus wissen um die traurige Geschichte; nur eine muß so tun, als gehe sie das alles nichts an. Was will das grünäugige Monster? Es ist doch nur noch eine Mini-Echse.

Es ruiniert das Nervennetz. Fünf Stunden Unterricht; kein Mittagsschlaf wegen nachbarlichem Kinderlärm; statt dessen der Versuch, ein Sprüchlein für das Album der armen Sue zu komponieren. Danach wäre ein letztes Mal Gelegenheit gewesen, einem Volleyballspiel zuzusehen und sich zu erholen – da riß das Netz. Ein spitzer und giftiger Ton der braven Nachbarin gegenüber, in deren Frauenstunde ich arrogant und ohne Entschuldigung hineinplatzte, verpatze alles. Dergleichen ist in all den Jahren nicht vorgekommen. Es zog peinvoll zurück in tiefe Vergangenheit, von der Chr und Afrika erlöst haben. Es tut einem immer zu spät leid. Und so weben sich weiter ambiguöse Sprüchlein für die arme Sue. Das Album soll zurückgehen, ehe Chr hineingeschrieben hat. Er kann es später tun, wenn andere geschrieben haben. Und vor allem einer. Ich stricke Oxfordlila (das ist etwas mit Himbeerstich) und Musazeengrün zusammen.

Was für ein Aufwand, was für ein Theater: das Einfangen des letzten Lah-Hahns, der morgen geschlachtet und übermorgen abend Gästen vorgesetzt werden soll. (Ich war doch noch gegangen, um Fänger für das Fangen zu engagieren, sah dem Volleyball zu und einen kahl geschorenen Schädel, fast genauso rund; der hielt im Spiel inne und sagte ‚Good evening', als ich mich näherte.) Sie kamen also nach dem Abendessen, das arme Vieh zu fangen; es war so scheu, flog auf einen Baum und schrie so erbärmlich, als einer nachstieg und es griff, während ein anderer untätig und mit diffidentem Blick dabeistand und zusah – mißtrauisch, zurückhaltend. Den Blick durchkreuzte mir die arme Sue, die nach ihrem *Memoir* kam, und ich fädelte ein Schwanzhaar des grünäugigen Monsters durchs Nadelöhr, auf leidvolle Weise begierig zu wissen, was da zum Abschied für ewig auf dem Papier stehen wird. – Wozu ist eine Abendandacht gut, wenn alle erscheinen, ausnahmsweise sogar die Kollegen (im Anschluß an eine Veranstaltung mit weißem Medizinmann, die mich nichts angeht) – alle also, nur einer nicht? Bedürfnis nach Nähe, wie nach einer Schlaftablette. Ist es krankhaft? Ist das nicht alles und überhaupt eine Art Krankheit? (2. 6.)

Könnte es ein Zurückschnappen hochgespannter Denkübungen, wie Dogmatik sie erfordert, sein, wenn Beten kindisch wird und sogar das Tagebuch benötigt, um sich äußern zu können? ('Siehst du, lieber Gott, wie gut das funktioniert, wenn du mir einen einzigen kleinen Wunsch erfüllst; wie da der Heilige Geist kommt und ich mich entschuldigen kann, so ruhig und so unverkrampft, so heiter.') Es bedurfte nichts weiter als einer gewissen Nähe in der Morgenkapelle, mit Schlips oder ohne, wenn es sein muß auch kahlgeschoren wie ein Haremswächter und ansonsten wie Luft neben Luft. Da erzählte ich auf dem Weg zurück zum Haus dem Kollegen Nachbarn, wie leid mir der gestrige Vorfall tue, und das Merkwürdige war ein Gefühl innerer Überlegenheit dabei. Wie doppeldeutig ist doch alles. – Das Zusammenstricken von Symbolfarben ist eine Abwechselung zum Stricken von *Dogo Notes*. Es bringt Zeit hin. Ich war auch noch bei der Nachbarin, solange das Seelenheil vorhielt und sollte jetzt nicht biestig und böse im Tagebuch werden. Sie meint es ja gut und glaubt an Psychotherapien. Chr aber und ich sind einig darin, daß so etwas nicht nach unserem Geschmack ist. Überlegenheitsgefühle der Nächstenliebe? Da leide ich doch lieber an mir selber. Da ist Geheimnis und die Nähe der Muse.

Chr zeigte seine Japan-Dias drüben für alle und erzählte. Eine Erscheinung wie ein Prinz aus dem Märchenbuch, schlank, hell, blondgelockt, von geradezu arischer Ästhetik (abgesehen vielleicht von einer elfenhaften Zierlichkeit). In einiger Entfernung saß, zwischen den Knien eins von den Kindern, auf einem Hocker Masse mit Übergewicht, oben herum kahlgeschoren, und erregte das innere Kopfschütteln der Unbegreiflichkeit. Feiert sich hier ein Triumph der schönen Seele? Ein Sieg der Tugend, leidvoll erprobt? Chr erzählte, daß er ‚anxiously' zurückerwartet worden sei und gab damit vermutlich Anstoß zu der ungestellten Frage nach den wahren Gründen vorzeitiger Resignation. Vor einem Jahr um diese Zeit durchforschte er Archive in Bethabara, und ich fuhr mit der gesamten Mannschaft in eine Hauptstadt mit Akelei-Palast und gelben Anemonen. (3. 6.)

> Gefährdetes Zufallsglück.

Es regnet in Strömen, und es sieht wieder nach Umsturz aller schönen Zufälle aus. Der hier herumgeisternde *fraternal*, Arzt auf Visite, hat offenbar befunden, daß der Benjamin seiner Anfälligkeit wegen in die Nähe eines Krankenhauses muß: das könnte den Tagtraum von den zwanzig Kilometern querfeldein zunichte machen. Resignieren? Handeln? Um Weisheit beten und die richtigen Argumente. Wie dünn ist der Faden, an dem das Zufallsglück hängt. Ich wäre bereit, mich in die Bresche zu werfen; aber wo genau befindet sie sich?

> Im Stich gelassen?

Beim Frühstück verlief ein Versuch, Chr für das Problem zu interessieren und eine Lösung zu finden, die meinen Wünschen entspricht, gänzlich im Sande der Gleichgültigkeit; er wollte nichts begreifen, und ich fühlte mich im Stich gelassen. Er weiß doch, was los ist, kann es doch wenigstens ahnen. Und ich erwarte, daß er mir hilft, den Weg zu ebnen, auf welchem ich meinen Tagträumen nachlaufen kann. Er gönnt mir's nicht, er läßt mich sitzen. Da sprang es also wieder vom Tische auf mit tränenerstickter Stimme, lief ins Kabinett und dann halb verheult in den Unterricht.

> Kühle Selbstsicherheit.

Dort kam ich wieder zu Verstand. Erst ging es dialektisch um der Kirche Heiligkeit und Schande, als Braut und Hure, dann um die Wiedergeborenen und ihre angebliche Promiskuität. Die wird deduziert aus erotischem Tanzgebaren. Man hat gemerkt, daß Sex-Palaver mich nicht in Verlegenheit bringen kann. Der Benjamin fragte um Rat für die Unbeweibten und ihren Umgang mit jungen Frauen von Amts wegen. Immer einen Dritten hinzuziehen. Wenn sich jemand jedoch durch sein Verhalten ein unerschütterliches Vertrauen erworben habe, dann: ‚they can spend the night together and nothing will happen.' Es war gut, daß das so öffentlich gesagt werden konnte. Es war wie die Vorwegnahme einer Möglichkeit. Vom Tanzen war auch noch die Rede und wie es sich erotisieren kann. In der Pause davor stand der Haufen beisammen wie eine Ringmauer. Ich kam aus der Bücherei, ging langsam auf sie zu und dachte: ich muß diese Mauer, diesen Dunstkreis aus Maskulinität durchbrechen mit kühler Selbstsicherheit und sah alle der Reihe nach an. Dann: ‚Why did God prohibit sex in paradise?' Mit leiser und intensiver Stimme ward eine Askese-Theorie vorgetragen, die ich für zutreffend halte: daß der sublimierte Sexualinstinkt zu hohen Kulturleistungen befähigt. Und immer wieder: Eros is not sex. Als müßte ich mir einen Weg freireden, Mißtrauen wegreden, Verdächte zum Verdampfen bringen. – Während der Vorlesestunde die übliche Askese, das eiserne Beherrschen der Blickrichtungen. Jetzt, am Nachmittag, wieder Schreiben von *Dogo Notes*, um einen Vorsprung zu gewinnen. Außerdem tut Denkanstrengung gut. Sie stabilisiert.

Explosiver Bücherwust.
Wir steuern wieder auf eine Explosion zu, und heut abend sind Studenten eingeladen. Das Wohnzimmer ist belegt mit Büchern, Aktenordnern und chaotischem Papierwust bis hinein in den Kamin. Den räumte ich frei, weil da ein Feuer brennen soll heut abend, bei dieser Regenkälte. Am liebsten hätte ich das ganze Zeug mit verbrannt, diesen unsäglichen Müll von fast zehn Jahren, der sich da angesammelt hat; es ähnelt ganz fatal dem, was ich vor drei Jahren in heimatlichen Landen ausgemistet habe. Ich will in meinem eigenen Mist leben, nicht in dem eines anderen und sei es der des Nächsten. Es ist erstickend und wird noch unerträglicher, wenn der Versuch gemacht wird, ins Gewissen zu reden und zu sagen: ‚Wenn du mir sonst nichts zu sagen hast, dann geh.' Und ob ich gehe! Ich bin schon längst weg. – Und dann trinkt man doch wieder gesittet Kaffee zusammen. Es ist seltsam. Grace prevailing? (4. 6.)

Nachschrift mit Kaminfeuer.
Gestern Regen in Strömen, heut strahlendes Hochgebirgswetter. Es macht den Rückblick auf gestern abend nicht glücklicher. Das Kaminfeuer, geduldet, nicht gebilligt, entflammte die Stimmung nicht zum Fest. Ich war wütend, beleidigt und resigniert durcheinander. Ich wollte noch einmal ‚Leben in Fülle'; aber Chr, verbohrt in seine Wissenschaft, machte nicht mit. Ich guckte mir das Feuerle an und hätte es am liebsten wieder ausgeheult. Als ich von der Abendkapelle zurückkam, war es fast niedergebrannt, erholt sich indes schnell wieder und fraß die

Scheite, die ich ihm in den verglühenden Rachen warf. Vor dem Kamin lag eine Bastmatte, darauf das grüngestickte Kelimkissen, das uralte aus Flüchtlingstagen. Sie kamen einer nach dem anderen; einer begrüßte das Feuer mit ‚Oh!' ‚I felt cold', sagte ich. Sie kamen alle. Ich saß auf der Matte vor dem Feuer, Chr im Halbkreis der Gäste. Er sagte nicht viel. Seitlich allen zu Füßen sitzend, dem flackernden Feuer zugewandt, monopolisierte ich die Unterhaltung. Der gebratene Hahn ward verteilt, die Knochen krachten unter kräftigen Gebissen; vor dem Kamin zerrte es mühsam an langfaserigem Fleisch und erheischte ‚evaluation': was war der Erfolg aller Bemühungen? Das *Dictionary* sei sehr schön (vor allem eindrucksvoll dem Umfange nach). Daß die Leistungen dieser Mannschaft negativ mit denjenigen anderer verglichen worden seien, war das Problem des prospektiven Primus; etwas, das sich nachträglicher Beschreibung gern entziehen würde. Aber die Sache will's. Die Sache ist ein Affekt, der ‚denigriert', durch den Schlamm zieht, was die Höhe des Ideals nicht erreicht, sondern kurz davor umfällt. Der Fall saß auf einem Stuhle, rundschädelig und gänzlich ohne Grazie, im eigenen Speck versackend wie ein Ölgötze (unabhängig von jeglicher Etymologie; das Bild evoziert eher Fernöstliches). Diesen traurig speckigen Eindruck retteten weder Rosenholz noch Zierblenden. ‚I wanted to bring you up to my own level.' Daß eine Frau auf diese Weise Männern überlegen sein kann, ist wohl schwerverdaulich. Man akzeptiert es allenfalls bei Krankenschwestern. Es war da noch der Versuch, eine Frage unmittelbar zu stellen; sie wurde unterbrochen und nicht wieder aufgenommen. Schade. Als die Gastgeberin darauf zurückkam und nachfragte, war sie, die Frage, im gleichgültigsten Tone, die Arme vor der Brust verschränkt, vergessen. Palaver ohne Substanz. Nach dem Sinn des Verhüllens von Frauenhaar wurde gefragt. Es kurvte nahe vorbei; es machte, daß der Kopf sich unwillkürlich einzog, die Hand sich schützend darüber legte, so als sei da Gefahr vorhanden, die Sache noch nicht darunter hindurch: ‚because of erotic attraction'. The higher you stand the deeper you fall. Die Möglichkeit einer dritten Zusammenkunft wurde erwogen, in zwei Wochen, nach den Klausuren. Es blieb unbestimmt.

Das war mein ‚Fest', um dessentwillen ein romantisches Kaminfeuer flackerte. Chr sagte fast gar nichts; überließ das Reden mir, und den Geladenen war sein offensives Schweigen sichtlich peinlich. Als man ihn gegen Ende fragte, wie er das ‚Essen des Apfels' interpretiere, verweigerte er eine Antwort. Und dann wurde gebetet, leise, sibilierend, präzise: ‚Thank you for the love we experience'. Ein Wort als offenes Symbol. Nach zwei Stunden hatten sie genug. Das Feuer war am Erlöschen, und das ‚Good night', das da als letztes vorbei und zur Tür hinausging, klang unentschieden zwischen höflich und kurz angebunden. Das war's – ein Tropfen ins lecke Faß der Ewigkeit. Eine mildgärende Enttäuschung aus herbsaurem *Belle vie* und – was? Was denn um des lieben Mondscheins willen?

Mondnacht und Asche.

Der gestrige Tag und die halbe Nacht: ich will, daß die Erinnerung an das Vergebliche bleibe. Es ist dies die dritte Seite des winzigen Gekritzels, und es geht weiter die seitliche Treppe hinunter und hinüber zum Elefantenpfad hinter Chr her, der von rechts hinter dem Haus hervorkam und nicht auf mich wartete. So redete es wieder einmal mit sich selbst und mit Mond und Sternen. Ganz leer und allein. Scheine, du mondener Schein, so hell auf diese Welt aus nassem Gras in einem Campus, der nur noch Korsett ist um zerfallende Innerlichkeit. Wer sollte hier verstehen, wer Verständnis zeigen? Die Mondnacht, die vom Himmel hängt, beginnt sacht zu delirieren. Ein bescheidenes Glas Alkohol im Blut genügt, um nach den Sternelein zu grapschen mit den nackten Tentakeln romantischer Sehnsüchtelei, hinflundernd durch das nasse Gras. Es wird der Mond sich herablassen an einem langen Schleimfaden und als Tintenfisch durch die grauvioletten Lymphlagunen der Eingeweide schwimmen; in der linken Herzkammer wird er sich zusammenrollen, träumend, er sei ein Erwählter, und sich dann plötzlich als weggeworfene Bananenschale auf dem Kehrichthaufen wiederfinden. ‚Zwitschernde Sterne' sind eine hübsche Synästhesie; wenn sie sich im nachhinein schon anderswo findet, verliert sie an Wert. Was ist eine ‚plattgewalzte Ekstase'? Etwas, das sich nach Erhobensein sehnt, auf die Nase fällt und platterdings nicht weiterweiß. Nach einer Weile und ohne sich um Chr zu kümmern, machte es kehrt. Auf der Matte vor dem Kamin, vor der Asche des erloschenen Feuers, lag es müde-matt-krank–tot. So ausgelaugt, so wunschlos enttäuscht. Nichts suchte mehr heim, kein Sehnen, kein Gummizug, keine Sucht, keine Schokolade, kein Traumsirupgetröpfel. Chr kam und scheuchte mich ins Bett, in dumpfes Wegsein.

So war das gestern abend. Ein Stück Abschied ohne Glanz und Widerspiegelung von Erwartungen. Und ich hatte mir solche Mühe gegeben mit dem Kaminfeuer. Zum ersten und zum letzten Male. Das Verwunderliche ist, daß der Abzug gestern zog. Nun also die kalte Asche und ein Vormittag voller Glanz und Blau und Himmelshöhe draußen, während ich im Käfig des Kabinetts sitze und schreibe. Das wenigstens soll eine Weile bleiben: das dem Papier geklagte ungelebte Leben. Das Nichts beschreiben. Nicht Mimesis, sondern Poiesis: aus nichts etwas machen. Es muß nur das Sandkörnchen vorhanden sein, um das sich etwas wie eine Perle bilden kann. (5. 6.)

Sonntagsunglück zu zweit. Chr ist mürrisch, verweigert Gespräch und jegliches Anzeichen von Anteilnahme. Das Haar ließ sich diesmal nicht zur erwünschten und sonst üblichen Fülle waschen; es blieb dünn und glanzlos: so wurden die Gruppenaufnahmen gemacht. Nebelwolken zogen vorüber, zwischenhinein brannte die Sonne durch die naßgraue Suppe. Chr kann meine Ansprüche ans ‚Glück' offenbar nicht vertragen. Dabei gebe ich mich mit lächerlichsten Kleinigkeiten zufrieden. Es würde sozusagen schon genügen, wenn ein Schlips die richtige Farbe hätte. Statt dessen das Sonntagsunglück zu zweit. Große Auseinandersetzung mit einem, der auch nicht glücklich ist. Wenn ich etwas sage, das nach Anklage klingt, schnappt es ein. Ich sei rechthaberisch und könne mich nicht entschuldigen. Ich sagte, er sei arrogant und halte sich für moralisch überlegen. Er habe mir den Abend mit den Studenten kaputtgemacht durch einschüchterndes Schweigen. Wahrscheinlich ist es so, alles, und nicht zu ändern, außer durch zeitweilige Trennung. Ich bin unbeherrscht, das weiß ich, kann auch dem Tränendruck nicht widerstehen, und das ist demütigend. Weibertränen. Es läßt sich zur Zeit nicht leben ohne ein gewisses Maß an Nähe und Aufmerksamkeit. Die wird mir von herkömmlicher Seite nicht mehr zuteil. Daher der Spruch: ‚Ich gehe, damit unsere Ehe nicht vollends in die Brüche geht.'

Sonntagnachmittag ohne.

Der Benjamin saß eine Stunde lang im Kabinett; am Ende doch ein etwas zwiespältiger Knabe, ungeschickt, weil absichtsvoll in dem Versuch, mich einzuwickeln. Der Klassenälteste kümmere sich um ihn. Wo man ihn schließlich hinsetzen wird, ist weiterhin offen. Nur keine Aufmerksamkeit lenken auf den, der mit ihm ausgewechselt werden könnte. Stille wie ein Hase in der Ackerfurche muß er sich verhalten, auf daß man ihn übersehe. Er sprang davon, der Benjamin, leichtfüßig; kurz darauf ging der zu Übersehende drüben vorbei und grüßte durchs Gebüsch recht aufgeräumt. Es ist um die Zeit, Sonntagnachmittag, wo ich gerne Gesellschaft auf der vorderen Veranda hätte, bei Tee und Geplauder, all die Jahre schon und vergeblich, umblüht von Bougainvillea. Umgeben von Abendsonne und Vogelzwitschern Hof halten, einen Salon führen, Geselligkeit auf höherer Ebene fördern. Warum ist es nicht möglich, trotz der geselligen Natur dieser Gesellen? Warum sind diese Sonntagnachmittage so triste? Ach, warum kommt niemand…

Kleine Szene mit grüner Wolle.

Doch noch. Es kam jemand; aber erst mußte ich gehen und ihn fangen. Und jetzt sitze ich hier mit einem Fündlein in der Hand, weiß und reinlich zusammengefaltet, ein Taschentuch, aufgeklaubt am Verandagatter; behaftet mit einer Molekularstruktur, die auf eine bestimmte Sinneswahrnehmung den gleichen Reiz ausübt wie Plüsch in Nougat- und Rosenholzfarben. Wie das kam, war genauso umständlich wie diese Umschreibung; aber das Ergebnis ist eine dankbar-friedliche Stimmung. Wohin, wenn Unrast das Kabinett enge macht? Hinüber zur Bücherei. Da sah ich einen seitwärts entlangkommen und schnitt ihm den Weg ab mit der grünen Wolle, nach welcher bei der Einladung am Abend vor Pfingsten gefragt worden war. Es ward welche verheißen. In der Nähe streunende Kinder wurden angelockt mit der Aussicht auf Biskuits. Der Kandidat für grüne Wolle ging seines Weges ins Ungenaue; denn vor dem steinernen Brunnen dreiteilen sich die Wege. Der Kinderhaufe zog wenig später hinter dem langen schwarzen Rock der falschen Big Mammi her auf die vordere Veranda und wurde daselbst auf einer Bank durch die Erwartung von Biskuits stillegesetzt. Vor dem offenen Kabinett stand, in schlichtem Schwarz-und-Weiß, die Erwartung grüner Wolle an die Quadratscheiben der Verandaschutzwand gelehnt. An das rote Bord gegenüber stützte sich die weiße Volantbluse der Verheißung. Also erst die grüne Wolle; aber es ist *hell*grüne Wolle – und der Pullunder, um den es geht, ist doch eher grasgrün? Ja, eben derselbe, der nachträglich zu Weihnachten verschenkte; der habe vorne einen zu weiten V-Ausschnitt. Ach, wirklich? Und es suchte drinnen eine Weile herum. Hier, aber es ist wohl nicht die richtige. Dann, mit der stillgesetzten Kinderschar als Kulisse im Rücken, eine Frage ins nicht ganz Ungefähre, ‚What impression does Sue make on you?' Der Blick, geradeaus, wurde starr und mißtrauisch, als sei die Frage eine Falle. Es wollte nicht heraus mit der Sprache. Vielleicht war die Frage falsch gestellt oder falsch verstanden worden; jedenfalls schien es eine ungemütliche Minute lang unter vier Füßen keinen festen Boden zu geben. Die nächstbeste Planke, sich daran zu klammern, war der Benjamin. Man redete über sein Befinden. Im Hinweggehen fiel das Taschentuch vor das Verandagatter. Die Kinder bekamen ihre Biskuits und zogen ab. Beim Abendessen sagte Chr: ‚Ich sah Eku kommen. Was wollte der?' Die Frage war ungewöhnlich. Die ganze Geschichte ward erzählt, angefangen bei der grünen Wolle. Der Traum der vergangenen Nacht ward nicht erzählt. Wie jemand durch Befehle gezwungen ward zu einem Höflichkeitsritual aus dünnem Glas und herbem Rotwein. – Es war eine Lücke drüben unter den Sonntagabend-Extra-Frommen; eine kaum spürbare. Die kleine Szene mit grüner Wolle für den V-Auschnitt eines Pullunders hat genügt, des Tages Mangel auszufüllen. Wann wird sich eine Gelegenheit ergeben, als Gegengabe um einen musazeengrünen Kittel zu bitten? (6. 6.)

Letzter Abstieg in den Garten.
Der Abschied pflanzte Bäumchen, die im Unkraut umkommen werden. Der abgetakelte Gärtner ward noch einmal bemüht mit Spaten und karg an Worten. Der innere Mensch ringt hier auf dem Papier um Langsamkeit, Besinnung und den richtigen Blick auf das richtige Nichts: nichts, das Verwirrung hätte stiften können, ein gesammelter Ernst, fast wie bei einer kultischen Begehung. Der graue Baumwollkittel von Bethabara, bis zum Halse hochgeschlossen; kein Silberkettchen, kein überflüssiges Wort. O Numen der Stunde, die noch vergönnt war, laß mich richtig erfassen, was da geschah, und vor allem, was *nicht* geschah. Daß ich es richtig bewahre für das Erinnern. Daß es eines fernen Tages wieder emportauchen möge mit Unschuldsaugen aus dem Paradiese vor dem Fall. Es war alles, wie es sein sollte. Nicht zu viel, nicht zu wenig, nicht zu wehe. Man ging in den Garten; Mann ging, Frau ging; Grau ging, Grün ging, das Musazeengrün der ersten Stunde. Spaten ging, Setzlinge gingen ihrer sieben. Ahnung ging, Nüchternheit zur Seite, und alles ging mit rechten Dingen zu, an einem Montagnachmittag im tropischen Juni. Unkraut wurde weggejätet, der Spaten stieß ins Erdreich, hob Löcher aus; verrottetes Erdreich ward herbeigetragen, mit bloßen Händen zerkleinert, eingefüllt und ein Setzling nach dem anderen gesetzt. Der eine einen, die andere einen, abwechselnd siebenmal, vier tropenuntaugliche Apfelbäumchen, zwei Sauerkirschen, einen Pitangakirschenstrauch. Da waren vonnöten nur wenige sachliche Bemerkungen; alle schönen Sprüche verkrochen sich von selbst. Jedes Mehr hätte das Wenige zerstört. Nichts schlich umher, eine Gelegenheit zu erspähen; kein Häkchen verhakte sich, keine hellgrüne Erbsenranke ringelte aus schwarzem Erdreich, kein weißgraues Distelschirmchen schwebte im Dazwischen. Ein heilig nüchterner Ernst schritt schweigend auf und ab, die aussichtslose Sache, um die es ging, überwachend mit nur leicht getrübtem Blick. Auf einen schweißgebleichten grünen Kittel, auf das Knien beim Festdrücken des Erdreichs fiel von oben wie ein welkes Blatt ein Augenblick der Entrückung, weit hinweg von einem fast kahlen Schädel und Perlen, die in einen offenen Halsausschnitt hinabrollten auf nackte Brust und Hängebauch;

während beide Hände, feingliedrig, ebenmäßig, dunkel im dunklen Erdreich wühlten, Höhlung gewährend und Zuflucht für Einfühlung im dichten Schweigen der Arbeit und je-eigener Gedanklichkeiten: eine durchsichtige Kugel aus Luftfeuchtigkeit, Dunst und Duft aus Grün und Grau; das Aschgrau eines unverwüstlichen Baumwollkittels, das ausgeblichene Musazeengrün eines epiphanen Augenblicks, vier Jahre zurück, eine gute Stunde vor Dämmerung. Die gepflanzten Pflänzchen können niemals gedeihen in dieser Wildnis. Aber sie sind gepflanzt worden. Zurück zum Haus, den Spaten waschen in der Küche, auf der Veranda das Taschentuch holen und hinhalten: Is this yours? – Yes, it fell yesterday when I came. Gelassenes Hingeben und Entgegennehmen. So ist das auch erledigt.

Aufstieg zum Privatsekretär.
Wäre es nicht wert, meditiert zu werden: wie der Abstieg in den Garten vor zwei Jahren nunmehr den Aufstieg zum Sekretär nach sich zieht? Ein Elefantengrasdickicht umhauen und schweres Erdreich umgraben im Schweiße des Angesichts nicht nur, sondern auch eines Thorax und eines gekrümmten Rückkens, so daß mit der Zeit durch vieles Waschen das epiphane Musazeengrün eines Kittels bleicht; einen Zaun bauen, Beete aufschütten, schwere Wasserkannen schleppen, Tomatenstöcke mit Stützen versehen, Lilien erst und am Ende utopische Apfelbäumchen pflanzen: ist eines. *Dogo Notes* mit Schreibmaschine ins reine schreiben ist ein anderes auf höherer Ebene. Um ein hochprozentiges Geisteserzeugnis mit Verstand aus einer schwierigen Handschrift zu entziffern und über eine Schreibmaschine ins Leserliche und, zum Zwecke der Vervielfältigung für die Vielen, auf Matrizen zu übertragen, bedarf es eines einigermaßen Verständigen, der sich dieser höheren Aufgabe mit Sorgfalt widmet und dafür ein Honorar erwarten darf. Hier geht es nicht um das Prinzip *Stooping to conquer*. Es geht darum, über den Abschied hinaus etwas festzuhalten, das, wenn es schon kein Interesse an der Sache selbst sein kann, (wer von den *Abiturii* wird sich nach vier Jahren noch freiwillig akademischen Anforderungen unterwerfen!) sich doch wenigstens von der Korollarie eines Honorars ködern läßt.

Hermeneutik als Vexierspiel. In das Erwägen der Verteilung einiger Haushaltsutensilien mit dem Koch kam ein vom Gärtner zum Sekretär Aufgestiegener, legte Matrizen auf den Tisch, ‚You can proof-read', und ging wieder. Hermeneutik: ein Vexier- und Willkürspiel. Nicht nur, wenn sie aus Texten und Reden in die sprachlose Wirklichkeit springt. Es gibt viele Möglichkeiten, das bloße Vorhandensein einer Buchstabenfolge zu interpretieren. Initialen etwa, die durch Schrägstrich getrennt zusammen unter einem Dokument stehen. Warum stehen sie da? Der vor- und nachgeschriebene Text erfordert sie nicht. Te-ne-b-r-ae circum sunt. Wären nicht sinnvoll allein die Initialen der geistigen Eigentümerin dieser *Notes*? Der Schrägstrich trennt und verbindet. Wer deswegen einen Stuhl braucht, um sich zu setzen, dem hat Hermes einen Streich gespielt. Weiter. Eschatologie. – In der Abendkapelle, hinter Chrs schmalem und einem breiten Rücken neben ihm, wunderte es sich wie einst Hamlet sich wunderte beim Vergleichen zweier Medaillons. Beim anschließenden Hinhalten der korrekturgelesenen Matrizen, aufrecht neben einem Sitzenden, war der Fall durch Oh-Überraschung (es stupste ihn einer an) vorprogrammiert. So fällt Psyche ohne Flügel in eine Hängematte. Schlafen. Es war recht. Es war gut. (7. 6.)

Kuriose Träume. Befürchtungen. Wie kann ein zufälliger Blick von oben her bis fast hinab zum Nabel aus dem Unterbewußten hervor aus einem Mönch Teiresias machen? Es können offenbar auch – oder gerade? – Unschuld und Ehrbarkeit in solch mythische Labyrinthe führen. Die Spannung, gestern im Garten, beim Pflanzen der armen Bäumchen, war so hoch, daß banalste Harmlosigkeiten, die eine Bücherei oder ein Arbeitskabinett ohne weiteres dulden, sich von selbst vermieden. – Schwankend zwischen Resignation und Hoffnung. Kurz nach 2 weckte mich wieder der Lärm der Kinder; von der Schreibmaschine weg holte mich Chr zum Kaffee. Auf die freimütig geäußerte Befürchtung, ein zum Privatsekretär Tauglicher könnte von der Stelle, auf die ein glücklicher Zufall ihn postiert hat, wieder wegversetzt werden, die ironische Bemerkung: ‚So kaufst du dir also deine Günstlinge ein.'

Außerdem droht uns Anfang Juli *public transport*, denn die Nachbarn beanspruchen den Landrover für den Transport zum Flughafen. Wer Familie vorweisen kann, hat Überlebensvorrechte. Man wird sich an das Risiko gewöhnen müssen.

Spinnweben und grüne Wolle. Du sanftes, folgsames Kind, das gehorsam kommt, wenn es gerufen wird, aufmerksam zuhört, ernsthaft und bescheiden ‚Yes, Na'any' sagt und zur Kenntnis nimmt, daß voreilige Versprechungen nicht einlösbar sind. Und dann die vielen, vielen Wochen, ehe es Oktober wird. Und die fortdauernde Ungewißheit, ob es bei den zwanzig Kilometern bleibt, die zu Fuß zu bewältigen wären, oder ob sich hundert und eine schlechte Straße dazwischenlegen, weil ein starker Mann, der Ordnung schaffen kann, gebraucht wird da, wo der Benjamin wegen seiner Krankheit und Jugend fehl am Platze wäre. Wird mir das Geschenk, das unerwartete, wieder genommen? – Die Sitzordnung in der Abendkapelle wird respektiert. Erst als der Platz, von dem anzunehmen war, daß ich ihn besetzen würde, leer blieb, rückte ein anderer neben den, der keine Nähe fürchtet. Während des Singens, im Stehen, legte sich ein linker Arm quer hinter den Rücken; dann wieder das unbewußte Spiel der Echohaltungen, als ob da Spinnweben wären vor der Stirn, im Gesicht, im Nacken, die weggewischt werden müßten. So etwas war noch nie. So abstoßend breit und ‚fett wie Hamlet'. Es sind die Wellenlängen, die hin- und herpendeln zwischen Wimpernsichelbogen und Netzhaut, zwischen Stimmbändern und Trommelfell und merkwürdige Nervenreize hervorrufen: sie lenken ab von Äußerlichkeiten, hin zu körperlosen Wahrnehmungen von altertümlichen Tugenden und einer ungewöhnlichen Weise, mit Ungewöhnlichem umzugehen. Die elektrische Birne im Giebel vor der Kapelle blendete; ein Gespräch wurde unterbrochen, Chr warte eine Weile und ließ mich dann stehen im Verhandeln um ein Heft, das hilfreich ist beim Schreiben der *Notes*. Es wird gebraucht hier wie dort, zur Vorbereitung auf die Klausuren. Ich könne es mit nach Europa nehmen. Um den Gesprächsfaden weiterzuspinnen, war grüne Wolle das Richtige. Ob sie bei den Frauen zu haben gewesen sei. Nein. Dann, plötzlich der Einfall: ‚Bring me that pullunder, I will see what can be done.' Das grelle Licht war lästig; es fiel wie Kalk ins Gesicht, und gegenüber stand mit großen Augen eine völlige Schwärze. So stand man in der elektrischen Nacht und hatte etwas zu reden. Und nun steht es auf dem Papier, geschrieben in Dankbarkeit für jedes Krümelchen, das mir der Zufall noch zuwirft. (8. 6.)

‚No, not for you' – nicht für mich, ich weiß es ja. Nach dem Unterricht und ein wenig Geschäker mit dem Dandy (es zeigen sich alle von der verbindlichsten Seite) hörte ich jemanden hinter mir herlaufen und wandte mich um. Es lief anderem nach. – Sie lachten, nur einer blieb nachdenklich, als beim Thema Tod Tristan und Isolde erwähnt wurden. ‚United in death. It does not happen in Africa. It is a Western tradition.' Dann, beim Thema Auferstehung, erzählten sie Geistergeschichten. Im hintersten Eck blitzte überm Plüsch ein langes weißes Lachen auf, als die Rede auf *mami-wata* kam. Wer hat da was verstanden?

Letztes Volleyballspiel. Suckelborst.
Werde ich in diesen letzten Wochen noch mutig? Zum zweiten Male innerhalb einer Stunde einer Geburtstagsparty zu entwischen, bedeutet, daß das Gefühl, den Becher der Pflichten bis zur Neige gekostet zu haben, überhandnimmt. Mit Chrs Hilfe konnte ich mich davonmachen, um dem letzten Volleyballspiel zuzusehen, das gemächlich über die Latte ging mit allen, die spielen zu sehen mein einzig Begehr war. Chr saß neben mir, wir saßen im Gras, und der Berg hüllte sich in launisches Wolkengekräusel. Wie es kam, will ich allhier verkünden für ewige Zeiten. Paralysiert und Tragödie brütend, dazu hin bekleckert mit einer Peinlichkeit, die von dem hehren Anlaß der Feier nichts gewußt zu haben vorgab, saß ich und vermaledeite die Weiberfete, die mich qua Weib zu Kaffee und Kuchen zwang, während draußen das Mannsvolk dem Volleyball huldigte. Saß der offenen Tür gegenüber, in besagter unguter Stimmung, sah die locker geballte Wolkenlandschaft über der Tiefebene hin nach Südwesten und gewahrte dazwischengeblendet ein kno-

chiges Staksen in blauen Shorts, darüber weißtrikoten die würdig gekrümmte Fläche eines reis- und bohnengesättigten Kugelabschnitts. Entronnen saß ich sodann in seligen Zuschauergefilden zum letzten Mal und der Zufall, er machte, daß ein irregeflogener Ball in meine Hände gelangte und zurückgeworfen ward aus sicherem Sitze sicher in die Hände dessen, der zu keinem anderen Zweck, als ihn aufzufangen, dastand, er, der sichere Mann, Suckelborsts ferner Verwandter. Lolegrin aber saß neben mir. Eine Geschichte von ähnlich idyllisch-grotesken Ausmaßen, das Mahl zu würzen mit hintersinnigem Grinsen nicht, nein mit verhaltenem Schmunzeln.

Grüner Pullunder mit V-Ausschnitt. Das ist die krause Mär von einer Honoratiorin, *aetate provecta*, die in einem gewöhnlichen Tagebuch, fünf Minuten vor fünf Uhr abends, mit zitternder Hand einen Eintrag tätigt, das Glück betreffend und einen grünen Pullunder mit V-Ausschnitt. Ein ganz helles Grün mit dunklem Braun und Blau gemischt. Das ward herbeigebracht, auf dem Schreibtisch ausgebreitet, und in dem Bemühen, zu zeigen, wo der Ausschnitt zu groß ist, zog das Gestrick Arme und Zeigefinger auf sich, die im Zeigen hierhin und dahin einander in die Quere kamen. Da erschien die Bitte angebracht, das Problem über ein langärmelig weißes Hemd zu ziehen und mit zwei Stecknadeln die Stellen zu bezeichnen, wo An- und Zustricken erwünscht wäre. Brav wie ein Kind verhielt es sich sodann hinter der Hülle der Maschen, während ein zögernder Finger auf dem Weiß des Hemdes eine V-Linie nachzeichnete. Es ging gleichwohl alles sehr schnell, wie immer, wenn es besser ist, nicht zu denken: ist es möglich? Was geht hier vor? Vielleicht war es im Grunde doch keine Groteske für Lolegrin. Ernsthaft und sachlich war das Hantieren, so ernsthaft, als ginge es darum, etwas in einen sicheren Behälter zu sperren, durch den nur Wärme strahlt. Der Kairos blieb in sich gerundet, ungestört bei offener Tür; niemand kam dazwischen, das fürsorgliche Idyll zu stören. Es ward auch der Schal vorgezeigt, aber das Hellgrün, das da mit Altlila zusammengestrickt ist, war auch nicht das richtige. Was ist es? Naivität? Schlimmeres? Es ist bekannt, daß die Symptome gewisser Gemütszustände lächerlich wirken. Oder kindisch. Oder befremdlich. Eben. Schließlich habe ich einem sakralen Häuptling in den Bergen von Lah die Hand gegeben und damit ein Tabu gebrochen. Die Sache mit der grünen Wolle liegt freilich einige Winkelgrade davon entfernt.

Grünstrick und Nachlaßgedanken.
Eine Flickendecke aufgetrennt, das Grün herausgezogen, das dem benötigten am nächsten kommt, und zu stricken angefangen. Dabei fiel wieder ein, was drüben bei der Geburtstagsparty erzählt wurde über Verkehrsunfälle im Tiefland und die Toten, die man da am Straßenrand liegen sieht. Als ich es Chr erzählte und fragte: was wird aus unseren Sachen, wenn uns etwas passiert? Nun, das meiste würde verschüttt gehen, das wenige, das unsere Verwandten interessieren könnte, würde man wohl nach Europa schaffen. Man müßte das Wichtigste zusammenpacken. Aber meine Tagebücher – wem? Mit dem grünen Pullunder geht es wie mit der elektrischen Leitung, die ich letztes Jahr, als Chr nicht da war, repariert habe: ich probiere in großer Geduld und mache alles erst dreimal falsch; ich kann das Richtige nicht im voraus erkennen, ich experimentiere. Ich habe den Nachmittag damit vertan, obwohl Wichtigeres zu erledigen wäre. Chr hat zum ersten Male meinen Schlaf gegen Kinderlärm bewacht: wert, aufgeschrieben zu werden. Die letzte Dogmatikstunde war unerbaulich; ich habe nichts zu lehren von Auferstehung und ewigem Leben. Seitdem sitze ich und stricke, ziehe auf und stricke neu und so mehrmals und ohne ungeduldig zu werden. Zwischendurch fiel mir der alte Pastor Nk ein, der gestern einen black-out hatte: vergessen, daß er dran war und sich entschuldigte. Ich sah, mitten im Stricken, sein Gesicht: edle, schmale, im Alter noch jünglingshafte Züge, sehr anziehend; ein sympathischer Mensch, gelassen und mit leiser Selbstironie. – Wenn einer daherkommt am Abend, eine Diplomarbeit abzuliefern (zum wievielten Male?) und recht lieb und freundlich dreinschaut, vielleicht sogar ein Lächeln parat hat, dann ist es das beste, ihn schnell wieder wegzuschicken. Ein irrsinniger halber Tag -- gänzlich verstrickt. Was ist das für ein Symptom? (10. 6.)

Das Ende von etwas. Zwei tote Ratten in der Falle und in der Morgenkapelle ein Blabla, daß ich nahe daran war, aus Protest davonzulaufen. Das Kollegium besteht nur noch aus den drei *fraternals*, alle anderen sind auf Dienstreise. – Das war *teaching's end*: drei Stunden Genesis 3 bis zum göttlichen Fluch über das Weib, ins romantisch Moderne paraphrasiert: ‚When a woman falls in love, she is trapped.' An der Tafel ein Diagramm: Eros, Marriage, Sex. Aus der hintersten Ecke kam eine Bestätigung der Frage: Can sex spoil love? Sonst war es in dieser Richtung sehr still. Andere redeten viel. – Es ist sehr kalt, zwischendurch stürmte es wild. Da tut ein Plüschpullover gut. Ich habe Bücher zu verschenken. An wen wohl. – Inmitten der Langeweile der Wochenabschlußstunde war im Zeitabsitzen gegenüber noch einmal zu sehen, was sonst niemand sehen kann: ein Bild in sich ruhender Klarheit. So träumen Kinder oder Götter offenen Auges in eine Nacht ohne Mond und ohne Furcht; es ruht in sich und zieht langsame Kreise, ein sanfter Strudel, der alles, was zufällig hineinfällt, mit sich zieht, immer näher zu einer Mitte in willenlosem Dahintreiben. Es war das letzte Mal. (11. 6.)

Es erscheint kein grüner Kittel mehr in der Morgenkühle, wenn das Wochenende beginnt. Das letzte Gestänge der fortgeschafften kahlen Tomatenstöcke bleibt liegen. Von den drei Kandidaten hat sich der eine für ‚thesis supervisor' entschieden, der andere für ‚director of thesis' und der dritte für ‚directress'. Der eine sieht das Amt, der andere eine Person, der dritte das, was mehrmals mitten im Unterricht aus der hintersten Ecke nach vorn kundgetan ward. Darin liegt der Zwiespalt. – Chrs Kandidaten-Notizen von 1978 kamen mir zufällig in die Hände. Der damalige Prinzipal wußte im voraus, daß da ein braver Mensch und verantwortungsvoller künftiger Kollege auf der Liste stand. Man gab ihm die höchste Punktzahl. Das einzige Problem war sein Familienstand. Einerseits vorteilhaft verschwägert, anderseits bei solchem Alter noch unbeweibt. – Das Nachdenken darüber, bei welcher Gelegenheit ein Silberkettchen verschenkt werden könnte, zieht Glitzerspuren durch das Grün des Campus.

[An diesem 12. Juni, abends gegen halb sechs, erschien eine Mitteilung im Arbeitskabinett, ein kurzes Sätzchen von solcher Wirkung und Reichweite, daß eine Viertelstunde später das Tagebuch über zwei Seiten hin nach Worten suchte, um der Sache Herr zu werden – qua Frau.]

Eine Nachricht aus Lah.

Wie soll man sich durch Schwerkraft gekrümmte Raumzeit vorstellen? Eine Gerade krümmt sich, wenn sie über eine Kugeloberfläche läuft. Es war jedoch des *Herzens* Krümmen, das die beiden Hörnlein eines Dilemmas sprießen ließ: darf ich mich dem Unverhofften glücklich in die Arme werfen oder muß ich Betrübnis heucheln? Was da so tief ins Seelenplasma einsank, daß die rechtwinkligen Koordinaten des Alltagsethos sich verbogen, es war langsamen Ganges die Veranda entlang gekommen in feierlichem Aufzug, beinahe wie ein Verkündigungsengel. Der Blick kam durch die offene Tür; am Schreibtisch fand im Stehen soeben das Putzen von Fingernägeln statt in Handhabung der zierlicheren von zwei Klingen eines roten Taschenmessers. Das langsame Nahen rief eine gewisse Beunruhigung hervor, vielleicht wegen einem Fez als Kopfbedeckung aus dem gleichen taubenblauen Tuch wie das lange Gewand. Warum? Wozu? Im wortlosen Entgegengehen bis zur Schwelle war das Taschenmesser ein Hilfsmittel, hängenden Armen und einer merkwürdigen Ruhe und Klarheit, einem geraden und nüchternen Blick die Stirn zu bieten. Das Zuklappen des Messers fing den sichtbaren Teil der Unruhe auf. Was ist? Was gibt's? Grüße von Phil, dem Neffen. Er schreibe gerade Aufnahmeexamen für eine höhere Schule. Wie alt – vierzehn? Nein, zwanzig. Das war's wohl? Hier sind Bücher zum Verschenken und Fotos von der Reise nach Lah. Kommen Sie doch herein. Die Schätze wurden im Stehen unter allerlei Erläuterungen vorgeblättert, der Fenstervorhang war zugezogen, dem Aufziehen wurde gewehrt, als vertrage Sache oder Situation kein helles Tageslicht. Das Drumherum kräuselte sich, als sikkerte Mondlicht oder ein seltenes Parfüm durch geheime Ritzen. Fäden zogen hin und her und strahlten aus zu einem Spinnennetz, in dem es glitzerte. Tauperlen. Glasperlen. Winzige

Perlspinnen, hellgrün, krabbelten umher. Die Fotos schienen nicht zu interessieren. Was also? Es ließ sich Zeit. So etwas sprudelt nicht hervor. Der Neffe – Ja? Er habe noch weiteres geschrieben. Nun? Ein Name wurde genannt, der Erinnerungen aufwirbelte: stampfende Füße in heißem Staub, dampfende Lebenslust. Und – ? Ob man sich nicht setzen sollte. ‚No. It is not a long problem.' Also – ? Das Mädchen sei – Oh. ‚By you?' ‚No.' Die Frage eine Flucht nach vorn. Das Spinnennetz begann zu zittern, die hellgrünen Perlchen schossen alle zur Mitte, huschelten da herum und verklumpten. Das ‚No' war ruhig, völlig unemphatisch, ohne die geringste Empörung. Was sagt man als Frau dazu? Wo gab es da einen Kopf zu verlieren. ‚So that settles the matter –?' Da klappte das Verandagatter, jemand kam; die Angelegenheit war schnell erledigt. Zurück – wohin? In welche Rolle? Etwas mußte doch gesagt werden, und sei es noch so unlogisch rückgekoppelt. Es war der Kairos, Fragen zu stellen und Ansichten zu äußern, die sonst in solcher Persönlichkeit nicht hätten gestellt und gesagt werden dürfen. Welches Recht lag hier vor, jemandem nahezulegen, welche Sorte Frau zu ihm passe?! ‚More educated' – gewiß. Wie die Sue. Wann er erfahren habe, daß sie verlobt sei. Schon während des ersten Jahres. Daß damals der Eindruck entstanden sei, er werde entweder die Sue oder die Schwester seines Schwagers heiraten. Nein, das hätte der Verwandtschaftsgrad verboten. Seltsam genug; und derweil zog das Netz sich zusammen. Die Gegenwehr bestand in Sätzen, die einerseits Trost spenden sollten (wiederholend, daß es für einen Mann auch mit Vierzig noch nicht zu spät sei, eine Familie zu gründen), andererseits zugaben: ‚I am confused', und schließlich am Rande der blanken Wahrheit balancierend bekannten: ‚I always felt girls and women should be scrambling for you. I wondered why you were single.' Das Gesicht, das mir – ich kam mir festgestellt vor – zugewandt war, blieb ruhig; der Blick, der mich ansah, war ohne die geringste Verlegenheit, brachte allenfalls einen Anflug freundlichen Erstaunens zum Ausdruck. Heiliger Ernst und ein fatalistisches Gottvertrauen sagten den Satz: ‚Maybe God has not yet found the right wife for me.' Ich weiß nicht mehr, mit welchen Worten ich ihn entließ. Wahrscheinlich ging er, da

Ratlosigkeit zu sichtbar war, mit einem ‚Okay, Na'any' von selbst. Dann, nach einem Augenblick der Erstarrung bei geradem Rückgrat, das Gefühl einer Krümmung, hin zum Tagebuch, auf dem Papier nachholend, was in Gegenwart ruhiger Rechtschaffenheit sich nicht hervorgewagt hatte.

> Freiheit als Geschenk?

Was begreift solche Langsamkeit? Wie selbstsüchtig war der Eindruck, gekommen sei ein Befreiter und Erleichterter? Ein Feierlicher, der seine Freiheit wie ein Geschenk darbrachte? Überlegene Gelassenheit im Gegensatz zu einer Verwirrung, die nicht sein dürfte, die Autorität zerstören und ein labiles Gleichgewicht zum Kippen bringen könnte. Stand eine Falle offen? Wenn, so ist doch keiner hineingegangen. Das Ausweichen machte keine Mühe. Vorsicht und – ja, auch eine heilsame Angst hielten den Blick zurück. Wie irre erscheint die Vorstellung, es könnte die Angst vor einem Zufallen gewesen sein. Wie könnte etwas an solch kühler Selbstbeherrschtheit schmelzen. Physikalisch geht das nicht und logisch auch nicht. Aber im Reich des Geistes und verwandter Substanzen wie der Seele ist es offenbar möglich, daß solche Kühle anzieht und ‚die Glieder löst', schwach macht. Das geringste Entgegenkommen würde erstarren lassen zu eisiger Abweisung. Was war das also, diese Viertelstunde gegen Abend und bei offener Tür? Ein Kommen, aber kein Entgegenkommen. Chrs Realismus und seine Ironie ergäben das Vorverständnis einer anderen Hermeneutik: Da weiß einer, wie er dich einwickeln kann und was er aus dir herausholen kann, wenn er nur recht bedeppert in die Gegend guckt. Es scheint, die Unglücksraben haben es dir angetan. So schließt sich der Kreis; die Krümmung ist vollkommen.

> Sprachlos und kontaktscheu.

Allein an der Wand, den Mantel über die Schulter geworfen, das Haar zusammengedreht als Schlange um den Hals gelegt, saß ich drüben in der Abendkapelle, Chr irgendwo hinten. Ein taubenblaues Gewand mischte sich unter die Mädchen. Beim Hinausgehen ein auffälliges Zögern. Nach so viel gemeinsamem Geheimwissen (woher weiß ich das? Ich nehme es in Anspruch) ist es gut, einander aus dem Wege zu gehen. Im Rücken fand Unterhaltung mit den Mädchen statt. Um ein Zusammentreffen zu vermeiden? Ein gemeinsames Geheimnis macht sprachlos und kontaktscheu in der Öffentlichkeit. – Noch einmal das Ritual des Haarewaschens, noch zweimal und dann ist es vorbei. Dann werde ich nicht mehr wissen, wozu. Verträglichkeiten mit Chr, eine Leichtigkeit, die sich dem milden Licht verdankt, das die Seele erleuchtet, seit ich weiß, was ich weiß. – Ein Brief von zu Hause. Eine andere Wirklichkeit. Meine Mutter erledigt viele Dinge für mich bei den Behörden, hat Schmerzen, Arthritis, wartet auf mich und auf die Kur im Voralpenlande. Und auf eine Urkunde, an die ich schon längst nicht mehr denke. Die ganze akademische Mühsal war auch und vielleicht sogar zum größeren Teil der Mutter zuliebe. 12. 6.)

Die Sonntagsmühsal. Mürrisch, so unfreundlich, wie nur nächste Nähe nach langer Gewöhnung sein kann, läßt Chr sich herbei, eine Aufnahme zu machen unter Palmen, in langem schwarzem Rock, weißer Bluse und rotlila Glanzgarnstola. Am Handgelenk baumelt ein Ebenholzarmreif; das Ringlein von Golde, irgendwann im Februar oder März abgelegt, ringelt sich wieder da, wo es hingehört. – Er fand sich zu weiteren Aufnahmen bereit, alle drei verbliebenen *baccalaurii* ließen sich vor dem Akazienbäumchen neben der Tutorin ablichten. Das war alles. Der übrige Tag verrinnt im Ungewissen, im Suchen hin und her; zweimal kam Chr mit, hierhin, dorthin unter beliebigen Vorwänden; es war nichts zu finden. Diese Unruhe ist kein erfreuliches Symptom. Dieses Umgetriebensein, diese *hormê* in halbwildem Harme. (13. 6.)

Eine schwarzseidene Melancholie saß in der Morgenkapelle ohne das Empfinden irgendeiner Nähe, bis ein Drehimpuls überhandnahm. Es drehte nicht durch, aber um und in den Augenblick hinein, der allein diesem Dasitzen einen Hauch von Sinn zu verleihen imstande war. Der saß nicht weit entfernt, die Verlängerung der gestrigen Standfotos, senffarben, ein sehr milder Senf, von einer gewissen gentlemanhaften Eleganz; im Westenausschnitt zwischen den Revers ein Himbeerlila etalierend, das bereits ausgereift ist ins

Symbolische. Nahm wahr, schreckte zurück und kugelte sich ein in dem vergeblichen Wunsch einer Wiederholung. Hier nun, im Arbeitskabinett, hat grüne Wolle ein im Handumdrehen wieder abgestreiftes Ringlein an den Ebenholzreif gebunden und beide baumeln am Fenster. So löst das Leben sich in Symbolhandlungen auf. – Wiederholung des Stoffes vor den Klausuren ist freiwillig. Wenn sie es wollen, sollen sie kommen. Ich laufe niemandem nach. Trotz großen Verlangens nach Himbeergelee mit Senf. Nicht mehr gebraucht werden kann schlimm sein. Ein Warten bis zur letzten Enttäuschung.

Der Tag verrieselte und fröstelte so dahin. Chr beim Abendessen: ‚Dir ist alles zuzutrauen. Daß du dich im Eisschrank verbarrikadierst oder mit dem Ältestenrat einen Krieg anfängst.' Das ist hübsch gesagt, besagt freilich auch, daß man für unzurechnungsfähig gehalten wird. Vielleicht ist ein Körnlein Salz dabei. Das war ein Tag, der nur aus einem Augenblick bestand, heut morgen in der Kapelle. Gegen Abend war kurz etwas in der Bücherei zu erledigen. Als ich wieder ging, wölbte nebenan ein Bauch sich zur Tür heraus, und die es sah, zischte schnell davon durch den Rieselregen. Es ist doch merkwürdig, wie das Über-Ich-Konglomerat aus Veranlagung, Gewohnheiten und gesellschaftlichen Normen versucht, das öffentliche nicht nur, sondern auch das Tagebuch-Ich zu schützen vor Einbrüchen und Übergriffen durch die innere Sekretion. Ich wundere mich nicht mehr darüber, daß von den einstigen ‚Wilden' überliefert wird, sie hätten ihre hölzernen Fetische verprügelt, wenn diese ihnen Hilfe versagten. Nietzsche hat das romantisch-pathetischer gesagt im Hinblick auf die eigenen Sterne, die man eines Tages unter sich haben müsse. Ich suche ins Groteske zu vergraulen, was mir nach und nahe geht – das Phantom der Muse. (14. 6.)

Ein Gefühl der Dankbarkeit wendet sich an den ‚lieben Gott' (‚du siehst doch, wie bescheiden ich bin') – es ist schon fast eine rhetorische Figur, für die sich in evangelischer Freiheit mit Nachsicht rechnen läßt. Bescheidenheit also soll bekundet werden und Dankbarkeit für das Wenige, davon sich leben läßt von Tag zu Tag. Das Prä-, Post- und Juxtapositionenspiel in der Kapelle hat viele Tage im Jahr mit einer dünnen Lasur Sinn überzogen von einer taubenblauen Sanftheit, kühl und leicht wie der Rieselregen, der auf das grüne Gras fällt. Es rieselte auch auf den Sturmschritt in Richtung Schlafbaracken; es klopfte, rief durch die geschlossene Tür nach dem Benjamin und dem Manuskript der Diplomarbeit, öffnete, nahm es entgegen und nahm ein freundlich-leises Lächeln mit, das brav hinter einem Tisch saß, die Hände im Schoß, angekleidet für die Klausuren, vor sich ein Heft, am Busen Himbeerlila, und ein Aschlila wehte wieder davon durch den rieselnden Regen.

Nun schreiben sie wieder, hier die Junioren, und ich schreibe auch und invigiliere. Auf dem Weg hierher eine kurze Begegnung, es geht schon nicht mehr anders, aber immer ist es an mir, etwas zu sagen, etwas Beiläufiges, und man lief in der Tat die Anhöhe hinan ‚side by side'. ‚I wish you good success.' ‚Thank you.' Mit solchen Krümelchen fristet sich das Leben. Worüber läßt sich zwei Stunden lang schreiben? Über die Feierlichkeit, in die der schriftliche Teil des Examens sich kleidet, obwohl keinerlei Vorschriften bestehen. Ein Sich-Schön-Machen, als läge eine Art Weihe über dieser akademischen Übung. Hab ich je Klausuren geschrieben im Examenskostüm? Etikette als Form, als Korsett, Überquellendes hineinzuzwängen. Gibt es unter den Märchen der Völker eines über Erwählung und stolze Demut? Wer schreibt dem Erwählten das unsichtbare Zeichen an die Stirn? Ein irdenes Gefäß, in das allerlei Kostbarkeiten getan werden, eine nach der anderen, mit zögernder Hand. Und es wird hingenommen mit lächelnder Gelassenheit, mit Vorsicht und Bescheidenheit und vor allem mit einem enorm guten Gewissen. Mit diesem Adverb setzt auch schon Distanzierung ein. Vielleicht mache ich mich doch besser an die Meditation für morgen. – Chr invigilierte nebenan. Als ich ihm etwas brachte, schrieben ihrer noch drei, und es schielte in die Ecke, wo eine irritierlich ungewöhnliche, nahezu elegant zu nennende Kombination aus Beige und Lila saß. Von dem Händler, der Chr heut heimsuchte, hab ich mir ein hellgrünes Blüslein erhandeln lassen, in dem ich mich in diesem Campus nicht sehen lassen kann. – In der Abendkapelle verkroch sich einer in eine so unmögliche Ecke, daß Suchen und Entdecken Mühe machten. Jona sitzt noch immer im Bauch des Fisches, ohne zu wissen, warum. Chr hat die Arbeiten meiner drei Kandidaten mit einer Affengeschwindigkeit gelesen, die verdächtig erscheint. Hat auch schnell eine Meinung parat. ‚Solide' etwa, aber ‚Thema verfehlt.' Der Kandidat glaube eben an Hierarchie und im letzten Teil spüre man den Kampf zwischen ‚directress' und Kandidat. Und ich solle aufhören, Minderjährige zu ver- – verdammt *funny*. (15. 6.)

                                              Verdächtige Andacht.
Wann ist das je geschehen, daß eine Meditation zum Lachen brachte? Der Abendstern, eine Nixe und ein silbernes Kettlein haben es zuwege gebracht. Verdächtig. That thin thread on which we depend. In-the belly-of-the-fish. The Holy Spirit spins... In der letzten Bank guckte es knapp über die Köpfe der Vordermänner hinweg mit großem runden Kullerblick. Beim Klappern nahender Absätze wandte ein senffarbener Seidenwestenrücken sich um. Das Können der Kunst liegt in der Auswahl und nicht im Erraffen jeder Kleinigkeit. – Nun also, sie fangen an, Klausur zu schreiben, ich sitze als Aufpasser und würde mich ohne Tagebuch fühlen wie ein Krüppel ohne Krükken. Außerdem habe ich hier etwas, das schier zittrig macht vor Begier es zu lesen. Die Sue brachte vorhin ihr ‚Memoir' wieder.

                                          Nouvelle Héloise africaine.
Es wühlt gewaltig im Seelengewebe, wie ein großer Brummer, der sich in einem Spinnennetz verfangen hat. Wenige Sätze, ein ganzer Roman. In welche Sprache ist es übertragbar, um verewigt zu werden als eine Art *Nouvelle Héloise africaine*? Seltsam, daß auch hier von ‚boy' und ‚girl' die Rede ist, obwohl der Schreiber sechsunddreißig ist und die Sue schon vierundzwanzig sein mag. Ich kenne eine, die sich in diesem Alter und noch etliche Jährchen darüber hinaus brieflich auch noch als ‚Mädchen' bezeichnet hat. Es muß von hinten nach vorne gelesen werden. Life good this with continue. (II Timothy 2,1-7) Love our in motive evil no with. Girl and boy Christian of examples

good as lived have we that God to be thanks. Years four my for here being-well spiritual my to contributed have you. You to secret a release here will I. Das offene und ehrliche Liebesbekenntnis eines offenen und ehrlichen Mannes, geschrieben in ein ‚Poesiealbum', das außer mir noch viele andere lesen werden. Niemand wird am Wegrand stehen, gut fest an einen Lindenbaum gebunden, und mit vielen schönen Worten einen breiten Streifen abgerissener Seele tropfnaß vor sich hinzuhalten, um es dann (das tropfnasse Zeug) mit beiden Händen auszuwringen und zum Trocknen aufzuhängen. Ganz klein steht unten an den Rand gekritzelt noch Paränetisches, wie man es hier zukünftigen Pfarrfrauen mitgibt und nahelegt, daß sie nämlich eine Hilfe sein sollen für ihre Ehemänner. Nach ‚your husband' ein wenig Abstand und dann der Name dessen, der hier verzichtet hat und sich außerdem denken kann, wer das lesen wird. Das kann ihm nicht nur egal, es wird ihm sehr recht sein. Was nun? I am in the belly of the fish. Sitze, überwache das Schreiben von Klausuren und habe vor mir ein Tagebuch. Es wäre besser gewesen, ich hätte das Abschiedssprüchlein erst nachher gelesen; aber nun soll die Strafe für unbeherrschte Neugier hingenommen werden. Es fällt wie ein Sandsack auf eine Glasmenagerie. Alles gewußt, aber nur im Modus einer Ahnung. Das geschriebene Wort ist massiver als ein Gefühl. Blumen als Symbol für die Herrlichkeit Gottes: Ablenkung zu einem Dritten hin, in dem man sich einig sein kann, auch im Verzicht. – Sie schreiben immer noch. Der Versuch, die Klausuren der Senioren zu benoten, ist mühsam; es fehlt an Konzentration, die Gedanken schwirren immer wieder davon. Wie kann es anders sein. Aus dem Unglück anderer ein Krümel für eigene abgehobene Bedürfnisse herausklauben zu wollen – welch ein Luxus. Die ethische Substanz bleibt unberührt. Kein Gedanke daran, zu versuchen, einem zufälligen Blick zu begegnen. Es werden Klausuren geschrieben und nichts soll davon ablenken. Das Examen ist wichtiger als alles, was da auf einander bezogen an einander vorbeispekulieren mag. Hier ist Papier, hier ist ein Bleistift, hier sind Worte zuhanden, die sich vielleicht schon selbständig machen, loslösen von der trügerischen Wahrheit des Gefühls. Du Unglücklicher, an dessen tugendhaftem Unglück ich mich erbaue. Hätte hier einer anders entschieden, es hätte ihn ruiniert. Die gesellschaftliche Stellung und der gute Ruf sind wichtiger als das private Glück. Hier gibt es noch *Titus und Berenike*, und es gibt den von leisem Irrsinn umschwirrten Wunsch, diese Album-Epistel eines aus Rechtschaffenheit und Rücksicht Verzichtenden als kodifizierte Botschaft umzuadressieren. Es würde Balsam träufeln einer Wunde, die keine sein darf. Die Zeit vergeht, sie verendet in allerlei unnützen Spekulationen und im Verzicht.

Da war mal ein Gedicht, das fing an: ‚Du, wenn ich seufze, antworte nicht mit Seufzen'. Der Rhythmus mutet irgendwie antik an, aber was versteh ich von sapphischer oder alkäischer Strophe. Mir ist nach weißen Rosen und lila Himbeeren zumute. Seltsam, irgendwie wird es schon leichter, das mit dem Sandsack. Es kriechen darunter hervor schon wieder Vorstellungen, was sich alles sagen ließe, um zu zeigen, daß nicht nur verstanden, sondern auch appreziiert worden ist. Und es kriecht eine merkwürdige Kreuzung aus Naivität und Anmaßung herum, einen Brief betreffend, auf den ich vergeblich gewartet habe, als ich im Würgegriff der Wissenschaft lag. Das Inspirierende liegt in einem Noch-Nicht, einem unfreiwilligen und daher leidenden Ausnahmesein. Ist eine Neigung am Verglühen, sobald man sich öffentlich zu ihr bekennt?

Nun habe ich es Chr gesagt. Das Tagebuch kann es mir nicht gänzlich abnehmen. Was sich anderen gegenüber äußern kann, ist nicht mehr so bedrängend wirklich. Von einem schönen Liebesbrief habe ich erzählt, der in dem Album zu finden sei. ‚Sie liebt ihn', sagte ich. ‚Woher weißt du das? Weil du ihn selber – ?' Wie schnell man einer Möglichkeit auf der Spur sein kann. Aus eigener Erfahrung? Es war für ihn auch nicht sehr viel Besseres zu finden in diesem Campus in all den Jahren. Gestern abend hat er mir die Ethik der Pastoralbriefe vordoziert. Wie inspirierend schön, wie geradezu faszinierend Tugend und Keuschheit sein können, wenn ringsumher alles ein Sauhaufen und Schweinestall ist, ein widerlicher Libertinismus. Von außen läßt sich freilich nicht erkennen, ob ein Verzicht dem Heroismus der Selbstüberwindung entspringt oder der Feigheit. Ob die Tugend muffig, prüde und heuchlerisch ist oder mutig, frei und stolz. Die Leidenschaft muß es wert sein, daß man sie überwindet.

                                          – O give me time to cry!
Ich fühle ganz und völlig das Ungenügen dessen, was mich umtreibt. Ein Krüppel, der sich sehnt zu tanzen; ein Erblindeter, der sich an Blumen und Sterne erinnert, ein Ertaubter an Lieder und Sinfonien – ich weiß, daß alles, wonach die Seele sich aushangelt, nur schön ist, solange es unerreichbar bleibt. Diese Spiegelspiele sind nur möglich, weil ich sicher in einem Käfig sitze. Es inspiriert mir ganz unglaubliche Illusionen. Es ist schlimm und beinahe schrecklich.

                          Es klopfte heftig an die geschlossene Tür, stand davor, noch immer in elegantem Beige, ‚Can I have the slides?' Ich brachte sie, fing einen Satz an, ‚So you are now – ' da fiel mir die eine der beiden Schachteln aus den Händen. Er hob sie auf, sah mich an, halb lächelnd, halb besorgt, und ging. Ich hörte ein Summen: Something must be wrong with her. She is suffering, but she will not tell. – Zwei Stunden später. Da brachte er die Dias zurück und eine Liste derer, von welchen er gern Abzüge hätte. Ein Seitenblick und ich schickte ihn schnell wieder weg. Alle Tanzbilder sind notiert, auch Aufnahmen zu zweit – ist alles Chr zu verdanken, der auf keinem der Bilder zu sehen ist. Ich sinniere dem Rätsel der Stimmungen nach, der Gefühle, dem Leiden der Leidenschaften. Der einzige Sinn, den ich finden kann, ist: Stoff für Literatur. Eines Tages, wenn alles vorüber ist, sollte ein spätes Geständnis daraus werden. Welchen Anteil eine seriöse Muse daran haben wird, muß dahingestellt bleiben. (16. 6.)

                          Was ich ohne Tagebuch anfangen würde, will Chr nebenbei wissen. I would cry, cry, cry. Es würde aus den Geleisen geraten. Aber mit macht es wenig Mühe, Selbstbeherrschung zu zeigen. Einer der Senioren aus der Gegend, die alles weiß, was vor acht Jahren geschah, sang neben mir aus dem gleichen Gesangbuch. Dieses Wissen irritiert immer wieder, denn es gibt Ähnlichkeiten von peinlich suggestiver Art, die auf eine falsche Spur führen müssen. Der Spin nach oben wird als einer nach unten interpretiert. Während im Abendland die Musen in Vergessenheit geraten oder wegen ihrer Antiquiertheit preziös anmuten, hat dieser tropische Regenwald nie etwas von solchen Merkwürdigkeiten gehört. Das ist das eine, und zum anderen gibt es die Sprache der Symbole, zu deren Verständnis eine Menge Phantasie vonnöten sein kann. Es ist das Spiel ‚Ich sehe was, was du auch siehst; aber ich gebe ihm eine Bedeutung, die du ihm nicht gibst.' Im hohen Mittelalter waren Farbenspiele ein Gesellschaftsspiel; der Ritter erschien zum Turnier in den Farben seiner Dame. Alle Welt *sah* nicht nur Grün oder Rot, sondern verstand auch, was das bedeutete. Wenn in diesem Busch-Campus ein rötliches Lila zugleich als Krawatte und als Bluse erscheint, kann ein Gedankenspiel wie etwa ‚Es umranken einander die Farben des Verzichts' nur einem kulturell bedingten Vorverständnis entspringen. Ich sehe vieles, nur eines nicht: das was ich sehen möchte, den kühlen Sand, vom Mond betaut; den Hohlweg mit dem schwarzen Felsen unter hellgrünem Laub, ein Stück vom Land Orplid. Der Blick konventioneller Höflichkeit sieht nichts davon. Statt dessen fange ich an, öffentlich Unverständliches zu reden, zu sagen, es seien noch ein paar Dinge zu bereden, aber nicht ‚before I am not out of the belly of the fish' – damit kann das Benoten der Klausuren gemeint sein, aber auch anderes, Unsagbares, formulierbar nur hier auf dem Papier: ‚You have written a thoughtful meditation. It's almost – It touched me. It's deep and meaningful and better than what I wrote'. Damit soll vorausgesetzt sein das Wissen um das, was vor noch nicht einer Woche auf Nachfrage hin in dürren Worten mitgeteilt wurde. Was klingt da alles an mein eigen vorweggeschrieben Sprüchlein an: das Blumensymbol ausgeweitet zum Garten, die versuchte Antwort auf die Frage nach dem Warum des Leidens: den Glauben zu prüfen. Dann freilich, anstelle der Verallgemeinerung ‚our frail human love' die Bestimmtheit mit Großbuchstaben ‚our Love'. Haben meine Formulierungen ermutigt zu dem schriftlichen Bekenntnis? Und weil ich der Meinung war – aber was liegt an mir und meiner Meinung.

Noch ein Sprüchlein?
Könnte etwa Koine-Griechisch zu Hilfe kommen? Oder würde es nur dazu verhelfen, auf dem schwankenden Hochmoor der Stimmungen vollends einzusinken? Groß ist die Versuchung, sich in den weiten Mantel überlegenen Wohlwollens zu hüllen. Aber die Sprache der Pastoralbriefe und die ekklesiogene Verbrüderung hat ihre bekannten Tücken. Der Wunsch nach Umgang und Nähe wird bald an sich selber irre, glaubt pseudonaiv ans Harmlose und gerät eben dadurch in den Sog des eigentlich Ungewollten. Zudem und für mich ist der Begriff ‚Bruder' verschwistert mit unguten Erinnerungen, die erst Chr und Afrika ins Beinahe-Vergessen abgeschoben haben. Den Neigungen das Mäntelchen der Pflicht umzuhängen, ist etwas anderes. Das Gesetz mit Begier und heißem Verlangen zu erfüllen – was kann es Besseres geben? In der Dogmatik-Klausur schreibt einer, veranschaulichend, er habe einmal, da er noch als Lehrer tätig war, einer Frau ein Stück Seife geschenkt. ‚It meant so much to her', er aber habe die Sache einfach vergessen. Fragt sich, warum sie ihm auf einmal wieder einfällt. Chr sagt, er wundere sich über das Sprüchlein, das ich der Sue ins Album geschrieben habe. Er seinerseits zitiert Kierkegaard: Die Liebe vollende sich in der Treue – ob das nur für die ‚Außenpolitik' gelte? Man könne auch einer unglücklichen Liebe treu bleiben, sagte ich. Was das im Falle Sue dann für den zukünftigen Ehemann bedeute, wurde nicht diskutiert. Wie viele solcher Ehen mag es einst gegeben haben. Vermutlich bin ich selbst einer solchen entsprossen. Es kommt immer darauf an, worum es ‚im Grunde' geht. Ich bin die Rechtfertigung der Ehe meiner Mutter. Mit Chr bin ich unter anderen Bedingungen die Ehe eingegangen. Der hier auf die Sue als Verlobte eines anderen verzichten muß, sucht ‚im Grunde' eine Frau als Mutter seiner Kinder. Der, den ich zum Ehemanne habe, ist in vieler Hinsicht singulär, in diesem Campus nicht nur, sondern in dem Gesamtverein, dem zu dienen wir hier sind. Warum ich mich für Jüngere, geistig Unterlegene interessiere, wollte Chr noch wissen; vielmehr, es war ein Vorwurf. Denn die Antwort ist zum Weinen einfach: es ist nichts Besseres vorhanden. Das Beste, was hier zur Verfügung steht, ist Rechtschaffenheit und

Besonnenheit; ein integrer Charakter, der von seiner Integrität nichts einbüßen würde, nach hiesigem Standard, wenn er aus dem Wohlwollen (oder der ‚infatuation') einer Weißen so viel Geld und sonstige materielle Vorteile wie möglich herausholen würde. Das ist das eine. Das andere ist die traurige Erfahrung, daß in einer gut situierten Ehe (das heißt ohne Lebenskampf ums tägliche Brot) so vieles an Reiz und Interesse für einander zugrunde geht – warum?

Befürchtungen.

Durch mit dem Benoten; nichts Hervorragendes, aber im ganzen solide gearbeitet. Kurze Besinnungspause. Am meisten zu fürchten ist, bei rechtem Betrachten, die Möglichkeit aus der *Winterreise* ‚Wenn meine Schmerzen schweigen…' Die Muse ist ein merkwürdiges Produkt der antikgriechischen Imagination. Hat sie, Einzahl vorausgesetzt, etwas mit Gefühlen (oder gar mit Politik) zu tun oder ist sie nur für die Worte verantwortlich? Im übrigen bilde ich mir ein, mein Gewissen Chr gegenüber sei so gut wie das der Sue ihrem Verlobten gegenüber. Außerdem gehen weiter die (das sind: einzig meine) Befürchtungen hinsichtlich eines Wechsels der zugeteilten Amtssitze im Campus um. Zu Chr, denn wem, außer dem Tagebuch, kann ich es sagen: ‚Ich fürchte, es könnte ein Strich durch die Rechnung gemacht werden'. Chr, nach einer ganzen Weile des Schweigens, den Kopf in beide Hände gestützt: ‚Wem –?' und wiederholt den ganzen Satz. Nun schreibt er Tagebuch und setzt Mosaiksteinchen zusammen und macht sich seine Gedanken. Hoffentlich nicht allzu unfreundliche gegen mich .

Letzter Donnerstagabend.

Zwei Türen zu oder gar drei zwischen Chr und mir, nach dieser letzten Donnerstagabendveranstaltung, und beides ist, für mich allein, fast so schlimm wie das Sensitivity Training von einst. Es geht um Chrs Schweigen und es geht darum, einen bestimmten Gesichtsausdruck in die Gewalt der Worte zu bekommen. Das, was da neben dem Lichtschalter saß, es *intriguierte*, es verstrickte mich in Sehbegier und wurde mir von Chr immer wieder verdeckt, so daß die Faust sich ballte vor Ohnmacht, und ein Weinen vor Wut in der Kehle steckte; es kamen nur lautlose Krämpfe zustande und wenige Augenblicke, die in scharfen

Linien zum Ausdruck brachten, was hier hilflos nach Worten ringt: ein Gemisch aus Ironie und Mitleid, wie Öl und Essig, im Widerspruch mit einander und dennoch so scharf gezeichnet, so schmerzhaft in die Seele schneidend: es kann doch nur eine Widerspiegelung eigener Empfindungen gewesen sein. Etwas, das nur wiedergibt, was hineingelesen wird, und da dürfte es um ein gutes Gewissen nicht allzugut bestellt sein.

Ungewißheiten.
Die Suche nach Beweggründen und Zielen hangelt entlang an diversen Dingen, die den Besitzer wechselten (was hat seit Generationen nicht den Besitzer gewechselt bei diesem Kulturgefälle), rätselt herum an doppeldeutigen Verhaltensweisen, vor allem da oben und hinten, letzten Dezember, in den Bergen von Lah, diese Art von Einmischung als sei's aus seelsorgerlichem, aus Berufsethos sozusagen, und, am ungewissesten und mißverständlichsten für jegliche Hermeneutik: das Spiel mit allerlei, das als Symbol gedeutet werden könnte, wobei noch lange nicht klar wäre, wofür. Da breitet sich ein Dickicht und ein Dunkel von Ungewißheiten aus, durch das es traurig munkelnd tappt und tastet. Ein pragmatischer Realismus wird das Beste daraus machen. Und das Beste steht immer mit beiden Beinen auf autochthonem Boden. Eine romantische Suche nach der Muse und dem Ungewöhnlichen wird sich dem vermutlich irgendwie anpassen, um die Spur der Inspiration nicht zu verlieren. Hier wird gespielt mit der Vorstellung von Ahnungslosigkeit und dem heimlichen Wunsch nach doch einem Hauch von Ahnung. Eine goldene Gelegenheit wahrnehmen, wer würde das nicht, hierzulande. Es würde die Möglichkeit von Mitleid als Verachtung zu einem guten Teil aufheben. Das Unangenehmste – Peinlichkeit – es war vor zwei Jahren von weitem erfühlbar, im Netz akademischer Hierarchien, und ich bin vorsichtig ausgewichen.

Mondschein ist nicht zu haben, um die Seele darin zu baden; vielleicht hilft herbsaurer Portugieserwein, um diesen Abend vollends rumzubringen. Eine auf so schmalem Grat balancierende Sehnsucht nach einem Glück, das den Tod austrickst, wird auch vergehen. (17. 6.)

Da lacht einer, wortlos, und in mir flimmern sämtliche Nervenfasern. Der Tag ist noch jung, es gab verschiedenes zu bereden im Zusammenhang mit den Klausuren. Daß Chr die Diplomarbeit gelesen und gefunden habe, der Kandidat habe sich tüchtig gegen seine ‚directress' durchgesetzt, kam auch zur Sprache. Und wenn er die Frage nach dem Heil nicht vermasselt hätte – darum geht es nicht. Es geht um die Art und Weise des Kommens, um die Ausstrahlung von Ruhe, Gelassenheit und Selbstbewußtsein. Wie zu Anfang, immer und allezeit. Das Mienenspiel ist gemeißelt, der Blick versiegelt, nirgends die Andeutung einer Unsicherheit. Die blieb derjenigen vorbehalten, welche, innerlich zerfasert, sich nach außen hin zusammenriß und es immerhin fertigbrachte, langsam und beherrscht zu reden. Es wurden zu viele Fragen gestellt, ohne eine Antwort abzuwarten, fast wie im Selbstgespräch; etwa, ob die Klasse wohl noch Interesse an einer Einladung habe. Dann, im Aufstehen und Wegschicken: ‚By the way – ' , – ‚it's almost' – ‚it touched me very much.' Wie ein Erdbeben und Hinstürzen, und die Antwort war nur ein Lachen im Davongehen. Alles ins Schweigen mit sich nehmend – was denn? Worauf steuert es zu?

Ein Graienzahn bricht ab.
Beim Mittagsessen ist mir der linke obere Eckzahn abgebrochen, schmerzlos. Alle Stücke, ganz porös, sind vorhanden, nichts verschluckt. Sie lassen sich zusammendrücken und wieder einpassen. Zusammenkleben, womit? Uhu? Nein, sagt Chr; aber er hat schon manchen falschen Rat gegeben. Ein seltsames Gefühl. Wie ein Traum, aus dem man aufzuwachen hofft. Aber die Lücke ist Wirklichkeit. Dieses dreimal reparierte Ding ist in seine drei Teile zerbrochen. Es zerkratzt mir die Seele und Chr gießt Essig in die Wunde. Als ich vor mich hin murmelte, für solche Dinge sei es doch gut, verheiratet zu sein (Kierkegaards Hühneraugen fielen mir ein, Ehe als ethisches Stadium nach dem ästhetischen romantischer Ekstasen), setzte er über einen Gedankenhiatus hinzu: ‚Weil du deinen Seelenfreund nicht mehr anlachen kannst?' Er hat eine Art, die Dinge beim Namen zu nennen, die ernüchtert, aber auch verwirrt. (18. 6.)

Hohes Lob in hohen Stiefeln. Fast alles, was noch anfällt, wird routinemäßig erledigt, auch der Dandy, der verwöhnte Liebling aller, der pathetisch wurde, als er merkte, daß die beabsichtigte Wirkung ausblieb; leider ließ ich mich dann doch provozieren und es war peinlich. Hier werden Ressentiments bleiben. Der Benjamin konnte problemlos wieder weggeschickt werden; aber mit dem Dritten bin ich so kühl und nebenbei, wie es wünschbar gewesen wäre, nicht fertiggeworden. Das Sprüchlein, das die ‚directress' unter die Zusammenfassung der Diplomarbeit geschrieben hat, scheint mit großen Schritten und in hohen Stiefeln Grenzen zu überschreiten, lässig und souverän: wer wagt es hier, mit Verdächten des Unziemlichen zu spielen; ein Lob von oben ist etwas anderes als eine Schmeichelei von unten. Das Überschreiten ist nur ein Gefühl; denn das hohe Lob reiht sich ein in den Chor anerkennender Prädikate von Seiten der Kollegen, ergo, es liegt hier kein Urteil aus persönlicher Voreingenommenheit vor, es klingt nur etwas pathetisch, daher das überschreitende Reitstiefel-Gefühl. ‚Leading peope to Christ by his good example, a man of exceptional virtue, a man like you – ' (19. 6.)

Sonntag. Die letzte Woche beginnt. Die Ereignisse laufen dem Tagebuch davon. Sollen sie. Aber die Kleinigkeiten am Rande; das Winzige und Wenige, wonach die Erinnerung einmal Fühler ausstrecken wird – nur darum geht es. Nach dem ‚scrambling for you', mündlich, war die ‚exceptional virtue' gestern, schriftlich, die zweite Erklärung. Über das grüne Gras der Regenzeit und des Campus schleift ein festliches Schwarz; vom Aschviolett der Bluse hebt sich das winzigperlige Weiß einer langen Kette aus Plastik ab (wieviel edler wäre Elfenbein). Sand, Senf und Himbeeren waren wieder beieinander, an die Wand gedrückt und meistenteils verdeckt. ‚Till with the vision glorious her longing eyes be blessed' – Don Quichottes idealistische Lächerlichkeit schneidet immer mehr ins eigene Fleisch. Die arme Sue saß zwei Bänke davor und stützte zwischendurch Arm und Kopf elegisch auf die Rückenlehne. Es gibt doch eine typische Körpersprache; zumindest für Leute mit einem besonderen Vorverständnis.

Heut in einer Woche geht alles zu Ende. Danach möchte ich in einen tiefen Schlaf fallen und träumen von allem, was schön war in diesem letzten Jahr nicht nur, sondern in den drei Jahren seit Anbeginn, seit im Oktober vor knapp vier Jahren der Tulpenbaum blühte. Ortswechsel kann Trennung erträglich machen; es kann auch dem Vergessen förderlich sein. Hier möchte ich noch einmal gesehen werden, denn Chr sieht nichts mehr. Es geht um nichts weiter als um den opalisierend dünnen Glanz und Schmetterlingsstaub des Ästhetischen, der von jedem Wind der Alltagswirklichkeit weggeblasen werden kann.

Schon wieder am Tränenbach sitze ich, erstens, weil ein paar Tropfen Alkohol im Oberstübchen gären (der Campari nach dem trockenen Brot des ‚Wortes'); zweitens, weil ein Erwarteter sich nicht sehen läßt, um bloßem Vorhandensein durch Wahrnehmung Sein zu verleihen, und drittens, weil Chrs diesbezügliche Sensibilität wissenschaftsbedingt auf einem so niederen Niveau dümpelt, daß sich wieder einmal das schiere maulwurfsgraue Nichts auftut, um – wenigstens eine Aufnahme? Nein, kein Film in der Kamera, keine Zeit. Hu-hu-uh, mein Tagebuch, du sollst alles wissen. Das ganze Unglück und daß ich selber nicht weiß, was eigentlich los ist. – Chr kam eben, er sei bereit, meinem Wunsch, fotografiert zu werden, einen letzten Film zu opfern. Aber nun bin *ich* nicht mehr bereit. So bestrafen wir einander. Das ist unsere ‚Ehetragödie'. Diese verfluchte Wissenschaft, die ihn doch vor Trübsinn und Ressentiments bewahrt und keine dummen Gedanken aufkommen läßt (für die es in dieser Gegend für ihn noch mehr an ‚lohnenden Objekten' mangelt als für mich). Er ist genauso brav wie sein ehelich angeknackstes Weib. – Jetzt, in diesem verheulten, zerknitterten und verbitterten Zustande, jetzt will ich überhaupt nichts mehr als nur noch mein Tagebuch und meine Ruhe. Ich weiß immer besser, warum ich gehe. – Chr wärmt in der Küche Reis auf; ich mache mir Notizen auf kleine grüne Zettel von allem, mögliches und unmögliches, was noch zu bereden ist mit dem, dessen Nichterscheinen mich in die Pampe hat fallen lassen.

Viertelstunde mit V- Pullunder.
Oder: Aufklärung über den Stand der Dinge.
Es war um die fünfte Stunde *post meridiem*. Es dauerte nur eine Viertelstunde. War ein bißchen viel auf einmal, wenngleich nur eine Handvoll winziger Nippes (vergleichbar einem kleinfingergroßen Elefanten aus dunkelbraunem Glas, einem weißen Schildkrötlein, kaum handtellergroß, aus Porzellan und mit flach nach innen gewölbtem Panzer, ein ironisch gebändertes malachitgrünes Fröschlein) mit anderem, an Worten Unerwartetem, in den Sand fielen, aus dem ich sie jetzt wieder aufklauben muß. Der Benjamin war dagewesen und nach ihm sollte der andere Kandidat kommen. Chr wollte spazierengehen, ich saß mit dem gemüsegrünen Pullunder auf den Knien im Sessel auf der vorderen Veranda und versuchte, einen Ehemann als Zeugen festzuhalten. Es gelang nur ganz knapp und hatte zur Folge zwei Bemerkungen, die den Pullunder-Kandidaten aufklärten über den Stand der Dinge. Das innerliche Zittern der Selbstbeherrschung und der Willensanspannung, nichts Falsches zu sagen, war gewaltig. Da kam also ein graues Polohemd ganz unauffällig herbei, sah herab mit freundlich fragendem Blick und – ‚You see what I have been doing?' Ehe der Angeredete mehr als ‚Oh!' sagen konnte, kam Chr dazwischen: ‚She is doing things for you she would never do for me.' Da entstand ein Lachen und als Echo eine Turbulenz im Hirn, als handelte es sich um ein Wort-, gar ein Handgemenge. In das Lachen fiel und erzeugte einen Schüttelfrost die zweite Bemerkung: ‚You can (even?) try to take her away from me', samt der ruhig besonnenen Antwort: ‚I may not (even) succeed'. Es war infam. Es war die ironiegesättigte Konspiration zweier Männer im Blick auf eine Frau, die keinem von beiden ins Gesicht springen konnte. Statt dessen erhob ich mich und forderte den *Candidus* auf, mit mir ins Kabinett zu kommen, während Chr seiner Wege ging. Ein Scherz, keine Satire, aber eine milde Ironie, die hart daran vorbeiging, eine vorgesetzte Autorität zum schwachen Weib zu degradieren und an den Rand der Zurechnungsfähigkeit zu schieben. Möge der Scherz überwiegen – es ist von nun an klar, daß Chr sich nicht hinter dem Mond, sondern mit beiden Beinen auf festem Boden befindet. Das ist gut. Die Klarstellung geht zwar auf Kosten meiner

Autorität; dafür hat sich ein Ehemann einen rechtschaffenen
‚Rivalen' zum Verbündeten gemacht. Es bestand nun kein
Grund mehr, die Verfassung ‚schwaches Weib' zu bestreiten.
Schließlich ist der vorzeitige Abschied aus dem Dienst öffentlich mit dem Zustand der Erschöpfung begründet worden. Es
mußte allenfalls noch das Stricken begründet werden. Daher: ‚I
have discovered that a bit of knitting calmes down my nerves –
I am really down.' Legte den Pullunder auf den Tisch, neben
die Zusammenfassung der Diplomarbeit, stand aufrecht, wurde
sachlich und beobachtete die Hände, ob ihnen etwa etwas anzumerken sei. Dachte auch an die Zahnlücke, mit der jeglicher
Versuch eines Lächelns sich von selbst verbot. Stand also, redete mich zusammen so sachlich wie möglich und wiederholte,
ich hätte nun endlich begriffen, was der Skopus seiner Diplomarbeit sei. Dann, vielleicht etwas unvermittelt, denn ein Zögern
machte sich bemerkbar: er solle den Pullunder überziehen. Zog
über, sagte, um etwas zu sagen: ‚It's a nice decoration', das
eingestrickte V nämlich, und ließ sich den Kragen hinten
zurechtziehen (wie heut morgen das Mädchen in der Bank vor
ihm sich den Kragen hatte zurechtziehen lassen). Das Gestrick
vorne auf der Brust glattzustreichen ward klüglich unterlassen.
Es zeigte sich vor dem Spiegel kein Anzeichen von Verlegenheit
angesichts einer gewissen Zerfahrenheit. Das Strickwerk ward
ruhig begutachtet. Dann und da ich nun einmal von Chr in die
Patsche gesetzt worden war, der nächste Sprung. Von dem
grünen Zettel am Nagel am Fensterrahmen, an dem auch der
Ebenholzreif mit dem Ringlein von Golde hängt, las ich vor. ‚I
also have to aks something from you. I am collecting a few
things, like mats. I would like to have that green jumper in
which you were doing garden work, before you throw it or give
it to somebody else. In one year or two years' time I will like to
have it.' Und da ich ihn ansah, begegnete ein freundliches Lächeln in großer Ruhe und Klarheit. Ach, so moralisch überlegen. Dann, drittens, ob er nicht bis Dienstagmorgen bleiben
könne. ‚We would like to invite you to discuss a few matters –
road project and research in Lah.' Das war die Trumpfkarte, der
fetteste Köder, die goldene Falle, die aber vielleicht nicht so
schnell zugeklappt wäre, hätte in diesem Augenblick nicht Chr

in der Tür gestanden (der Spaziergang hatte sich offenbar verzögert). Ich sagte, ‚I have just discussed with Mister Eku – ‘, und Chr, zustimmend, ‚If it is possible, it would be nice.‘ Und zog ab. Und ich sagte, in einem Versuch, die Stufe der voraufgegangenen Mann-zu-Mann-Ironie zu erklimmen, ‚I will knit a pullover for him in Mbebete so that there should be no reason to complain.‘ Ich glaube, er ging ohne Dankeschön zu sagen. Nahm den Pullunder und ging, und ich – sank einen Augenblick lang erschöpft ins Blanke oder Dunkle, wie man's nimmt, jedenfalls in eine Art Bewußtlosigkeit.

Nun hat das kostbare Stück wahrhaft gelebten Lebens hier auf dem Papier Spuren hinterlassen, die eines späten Tages vielleicht diese Viertelstunde wieder aus dem Orkus des Vergessens heraufholen werden. Hier und heute ist etwas geschehen, das Vergangenes mit Zukünftigem verbinden soll. Chr hat mir zwar als erstes peinlich dazwischengefunkt, aber am Ende hat er mir mit überlegener Großmut beigestanden. (20. 6.)

V = Virtue and Victory.
Der Umstrickte von gestern erschien heute als tapferer Tugendritter in der neuen lauch- und erbsengrünen Rüstung, in deren Brustausschnitt das Virtue- und Victory-Zeichen prangt, eingestrickt von Na'anys selbsteigener Hand. Der Morgengruß, wie nicht anders zu erwarten, fiel höflich zurückhaltend aus. Teilte ich Chr mit, daß ich den Dandy mit Frau zum Tee eingeladen habe, fragte er: ‚Soll ich mich dazwischensetzen, damit du ihr den Tee nicht ins Gesicht schüttest? Manchmal bist du eben doch eine Frau.‘ Sagte ich: ‚Das hat Eku schon lange gemerkt.‘ ‚Na ja, wenn du ihn so behäkelst und bestrickst.‘ Freundlich-ironisches Geplänkel. Es ist rührend mutig, in diesem Maschenpanzer herumzulaufen. Victory of Virtue. Und wie dreimal gut, daß Chr bei alledem und trotz der infamen Verbündung gegen mich gestern dabei war.

Eine Nachmittagsbegegnung so brav, so scheu, so tugendhaft; so verschleiert, daß nichts zu erkennen war; so flüchtig, daß kein Gedanke auch nur zwei Mückenfüßlein auf bloße Haut hätte setzen können. Überdies ist die Zahnlücke wie ein Zeichen der Vorsehung. Geredet wurde nur Sachlich-Nebensächliches. Das Zusammensuchen verschenkbarer Dinge nimmt Zeit in Anspruch. Recht vieles für die arme Sue. Rotes Taschenmesser und Silberkettlein müssen gut eingewickelt werden. Und für wen werde ich in Mbebete sonntags meine Festgewänder anziehen? – Ehepaar Dandy abgefertigt. Ehepaare sind uninteressant. Sie sind eine geschlossene Gesellschaft mit eigenen, bestens bekannten Problemen. Das Zufallsgekräusel und Schicksalsgeknäuel davor, ehe es zur Ehe kommt, oder auch nicht, das ist der Stoff, aus dem sich Romantik und Romane basteln. Oder ein therapeutisches Tagebuch, wenn von vornherein klar ist, daß nichts Ordinäres im Menü der Möglichkeiten steht.

Graienzahn und Maikäfer.
Warten auf die Entscheidung über den Benjamin. Weil der Jüngling nicht kann, was der Mann könnte: Ordnung schaffen in einem Saustall von öffentlicher Bildungsanstalt, schweben die zwanzig Kilometer noch immer im Ungewissen. Ich müßte sie mir noch einmal schenken lassen. Ach, wer weiß, dieweil wir hoffen... – Noch eine Abendstunde bei den Junioren, und das alles mit notdürftig kaschierter Zahnlücke, die Fragmente mit Uhu geklebt und eingedrückt, und so war immerhin ein Lachen möglich mit Hilfe dieses Graienzahns, den ich über Nacht und bei den Mahlzeiten herausnehmen muß, um ihn nicht zu verschlucken. Der Gemüsepullunder begegnete zweimal, und wenn genügend Mut sich ansammelte und ein Kairos sich ergäbe, wäre es möglich zu sagen: ‚You know the meaning of this decoration? Victory and Virtue.' Das Tragen des Panzers, eine Geste der Höflichkeit, schließlich hat nicht irgendwer da herumgestrickt, ruft freilich, anders als das Nougat mit der Blendenzier, eine gewisse und nicht geringe ästhetische Übelkeit hervor. Unförmiges wird in dieser Verpackung noch unförmiger. Ein gemüsegrüner Maikäfer. (21. 6.)

Geschäftigkeit und eine Klammer.
Vom Frühstückstisch weg: Chr mit einem der Senioren beschäftigt, ich mit einem, der einen Karton für seine Bücher haben möchte. Er bekam, was er wollte. Ich mühe mich noch einmal mit den drei Zahnfragmenten und Uhukleber ab – ‚im Falle

eines Falles', es klebt, ich kann's bestätigen, und ich will aufs Lachen nicht verzichten, selbst dann nicht, wenn alles zum Heulen wäre. Es ist aber zum Lachen – wenigstens für andere. Es war zu hören, als ich hinterdreinging; vielleicht machten sie Witze. Worüber wohl? ‚Darüber, wie er dich unterm Pantoffel hat', sagt Chr sarkastisch. Da hängt nun das Herkömmliche wieder einmal seitenverkehrt. Unter das Lachen der Grasschlagenden mischte sich breit ein dunkles Mitlachen. In der Schlafbaracke musterte ich des Benjamin Bücher, ging mit ihm zum Büro, die Rede kam darauf, wo man ihn hinschicken werde, und es war deutlich zu spüren, wie viel weniger es umtreibt als die zwanzig Kilometer. Im Büro sitzt einer und redigiert die Zeitung statt sich auf die Verteidigung seiner Diplomarbeit vorzubereiten. Verläßt sich wohl auf seinen Genius und das Wohlwollen der ‚directress'. – Einer der Junioren, vielleicht wäre er gern Nachfolger geworden, hackt genau an der Stelle in der Hecke herum, von der nie mehr ein grüner Kittel herüberleuchten wird. Das Leben ist doch bald vorbei. Denn was kann nach diesen zehn Jahren Afrika noch Lebenswertes kommen?

[Dazwischen fiel beim Kramen im Schlafzimmerschrank, unten in dem Pappkoffer, ein Buch mit Farbaufnahmen in die Hände, 1977 in Tübingen gekauft, zu einer Zeit tiefsten Alleingelassenseins, weil ein Ehemann in tiefster Naivität glaubte, eine Frau müsse mit so etwa selber zurechtkommen und sich um nichts kümmerte, das mit dem von ihm Erwünschten *praktisch* zu tun gehabt hätte. Da liest man etwas von einem ‚bewußtlos dumpfen Schöpfungsmechanismus', von Onto- und Palingenese und daß viele Millionen ihre Entelechie nicht erreichen. Es würde sich noch immer ins Gemüt krallen, wenn man sich nicht entschlossen losrisse.]
 Die Abendkapelle verpaßt, die letzte der kostbaren Viertelstunden. Aber zum Greinen reicht es nicht. Vielleicht wurde meine Abwesenheit zur Kenntnis genommen; als ich kam und mich setzte, standen sie auf, um zu gehen. Die Soror hatte bei mir gesessen, die Rede kam auch auf Bethabara und auf eine Ehe, wo die Frau nun trotz Kind wohl die Scheidung betreibt. (22. 6.)

Zwanzig Kilometer gerettet.
Die Entscheidung ist nun im Campus, in den Köpfen derer, die vergangene Nacht gegen 2 Uhr zurückkamen. – Wer sich nach langer Ungewißheit in Sicherheit weiß, bricht nicht spontan in Jubel aus, der muß sich erst erholen. In der Morgenkapelle saßen Grund und Ursache der Befürchtung neben mir, Chr stand hinter dem grünen Tuch und meditierte. Man sang von ‚Showers of blessing' und ‚let one drop descend on me'. Um diesen einen Tropfen ging es; aber ich saß ‚ready to receive the blow'. Der Prinzipal stand auf, um die Entscheidungen zu verkünden, die Hände verklammerten sich, als könnte es noch etwas nützen. Da ging es vorüber, und ich wollte es nicht glauben. Dachte, ich könnte mich verhört haben. Fragte draußen Chr, und es stimmt – die zwanzig Kilometer sind gerettet.

Ein Orakel.
Der Verlobte der Sue ist wieder einmal aufgetaucht, und ich bin ganz auf Seiten dessen, der alles offen und sogar schriftlich niedergelegt hat. Es gab und gibt nicht zu verheimlichen. Der vermutlich von einem gewissen Mißtrauen, wo nicht Groll Umlauerte saß neben mir, als wäre er da in Sicherheit. Wer ist denn nun ‚schuld' in solch einem Falle? – Chr bekam einen Brief aus alten Zeiten, der ihn sichtlich erinnerte an ästhetische wie an intellektuelle Sympathien. Sagte ich: ‚Gönn ich dir einen L., gönnst du mir einen T.' und er lachte: ‚An der ganzen Misere im Großen interessiert dich nur ein winziges indifferentes Detail.' Ja, so ist es. Ich klammere mich an diesen einen Punkt. Sinnvoll, es sich zu merken, ist auch das Orakel: ‚Du wirst es ihm weiterhin schwer machen, eine Frau zu finden,' Ja, das würde ich gerne; aber doch nur zum Teil; denn ich möchte, wie Gott und der Teufel, nur die Seele. So wie ich auch von Chr nur die Seele wollte. Die hat nun die Wissenschaft, und das übrige schleift so nebenher.

Der geklebte Zahn.
Wenn ich bete, weiß ich nicht, ob ich noch in den Geleisen der Orthodoxie bin oder schon deliriere, ‚Lieber Gott, gib mir jetzt noch ein bißchen Geduld und Dankbarkeit, denn von alleine krieg ich's nicht hin.' Dankbarkeit nicht nur für die zwanzig Kilometer, sondern auch dafür, daß die mit Uhu geklebten Teile des Zahns, dem heut morgen die letzte Halt gebende Ecke ab-

gebrochen ist, noch immer zusammenhalten, ungewiß, wie lange; aber soeben habe ich die Honoratioren von auswärts lachend empfangen können und den Ärger darüber vergessen, daß draußen noch Wäsche hing, als es zu regnen anfing.

Das Große Examen ist angelaufen, der Benjamin entzückte mit einer Transposition des Erzvaters aus Ur in einen hiesigen Häuptling mit roter Mütze, der sein träge neben ihm auf einem Stuhl hängendes Weib zu überreden versucht, mit ihm ins Grasland zu ziehen. Noch bezirzender war, für mich, daß der Besitzer eines himbeerlila Oxfordschlipses denselben dem Benjamin ausgeliehen hatte. Ich benotete hoch, die anderen drückten wieder herunter. An guten Beziehungen hängt hierzulande viel, manchmal alles. Ich sah einen anderen meiner Kandidaten mit einem der Honoratioren spazierengehen. Die kennen sich also. Bei dem wäre er vermutlich besser aufgehoben als bei mir. (23. 6.)

Heut ist ‚Rigorosum' für den Jüngsten und den Ältesten meiner Kandidaten. Letzterer kam gestern abend noch herüber – weswegen? Zwischendurch weiß ich nicht mehr, warum ich eine Straße von Ubum zum Fluß bauen will. Die Trennung ist erträglich, weil schon Brücken gebaut und Fäden gesponnen sind. Die *Dogo Notes* sind solider Grund und Boden für zwanzig Kilometer. Der US-promovierte Eheberater, der hier auch mitmischt, erzählte schlimme Dinge aus den Akten Mireille, Mißhandlungen, Weibergeschichten, eine ziemliche Schande. Aber es ist nur die eine Seite der Medaille. – Es geht auf den Gipfel zu. Alle haben Mittagsruhe gehalten, manche machen sich schön. Als ich eben in die Schlafbaracke kam, lagen einige noch auf ihren Betten; einer stand in Unterhemd und Anzughose da, Spiegel und Kamm in Händen und frisierte sich (wenngleich unbegreiflich bleibt, was es da zu frisieren gibt). Ich sagte kurz und, eingedenk der Zahnlücke, etwas gequetscht, ‚The Staff has sent me to inform you...' Nach einer Sekunde des Zögerns (und des Versuchs, das heraushängende Hemd in die Hose zu stopfen), kam es langsam und indem ich schon redete, auf mich zu und sah mich an wie ein Engel der Barmherzigkeit – mit dem stillen Krankenschwesternblick, mit dem nur ein Mann wie dieser (und allenfalls noch Chr) eine Frau ansehen kann, von der nicht sicher ist, ob sie noch zurechnungsfähig ist. Ich nahm es mit übergroßer Deutlichkeit wahr. Das Herz schlägt unregelmäßig. Hoffentlich fällt mir der geklebte Zahn beim Reden nicht raus.

        Wieder die große Erschöpfung, die sich kaum bis zum Tagebuch schleppen mag. Wer sein Leben lebt in abwechslungsreichen Tätigkeiten und intensiven Erlebnissen, der hat es nicht nötig zu schreiben. Schreiben ist Lebensersatz. Das Thema meiner Muse ist die Behauptung: This man can seduce a woman by his virtuousness. Er spinnt ihre Seele zu einem empfindsam dünnen Faden aus und wickelt sie sich um den kleinen Finger. Von hermeneutischem Interesse wäre dabei lediglich, wie viel von dem Spinnen und Wickeln aus den unterirdischen Gelassen der Einbildung und des Wunschdenkens stammt. Es ist nicht viel zu sagen über den Verlauf der mündlichen Prüfungen. Ich saß da im dunkelblauen Anzug mit spitzem weißen Kragen über den Revers, und meiner drei Kandidaten einer stand, die Korrektheit in Person, vor der Wandtafel im sandfarbenen Dreiteiler mit himbeerlila Schlips und antworte auf die Fragen, die man ihm stellte. Größer und schöner war die Müdigkeit danach, während des abendlichen Dia-Vortrags. ‚Wie lange noch?' stand auf einem der Bilder, und zwei Bänke vor mir und Chr drehte es sich um und fragte: ‚Is it German?' Dieses Kino-Idyll und wie alles entgleitet in einen Strom mit vielen Armen, der sich sehnt, sein Delta in ein lauwarmes Meer münden zu lassen. Diese dunkelblaugeäderte Müdigkeit will überfließen in ein seltsam Langsames, Schwerblütiges, Trägverträumtes. Aus diesem Traumboot werde ich nicht aussteigen, um auf dem Wasser zu wandeln. Ich bleibe in meiner alten Barkasse. Chr ging vor mir zurück ins Haus. Nein, ich bleibe, ich verzichte nicht. Beim allgemeinen Aufbruch wartete ich auf ein graues Polohemd, endlich wieder normal und alltäglich. Versprach, Schulter an Schulter im Geschiebe, Auswertung, wenn alles vorbei sei – das ist doch gestattet. Er sei müde. ‚Yes, I noticed it.' (24. 6.)

Eine Moralpredigt.
Sonne, Wind, Erschöpfung. Schon fühle ich mich wieder alt und grau. Am Vormittag die letzten Predigten und dann allgemeine Auswertung. Einer der drei trug vor in souveräner Ruhe. Mit einer Ruhe, die in Trance und ins Träumen versetzt. Es predigte Moral wie üblich. Sexualmoral ist etwas, das man hier jederzeit durchhecheln kann. Es läßt sich damit ein großer Bogen machen um politische und gesellschaftliche Probleme. Also, wie argumentiert die oder der Arge in seinem oder ihrem Herzen? ‚Why should I not live with him?' ‚Why should I not sleep with her?' ‚Are you a eunuch?' Das mag auf sich beziehen, wer gerade Lust hat. Heut abend noch einmal. Zuvor wird ihnen auf meiner Veranda noch die Erste Hilfe Box erklärt. ‚I want to have you after Communion.'

Man of good manners.
Noch einmal, eine letzte halbe Stunde in diesem Kabinett, das so viele Sitzungen gesehen hat. Langsam, leise und melancholisch, ‚You are the first' – und las ihm fast die ganze Beurteilung vor. Nachzudenken wäre über das Gefühl einer gewissen Scheu angesichts der Leibhaftigkeit von Adjektiven, die sich wie zu einer Kette aus geschliffenen Halbedelsteinen reihten – *reserved, hesitant, cool-headed, cautious; would not take any risk.* Aus der lyrischen Schublade die Perlen des Abendsterngedichtes zu holen, *a man of good manners, most virtuous and prudent –* es schien nicht ratsam. Es war alles zum letzten Male, auch die nahezu befehlende Stimme einer Tutorin, während die Soror Erste Hilfe erklärte und ihr Inmittensein ein kurioses subkutanes Kribbeln verursachte. Da sind gewisse Potentialitäten ganz offenkundig noch nicht erschöpft. Jede Gelegenheit, zu leiden, um zu spüren, daß Leib und Seele noch leben, ist willkommen. Nun wird auch das Ritual des Haarewaschens zum letzten Male zelebriert. (25. 6.)

Der Abschiedsfeier entgegen.
Der letzte Lah-Hahn ist geschlachtet worden. Wär ich eine alte Römerin oder sonstwie abergläubisch, die morgendliche Begegnung mit dem geköpften Tier hätte vermutlich ungute Ahnungen den Abend betreffend hervorgerufen. Zwei weiße

Oberhemden hab ich verschenkt an zwei Junioren. Der Dandy ist beim Eheberater; er, der Smarte und Drittbeste könnte der einzige sein, der mit Groll von mir scheidet. Ich habe die Gleichbehandlung nicht durchgehalten. Der Grund ist freilich öffentlich einsichtig: der Dandy hat nie einen Finger für Lohnarbeit krumm gemacht. War sich für grobe Arbeit zu fein. Kg freilich hat sich auch nie als Lohnarbeiter verdingt, und ich hab es ihm als edlen Jünglingsstolz angerechnet. – Rundgang durch den Campus. Die Frauen kochen. Der Schriftleiter ist mit der Fertigstellung der Zeitung beschäftigt; er kann jetzt nicht kommen, meine verschenkbaren Kleiderschätze zu besichtigen und sich das Seine auszusuchen.

Aufstieg zum Erfolgreichsten. Chr über den, dessen Lob in aller Munde ist: ‚Du siehst, wie er Konjunktur hat.' ‚Ja, es ist peinlich. Wie kommt das bloß?' ‚Er ist der Typ des großen Schweigers. Wie die ägyptische Ma'at. Und er kann auch ganz ägyptisch gucken.' ‚Ja. Ich war von Anfang an davon angetan.' So ist das noch einmal herausbenannt und klargestellt. Daß Chr bemerkt hat, wie dieses Phantom der Muse aus dem Grasland gucken kann, bestätigt immerhin, daß ich nicht gänzlich auf poetische Einbildungskraft hereingefallen bin. Daß alle so von diesem seltenen Exemplar angetan sind, mindert freilich seinen Wert – für mich. Diese Bravheit, dieses Bemühen, bei allen wohlgelitten zu sein: entspringt es afrikanischem Gemeinschaftsgefühl oder ist es verinnerlichtes christliches Ethos? Ich möchte es ihm beinahe übelnehmen. Denn ich hätte gern etwas Aparts für mich. Etwas, das nicht allen offenbar ist. Was alle schön und gut finden, inspiriert mich gemeinhin nicht. Das Aparte ist nun allenfalls und wenigstens darin beschlossen, daß dieses Tugendexemplar in leibhaftiger Hinsicht so disproportional zusammengesetzt ist, auf dürren Beinen so viel Bauch durch die Gegend schiebt, so klein- und glatzköpfig zwischen den Schultern versackt, so feist, so fett, so ach-ach-ach, so ganz und gar unprinzlich daherkommt. Ein tropischer Maikäfer. – Hier vor mir der ‚Grabstein', wie Chr das fotografische Dokument auf Pappe nennt: das Kollegium verstreut unter den Abiturii und alle in Briefmarkenformat, schwarz-weiß. Alle haben sich frontal ablichten lassen; nur der Konformste aller macht eine Ausnahme im Dreiviertelprofil nach links. Hinreißend ist keins dieser Mini-Porträts. Mein eigenes auch nicht.

‚...my way back to Lah.'
Ein Abschiedstränlein im Garten, allein bei den Bäumchen, die zu zweit vor drei Wochen gepflanzt wurden und die sich noch Mühe geben, zu gedeihen. – Auch erledigt. Im Schlafzimmer auf meinem Bett waren die Sachen ausgebreitet und man stand davor. Er möge sich aussuchen, was er brauchen könne. ‚I want to pave my way back to Lah.' ‚They will like to have you again.' Wie auch anders. Und das war's dann, und rückwärts läuft hier der Gedanke, daß da oben, wo die zwanzig Kilometer sind und wo ich auch sein werde, zum ersten Male auf diesem Kontinent große dunkle Augen in einem schmalen, europiden Gesicht Eindruck hinterließen und einen Scherz provozierten, ‚I have no mirror, except your eyes.' Wann war das? Die Jahre schieben sich ineinander, sie werden ununterscheidbar. – Nun geht es langsam auf den Abend und die große Abschiedsfeier zu. Beim Abschied 79 hatte Chr mir die lange Kette aus winzigen weißen Flußmuscheln umgehängt; es wurde viel geredet, aber nicht getanzt; ein *fraternal* trat sein Interims-Ämtchen an.

Die Mitternacht zieht näher schon.
Man tanzte, Chr auch, mit mir, eine geduldige Weile mitten in einem Weiber- und Kinderhaufen, darin ein grünes Oberhemd wie ein Irrlicht hier und da auftauchte und wieder verschwand. Man hielt schöne Reden, man verabschiedete die Reverend Doctor, die Missis mit dem schwierigen Doppelnamen; man zog ihr ein Ehrengewand über, gestreift wie ein Zebra, aber lilarot statt schwarz, man fotografierte, man wird sehen, was da wirklich war und was nicht. Jedenfalls bin ich in freundlich-anzüglichem Scherz bereits zur ‚Mbebete-Lady' mutiert. Das mag alles dahinrauschen und abfließen ins Vergessen. In Erinnerung bleiben wird, daß das Warten sich lange vergeblich hinzog und dann, als sich zögernd die Möglichkeit eines dritten und letzten sogenannten Tanzes näherte – da war es zu spät.

‚Komm', und mit Chr ging ich zurück ins Haus durch Nacht und Rieselregen. Was vom Podium aus zu beobachten gewesen war, im Hintergrunde der Halle, hatte alle Erwartungen statt in berauschend roten Wein in ernüchternd klares Leitungswasser verwandelt. Vor aller Augen ward da brüderliche Unbefangenheit geradezu demonstriert, eine Hochschwangere (sie hat wohl gelegentlich für den Unbeweibten gekocht) unter zustimmendem Lachen ringsum ehrbar umarmt, und als in einem dunklen Kleidchen die arme Sue auftauchte, hatte es vor der Ärmsten zum Tanz auffordernd herumgehampelt mit grotesken Verrenkungen. Wenn das Vorspiel gewesen sein sollte im Hinblick auf einen dritten Tanz mit der abgetakelten Tutorin – dann, nein, dann lieber nicht. Dann bleibt es aufgehoben und zurückgelegt für die Muse, die eines Tages kommen wird, um einer malariafiebernden Kusine Tanzträume vorzudichten unter dem Motto: *Noch einmal vorm Vergängnis blühn.* (26. 6.)

                      Noch dieser Sonntag. Neblig, diesig, wieder schwarz-lila-weiß gewandet und müde; aber im ganzen im Gleichgewicht. Der eigentliche Abschied kommt erst morgen abend oder übermorgen früh. Die Sue soll auch beschenkt werden; nur bei dem selbst und von Hand genähten dunkellila Blümchenrock vom ersten Afrikabesuch 72 zögere ich. – Abends. Jetzt muß ich doch endlich schreiben. Morgen, wenn der Abschiedsbesuch kommt, wird mein Eckzahn unreparierbar in drei Teile zerfallen sein. Das wird alles verkorksen und vermurksen. Schöne Abschiede ‚leuchten lange noch zurück'. Mir leuchtet Mbebete voraus. Heut morgen, als ich angerauscht kam, standen die feierlich Einzusegnenden aufgereiht schwarz in Schwarz, und einer blickte grimmig in die andere Richtung. Auch eine Art Bestrafung, wie die gestern abend wegen zu langen Zögerns. Wir saßen weit hinten, und beim Introitus stand der Grimmige nahe, schicklich abgeschirmt durch Chr. Dann war nichts mehr zu sehen, bis alle sich der Gemeinde zuwenden mußten. Da war zu sehen ein bis zum letzten Knopf aufgeknöpftes Jackett samt himbeerlila Schlips in ganzer Länge, und zu hören war Chrs Flüstern: ‚Er kriegt das Jackett überm Bauch nicht mehr zu.' Ach ja, mein Oberon. Aber ganz so verzettelt, wie du vielleicht meinst, bin ich nicht zu jeder Zeit, nur manchmal. Zur Zeit ist alles lauwarm, aber nicht wie Sommernacht. Dazu nieselt es zu sehr und man holt sich nasse Füße im Gras. Die Lektion vom verlorenen Sohn ward vorgelesen mit langsamen, sparsamen und gleichwohl arabesken Bewegungen der rechten Hand – mir fiel Löwiths Gebärdenspiel ein. Dann beschäftigte das Echo des Farbdreiklanges Schwarz-Weiß-Lila. Das Ringlein von Golde, wieder angetan, und mit einer reinweißen Sternblumenblüte verziert, genierte während der Prozession, und eine weiße Hand suchte sich in den schwarzen Falten des langen Abendrockes zu verbergen. Ein Blick hinschweifend über die Ehrenplätze erblickte in Reih und Glied acht schwarze Raben. Einer wich aus, sah weg, wollte nicht gesehen werden. Hatte vermutlich zu viele Fragezeichen im Kopf. Die Fragen ließen sich mühelos stellvertretend denken. Ich bin sicher, daß es ein Denken ohne Sprache gibt. Da kommen sich Mathematik und Gefühlsstrukturen nahe. Dann saß man drüben beim Gemeinschaftsmahl, die einen hier, die anderen dort, und so ging der Sonntag vorbei ohne eine einzige Begegnung. Es verschiebt sich alles auf morgen. Ich bin müde, möchte schlafen und habe noch nichts über die Performanz am Donnerstag geschrieben. (27. 6.)

An diesem Montagmorgen ist ein hochbeladner und vollgestopfter Landrover aus Campus und Dorf hinausgeschwankt. Ich kam gerade noch zurecht, den Benjamin zu verabschieden und ging dann, der Zahnlücke eingedenk, auf einen musazeengrünen Kittel zu, der zur Hälfte schon mir gehört. Der Noch-Besitzer wirkte scheu; was Wunder. Hier hängt eins am anderen, und der Gott des Gesetzes kann schlimme Opfer verlangen. Herzblut, aus dem Madonnenlilien blühen. Das ist Kitsch. Die Frage: ‚When can I come for the discussion?' kam mir nachgesprungen und erhielt eine Einladung zum Mittag- und Abendessen. – Jetzt wird da drüben gepackt. Schon gähnen die leeren Fensterhöhlen, entblößt vom Zauber der Rosenranken auf weißem Voile. Es hängt zum Trocknen auf der Leine. Dann werde ich gleich allen Mut zusammennehmen, die Lust und auch den Schmerz, und mit

Zahnlücke zu Mittag essen, nicht nur mit dem Ehemann, sondern auch mit dem von selbigem mit einer geziemenden Prise Ironie so genannten ‚Seelenfreund', der gar nicht weiß, was das ist. Des Weibes Zier, des Hauptes Haar spielt noch einmal lokker mit dem Schein der Fülle; die Musik, mit der Chr sich berieselt, macht schwermütig. – Die Sue war da, brachte zum dritten Male ihr Album, damit Chr endlich auch sein Sprüchlein hineinschreibe, und bekam weißen Pullover, rosa Bluse und sonst noch einiges. Wie schüchtern stand sie da; wie hilflos lächelnd ließ sie sich beschenken, und ich fühlte achtzehntes Jahrhundert, Sieg der Tugend. Ich erbaue mich am Doppelunglück und versuche, einen Verzichtenden mit Honorararbeit nicht nur, sondern auch mit Geschenken zu binden, weil er anders nicht gebunden werden kann. Das war kurz vor drei. Dann machte ich Tür und Fenster zu und blätterte noch einmal in dem memorablen *Memoir*. Aus den Lobeshymnen auf einen untadeligen Lebenswandel ersieht man, daß hier zwei aufs schönste zusammengepaßt hätten. Als ich eine Bemerkung darüber zu Chr machte, wurde er wieder ironisch: ich solle doch einen Lore-Roman über die beiden schreiben.

Warten mit Graienzahn. Immer noch Montag und schon 16.45. Hey, my friend, I wait, I wait. Hab mir extra den Graienzahn wieder eingesteckt. So komm doch. – 17.55 Er kommt nicht. Chr ist mürrisch. Hat der Sue etwas Fromm-Abstraktes ins Album geschrieben mit unleserlicher Handschrift und Griechisch dazwischen. Ich habe dem Dandy das Faszikel Liebesdrama zurückgebracht, das ein Jahr lang oder länger bei mir lag und mich nicht fasziniert hat. 17.20 Nichts. Warum kommt er nicht. Es müssen doch noch die Medizinen vergraben werden, die alten Ichtyole, Sulfate, Paludrine und ranzigen Sälbchen. Der Tag ist zerwartet. Alles ist nebligkalt und müde-trübe. 17.40 Warum kommt er denn nicht? Ich warte auch auf die Rosenrankengardinen, die ausgeliehenen, die in Mbebete von meinem Fenster hängen sollen. Ach, wie trübe ist alles. Wie verlottert das Dasein, samt Zahnlücke, denn es ist mir nicht nach Lachen zumute. Eine letzte rosa Rose und eine weiße Sternblume blühen umsonst. Beweis der Freiheit. Ich

habe keine Rechte mehr über ihn. 17.55 Da kommt er von der Sue, den Fiebergrasweg entlang. 18.05 Kam, brachte die Vorhänge, eigenhändig gewaschen, sah den Haufen Medizinen, ‚O, I forgot' und ist dabei, sie zu vergraben. Das Tagebuch ist mein Seelenkorsett. Ich kann nichts anderes tun als warten und schreiben. Nun denn –
Ein Knistern in der Seekistenecke.
20.45 ‚She fell in love with Lah'. Nachdem das gesagt war und wie zur Bestätigung Silberkettlein und Taschenmesser überreicht wurden, darf der Graienzahn, ein letztes Mal notdürftig geklebt, endgültig in seine drei Teile zerfallen. Nach dem Abendessen zu dritt die entscheidende dreiviertel Stunde in Chrs verkleckerter Seekistenecke. Genau so bekleckert saß die eheliche Frau des Hauses und abgetakelte Tutorin beim Bier zu dritt. Der Gast im grünen Gartenkittel, so gesittet, so vernünftig, die Ausdünstung freundlicher Nachsicht von Chrs kaum zu unterscheiden. Das lang vorherbedachte Sprüchlein von der Straße bis zum Fluß and my confused plans to stay in Lah for holidays ward abgewandten Gesichtes aufgesagt. Ich kroch in mich hinein; denn es mußte heraus. Als ich geendet hatte, bat Chr den Gast um seine Meinung. Der setzte vorsichtig an: ‚Well, since she is still confused – ' Das Personalpronomen störte. Es hörte sich ungehörig an. Da er zögerte, sagte Chr den Satz, an dem fortab alles hängen wird. ‚She fell – ' Darauf der Gast: ‚With the village.' Und ein Lachen. Hab ich auch gelacht? Chr: ‚Yes, the village. But you see the parallel.' Damit war die Situation noch einmal, wie neulich (‚You can take her away from me.' ‚I may not even succeed') in aller wünschenswerten Doppeldeutigkeit geklärt. Klar sollte sein, daß Chr ‚die Sache' ironisch und von der wohlwollend überlegenen Seite betrachtet. Man ging über zum nächsten Punkt. Er bekam das Doppelfoto von 77 mit Widmung seiner Tutoren. Dann überreichte ich ihm, eingewickelt in hellgrünes Japanpapier, mein rotes Taschenmesser, vernestelt mit dem Silberkettchen. Das Suchen nach Worten geriet kaum ins Stottern, die Floskel ‚I lack words' war zuhanden. Und Dank für alle zuteil gewordene Hilfe. Bei der Verabschiedung (mit Händen) am Verandagatter fiel ihm noch ein, was er eigentlich wollte: einen Kassettenrekorder. Es

kratzte den romantischen Stimmungsfirnis an mit allzu banalvulgärem Materialismus. Vermutlich ein Vorzeichen dessen, was fürderhin zu erwarten sein wird. Genug für heut abend. Morgen eine Nachlese. Das Wichtigste ist: daß durch dreifach anerkannte Grenzen Freiraum sich auftut. (28. 6.)

Das Fenster drüben ist offen; mein Tagebuch auch. Das Aufwachen war mühsam – wozu? Es ist doch alles vorbei. Sie Sonne frißt sich durch den Nebel. Nun, da alles ein Nie-mehr ist, sind noch Krümel von gestern einzusammeln. Da kam, als man dabei war, sich zum Bier zu setzen und ich meinen Zahn wieder einsetzte (gegessen hatte ich ohne), zunächst die Sue, um sich zu verabschieden. Ich sehe vor mir die musazeengrüne Spur eines anderen Abschieds: den Fiebergrasweg von ihr herüber zu mir.

Gestern abend, in der Seekistenecke, wurde noch anderes geschenkt, als im Zusammenhang mit den *Dogo Notes* nach Typenreinigern gefragt wurde. Ich sprang auf, ‚O, I almost forgot', und holte die kobaltblaue Blümchendose. Übergab sie mit der Bemerkung, ich sei allezeit um Gleichbehandlung bemüht gewesen, und sein Nebensitzer habe auch so eine Dose bekommen: für seine Frau. Daher Chr ergänzend: ‚For Missis Eku' – Lachen. Als er anfing auszupacken, wie es Sitte ist, sagte ich: ‚You need not look at everything now.' Chr sah den Hefter, fragte, warum ich den nicht ihm dagelassen hätte, und ich versprach, ihm einen mitzubringen. Als er dann das eingewickelte Taschenmesser vor sich auf den Knien hatte (um es mit zusammengelegten Händen quasi-rituell in Empfang zu nehmen, hatte er sich erhoben) und es behutsam auszuwickeln begann, hielt er inne, als er das Kettchen sah. Das Seidenpapier blieb wie schützend davor. Ich weiß nicht, was Chr gesehen hat. Ich werde nicht fragen. Inzwischen wird alles ausgepackt sein (Garne und Wolle in den Symbolfarben, sieben Taschentücher, darunter drei mit Monogramm, Farbband, Typenreiniger, mein ‚goldener' Kugelschreiber und ähnliches) – bis auf den Grund. Auf dem lagen ein Strickdeckchen und ein Umschlag mit 5000.- und den weißen Rosen von van Gogh. Es ist klar, was zählt.

Die Muse wird sich materialisieren.
Jetzt wird der vorläufige Abschied erträglich. Mit diesen Geschenken fühle ich mich, und das ist merkwürdig, erst einmal losgebunden. Von dem, was an Pragmatischem erörtert wurde, Straßenprojekt, Feldforschung und *Dogo Notes*, wird ersteres am Ende der fetteste Köder sein. Es wird mich etwas kosten, Zeit, Geld, Energie, und gleich nach der Kur im Voralpenlande werde ich die Ärmel aufkrempeln. Die ‚Feldforschung' hängt als breiter Lederschurz da, wo sonst gänzlich ungeschützt die Muse in kaum verhüllter Blöße stünde. Einzig die Sache, die eines Privatsekretärs bedarf, ist fest abgesprochen. Die zwanzig Kilometer zwischen Mbebete und dem Bitu-Berg sind solide gepflastert. Darüber besteht Aussicht auf Mittel für eine Planierraupe. Die Muse, die bislang nur als sylphidisches Gespinst einherschwebte – ‚Night and day I long to see you' – wird sich materialisieren zu etwas öffentlich Anerkanntem, das auf zwei ehrbaren Beinen schreitet. Chr ist vieles zu verdanken, fast alles. Abgesehen von dem entlarvenden Satz über ‚Lah' redete er freundlich und vernünftig. Auch seine Ironie läßt sich als überlegene Nachsicht interpretieren, die etwas der Ungehörigkeit Verdächtiges ins Ehrbare aufhebt. Den Dingen ihren Lauf lassend im Vertrauen darauf, daß es gutgehen wird.

     Da kam der Verabschiedete eben noch einmal, und ich stand da mit Zahnlücke und gequetschtem Zwetschgenlächeln. ‚Don't forget about that green jumper.' ‚No, Na'any.' Unbefangen freundlich die eine Seite, die andere in Verwirrung. Grüße an die Mütter, da wird's schon familiär. Es ging alles so schnell, auch das Händereichen, noch einmal, das in diesem Campus immer eine Seltenheit war. – In fliegender Eile noch ein Nadelkissen gepackt für Mrs. M'g, um es ihm mitzugeben; da fuhr das Taxi davon und ich sah ihm nach hinab in die regenklare Tiefebene.

     Vorbei. Vorbei. ‚Alles'. Nie mehr dies, nie mehr das. Der Campus leer und tot. Die Leere explodierte in dem obligaten Weinanfall, der auf das Antilopenfell warf und auf die Lah-Matte. Das kommt so ganz von selber und ist eine halbe Stunde später schon überholt und wäre nur noch für die Muse von Interesse, sofern sie imstande wäre, etwas daraus zu machen. [In den eckigen Klammern der Nachträglichkeit: Bloß keine dritte Person Singular! ‚Sie warf sich auf das Antilopenfell' – wer ist ‚sie'? Ein Bündel von Röhrenknochen, Nervenfasern und chemischen Reaktionen; von sozialen Rollen, Hirnfunktionen und Ausdrucksmöglichkeiten. Statt ‚sie' also eher noch und genauer ‚Es' warf auf das Antilopenfell: das Pathos, das Unsagbare, das Vektorenspiel des Irrationalen. Oder das Antilopenfell zog das ganze Bündel an sich, die Schwerkraft ist schließlich das Subjekt aller Bewegungen, Auflehnungen und Hinfälligkeiten dieser Welt.] Überleben durch Literatur. [Dieser naive Wunsch konnte einst im Regenwald Westafrikas entstehen und gedeihen, um erst im dichten deutschen Bücherdschungel in ein Astloch zu kriechen und sich daselbst einzuspinnen zu einem Kokon mit ungewisser Zukunft.] Die Tür des Arbeitskabinetts bleibt fortan zu. *Four years passed like four days.* So ein Weinkrampf, ein kurzes, hartes Schluchzen, ist etwas Gutes – es entkrampft. Schlafen ist auch gut. Desgleichen eine Zwiebelsuppe. ‚Brich dem Trauernden dein Brot.' Tröste ihn durch den Magen. Wie ist dieser Eku hier abgezogen – als Sieger auf der ganzen Linie. Das Schwert, das er schwang, war geschmiedet aus altmodischer Tugend, simpler Rechtschaffenheit, Hilfsbereitschaft und Verzicht im Falle Sue. Der Maikäfer flog davon.

Eiertänze ohne Rührei.

Sonne, wie scheinst du so hell und schön in diesen traurigen Tag herein. Das Alter und seine Häßlichkeit zerstören vieles. Wenn das Wahrnehmen nicht vorher abstumpft. – Nach ein paar katharsischen Stunden. Der Kollege Nachbar fährt, die Pässe zu holen; einer von den Herrschaften der Hierarchie hat sie schlicht vergessen. Das Fehlen dieser Reisepässe hat verhindert, daß eine, die nicht ganz bei Troste war, sich einem Davonfahrenden noch einmal mit einem Vorwand in den Weg warf. Die Schusseligkeit des *big man* war ein Trick der Vorsehung. Chr hat einen Gast, einen Weißen, jungen, blonden aus dem Norden, und ich bin gänzlich abgeneigt, jemanden, den ich nicht eingeladen habe, zu empfangen. – Abend. Der Mensch saß mit beim Abendessen und störte meine Melancholie. Ich will meine Abschiedstrauer pflegen. Es ist, als ob die Seele sich erst in Einsamkeit erschöpfen müßte, um regeneriert zu neuen Ufern zu fliegen Die letzten Bilder fließen noch einmal vorbei. Ich sah das flaschenscheppernde Taxi davonfahren, die Gepäckstücke oben drauf, ein kurzes Aufleuchten in Hellgrün und ein Winken zum Fenster hinaus zur anderen Seite hin. Es entfernte sich holpernd hinab der Tiefebene zu, die ungewöhnlich klar und weit dalag. Dann kann der Fieberfrost rein neuropathologischer Art und das ausgediente Kabinett nahm's zur Kenntnis. Verlassen hat das davongefahrene Phantom der Muse mich durch das Gatter der Küchenveranda, über dem es vor vier Jahren zum ersten Male in die Augen fiel. Ich trauere den schönen Augenblicken nach, weil es so wenige waren. Der Abschied war nicht schön und warum? Wegen dem fehlenden Graienzahn, der daran hinderte, das freundlich unbefangene Lächeln zu erwidern. Es grenzt hart an Komik. Ich wundere mich nachgerade, daß Chr keinen seiner dummen Witze machte. Er hat anderes, Wichtigeres im Kopf. Vermutlich war ja der, welcher davonfuhr, froh und erleichtert darüber, daß er alle Eiertänze so weit ohne Rührei hinter sich gebracht hat. Er bekam gestern nacht auch noch die Rebtaler Anschrift, um den Bericht über die Vermessung der geplanten Straße nachzuschicken. Es gibt solide Geländer, an welchen es sich entlanghangeln läßt. – Tagebuch Mai 1976, um durch Erinnern zu vergessen. Da steht's geschrieben: dem Kg hab ich damals genauso nachgeheult. *Too funny.* Mit dem Vergessen geht's nun aber nicht so schnell. Daß es zwischen Mbebete und dem Bitu-Berg eine Feldstraße gibt, stellte Chr gestern ausdrücklich fest. Welch ein Glück. Eine romantisch verdrehte Mittvierzigerin; zwei vernünftige und fromme Männer. Was will ich mehr. (29. 6.)

Ausrasten wegen Butterbiskuits.
So kurz nach dem Mittagsschlaf mit so etwas konfrontiert! [Im Tagebuch folgt eine wüste, im nachhinein nicht wiederholbare Beschimpfung des Gastes, der doch nichts dafür konnte, und des Ehemannes, weil letzterer die ausschließlich für innereheliche Konsumption eigenhändig gebackenen Butterbiskuits an ersteren verfütterte. Das Ausrasten war immerhin als solches

bewußt:] Was ist das? Die Regressionen, der Zerfall, das Ressentiment: *seine* Karriere, gepflastert mit *meinen* Butterbiskuits! Morgen fahren wir riskant mit rasenden Taxis ins Grasland; Tagebuch bleibt hier. ‚Passiert etwas', kommen wir beide um – was passiert mit den Tagebüchern? Da gähnt ein offenes Loch. Da steht etwas auf dem Spiele, und hier rege ich mich auf wegen einer Bagatelle und ohne den Mut, mit einer kühnen Lüge zu retten, was noch zu retten ist. Chr, nicht bereit, ‚Gäste wie Wilde zu behandeln', steht mit einem Bein noch tief in Vorstellungen von gestern, daß nämlich eine Ehefrau, und sei sie wirtschaftlich noch so unabhängig, sich um den Haushalt zu kümmern habe (und natürlich um die Kinder, falls vorhanden). In alle den Jahren habe, weil er zu dumm oder zu bequem dazu ist, *ich* mich, mit oder ohne Koch, um den Haushalt gekümmert und leite davon das Recht ab, zu bestimmen, was wem zusteht und was nicht. Wenn ich Biskuits für *ihn* backe, hat er nicht das Recht, sie an seine Gäste zu verfüttern. Das kapiert er nicht. Das ist sein Klumpfuß. Das nimmt er auf naive Weise übel. Freilich durchschaue ich den schnöden Freßegoismus als lächerliche Kompensation für alles, was mir in diesem afrikanischen Busch entgangen ist. Da schwärt das bizarre Gefühl, all die Jahre vor vollen Tellern gesessen zu haben und nicht essen zu dürfen; verzichten zu müssen um des Anstandes willen. Genaueres weiß ich nicht (bis auf das eine: daß ich gern getanzt hätte). Es heult aus mir heraus ungehemmt. Hier findet eine Art stummer Urschrei statt. Gott, lehre mich fluchen, wenigstens im Tagebuch, damit meine Seele gesund wird und ich diese elenden Butterbiskuits vergesse.

Wieder bei Verstand.

Gegen Abend. Der Kollege Nachbar ist zurück mit den Pässen. Hat sich durch alle Behörden hindurchgeboxt; der zuständige hochbezahlte Kirchenfunktionär hatte sie einfach vergessen. Das Sympathische an dem Kollegen ist, daß er sich über die indigene Schlamperei genauso aufregen kann wie ich, während Chr es mit kühlem Feldforscherblick hinnimmt. Wehe du heulst nicht mit: da bist du mit dem Bösen im Bunde. Ansonsten bin ich wieder bei Verstand. Und morgen ins Grasland mit allen Reiserisiken. (30. 6.)

Stübchen in Mbebete
(Juli)

Donnerstag, 1. Juli, 8.30.
Das war das falsche Taxi. Der Aufbruch wäre sonst auch abrupt gewesen. Da ich doch immer meine Abschiedssymphonien schreiben muß. Chr stand da mit offenem Munde und sah verdutzt dem Taxi nach. Nun also, ein langer Tag und wieder das Angewiesensein auf Vernunft und Reaktionsfähigkeit junger Kerle, die am Steuer vollgequetschter Vehikel sitzen und die Kilometer abrasen. Chr ist schon zum nächsten Taxi gegangen. Wer betet für mich, für uns? Vorgesten fuhren vier Jahre endgültig aus diesem Campus hinaus. Heut fahre ich. Ich fahre zum einen in letzter offizieller Mission, zum anderen privat, mir ein Stübchen in Mbebete zu suchen. Chr fährt, weil der Bärbeißige ihn in sein Dorf eingeladen hat. Er kam eben noch mal ins Kabinett, ‚Na, du hast ja deinen Tröster', auf mein Tagebuch weisend. Ja, mein Tagebuch ist mein Tröster. Aber in wessen Hände sollte es übergehen, wenn Chr und mich das gleiche Schicksal zu gleicher Zeit ereilt? Was würde es einen, der mit seinem eigenen Unglück beschäftigt ist, interessieren?
Wer betet für uns?

*

N'da. Heut ist der zweite Juli. Sechsunddreißig weiße Rosen. Gemalte, wie die von van Gogh. Gestern abend heil angekommen im Hause des Unglücks. Ich schreibe, um die Blätter später in das zurückgelassene Tagebuch einzukleben; denn schreiben muß ich. Mit den Nachbarn fuhren wir im Landrover bis zur großen Durchgangsstraße und von dort in drei Etappen hierher. Ich schleppte den Karton mit den Stricksachen nach Luft schnappend den Hügel hinan, Chr lief unbekümmert voraus. Bei Mireille gab es heißen Tee, den schüttete ich in die Erschöpfung hinein. Dann kam ein großer Regen. Jetzt sitze ich in einem Sessel und die Sonne scheint. Die Müdigkeit, die Traurigkeit, das Sich-Versagen. Chr hat sich aufgemacht nach F'ng; ich werde dann mit den K'pfs nach Mbebete fahren. Hier also, wo vor sechs Jahren im Eukalyptuswäldchen das Glück mitgeteilt wurde, hat nun das Unglück eine vorübergehende Zuflucht gefunden. Mireille lebt ihren Roman, ich will meinen nur schreiben. Ich hänge in einem sicheren Netz; ich schaukle ein bißchen hoch, aber ich will nicht aus den Maschen fallen. Es gibt hier so viele Afrikabücher. Was habe ich von Afrika begriffen? Nichts. Wenig. Zweifelhaftes.

Mbebete. Wartend auf ein Taxi zurück. In diesem Eukalyptuspark mit einfachen Häuschen kann ich zwei Stübchen haben und Hausgemeinschaft mit einer älteren *fraternal* – fast zu schön, zu bequem. Wird es gutgehen? Die Stille. Die hohen Bäume. Und die Fenster gehen nach Osten, zum Bitu-Berg.

Zurück in N'da. Ich richte mich schon ein in den beiden Stübchen mit Morgensonne und Mondaufgängen. Einen Roman will ich stricken und zwei Pullover. Und die *Dogo Notes* zu Ende bringen. Und reisen. Vor allem zum Bitu-Berg. Und noch einmal nach Lah. Alles *sub conditione.*

Gegen Abend. Im Tiefland unten, nahe der Küste, geht ein Tag zu Ende, den man hier sowieso nicht feiert. Ein Silberkettchen soll erinnern. Wird wohl aber eher verdrängt. Mireille ist mit dem Eheberater und einer weißen Ärztin beim Rechtsanwalt. Was bedeutet dieses Scheitern für meinen ‚Roman'? Die blonde Dame macht sehr in ‚efficiency'; man sagt ihr nach, sie habe sich von einem aus dem Kg-Jahrgang einwickeln lassen. Chr sagt ähnliches von mir im Hinblick auf den, der von sich aus nichts weiter getan hat als Lohnarbeit – und nebenbei freilich ‚ägyptisch guckte'. Derweilen gerät das kostbarstes Geschenk im Hinblick auf das Jahr in Mbebete: der Richtige am Bitu-Berg, noch einmal in Gefahr. Trotzdem bin ich ruhig und beinahe phlegmatisch. Es ist als hätte die Sitzung zu dritt in der Seekistenecke am Montagabend samt den vielen Geschenklein, der Sturm im Limonadenglas der Seele, eine Windstille geschaffen. Ich lese wieder einmal ‚Bildnis des Dorian Gray.'

3. Juli. Letzte offizielle Performanz, zwölf Kandidaten, darunter vier ältere Männer, zwei Mädchen, im großen Synodensitzungssaal. Ich sitze auch und schreibe, und es geht mich alles nichts mehr an. Der Graienzahn, Uhu gegen zersetzende Speichelsäure, tut noch einmal Dienst. Warum nicht an dem Vormittag, als ich den Wunsch fortschickte, der schon Verabschiedete möge noch einmal kommen? Vieles ging verloren, weil es zu schnell aufgegeben wurde, sprach der Weise. Die Möglichkeit eines letzten Tropfens grüngold glitzernden Glücks – schon wieder das banale Glück! – verunmöglicht durch eine Zahnlücke. Ein Zaunpfahl der Vorsehung? Mireille hat viele schöne Bilderbücher und Büchlein mit Lebensweisheiten. L'absence est à l'amour ce qui est au feu le vent: il éteint le petit, il allume le grand. Es läßt sich hier nichts schreiben, das den Anspruch, schöne Literatur zu sein, erheben könnte. Eine deutsche Übersetzung des *Dorian Gray* soll die Zeit vertreiben. ‚Aprikosenfarbenes Licht' ‚Erlesenes'.

Nachmittags.

Was da geschrieben wird, muß alles noch gelesen und benotet werden. Nichts verpflichtet mich dazu. Ich werde es freiwillig tun. Der große Regenzeitregen kommt wieder. Mich verwundert das strenge Lehrerinnengehabe, das ich hier an den Tag lege. Woher kommt das? Von den strähnigen Haaren? Vom Faltenhals? Von dem Eckzahn, der nur noch so drinhängt und jeden Augenblick herausfallen kann? Frauen an der Macht können schlimmer sein als Männer.

Abends.

Gespräch mit der älteren *fraternal* aus Deutschland, die im Oktober 78 nach Nza'ag kam. Sie entdeckt hier ‚Ursprünglichkeit'. Dann ein Gespräch mit Mireille, die darüber hinwegzukommen versucht. Manches läßt sich nachempfinden. Mich bedrückt doch ein wenig die neuerliche Ungewißheit hinsichtlich der Besetzung der Stelle am Bitu-Berg. Aber was ist meine romantische Innerlichkeit gegen Mireilles existentielles Scheitern? Es ist, meine Innerlichkeit, das, was allein möglich ist und in gewissem Sinne auch sinnvoll. Das sieht wohl auch Chr ein und läßt mich laufen – an einem langen elastischen Halsbande. Möge er morgen gut aus F'dng zurückkommen.

4. Juli. ‚Nur meine Tagebücher'.
Mireille deckt den Frühstückstisch. Die Sonne scheint durch die
organgelben Vorhänge. Die Traumfragmente der Nacht zerbröckeln. Die Welt der Symbole kann gefühlsintensiv und chaotisch sein. Nur meine Tagbücher möchte ich noch ‚ins reine'
schreiben können. Das mehr oder weniger literarisch plattgebügelte Leben wäre alles, was bleiben könnte. Chr ist mir aus
dem Gefühl gefallen. Ich ihm vermutlich auch. Morgen vormittag zurück, wieder mit Überlandtaxis.

5. Juli. Montag. Nk'ba. Halb zwei.
Erste Etappe zurück ins Waldland. Ein Riesenkühlschrank
stinkt mit Kerosin die Wohnung eines Oberhirten voll, wo wir
sitzen und warten. Chr wartet auf einen, der ihn im November
zu einem traditionellen (früher: ‚heidnischen') Dorffest mitnehmen soll. Da kann ich den gestrigen Sonntag – die letzte
Bemerkung, die ich heut morgen im Beisein Mireilles zu Chr
machte, bewahrheitet sich soeben: ‚Wenn du nur deine Bücher
hast, dann bist du glücklich.' Er guckte beleidigt und guckt
eben jetzt in das Buch, auf das ich eifersüchtig bin. Irrationale
Reste. Gestern nachmittag also (vormittags Kultisches zum
Einschlafen; nur das Rauschen eines großen Wolkenbruchs hielt
mich wach) gegen 3 p.m. kam Chr zurück mit zwei Gockeln
und sechzehn Eiern in Grasschüsseln. War ich froh auf dumpfe,
unfreudige Weise. Wir sind abgestumpft. Es herrscht wohlwollende Langeweile zwischen uns, wenn wir nicht an einander
herumnörgeln. Ich hatte keine Lust, die Klausuren zu lesen, saß
im Sessel, trank Tee und ließ die Zeit vergehen. Dachte auch an
Mbebete und den Bitu-Berg und fragte Chr: ‚Soll ich den gewünschten Kassettenrekorder mitbringen?' ‚Nein. Eku hat dich
schon genug in der Tasche.' Da werde ich einen für *mich* mitbringen. Mireille reißt sich von ihrem gelebten und erlittenen
Roman los. Ich will einen Roman nur schreiben: über eine von
Anfang an durchschaute Illusion. Hier hocke ich also wegen
Chrs Feldforschungsspleen und schreibe, und die Kerosindämpfe kriechen in den Hals und verursachen Kopfschmerzen.
Ist es nicht Zeit für etwas mehr Selbständigkeit? Möge das
Glück mir in Mbebete günstig sein.

Nza'ag. Zurück, 8 Uhr abends.
Chr sagt, er müsse noch lesen, ehe er schlafen könne. Ich muß
noch schreiben. Wir sind wieder da, und es ist schwer, Worte
zu finden für das Noch-am-Leben-sein. Offenbar hat diesmal
statt meiner Chr Angst gehabt. Auf der Strecke bis L'm raste
der junge Kerl am Steuer auf der nassen Straße, überholte ein
paarmal knapp und kam wie durch ein Wunder nicht ins
Schleudern. Ich nahm es hin wie in Trance, ruhig und fast ge-
langweilt. Das ist kein gutes Zeichen. Von T'l herauf kamen wir
mit einem alten Landrover, den der Mr. D. gewaltsam, aber
doch auch geschickt durch die Schlammfallen kurbelte. Unser
Fahrer hätte das eleganter hingekriegt. Zum ersten Male keine
Heimkehrgefühle. Das Dorf, der Schlamm, der Müll, die Bret-
terhütten, alles neblig-grau und düster-kalt, eine nasse, duck-
mäuserisch unfreundliche Dämmerung. Der Campus dunkel,
das Haus groß und düster, modrig riechend nach kaum einer
Woche Abwesenheit. So leer, so verlassen, so fremd. Nie mehr
wird hier Erwünschtes begegnen. Alles vorbei. Chr liest, ich
schreibe. Daß wir miteinander reden könnten, ist offenbar auch
vorbei. Bei Tisch ein wenig Brot, ein wenig Tee, ein kurzes
Dankgebet, ‚daß wir heil wieder angekommen sind.' Hier hat
man es wirklich nötigt, vor einer Reise um *travelling mercies* zu
bitten und nach heiler Ankunft dafür zu danken. Warum war
ich so dumpf und stumpf und unempfindlich mitten in der
Gefahr? Ich dachte zwischendurch an eine Silberkette, vernestelt mit einem roten Taschenmesser und an die offene Inter-
pretation von Symbolen. Nun werde ich aber doch müde,
schreibend im Bett beim Licht einer Kerze.

Mein kostbares Tagebuch,
ehe ich es einpacke, mitnehme, am liebsten würde ich es ins
Jackett einnähen; aber es geht nicht. Mein Tagebuch ist fast
mein Leben. Ohne es wüßte ich nicht, daß ich gelebt habe. Es
würde keine Spur bleiben. Gestern den ganzen Tag das Ex-
amenszeug bearbeitet. Ein einziger, mit einer Handschrift so
charaktervoll zerklüftet wie Kg's, schrieb über ‚Friends and
friendship' und bekam eine hohe Note. Abends las ich noch
Chrs Wissenschaft. Er legt noch immer Wert darauf. Heute kam

der Postsack und ich hatte (um eben noch forsch zu werden), das Vergnügen, den ersten Verriß des Auftrags-Essays zu lesen. Welche Ehre. Chr hat es mehr beschäftigt als mich. Ich fühle mich plötzlich in Sicherheit im afrikanischen Busch und muß doch erst wieder nach Europa eine lange Nacht hindurch. Wär ich zurück und in Mbebete!

Donnerstag, 8.7.82.

Der Koch hat noch eine Ratte gefangen und 20'000 extra bekommen. Seine Frau, Kind und Cocoyams nehmen Mitfahrgelegenheit wahr. Mit Chrs Wissenschaft bin ich gestern abend fast zu Ende gekommen. Schreiben bis zuletzt. Chr fährt mit, weil er zum Zahnarzt muß.

Hier ist erst mal das ‚Foyer'.

Die Fahrt war schweigsam. Chr verhandelt wegen ‚Kunst' (geschnitzte Zebras) mit dem Muselmännern. Wir haben uns nichts zu sagen. Er wird hier übernachten. Müdigkeit, Hunger, wieder acht Stunden in der Luft.

Flughafen. 21.30.

Schreiben, was sonst. Hab Chr verabschiedet. Abschiede von Chr sind immer zerfasert. Da war noch ein Intermezzo mit dem Eheberater, der sich zwischen uns drängte. (Chr: ‚You want to separate what God has joined?') und ein Lachen mit Zahnlücke. Zuvor noch einmal Garnelen im *Lyonnais*. Ich lud Chr ein. – Wieder so ein großer Vogel. ‚Bibbere nicht zu sehr', sagte Chr. Hoffentlich betet er für mich.

Angekommen in Brüssel.

Drei Stunden Aufenthalt. Erst in Frankfurt kann ich telefonieren. Meine Mutter wartet doch. Es ist, als hätte ich Chr hier irgendwo in einer Ecke stehengelassen und nicht 4000 km weiter südlich. Er müßte jetzt beim Zahnarzt sein. Dann zurück nach Nza'ag und an die Wissenschaft. Das Warten macht mir nichts aus, aber die Müdigkeit und der Hunger. In den Bergen von Lah müßte inzwischen auch einer angekommen sein und sich mit einer kleinen Moralpredigt von seiner *intended* distanziert haben. Was mag alles nachgehen seit dem Abend in der Seekistenecke...

*

Drei Monate Europa

Das Tagebuch

Nur die ersten beiden Einträge: sie genügen, um die Fremdheit der Atmosphäre zu vergegenwärtigen, die bei jeder Zwischenrückkehr in immer fremdere Heimat zu fühlen, zu denken und zu schreiben gab. Sodann ein knappes Entlanghangeln am Zeitgerüst der drei Monate in Europa und ein Blick ins gespaltene Bewußtsein zwischen den Endmoränen des Voralpenlandes und den Bergen von Lah. Schließlich das zielsichere Vorgehen, mitten in harmattanverhangenen Tagträumen, um Mittel für eine Straße zu sammeln.

Tettingen. Im Gärtchen der Schwiegermutter. Ich nehme mir die Freiheit zu schreiben. Mit Taxi vom Flughafen her, hier übernachtet, und nun singen die Lerchen über den grünen Haferfeldern. Trotzdem und wie so oft fällt mir Deutschland in die Seele wie ein toter Vogel. Die schöne Atelierwohnung, Kunst und Kultur wie auf Glanzpapier, alles in Heide-undMoor-Ölfarbtönen und in glasierter Terrakotta: es ist zu viel, zu schön, es macht mich krank. Ich will es nicht. Ich klammere mich an den Verzicht, der reich macht an Gesichten und Sehnsüchten nach dem Wenigen, das imstande ist, dem Leben einen Sinn zu geben. Der kühle Sand, vom Mond betaut, in den Bergen von Lah...

Rebtal. Ach, meine Mutter. Brachte Rosen und Margeriten nach Tettingen, stand herum, ängstlich fixiert auf die Ungeduld des Sohnes und seine blöden Bemerkungen. Nichts ist mir so fremd wie meiner Mutter Sohn. Und die Schwiegermutter plauschte unbekümmert vor sich hin. Man mußte das Anwesen besichtigen, und Mu wäre gestürzt über einen Erdwall, hätte ich sie nicht festgehalten. Diese Wohlstandswelt ist unwirklich. Dann das Schweigen während der Fahrt nach Rebtal. Ich begreife die Daseinspleite der Westdeutschen, und es bedrückt mich das hilflose Gefangensein in unbewältigter Familienvergangen-heit. Ich fühle mich wie gelähmt in bisweilen quälendem Mitleiden mit meiner Mutter glücklosem Leben.

Das Zeitgerüst

Als erstes zum Zahnarzt. Dann vier Wochen mit der Mutter zur Kur in Bad Füssing, die Wissenschaft korrekturlesend und tagträumend. Nach München, um das Tagebuch 81/82 zu fotokopieren. Familientreffen in Tettingen, dem Besuch aus Japan zu Ehren. Weitere Zahnarztbesuche. Anfang September noch einmal T., weniger eines Musicals (‚My Fair Lady') wegen, als um erfolgreich die Möglichkeit für einen Vortrag über das Straßenprojekt Lah zu erkunden. Einen kleinen Kassettenrekorder gekauft. Besuch mit der Mutter bei fernen Verwandten aus frühen Flüchtlingszeiten. Nach Bethabara, alte Bekannte zu treffen, ein dickes Buch für den Feldforscher zu kaufen und in Erfahrung zu bringen, wer sich da, wieder allein, ‚in den Rauhgau' zurückgezogen habe. Einer karrierebewußten Studiengenossin Autobiographie fiel in die Hände. Die ersten Spenden für das Straßenprojekt gingen ein. Am 24. 9. Besuch bei einer Tante, am gleichen Abend Vortrag in einem größeren Ort in der Nähe, wo der ‚Sohn des Dorfes', um dessen Straße es ging, sieben Jahre zuvor zu Besuch gewesen war. Am 25. nach T., um am Sonntag öffentlich von dem Projekt zu erzählen. Es wurde auch in Rebtal vorgestellt. Die gedruckte Dissertation kam, wenige Exemplare wurden mit Widmung verschickt. Vergebliches Warten auf einen dritten Brief.
Am 29.9. fuhr mich der Bruder (gegen großzügige Bezahlung) nach T. zum Übernachten. Die Schwiegermutter, in Kenntnis gesetzt von einem weiteren Jahr der Trennung, versuchte sich beim Tee als Wahrsagerin: ‚Dann läßt du dich scheiden und heiratest einen Schwarzen'. Eine Verdutzte murmelte: ‚Jaja, warne mal deinen Sohn.' Der Schwager brachte zum Flughafen. Dort fand sich auch der Kollege Nachbar mit Familie ein. Nachtflug.
Beim Anflug in der Morgenfrühe wieder das Gekröse der Creeks in den Mangroven. Am Flughafen der Ehemann. Idyll auf der Hochterrasse des katholischen Gästehauses: Regenplätschern, eine rote Rose und alte Melodien aus dem neuen Kassettenrekorder (‚Im Hafen von Adano'). Ein Gefühl der Dankbarkeit: es ist für eine kurze Weile alles wieder gut.

Das Jahr im Grasland
Ausblick

Es war das ‚wunderbare Jahr unter dem Harmattan'. Es verdankte sich sowohl einer *Valse triste*, die drei Jahren hindurch auf einer Lichtung im Regenwald eine gewöhnliche *midlife crisis* durch Tagträume und Tagebuchschreiben eines inneren Sinnes hatte teilhaftig werden lassen, als auch der frommen Vernunft des Ehemannes, der eine Ruhelose ziehen ließ am elastischen Bande gegenseitigen Vertrauens. Und das Wunder geschah. Die Muse erschien. Nach schockartigem Zwischenspiel mit Medusenhaupt während der ersten Reise nach Lah insinuierte sie sich langsam, aber beharrlich. Und sie ist, wenngleich auf in sich verkrochene, schleppfüßige und altertümlich biedere Weise, treu geblieben bis heute.

Das kurze Jahr, vom 11. Oktober 82 bis zum 2. Juli 83, verteilte sich (nach geselligem Leerlauf im Oktober, Sorge wegen der Mutter im November, der ‚armen Sue' Hochzeit und dem zweiten Besuch am Bitu-Berg im Dezember) auf ausgedehnte Besuchsreisen mit Überlandtaxis (im heißesten Januar hinauf in die Elefantenberge von Chaa, hinab in den Kessel von Kendek, in die Baumsteppe von Ola, ins sanfte Gehügel von Sanya: Umwege zurück nach Lah), auf das Weiterschreiben an der *Reise nach* * (ausufernd in einen Bildungsroman) und an einem Lehrbuch (vorzeigbar: bitte, es wurde auch ernsthaft gearbeitet!), auf den zweiten Besuch in Lah im Februar und weitere Besuche am Bitu-Berg; auf tagträumendes Musikhören aus dem Kassettenrekorder (ein sanfter Tenor am Lago Maggiore, am Klavier ein Konzert No. 5 in Es-Dur), auf unentwegtes Tagebuchschreiben, Besuche empfangend und Pläne schmiedend für einen dritten Besuch in Lah. In der Maske ihres Phantoms war die Muse weiterhin behilflich beim Sammeln von Rohstoff; sie war, wo nicht käuflich, so doch an Tauschgeschäften interessiert. Lange ließ sie sich Zeit, ihre Gunst unbeschränkt zu gewähren. Erst nach zwanzig Jahren nahm Buchform an, was bis dahin nur in der Form von Tagträumen und Tagebuchrohstoff zu haben gewesen war.

Das Jahr im Grasland, umhüllt vom staubrosenroten Abenteuergefühl der Reisen, badete im psychedelischen Schaum der Tagträume; es wallfahrtete in wohlabgewogenen Intervallen zum Bitu-Berg; für viele Jahre verfiel es dem Zauber eines abgelegenen Dorfes und den großen Erwartungen der Dörfler.

Das Jahr in Mbebete: das Finale, großaufrauschend, einer *Valse triste*. Weithin zum Solo verselbständigt, drehte es sich inmitten derer, die auf den Reisen und bei den Besuchen am Bitu-Berg begegneten, verhalten ekstatisch um sich selbst. *Einsamer nie als im* tropischen Februar. Und dennoch: *Erfüllungsstunde*. Die eine Woche in Lah, das ockerrote Band der Straßentrasse, das Besteigen eines Bergkolosses, die Handvoll Wasser aus dem Fluß, das Reisworfeln in der Mittagshitze, das naive Staunen der Leute darüber, was das Wohlwollen einer Fremden, befreundet mit einem der Ihren, zuwege gebracht hatte (,You are the god of Lah!') Ward da wohl noch dem *Gegenglück, dem Geist*, gedient? Es wurde dem Augenblick gelebt. Dennoch schrieb sich das Tagebuch fort, und in Stunden des Alleinseins, wenn das Gegenglück schwer zu ertragen war, schäumte es über von Leidensweisen, aufgewühlt vom zweiten Satz eines Klavierkonzerts in Es-Dur. Allein die Hoffnung, daß eines Tages Literatur... (o Muse, schleppfüßig, aber mit Sternfunkeln im dunklen Unschuldsblick...)

Das Jahr im Grasland: Finale einer *Valse triste*, Beginn einer elliptischen Existenz zwischen Afrika und Europa, zwischen den Anforderungen gesunden Menschenverstandes und dem romantischen Traum vom einfachen Leben: zu hausen in einer Hütte, zu schreiben unter dem Anhauch einer altertümlichen Muse. In diesen späten Jahren ist sie, wenngleich ergraut und ein wenig weiser geworden, so doch noch immer nicht ganz erwacht aus dem Wunschtraum, den Tagebüchern der Lebensmitte eine lesbare Form zu geben und einer *Valse triste* so viel Sinn als möglich abzugewinnen im Blick auf die Jahre in Afrika.

◻

Zweiter Band
Überblick

Hütte, Muse und Tagebuch
- Rahmen und Rückbesinnung

Wissenschaft im Kleinformat
Letzte Begegnung in Bethabara
Drei Monate dazwischen
Europa: andere Welten
Das Tagebuch
Bethabara

Aufstieg
ins Abseits der Berge von Lah und der Literatur
Das dritte Jahr
Zurück. Dreifacher Aufstieg
Dann zogen die Monologe vorüber…
Astarte ou le goût de l'absolu
- Die Wochen bis zur Reise nach Lah
Oktober. Der schöne Augenblick und sein Vergehen
November. Vergebliches. Verdrängtes. Resignation
Dezember. Abendstern auf Pappe. Alpträume
Die Reise nach Lah
- Medusenhaupt der Muse. Tagebuch und Romanbeginn
‚Es war schon spät am Nachmittag…'
Vom Tagebuch zum Roman
Stufen ins Offene
- Der Rest der Zeit in Nza'ag
Januar 82. Straße und Melodie nach Lah
Februar. Im Ungleichgewicht
März. In einem Nebel durcheinander…
April. Glücksfall, Sitzungen und Mittelmaß
Mai. Mißstimmung und Pfingstmuse
Juni. Aufstieg mit V-Ausschnitt
Juli. Stübchen in Mbebete
    Drei Monate Europa
    Das Jahr im Grasland: Ausblick

Von derselben Autorin:

Tagtraum Afrika
Auf der Hochebene des Lebens
BoD Norderstedt 2005

Mbe-Mbong oder das ferne Leuchten
Reisen am Rande des Harmattan
BoD Noderstedt 2005

Der Korb
Archivalien und Miniaturen
BoD Norderstedt 2007